Étapes de la vie et grandes fonctions

Chez le même éditeur

Dans la collection « Les Essentiels en IFSI »

Volume 1 • *Biologie fondamentale*, par C. Desassis et H. Labousset-Piquet.

Volume 2 • *Processus traumatiques*, par K. Le Neurès.

Volume 3 • *Raisonnement, démarche clinique et projet de soins*, par K. Le Neurès et C. Siebert.

Volume 4 • *Législation – Éthique – Déontologie*, par C. Ponte et A. de Broca [à paraître]

Volume 5 • *Pharmacologie et thérapeutique*, par G. Roberton et al. [à paraître]

Volume 6 • *Soins d'urgence*, par H. Labousset-Piquet, E. Aiguebonne et C. Siebert.

Volume 7 • *Infectiologie et hygiène – Soins infirmiers et gestion des risques*, par C. Crouzilles.

Volume 8 • *Psychologie – Sociologie – Anthropologie*, par J. Merkling et S. Langenfeld.

Volume 9 • *Processus psychopathologiques*, par S. Langenfeld et J. Merkling [à paraître].

Volume 11 • *Santé publique, économie de la santé*, par B. Burlet et Y. Ponces [à paraître].

Volume 12 • *Soins éducatifs et préventifs*, par B. Burlet, K. Le Neurès et Y. Ponces [à paraître].

Les Essentiels en IFSI

Étapes de la vie et grandes fonctions

UE 2.2

Patricia Debuigny
Corine Dumora
Catherine Goursaud
Hélène Labousset-Piquet
Pascal Proteau
Danièle Sebbane
Christiane Sérandour
Carole Siebert

ELSEVIER
MASSON

Illustrations d'Éléonore Lamoglia

ISBN : 978-2-294-70966-1

Elsevier Masson SAS – 62, rue Camille Desmoulins – 92442 Issy-les-Moulineaux Cedex

Avant-propos de la collection Les Essentiels en IFSI

Les ouvrages de la nouvelle collection Les ESSENTIELS en IFSI ont été conçus et construits conformément au nouveau programme des études menant au Diplôme d'état infirmier défini par l'arrêté du 31 juillet 2009.

L'apprentissage repose sur des **mises en situation de soin au plus près de la réalité professionnelle**. En effet, le nouveau dispositif pédagogique se fonde largement sur ces mises en situation. Il prévoit une progression *en spirale* à partir des connaissances fondamentales et des savoir-faire professionnels acquis (UE 1 à 4, voir ci-dessous), lesquels sont ensuite mobilisés en situation à l'occasion des stages, explorés et interrogés lors des Unités d'intégration (UE 5), puis réutilisés dans d'autres situations de soins, ou remis en perspective dans la suite du cursus.

Les ESSENTIELS en IFSI couvrent, sur près de 20 volumes, toutes **les Unités d'enseignement (UE)** réparties sur les six semestres de formation et sur les 4 domaines constitués par :

- les Sciences humaines, sociales et droit ;
- les Sciences biologiques et médicales ;
- les Sciences et techniques infirmières, fondements et méthodes ;
- et les Sciences et techniques infirmières, interventions.

Ils répondent en outre parfaitement à l'articulation de la formation en **trois paliers d'apprentissage : Comprendre, Agir, Transférer**.

Chaque chapitre est articulé en trois volets.

Le volet **COMPRENDRE** permet **d'acquérir les savoirs essentiels sous une forme claire et concise**. Il regroupe :

- **les savoirs fondamentaux** couvrant point par point les thèmes prévus au programme des Unités d'enseignement, agrémentés d'exemples concrets ;
- **les savoir-faire et savoir-être professionnels** associés.

Le volet **AGIR** propose de **mobiliser ces savoirs et savoir-faire pour agir et prendre en charge en situation.** L'analyse des situations proposées, le questionnement suscité et la guidance dans le cheminement permettent l'émergence et le développement des **compétences infirmières**.

Ces situations professionnelles sont déroulées en quatre étapes, clairement exposées en **quatre tableaux** très didactiques, qui rendent compte de la progression du raisonnement clinique infirmier :

1. L'étudiant recherche les informations utiles pour comprendre et évaluer la situation. Cette première étape consiste ainsi à identifier les éléments significatifs, c'est-à-dire les données, sélectionnées dans l'énoncé, qui sont pertinentes et utiles à la compréhension et à la prise en charge.

2 L'étudiant analyse ces données et procède alors à l'évaluation de ces éléments. Pour y parvenir, il mobilise des savoirs fondamentaux tels que des connaissances en physiopathologie, en législation, en psychologie€ Pour cette étape, chacun de ces savoirs est identifié et permet de vérifier ses acquis et d'apprécier la **mise en lien de ces savoirs et savoir-faire, essentielle au métier infirmier**.

3 L'étudiant met en œuvre les actions appropriées, mobilisant des savoir-faire professionnels tels que l'approche relationnelle ou les techniques de soins. Pour cette étape, chacun de ces savoir-faire est également identifié.

4 L'étudiant ayant réalisé les actions nécessaires, analyse les résultats obtenus, pour adapter la suite de la prise en charge et assurer une transmission des données. Cette évaluation est également indispensable dans une **démarche d'évaluation de la qualité des soins et des pratiques professionnelles**, désormais impérative.

Le volet S'ENTRAÎNER offre :

- de **tester ses connaissances** au moyen de QCM, questions à réponses ouvertes courtes (QROC) ou de textes à trous et schémas muets ;
- de **transférer ses connaissances à une situation nouvelle**. Cette situation nouvelle permet la transposition des savoirs dans un nouveau contexte. C'est également le moyen de mettre en lien les connaissances acquises dans l'UE avec d'autres savoirs ou de procéder à une recherche complémentaire le cas échéant. Ce volet permet aussi de mettre en application les méthodes de raisonnement clinique et de démarche clinique infirmière.

Les corrigés sont donnés à la suite.

Les ESSENTIELS en IFSI permettront aux étudiants infirmiers de maîtriser l'ensemble des Unités d'enseignement prévues au programme de leur formation et d'acquérir ainsi les ECTS (*European Credit Transfer System*) nécessaires à la qualification du Diplôme d'état infirmier au grade de licence universitaire, et bientôt sa transformation en diplôme de Licence santé....

Katy Le Neurès et Carole Siebert

Table des matières

Avant-propos V

Les grandes fonctions

La notion de fonction 2

1 La fonction respiratoire

Généralités 3

Anatomie et physiologie 4

Interactions et interdépendances du système respiratoire avec les autres fonctions 8

Physiologie respiratoire et activité physique 10

S'ENTRAÎNER 11

2 La fonction cardiovasculaire

Généralités 15

Anatomie et Physiologie 16

Interaction et interdépendance de l'appareil cardiovasculaire avec les autres fonctions 22

S'ENTRAÎNER 24

3 La fonction locomotrice

Définitions et vocabulaire 28

Mécanismes 30

Évolution de la fonction 31

Anatomie et physiologie 32

Interactions et interdépendances de l'appareil locomoteur avec les autres fonctions 40

Conclusion 41

SITUATION PROFESSIONNELLE 42

S'ENTRAÎNER 46

4 La fonction digestive

Généralités 49

Anatomie et physiologie 52

Interactions et interdépendance avec les autres fonctions de l'organisme 61

S'ENTRAÎNER 63

5 La fonction d'élimination

L'élimination urinaire 70
L'élimination digestive 82
L'élimination cutanée 83
L'élimination respiratoire 85
Les autres types d'élimination 85
Interactions et interdépendance avec les autres fonctions 86
S'ENTRAÎNER 87

6 Le système nerveux

Définition 92
Mécanisme des structures interconnectées 99
Les grandes fonctions neurologiques 100
Les interrelations avec les autres systèmes 106
Conclusion 107
SITUATION PROFESSIONNELLE 108
S'ENTRAÎNER 112

7 La fonction sensorielle

Généralités 118
La vue 121
L'ouïe 124
L'olfaction 126
Le goût 127
Le toucher 130
Interactions et interdépendance des systèmes 132
Conclusion 133
SITUATION PROFESSIONNELLE 134
S'ENTRAÎNER 138

8 La fonction de reproduction

Les caractéristiques de la fonction 142
Notions de génétique 143
Anatomie et physiologie de l'appareil reproducteur 145
Interrelations avec les autres fonctions 151
La contraception 153
SITUATION PROFESSIONNELLE 163
S'ENTRAÎNER 166

9 La fonction endocrinienne

Généralités 170
Anatomie et physiologie des glandes endocrines 175
S'ENTRAÎNER 188

10 La fonction immunitaire
Généralités sur les deux types de résistance 196
La résistance non spécifique 196
La résistance spécifique ou immunité 198
SITUATION PROFESSIONNELLE 207
S'ENTRAÎNER 211

Les cycles de la vie

11 La grossesse
Généralités 216
Les grandes étapes du développement 218
Suivi médico-légal et droit des parents 222
Préparation à la maternité et à la parentalité 226
Accouchement 227
Suites de couches 229
Allaitement 231
SITUATION PROFESSIONNELLE 244
S'ENTRAÎNER 249

12 La naissance
La naissance : en route pour le voyage de la vie 255
Adaptation à la vie extra-utérine 256
Examen du nouveau-né 258
Caractéristiques du nouveau-né 261
Déclaration de naissance et examen de sortie 262
S'ENTRAÎNER 268

13 L'enfance
Les grandes étapes du développement de l'enfant 270
La croissance et le suivi médical 277
SITUATION PROFESSIONNELLE 283
S'ENTRAÎNER 289

14 L'adolescence
Généralités 293
Les caractéristiques de l'adolescence 294
Suivi sanitaire et hygiène de vie 300
Conclusion 302
SITUATION PROFESSIONNELLE 303
S'ENTRAÎNER 306

15 L'âge adulte

Les grandes étapes de l'âge adulte 309
Conclusion 314
S'ENTRAÎNER 315

16 La vieillesse et la mort

Généralités 318
Les effets du vieillissement et leurs conséquences 320
Les grandes étapes de la vieillesse 325
Les axes de la prise en charge 328
Le danger de la dépendance, la maltraitance 331
Suivi sanitaire, hygiène de vie, projet de vie 336
La fin de vie 338
Conclusion 340
SITUATION PROFESSIONNELLE 341
S'ENTRAÎNER 344

Bibliographie 353

Les grandes fonctions

Le corps humain est un organisme complexe, comparable à une machine hautement spécialisée. Pour fonctionner, il est organisé en *systèmes* qui remplissent chacun une ou plusieurs *fonctions*, l'ensemble représentant plus que la somme de chacun des systèmes. Ainsi, l'organisme présente plusieurs niveaux d'organisation, de structure et de complexité différentes.

L'être humain, comme tout être vivant, est organisé par niveaux allant du plus simple au plus complexe. Il est formé de cellules qui représentent l'unité structurale des êtres vivants. Les cellules se rassemblent pour former des groupes spécialisés ayant une même structure et une même fonction, nommés tissus. L'association de plusieurs tissus va former un organe. Lorsque plusieurs organes sont regroupés pour assurer une fonction commune, ils forment un système. Les systèmes et leurs fonctions sont interdépendants et assurent l'homéostasie qui est l'ensemble des mécanismes d'autorégulation qui maintiennent l'équilibre physiologique de l'organisme.

Pour faciliter la compréhension du fonctionnement du corps humain, les différents niveaux d'organisation peuvent être schématisés de la manière suivante, en partant des structures les plus petites pour aboutir à un organisme constitué.

Atomes Molécules organiques	**Cellules**	**Tissus**	**Organes**	**Systèmes fonctionnels**	**Organisme**
Atomes Molécules ✓ Hydrates de carbone ✓ Acides aminés et protéines ✓ Lipides ✓ Nucléotides	Spécialisation des cellules ✓ Cellules nerveuses ✓ Cellules sanguines...	= Regroupement de cellules ✓ Tissu épithélial ✓ Tissu conjonctif ✓ Tissu nerveux ✓ Tissu musculaire...	= Association de certains tissus ✓ Foie (organe plein) ✓ Estomac (organe creux)...	= Regroupement d'organes ✓ Système nerveux ✓ Système endocrinien ✓ Système cardio-vasculaire ✓ Système reproducteur ...	ÊTRE HUMAIN

Le système nerveux est le principal système de contrôle et de communication de l'organisme. Pour assurer ces deux fonctions, il est en lien étroit avec le système endocrinien qui agit à différents niveaux de l'organisme par l'intermédiaire d'hormones, de cellules cibles et de glandes endocrines. Alors que le système nerveux assure une transmission rapide d'un message électrique par axone, le système endocrinien assure la transmission lente et continue d'un message chimique par le sang.

Un certain nombre de structures, telles que l'hypothalamus qui appartient au système limbique, assurent une double fonction, à la fois au niveau du système nerveux, dans le cadre de la régulation de certaines fonctions comme la fonction cardiaque et respiratoire mais aussi au niveau du système endocrinien puisque les facteurs de libération hormonale sont véhiculés par voie axonale puis par voie sanguine de l'hypothalamus à l'hypophyse pour stimuler ou freiner l'activité sécrétoire de l'antéhypophyse.

LA NOTION DE FONCTION

Une fonction est l'ensemble des opérations concourant à un même but, à un même résultat.

Elle est exécutée par un organe ou un ensemble d'organes nécessaire à la réalisation de processus biochimiques complexes et spécialisés, dépendant les uns des autres afin d'assurer l'équilibre physiologique de l'organisme, l'homéostasie.

Généralement une fonction doit être assurée pour que l'organisme puisse subsister, s'adapter à son environnement et/ou se reproduire.

L'ensemble des systèmes assure toutes les fonctions de l'organisme et permet à cet organisme de vivre et de se reproduire. Chaque système ne fonctionne pas isolément, il existe des interactions et des interdépendances entre eux. Ainsi, une altération physique ou biologique sur un système peut avoir des conséquences sur les autres systèmes et donc sur les autres fonctions.

Les interactions entre les systèmes et/ou les fonctions sont constituées à partir des réactions réciproques des phénomènes de l'un sur l'autre, alors que les interdépendances traduisent la dépendance mutuelle de l'un envers l'autre. Dans ce cas, cela signifie qu'un système ou une fonction dépend d'un autre système ou d'une autre fonction pour son propre fonctionnement.

L'organisme humain ne peut fonctionner correctement que par les liens qui unissent ces différents systèmes. Dans un certain nombre de cas, il s'agit de liens de coopération, dans lesquels finalement chacun des systèmes trouve son compte. Cependant dans un certain nombre de cas, la suprématie de certains systèmes ou de certaines fonctions fait que les relations sont des relations de dépendance. Ainsi, le système nerveux qui perçoit et identifie les modifications internes et externes, met en place les réponses adéquates, directement ou indirectement en faisant intervenir le ou les système(s) devant apporter les réponses adaptées à la situation.

Seront abordées au cours des différentes fonctions les interactions et interdépendances afin d'acquérir une vision globale du fonctionnement de l'organisme dans son intégralité.

1 La fonction respiratoire

COMPRENDRE

La fonction respiratoire peut être définie comme l'ensemble des processus aboutissant aux échanges gazeux entre un organisme et son environnement. Cependant, elle peut être envisagée à deux niveaux :

- le premier concerne la respiration qui met en relation le système respiratoire avec l'environnement extérieur ; il est assuré par les voies aériennes supérieures et les poumons et permet l'apport d'oxygène, qui est ensuite transporté par les hématies (les globules rouges) du sang ;
- le second concerne la respiration cellulaire qui est assurée par les mitochondries. Cette respiration correspond à l'utilisation de l'oxygène au niveau de chacune des cellules afin de permettre les réactions chimiques.

La fonction respiratoire est vitale pour l'organisme. Sa principale mission est de fournir à toutes les cellules l'oxygène indispensable à la vie et de rejeter les déchets gazeux dont le principal est le dioxyde de carbone. En effet, l'être humain a besoin d'oxygène pour vivre, puisqu'il est incapable de rester en vie s'il en est privé. Au-delà de 3 minutes d'arrêt respiratoire, l'organisme risque des lésions irréversibles qui entraîneront des séquelles fonctionnelles. Les cellules qui sont touchées en priorité sont les cellules cérébrales. Il existe donc des risques neurologiques chez une personne dont la fonction respiratoire est défaillante.

L'appareil respiratoire est organisé pour apporter aux organes l'oxygène qui leur est nécessaire et évacuer le dioxyde de carbone. Il participe au maintien de l'homéostasie en assurant pour partie l'équilibre acido-basique de l'organisme.

Le système respiratoire fonctionne en interrelation avec le reste de l'organisme et toute défaillance de cette fonction entraîne des conséquences délétères sur les autres fonctions.

GÉNÉRALITÉS

Définition

La respiration comporte deux temps : l'inspiration où les poumons se remplissent d'air et l'expiration où ils rejettent l'air inspiré. Au cours de ces deux temps, des échanges gazeux se produisent au niveau des alvéoles pulmonaires : respirer, c'est absorber du dioxygène et rejeter du dioxyde de carbone, principalement dissout dans le sang, qui est ramené aux poumons où il est évacué sous forme gazeuse lors de l'expiration.

L'ensemble des organes assurant la respiration forme l'appareil respiratoire et l'ensemble des mécanismes qui participent à la respiration constitue la fonction respiratoire.

Mécanisme

Pour fonctionner, le système respiratoire est en lien étroit avec le bulbe rachidien qui envoie l'ordre de respirer aux muscles respiratoires grâce à des influx nerveux transmis par la moelle épinière et les nerfs périphériques.

Le diaphragme, muscle circulaire qui sépare le thorax de l'abdomen, s'abaisse en se contractant. Il comprime ainsi l'abdomen et attire les poumons vers le bas. Dans le même temps les muscles intercostaux (scalènes) se contractent, ouvrant ainsi la cage thoracique dans les trois dimensions. Ces mouvements créent un appel d'air. L'air extérieur entre dans les voies aériennes lors du mouvement d'inspiration.

L'air inhalé lors de l'inspiration est composé de 21 % de dioxygène, plus fréquemment appelé oxygène dont le symbole est O_2, de 78 % d'azote dont le symbole est N_2, et de gaz rares. Il parcourt les voies aériennes supérieures pour parvenir au niveau des alvéoles pulmonaires où se produisent les échanges gazeux qui permettent au sang de s'enrichir en oxygène et de se débarrasser du gaz carbonique.

ANATOMIE ET PHYSIOLOGIE

L'appareil pulmonaire est composé des voies respiratoires et des poumons (fig. 1.1).

- Les voies respiratoires comprennent : les fosses nasales, le pharynx, le larynx, la trachée et les bronches (voir fig. 1.3). Leur rôle principal est d'acheminer l'air au niveau des alvéoles pulmonaires.
- Les poumons occupent la majeure partie de la cage thoracique. Chaque poumon est constitué de lobules pulmonaires qui reconstituent d'une certaine façon un poumon miniature.

Les poumons sont composés d'unités appelées lobes (fig. 1.2). Le poumon droit comprend trois lobes, le gauche en comprend deux. La séparation entre les lobes d'un poumon est faite par des scissures, deux au niveau du poumon droit et seulement une à gauche.

Chaque poumon est entouré d'une enveloppe séreuse appelée plèvre. La plèvre est constituée de deux feuillets séparés par un espace virtuel. Ces deux feuillets coulissent l'un sur l'autre lors des mouvements respiratoires, ils permettent l'expansion pulmonaire dans les trois dimensions.

Le poumon présente deux types de vascularisation, la vascularisation fonctionnelle qui amène le sang veineux aux alvéoles pour y être enrichi en oxygène et la vascularisation nourricière qui assure l'irrigation de l'ensemble du poumon.

L'espace entre les deux poumons est appelé médiastin. On y trouve le cœur avec les gros vaisseaux sanguins (notamment l'aorte descendante, les troncs veineux et artériel brachiocéphaliques, la veine cave) et lymphatiques (canal thoracique), les nerfs pneumogastriques droit et gauche, ainsi que l'œsophage.

Le parenchyme pulmonaire est composé d'une succession de divisions bronchiques, artérielles, veineuses et nerveuses jusqu'aux lobules pulmonaires.

Chaque lobule pulmonaire comprend des bronchioles, des vaisseaux et des nerfs. Chaque bronchiole se termine par un petit cul-de-sac appelé acinus constitué d'alvéoles pulmonaires.

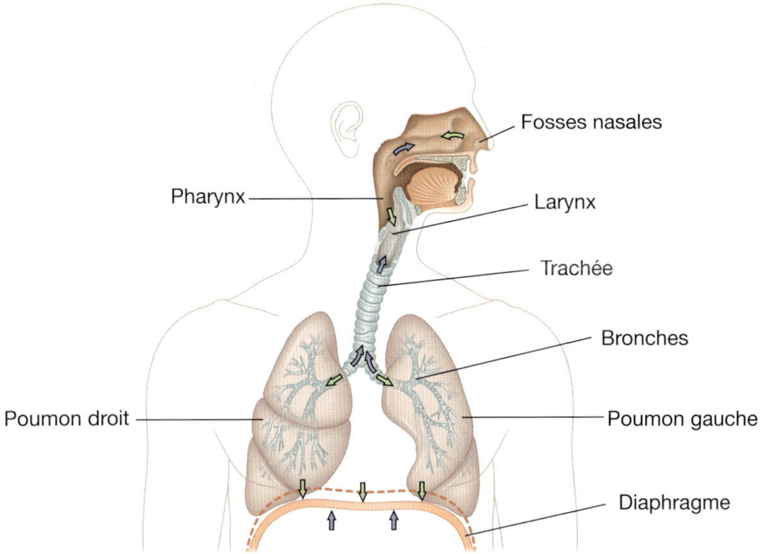

Fig. 1.1. Anatomie des poumons et mécanique respiratoire

En vert : trajet de l'air à l'inspiration. En bleu : trajet de l'air à l'expiration.

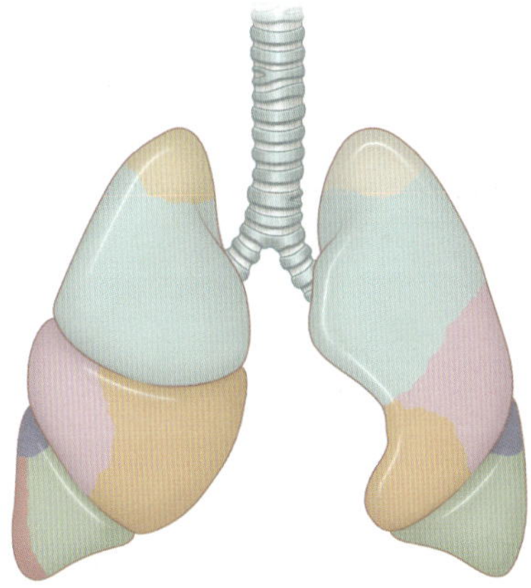

Fig. 1.2. Lobes pulmonaires

Les parois des voies aériennes intra-parenchymateuses sont protégées par une couche liquidienne, appelée surfactant pulmonaire[1], qui permet :

1 Le surfactant pulmonaire est un matériau complexe sécrété continuellement dans la lumière alvéolaire par les pneumocytes de type 2. Il est constitué d'un grand nombre de molécules différentes : lipides, phospholipides et protéines. Son rôle principal est de réduire la tension superficielle air/liquide créée par la fine couche de liquide se trouvant à la surface des alvéoles pulmonaires. La réduction de la tension superficielle facilite l'expansion des alvéoles à l'inspiration et les maintient ouvertes pendant l'expiration. Le surfactant joue en outre un rôle dans la perméabilité alvéolaire (effet anti-œdémateux) et dans les mécanismes de défense contre les micro-organismes.

- au système respiratoire de se défendre contre les micro-organismes ;
- de faciliter l'expansion des alvéoles lors de l'inspiration (réduction de la tension superficielle air/liquide) ;
- d'éviter aux alvéoles de se collaber[2] ;
- d'assurer la perméabilité des alvéoles pulmonaires (effet anti-œdémateux).

L'inspiration

Au cours de l'inspiration, l'air entre par le nez et par la bouche, il passe dans le cavum (l'arrière-nez) et dans le pharynx (arrière-gorge) où se croisent les voies aériennes et les voies digestives.

Lors de l'inspiration, l'épiglotte s'ouvre et laisse passer la colonne d'air vers les organes de la respiration. L'épiglotte est un clapet protégeant les voies aériennes en fermant l'accès de celles-ci lors de la déglutition (fig. 1.3).

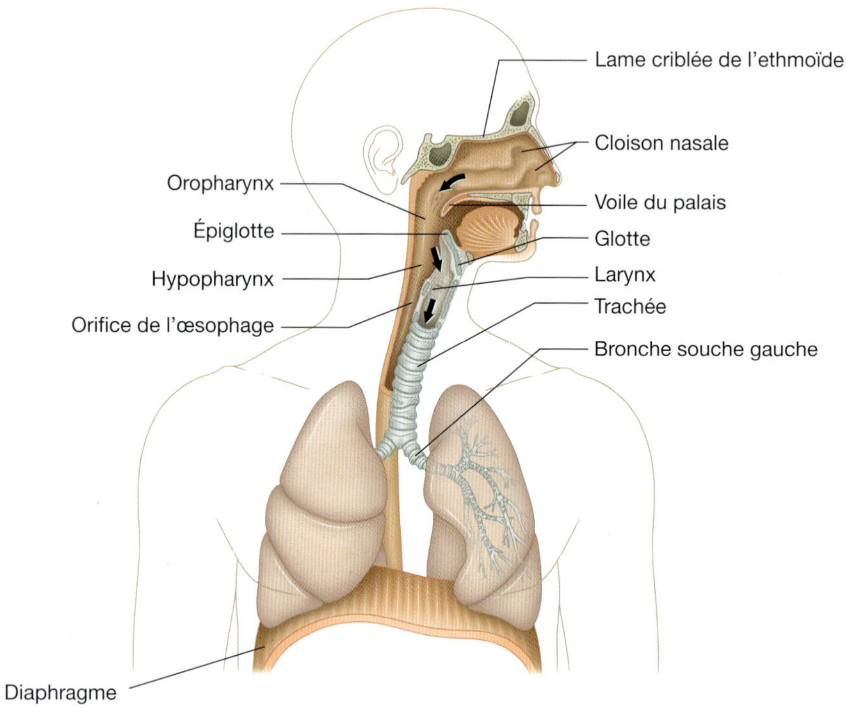

Fig. 1.3. Voies aériennes supérieures et trajet de l'air au cours de l'inspiration

Passé ce carrefour aérodigestif, l'air se dirige vers le larynx qui est un conduit situé entre le pharynx et la trachée. Dans le larynx se situent les cordes vocales qui sont des ligaments capables de vibrer pour émettre des sons lors du passage de l'air. Puis l'air se dirige ensuite vers la trachée. Ce conduit est constitué d'une série de cartilages superposés permettant d'amener

2 Relatif à une cavité dont les parois s'affaissent.

l'air oxygéné de l'extérieur vers les poumons. La trachée se divise au niveau de la carène en deux conduits que l'air emprunte, la bronche primitive droite et la bronche primitive gauche.

L'air continue sa progression dans les subdivisions des bronches (bronches souches, bronches lobaires, bronches segmentaires et bronchioles) qui se terminent par les alvéoles pulmonaires, situées dans le tissu pulmonaire.

L'air inspiré peut être sec ou humide, chaud ou froid. Le passage par les différentes cavités va lui permettre de s'humidifier et d'atteindre 37 °C afin que l'air n'altère pas les alvéoles.

L'air, correctement humidifié et réchauffé, arrive aux alvéoles pulmonaires, lieux des échanges gazeux.

Les alvéoles pulmonaires sont entourées d'un réseau de veines et d'artères qui participent aux échanges gazeux. Le sang qui arrive au niveau de l'alvéole par les artères pulmonaires est pauvre en oxygène et riche en dioxyde de carbone. Celui qui part des alvéoles pulmonaires vers les veines pulmonaires est riche en oxygène et pauvre en dioxyde de carbone.

Le sang se dirige vers l'oreillette gauche du cœur puis vers le ventricule gauche, avant d'être propulsé vers l'aorte descendante.

Les échanges gazeux s'effectuent en un temps très court, à travers la barrière alvéolo-capillaire par un phénomène de diffusion. En effet, un gaz diffuse toujours d'un milieu où règne une pression élevée vers un milieu où règne une pression moins élevée.

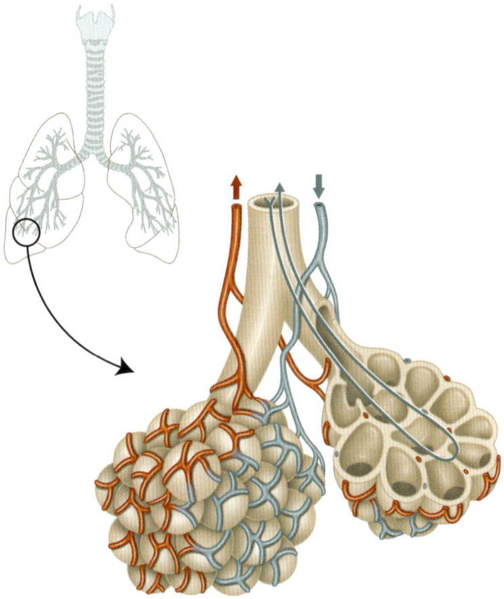

Fig. 1.4. Lobule et alvéole pulmonaire

Lors de l'inspiration, la pression dans les alvéoles est élevée, l'oxygène est donc poussé vers le sang. À l'inverse, lors de l'expiration, la pression dans les alvéoles diminue facilitant ainsi le passage du dioxyde de carbone du sang vers les alvéoles afin d'être évacué.

L'air qui arrive aux poumons est riche en oxygène dont la pression est de 100 mm Hg et pauvre en CO_2 dont la pression est de 40 mm Hg. Le sang qui arrive dans les poumons par l'artère pulmonaire est pauvre en O_2 dont la pression est de 40 mm Hg et riche en CO_2 avec une pression de 46 mm Hg. Naturellement les gaz vont diffuser vers le milieu dont la pression est moindre, ainsi l'oxygène diffuse des alvéoles vers le sang et le dioxyde de carbone du sang de l'artère pulmonaire vers les alvéoles. Le sang circule, il est donc constamment renouvelé, de ce fait, le gradient d'oxygène est maintenu. De même l'air des alvéoles étant renouvelé lors de chaque cycle respiratoire, le gradient de CO_2 est maintenu.

Le sang artériel, riche en O_2 propulsé par le cœur, va fournir de l'oxygène aux organes et aux cellules.

Au niveau cellulaire, le sang capte le dioxyde de carbone qui est un produit de dégradation cellulaire ; il sera éliminé vers l'extérieur de l'organisme lors de l'expiration après son passage à proximité des alvéoles. L'oxygène capté par les cellules va servir à oxyder des métabolites[3] pour produire de l'énergie.

Au niveau cellulaire, l'énergie issue de la respiration est convertie en énergie chimique sous forme d'ATP (adénosine triphosphate).

L'expiration

Le sang chargé en dioxyde de carbone va circuler dans le réseau veineux afin de remonter vers les poumons. Il emprunte les veinules, les veines, la veine cave et rejoint le cœur droit par l'oreillette droite, se dirige vers le ventricule droit et est propulsé dans l'artère pulmonaire puis dans des capillaires situés dans le poumon. Le sang non oxygéné arrive au niveau des capillaires qui entourent les alvéoles.

La pression du sang non oxygéné étant plus élevée que dans les alvéoles, le dioxyde de carbone va diffuser du sang vers l'air contenu dans l'alvéole.

Lors de l'expiration, l'air chargé de dioxyde de carbone va emprunter le même trajet que celui pris lors de l'inspiration afin d'être expulsé vers l'extérieur : bronchioles, subdivisions des bronches, bronches, trachée, larynx (où l'air peut faire vibrer les cordes vocales), pharynx, bouche, nez et extérieur. Ce phénomène ne nécessite pas dans le cadre d'une expiration normale de phénomène actif, il consiste simplement au relâchement des muscles sollicités lors de l'inspiration.

Les deux circulations

La petite circulation sanguine est le trajet partant du cœur droit vers le cœur gauche via les poumons où le sang se charge en oxygène. La grande circulation sanguine est le trajet partant du cœur gauche vers le cœur droit via les organes où le sang libère l'oxygène (voir fig. 2.2).

INTERACTIONS ET INTERDÉPENDANCES DU SYSTÈME RESPIRATOIRE AVEC LES AUTRES FONCTIONS

L'appareil respiratoire fonctionne en interaction avec les autres organes du corps humain.

Il fournit de l'oxygène à toutes les autres cellules, et élimine le dioxyde de carbone, déchet de la respiration.

Fonction respiratoire ↔ fonction cardiovasculaire
Les fonctions cardiaque et pulmonaire sont étroitement liées. L'efficacité de la fonction respiratoire dépend de la fonction circulatoire et inversement. Lorsque les échanges gazeux ne sont plus réalisés efficacement, le sang qui arrive au cœur est moins bien oxygéné. Le muscle cardiaque, oxygéné par les coronaires, sera alors inapte à son fonctionnement dont dépend l'oxygénation de l'ensemble de l'organisme. Lorsque le cœur présente une fonction diminuée, l'éjection vers la petite circulation est moins efficace, avec pour conséquence une diminution des échanges gazeux. Alors, la fonction respiratoire ne sera plus aussi efficace. La pompe respiratoire favorise le retour veineux.

3 Substance formée au cours du métabolisme.

Fonction respiratoire ↔ fonction neurologique
Le système respiratoire n'a pas un fonctionnement autonome, il est sous le contrôle du système nerveux central, et précisément du bulbe rachidien qui reçoit des informations qui vont modifier le rythme respiratoire. Ainsi, une atteinte neurologique de cette zone peut provoquer un arrêt respiratoire.
Fonction respiratoire ↔ fonction urinaire
C'est en association avec le rein que le poumon régule le pH sanguin. Ensemble, ils maintiennent l'équilibre acido-basique de l'organisme, le poumon par l'élimination du CO_2 et lorsque le pH s'abaisse par la polypnée, le rein par l'excrétion urinaire des ions HCO_3^-
Fonction respiratoire ↔ fonction digestive
Le muscle principal de la respiration est le diaphragme, muscle circulaire séparant le thorax de l'abdomen. Des dysfonctionnements digestifs peuvent altérer la mécanique de la respiration par difficulté de compression de l'abdomen.
Fonction respiratoire ↔ fonction locomotrice
L'expansion pulmonaire nécessite l'ouverture du gril costal par mise en jeu des articulations costales et des muscles intercostaux. Par ailleurs, l'air inspiré circule dans les sinus de la face qui agissent comme caisse de résonnance. Pour se mobiliser et pratiquer une activité physique, le système respiratoire doit augmenter sa capacité de production et fournir plus d'oxygène aux muscles car lors de l'activité la demande musculaire augmente, c'est pourquoi la fréquence respiratoire s'élève au cours d'un effort.
Fonction respiratoire ↔ fonction immunitaire
Le système respiratoire est en contact permanent avec le milieu extérieur. De ce fait, les micro-organismes susceptibles d'être pathogènes sont véhiculés en même temps que l'air inspiré. C'est pourquoi les alvéoles sont recouvertes du surfactant pulmonaire dont une des fonctions est de lutter contre les agressions extérieures.
Fonction respiratoire ↔ fonction sensorielle
L'air inspiré passe dans les cavités nasales, siège de l'olfaction. La lame criblée est percée permettant au nerf olfactif de transmettre les odeurs au système nerveux central. Une altération du passage de l'air dans les voies aériennes supérieures, en cas de rhume par exemple, altère l'olfaction, qui a une incidence sur le goût.
Fonction respiratoire ↔ fonction psychique
Les émotions, sensations, perceptions peuvent induire des modifications plus ou moins volontaires sur la fonction respiratoire : la peur coupe le souffle ; la colère, la joie ou le stress[4] peuvent accélérer ou inhiber momentanément la respiration. La fréquence respiratoire est augmentée sous l'effet du stress dans le but d'apporter plus d'oxygène aux muscles en action ou devant se mettre en action.

4 Syndrome général d'adaptation, réponse de l'organisme face à ce qu'il vit comme une agression.

PHYSIOLOGIE RESPIRATOIRE ET ACTIVITÉ PHYSIQUE

Au repos, à température moyenne, en position allongée et sans métabolisme digestif, l'organisme présente ce qu'on appelle un métabolisme basal. C'est la quantité minimale d'énergie qu'un organisme a besoin de consommer pour fonctionner au repos strict. Ce sont donc les dépenses énergétiques incompressibles qui peuvent varier selon les individus, le sexe, l'âge... Ce métabolisme basal s'évalue chez chaque individu et le résultat s'exprime en kilocalories ou en kilojoules par unité de temps. Dès que l'activité augmente, l'organisme nécessite davantage d'énergie, ce qui majore les besoins en dioxygène et en nutriments. Au cours d'un effort la contraction musculaire augmente et comme la consommation de dioxygène est proportionnelle à l'activité, la demande en oxygène s'en trouve accrue.

Pour répondre à la demande en dioxygène, l'organisme :

- accroît la ventilation pulmonaire en augmentant la fréquence respiratoire (polypnée), et l'amplitude des cycles respiratoires avec des inspirations et des expirations forcées ;
- augmente l'irrigation au niveau des alvéoles et des muscles en accélérant la fréquence cardiaque ;
- diminue l'irrigation de l'appareil digestif en réduisant momentanément la digestion éventuelle ;
- augmente l'apport sanguin au cœur, aux muscles et au cerveau.

Lorsque l'effort est modéré, peu intense et étalé dans le temps, les muscles travaillent « en aérobiose » c'est-à-dire en présence d'oxygène. Dans ce cas, la surconsommation de dioxygène est limitée à la période de l'effort.

En cas d'effort violent, la surconsommation en dioxygène est décalée dans le temps. Pendant l'effort, l'organisme va travailler en anaérobie, c'est-à-dire en l'absence d'oxygène. Si cet effort se prolonge sans oxygène et/ou sans nutriment, des crampes surviennent. Elles sont consécutives à la transformation des graisses de réserve en sucre directement utilisable sans consommation d'oxygène. Les crampes consistent en une décharge d'acide lactique dans le muscle. Ce phénomène douloureux peut intervenir pendant ou après l'effort, il est lié à l'absence de respiration cellulaire.

S'ENTRAINER

VÉRIFIER SES CONNAISSANCES

1 QCM

1. L'air que nous respirons contient :
a. 21 % d'azote
b. 1 % de gaz rares
c. 21 % d'oxygène
d. 21 % de dioxyde de carbone
e. 21 % de carbone

2. Le muscle principal de la respiration est :
a. Le scalène
b. Le dorsal
c. Le sterno-cléido-mastoïdien
d. Le pectoral
e. Le diaphragme

3. L'activation de la respiration pulmonaire dépend :
a. De l'élévation du pH
b. De la diminution de la pression partielle en oxygène
c. Des émotions
d. De la diminution du pH
e. De la diminution de la pression partielle en CO_2

4. Le surfactant pulmonaire a pour rôle de :
a. Protéger les alvéoles pulmonaires des infections
b. Permettre aux feuillets de la plèvre de glisser l'un sur l'autre
c. Faciliter l'expansion des alvéoles lors de l'inspiration
d. Protéger les voies aériennes lors de la déglutition
e. Protéger les voies digestives

5. La respiration cellulaire est assurée par :
a. Le cytoplasme
b. Les mitochondries
c. Le noyau
d. L'ADN
e. La membrane cellulaire

6. L'oxygène est principalement transporté par :
a. L'hémoglobine
b. L'hémogramme
c. Le noyau cellulaire
d. L'ADN
e. La membrane cellulaire

7. La respiration est sous contrôle central :
a. Du lobe frontal
b. De la pie-mère
c. Du tronc cérébral
d. Du cervelet
e. Du bulbe rachidien

8. L'appareil respiratoire participe à :
a. La régulation de l'équilibre acido-basique
b. L'élimination de substances toxiques pour l'organisme
c. La digestion
d. La phonation
e. L'épuration rénale

9. L'air inspiré doit arriver aux alvéoles pulmonaires :
a. Humidifié
b. Asséché
c. À température identique à la température corporelle
d. Épuré au maximum des particules inhalées
e. Riche en monoxyde de carbone

10. La phonation est un rôle exercé par :
a. Les poumons
b. La trachée
c. Le larynx
d. Le pharynx
e. La lame criblée de l'ethmoïde

❶ La fonction respiratoire

2 QROC

1. Complétez le schéma ci-dessous.

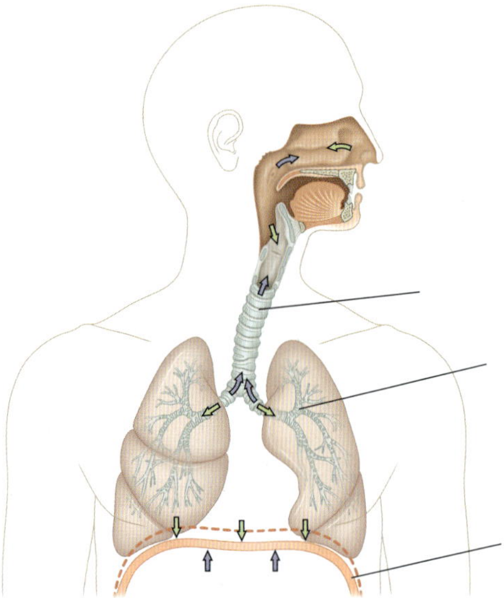

2. Définir la fonction respiratoire.

3. Énoncez la principale mission de l'appareil respiratoire.

4. Citez les voies aériennes traversées par l'air lors de l'inspiration, de l'extérieur jusqu'aux poumons.

5. Énoncez le rôle de l'épiglotte dans la respiration.

6. Complétez le schéma ci-dessous et expliquez comment s'effectue le passage de l'oxygène des alvéoles vers le sang.

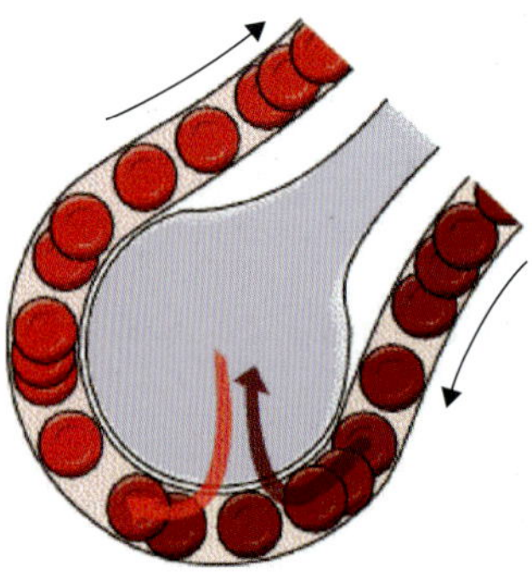

7. Expliquez les liens qui existent entre fonction respiratoire et fonction cardiaque.

8. Expliquez l'impact d'une peur sur la fonction respiratoire.

9. Expliquez en 5 lignes maximum les 2 types de vascularisation des poumons.

10. Lorsqu'un enfant nait grand prématuré, le surfactant pulmonaire ne peut pas assurer ses fonctions. Déduisez et expliquez les risques encourus par ces enfants de part les fonctions exercées par le surfactant pulmonaire.

11. Expliquez en quoi une chirurgie lourde abdominale peut avoir un impact sur la fonction respiratoire.

12. Expliquez en quoi des déformations graves du thorax peuvent impacter sur la fonction respiratoire.

13. Définissez le phénomène de diffusion des gaz de l'extérieur vers le sang.

3 RÉPONDEZ PAR VRAI OU FAUX

1. La respiration se compose de trois phases.

2. L'expiration est un phénomène actif.

3. Au cours de l'expiration le diaphragme descend.

CORRIGÉS

VÉRIFIER SES CONNAISSANCES

1 QCM

1 b, c	2 e	3 a,b,c	4 a, c	5 b
6 a	7 e	8 a, b, d	9 a, c, d	10 c

2 QROC

1. Voir figure 1.1.

2. La fonction respiratoire peut être définie comme l'ensemble des processus aboutissant aux échanges gazeux entre un organisme et son environnement.

3. La principale mission de l'appareil respiratoire est de fournir à toutes les cellules de l'organisme l'oxygène indispensable à la vie et de rejeter les déchets gazeux dont le principal est le dioxyde de carbone.

4. Les voies aériennes traversées par l'air lors de l'inspiration, de l'extérieur vers l'intérieur des poumons, sont : les fosses nasales et la cavité buccale, puis le cavum (arrière-nez), le pharynx (arrière-gorge), le larynx, la trachée, les bronches qui se subdivisent en bronchioles jusqu'aux lobules, et enfin les alvéoles pulmonaires où se produisent des échanges gazeux.

5. L'épiglotte est un clapet qui permet la fermeture hermétique des voies aériennes lors de la déglutition. Elle protège donc les voies aériennes de l'entrée de liquides ou d'aliments dans celles-ci.

6.

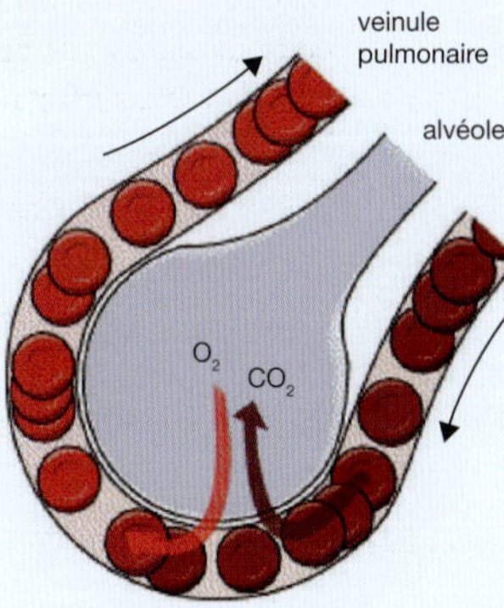

Les échanges gazeux s'effectuent à travers la barrière alvéolo-capillaire par un phénomène de diffusion. Un gaz diffuse toujours d'un milieu où règne une pression élevée vers un milieu où règne une pression moins élevée.

Lors de l'inspiration, la pression dans les alvéoles est plus élevée que celle qui règne dans les vaisseaux sanguins ; de ce fait, l'oxygène est donc « poussé » vers le sang.

7. Les fonctions cardiaques et pulmonaires sont étroitement liées. L'efficacité de la fonction respiratoire dépend de la fonction circulatoire et inversement.

Lorsque les échanges gazeux ne sont plus réalisés efficacement, le sang qui arrive au cœur est moins bien oxygéné. Le myocarde (muscle cardiaque), oxygéné par les artères coronaires, sera alors inapte à son fonctionnement, c'est-à-dire à la propulsion du sang oxygéné lors de la contraction ventriculaire gauche vers l'ensemble des cellules de l'organisme, afin d'assurer leur oxygénation.

Lorsque le cœur présente une fonction diminuée, l'éjection ventriculaire droite vers la petite circulation sera moins efficace, avec pour conséquence une diminution des échanges gazeux qui ne seront pas aussi performants. De ce fait, la fonction respiratoire ne sera plus aussi efficace.

Par ailleurs les mouvements respiratoires favorisant le retour veineux au cœur droit, celui-ci sera amoindri ce qui aura une répercussion sur l'oxygénation du sang veineux.

8. Les émotions peuvent induire des modifications plus ou moins volontaires sur la fonction respiratoire : la peur coupe le souffle, elle peut accélérer ou inhiber momentanément la respiration.

La fréquence respiratoire est augmentée sous l'effet du stress généré par la peur dans le but d'apporter plus d'oxygène aux muscles, pour qu'ils puissent se mettre en action si nécessaire.

9. Le poumon présente deux types de vascularisation, la vascularisation fonctionnelle qui amène le sang veineux aux alvéoles pour y être enrichi en oxygène et la vascularisation nourricière qui assure l'irrigation de l'ensemble du poumon.

10. Le surfactant pulmonaire protège les parois des voies aériennes intra-parenchymateuses.

Rôle	Risque encouru
Se défendre contre les micro-organismes	Infection pulmonaire
Faciliter l'expansion des alvéoles lors de l'inspiration (réduction de la tension superficielle air/liquide)	Détresse respiratoire par limitation de la capacité des alvéoles à « gonfler » lors de l'arrivée de l'air inspiré
Éviter aux alvéoles de se collaber	Détresse respiratoire par diminution du nombre d'alvéoles fonctionnelles : celles qui sont collabées sont collées, elles ne peuvent plus se remplir d'air et participer aux échanges gazeux
Assurer la perméabilité des alvéoles pulmonaires (effet anti-œdémateux)	Détresse respiratoire par augmentation du risque d'œdème intra-alvéolaire : les parois œdématiées perdent une partie de leur capacité à se remplir d'air ce qui entraîne une diminution des échanges gazeux.

11. Le muscle principal de la respiration est le diaphragme, muscle circulaire qui sépare le thorax de l'abdomen. En cas de chirurgie abdominale, le patient, à cause de la douleur et de la cicatrice, va diminuer la mobilisation de son diaphragme. Il va ainsi diminuer les mouvements actifs nécessaires à une ventilation optimale, ces mouvements aboutissant à la compression des organes abdominaux. De ce fait la fonction respiratoire sera moins efficace.

12. L'expansion pulmonaire nécessite l'ouverture du gril costal par la mise en jeu des articulations costales et des muscles intercostaux. Aussi des déformations graves situées au niveau du thorax peuvent empêcher l'expansion pulmonaire par limitation mécanique. Le patient développe alors une insuffisance de sa fonction respiratoire au long cours.

13. Les échanges gazeux s'effectuent à travers la barrière alvéolo-capillaire par un phénomène de diffusion. La diffusion est la tendance d'un gaz à passer d'un lieu où règne une pression élevée à un lieu où la pression est basse jusqu'à atteindre l'équilibre entre les deux milieux. Dans le cadre de la respiration, l'oxygène peut passer de l'état gazeux dans les alvéoles où il règne une pression élevée à l'état dissous dans les capillaires sanguins où règne une pression basse. Il se fixera ensuite sur l'hémoglobine.

3 VRAI OU FAUX

1. La respiration se compose de trois phases. Faux, elle comprend deux phases : l'inspiration et l'expiration.

2. L'expiration est un phénomène actif. Faux, il s'agit d'un phénomène passif lié au relâchement des muscles respiratoires.

3. Au cours de l'expiration le diaphragme descend. Faux, le diaphragme monte.

2 La fonction cardiovasculaire

COMPRENDRE

Comme tous les êtres vivants, notre corps a besoin d'éléments indispensables pour vivre : l'eau, les éléments nutritifs et l'oxygène. C'est par la circulation sanguine que chaque cellule de l'organisme reçoit ce dont elle a besoin pour se renouveler et produire de l'énergie. L'appareil circulatoire ou appareil cardiovasculaire est en interrelation avec d'autres systèmes biologiques, afin de permettre le bon fonctionnement des organes et les échanges entre les différentes fonctions. Dans le corps humain, la grande majorité des systèmes contribuent à maintenir un milieu interne stable, l'organisme est dit en état d'homéostasie.

GÉNÉRALITÉS

Définition

L'appareil circulatoire est un ensemble constitué par le cœur et les vaisseaux sanguins du corps humain. Véritable réseau routier, le système cardiovasculaire permet principalement de transporter le sang afin d'établir des échanges cellulaires permanents, allant de l'absorption des nutriments à l'élimination des déchets.

La circulation sanguine correspond au mouvement du sang au sein des conduits dans lesquels il se déplace.

Le sang est constitué d'un liquide, le plasma, contenant des cellules (globules rouges, globules blancs, plaquettes et autres cellules) ainsi que des gaz et autres matériaux nécessaires à la vie.

Les conduits sont constitués de canaux qui se ramifient : ce sont les artères, les artérioles, les capillaires et les veines.

Mécanisme

Le cœur, par son action de pompe, propulse le sang à l'intérieur du corps humain pour alimenter tous les tissus. Les vaisseaux sanguins, quant à eux, assurent son transport et sa circulation.

La circulation sanguine fournit aux cellules de l'organisme l'oxygène et les substances dont elles ont besoin pour vivre et assurer leur rôle dans le fonctionnement des organes. Pour ce faire, le sang emprunte deux circuits :

- un circuit qui permet de ré-oxygéner le sang au contact des alvéoles pulmonaires ; c'est la circulation pulmonaire ou petite circulation.
- un circuit qui irrigue les organes en sang ré-oxygéné ; c'est la circulation systémique ou grande circulation.

Le sang circule à sens unique dans un système circulatoire clos et hiérarchisé :

- Les artères, artère pulmonaire et aorte, gros vaisseaux sanguins, amènent le sang aux organes à partir du cœur.
- Au contact des organes, le sang circule dans des vaisseaux sanguins très fins, appelés capillaires.
- Les veines capillaires et les veines caves (supérieure et inférieure) ramènent le sang au cœur ; elles se déversent dans l'oreillette droite.

Le système circulatoire fonctionne en circuit fermé. Il possède une pompe et utilise différents circuits.

La pompe

Le cœur, moteur principal, envoie le sang à l'organisme par l'aorte. C'est un muscle particulier doté d'une activité motrice qui génère sa propre impulsion. Cette dernière est permise grâce au tissu nodal, système doué d'une activité électrique, autonome et permanente, indépendante des centres nerveux supérieurs.

Le cœur doit cependant s'adapter à des situations diverses (marche, course, effort...) et se moduler en fonction des besoins de l'organisme. Cette modulation est assurée par le système nerveux autonome (SNA) lui-même divisé en deux branches : le système nerveux sympathique (SNS) et le système nerveux parasympathique (SNPS).

- Le système nerveux sympathique (centre cardio-accélérateur) accélère le cœur et la force de contraction musculaire.
- Le système nerveux parasympathique (centre cardio-modérateur) ralentit le rythme cardiaque ; il est antagoniste du système nerveux sympathique.

L'adaptabilité du système nerveux autonome face aux demandes de l'organisme et aux stress permet à ce dernier de maintenir l'équilibre.

Les circuits

- Un circuit aller : les artères reçoivent le sang de l'aorte, le distribuent aux autres artères plus petites que sont les artérioles.
- Un circuit d'échanges : le réseau des capillaires où les éléments nutritifs sont transportés aux organes et cellules de destination.
- Deux circuits de retour : les veines et les vaisseaux lymphatiques ; les veines assurent le retour du sang chargé de déchets et les vaisseaux lymphatiques permettent le transport du liquide contenant des cellules et des grosses protéines.

ANATOMIE ET PHYSIOLOGIE

Le sang

Le sang, visqueux et opaque, constitue 8 % de la masse corporelle. Chez l'homme sain, son volume est de 5 à 6 litres ; il est le seul tissu liquide de l'organisme. Ce tissu complexe est composé d'éléments figurés ou cellules sanguines (45 % du sang total), en suspension dans un liquide appelé plasma (55 % du sang total).

Légèrement alcalin, son pH varie entre 7,35 et 7,45.

Riche en oxygène, il présente une couleur écarlate. Pauvre en oxygène, il possède une couleur rouge sombre.

Les éléments figurés du sang

Ils sont constitués de trois types de cellules :

- les globules rouges ou hématies ou érythrocytes ;
- les globules blancs ou leucocytes ;
- les plaquettes ou thrombocytes.

Ces cellules ont toutes la même origine : elles sont issues de la moelle osseuse rouge ou tissu myéloïde, selon un processus complexe baptisé hématopoïèse. Il existe dans la moelle osseuse des cellules indifférenciées, appelées hémocytoblastes, à partir desquelles émergent toute la série des cellules sanguines. Ces dernières sont dites « cellules souches » : elles constituent les cellules originelles de toute cellule sanguine, auxquelles elles donnent naissance par des mitoses (division cellulaire conservatrice) successives. Une fois la maturation des cellules complétée, elles quittent la moelle osseuse rouge et se retrouvent dans le sang circulant.

Les érythrocytes

Les globules rouges ont une durée de vie de 120 jours. Leur nombre varie entre 5 à 8 millions/mm^3 ou 5 à 8×10^{12} par litre de sang. Leur fonction essentielle est d'apporter l'oxygène à tous les organes du corps humain, mais c'est la quantité d'hémoglobine (protéine fixant le fer) présente dans la circulation sanguine qui détermine véritablement l'efficacité du transport de l'oxygène par les érythrocytes.

Le sang normal contient 12 à 18 grammes d'hémoglobine par décilitre ; la teneur en hémoglobine est légèrement supérieure chez l'homme par rapport à la femme.

Les jeunes globules rouges fabriqués depuis 24 heures ou moins, sont appelés réticulocytes ; leur pourcentage par rapport au nombre total de globules rouges permet d'évaluer directement la production issue de la moelle osseuse (ou production médullaire).

Les leucocytes

Leur nombre varie de 4 à 8 000/mm^3 ou 4 à 8×10^9 par litre de sang. Ils jouent un rôle essentiel dans la lutte contre les maladies et défendent l'organisme contre les bactéries, les virus, les parasites ainsi que les cellules tumorales.

Les leucocytes se divisent en deux grandes catégories :

- les granulocytes : globules blancs contenant des granulations ;
- les agranulocytes : globules blancs dépourvus de granulations.

Le point commun de tous ces éléments est d'être impliqués dans la défense immunitaire de l'organisme, c'est-à-dire la défense contre les agressions extérieures microbiennes ou chimiques.

On distingue trois catégories de granulocytes ; chacune d'elles possède une fonction spécifique.

- Les granulocytes neutrophiles : leur durée de vie, extrêmement courte, est de 1 à 2 jours. Ils phagocytent les bactéries et interviennent en premier, lors d'infections aiguës.
- Les granulocytes éosinophiles : leur nombre augmente rapidement en présence d'allergies ou d'infections par des parasites (parasitose).
- Les granulocytes basophiles : les moins nombreux des globules blancs ; ils interviennent en cas d'inflammation.

La deuxième catégorie de leucocytes, les agranulocytes, comprend les lymphocytes et les monocytes.

– Les lymphocytes jouent un rôle important dans la réaction immunitaire. On distingue les lymphocytes B qui sécrètent des anticorps et les lymphocytes T qui ne secrètent pas d'anticorps ou très peu. Chaque lymphocyte est programmé pour réagir avec une, et une seule, substance chimique étrangère à l'organisme appelée antigène.

– Les monocytes ont un rôle capital dans la lutte contre les infections chroniques. Ils ne vivent que quelques heures dans le sang, puis s'établissent dans les tissus en se modifiant. Ils deviennent alors macrophages (littéralement « mangeurs de cellules ») ; leurs propriétés sont la phagocytose et la digestion des bactéries ainsi que des cellules mortes.

Les thrombocytes

Les plaquettes, ou thrombocytes, sont au nombre de 300 000/mm^3 ou 250 000 à 500 000 $\times$ 10^9 par litre de sang. Leur durée de vie est d'environ 10 jours. Particules cytoplasmiques, elles contiennent de nombreuses enzymes et sont capables de produire une grande quantité d'énergie.

Les plaquettes sont nécessaires au processus de coagulation pour empêcher les hémorragies lors d'effractions vasculaires. Dès qu'il existe une brèche vasculaire (ou rupture d'un vaisseau sanguin par traumatisme par exemple), les plaquettes adhèrent à la lésion et s'agrègent ; collées les unes aux autres, elles forment un amas visqueux appelé « clou plaquettaire » et obturent la brèche. Elles sont ainsi le premier activateur de l'hémostase (coagulation). L'hémostase s'effectue en trois phases qui se succèdent rapidement : la formation du clou plaquettaire en premier lieu ; les spasmes vasculaires ensuite ; et enfin la coagulation ou formation du caillot.

Le plasma

De couleur jaunâtre et composé de 90 % d'eau, il constitue la partie liquide du sang. Il transporte :

- les nutriments absorbés au niveau du tube digestif ;
- des hormones fabriquées par les glandes endocrines ;
- des enzymes libérées lors de la destruction cellulaire ;
- des gaz dissous issus des processus de la ventilation pulmonaire ;
- de nombreux électrolytes.

Les protéines plasmatiques sont les plus abondantes des solutés du plasma ; elles accomplissent différentes fonctions :

- Les albumines : elles contribuent à la pression oncotique du sang, laquelle maintient l'eau dans la circulation sanguine, et servent de transporteurs pour diverses substances.
- Les globulines : elles comprennent des molécules de transport et des anticorps (ou immunoglobulines) qui protègent l'organisme contre les substances et les agents pathogènes.
- Les facteurs de coagulation : ils concourent à arrêter l'épanchement de sang à la suite de la rupture d'un vaisseau sanguin.

À tout moment, divers organes interagissent afin de maintenir l'équilibre plasmatique vital. Les mécanismes homéostatiques conservent ainsi au plasma une composition relativement constante : à titre d'exemple, lorsque le sang devient trop acide (acidose) ou trop alcalin (alcalose), le système respiratoire et les reins entrent en action pour rétablir le pH normal du plasma.

Vaisseaux sanguins, artères, veines et capillaires

Le sang circule à l'intérieur des vaisseaux sanguins qui forment un réseau de transport fermé. C'est la partie vasculaire du système cardiovasculaire.

Au sein de l'organisme, les contractions du cœur chassent le sang dans les grosses artères issues des ventricules. Le sang chemine ensuite des artères jusqu'aux artérioles (artères de quelques dixièmes de millimètre de diamètre) qui aboutissent dans les capillaires. À la sortie des capillaires, le sang emprunte les veinules, les veines et enfin les grosses veines (veines caves) qui convergent au cœur.

Dans la circulation systémique (grande circulation), le sang, riche en oxygène, est transporté par les artères, du cœur vers les capillaires. Les vaisseaux qui véhiculent le sang éjecté par les ventricules sont les vaisseaux efférents : artère pulmonaire et aorte.

Dans la circulation pulmonaire (petite circulation), le sang, pauvre en oxygène et riche en gaz carbonique, est transporté par les veines, depuis les capillaires vers le cœur. Les vaisseaux qui amènent le sang au cœur sont les vaisseaux afférents : veines caves supérieure et inférieure et veines pulmonaires.

Principales artères de la circulation systémique

L'aorte est la plus grosse artère de la circulation. Ses parties sont nommées conformément à leur forme et leur localisation. On distingue ainsi :

- l'aorte ascendante ;
- la crosse aortique ;
- l'aorte thoracique ;
- l'aorte abdominale.

Principales veines de la circulation systémique

Les veines convergent vers les deux veines caves qui se déversent dans l'oreillette droite du cœur. On distingue :

- la veine cave supérieure ;
- la veine cave inférieure.

Les circulations spéciales

Des circulations particulières concernent des réseaux spécifiques.

- Les artères de l'encéphale et le cercle artériel du cerveau : l'encéphale a en effet besoin d'un apport sanguin continu, un manque de sang pendant quelques minutes pouvant entraîner des détériorations irréversibles. Les artères carotides internes et les artères cérébrales font en particulier partie de ce réseau spécifique.
- Le système porte hépatique : les veines du système porte hépatique drainent les organes digestifs, la rate et le pancréas.
- La circulation fœtale : les échanges s'effectuent dans le placenta. La circulation fœtale utilise en particulier une grande veine ombilicale et deux petites artères ombilicales.

La circulation sanguine

La circulation sanguine assure les apports de nutriments et de dioxygène aux organes ; elle assure également le transport des déchets vers les reins ainsi que l'acheminement du dioxyde de carbone vers les poumons. Elle amène à chaque cellule ce dont elle a besoin pour former et renouveler ses structures et produire de l'énergie.

La circulation pulmonaire

Elle amène le sang veineux, pauvre en oxygène, riche en dioxyde de carbone (gaz carbonique) au contact des alvéoles pulmonaires, pour éliminer le gaz carbonique en excès et se charger en oxygène. Elle s'effectue par l'artère pulmonaire qui naît du ventricule droit et se subdivise en un grand nombre de branches. Après s'être oxygéné, le sang regagne le cœur par des veinules, des veines et de grosses veines pulmonaires qui débouchent dans l'oreillette gauche.

La petite circulation fonctionne à basse pression.

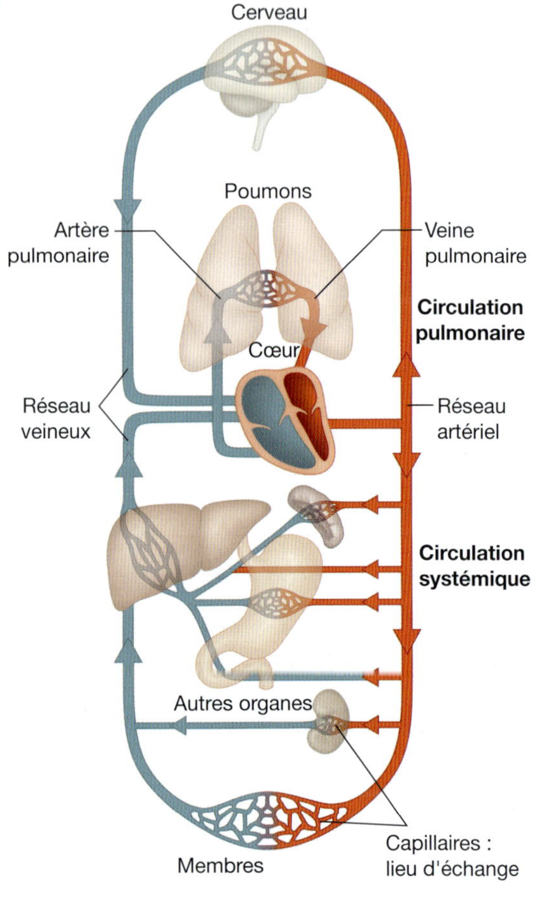

Fig. 2.1. Circulations pulmonaire et systémique

La circulation systémique

Elle amène aux cellules le sang artériel riche en oxygène et pauvre en gaz carbonique. Elle s'effectue par l'artère aorte qui naît du ventricule gauche. Une fois les échanges réalisés au sein des organes, le sang regagne le cœur par l'intermédiaire des veinules, des veines, puis des veines de gros calibre qui débouchent dans la veine cave inférieure (moitié inférieure du corps) et la veine cave supérieure (moitié supérieure du corps). Les deux veines caves se jettent dans l'oreillette droite.

La grande circulation fonctionne à haute pression.

Cœur et régulation cardiovasculaire

Le cœur

Le cœur réunit deux parties indépendantes qui fonctionnent de façon synchrone : le cœur droit et le cœur gauche. Chaque partie, droite et gauche, est formée d'une oreillette qui reçoit le sang des veines, puis d'un ventricule qui, en se contractant, expulse le sang dans l'artère.

Les contractions rythmiques des ventricules droit et gauche mettent le sang en mouvement.

Au gré des contractions cardiaques, le sang entre dans le cœur, en ressort pour circuler dans l'ensemble de l'organisme et continuer en boucle le même mécanisme.

Le cœur transporte près de 1 500 fois par jour l'équivalent de 5,5 litres de sang dans les vaisseaux sanguins : il pompe ainsi près de 8 000 litres de sang en une seule journée !

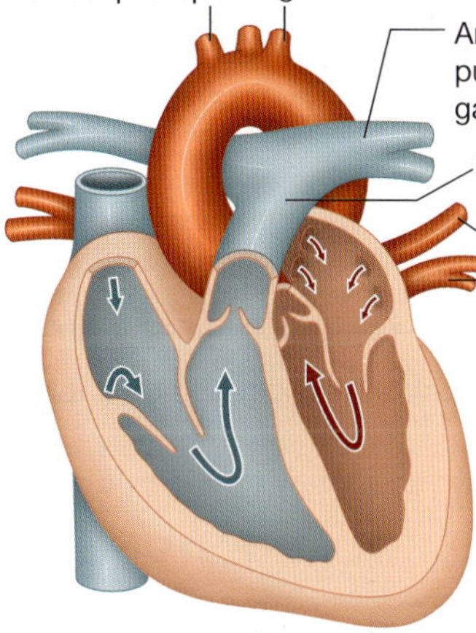

Fig. 2.2. Circulation du sang à l'intérieur du cœur

La circulation coronarienne

L'apport sanguin qui oxygène et nourrit le cœur est assuré par les artères coronaires droite et gauche qui naissent de la base de l'aorte. Ces dernières, ainsi que leurs principales ramifications, sont comprimées lorsque les ventricules se contractent et se remplissent de sang quand le cœur se relâche.

Pouls et pression artérielle

Le pouls et la pression artérielle sont des indicateurs de l'efficacité de la circulation. Leur mesure, avec celle de la fréquence respiratoire et de la température, constitue un contrôle des paramètres vitaux.

Le pouls artériel

Il correspond au choc du sang contre l'aorte au moment de son éjection du ventricule gauche. Le pouls équivaut à la fréquence cardiaque (battements/minute) et nous renseigne sur la vigueur et le rythme cardiaque.

Le pouls moyen est de 70 à 80 battements par minute chez l'adulte sain au repos. Il se perçoit au doigt (index et majeur) en comprimant légèrement une artère superficielle contre un plan osseux.

Les zones de l'organisme où le pouls est le plus facilement palpable sont :

- le poignet (artère radiale) ;
- les faces latérales du cou (artères carotides) ;
- l'aine (artère fémorale).

La pression artérielle

À chaque contraction, le cœur envoie dans les vaisseaux une quantité de sang avec une vigueur plus ou moins forte. La pression artérielle correspond à la pression du sang dans les artères. On parle aussi de tension artérielle car cette pression est aussi la force exercée par le sang sur la paroi des artères (tension de cette paroi). La tension résulte donc de la pression du sang et de l'élasticité de la paroi de l'artère.

Les variations de pression artérielle dépendent de trois facteurs.

- Le débit cardiaque : il représente la quantité de sang que le ventricule gauche envoie lors de chaque systole dans le réseau artériel ; au repos, il est de 5 litres de sang par minute.

– Le calibre vasculaire : la vasoconstriction tend à augmenter la pression artérielle, tandis que la vasodilatation tend à la diminuer.

– Le volume de la masse totale de sang : toute augmentation de cette masse entraîne une élévation de la pression artérielle, tandis qu'une diminution (hémorragie par exemple) entraîne une baisse de la pression.

La pression artérielle est exprimée par deux unités de mesures, en cm de mercure (cm Hg) ou en mm de mercure (mm Hg) :

– La pression maximale au moment de la contraction du cœur ou systole (chiffre supérieur).

– La pression minimale au moment du relâchement du cœur ou diastole (chiffre inférieur).

INTERACTION ET INTERDÉPENDANCE DE L'APPAREIL CARDIOVASCULAIRE AVEC LES AUTRES FONCTIONS

Au niveau de l'organisme, la fonction cardiovasculaire apporte l'oxygène et les nutriments aux cellules et tissus et élimine les déchets. Cependant, même si cette fonction est la clé de voûte de l'homéostasie, elle est en interrelation avec d'autres fonctions.

Fonction cardiovasculaire ↔ fonction respiratoire
Le système respiratoire assure les échanges gazeux, une altération de ces échanges aura une incidence sur l'activité cardiaque. En effet, un sang mal ou peu oxygéné aura des répercussions sur l'oxygénation du myocarde qui ne sera pas en mesure d'assurer correctement l'éjection ventriculaire.
Fonction cardiovasculaire ↔ fonction neurologique
Le système nerveux autonome (SNA) concourt à la régulation de la fréquence cardiaque et de la pression artérielle. Il est composé de neurones qui régissent l'activité du muscle cardiaque. Les systèmes nerveux sympathique et parasympathique ont des actions antagonistes. L'activation du sympathique entraîne une augmentation de la fréquence cardiaque et de la pression artérielle. L'activation du parasympathique entraîne, quant à elle, une diminution de cette même fréquence et de la pression.
Fonction cardiovasculaire ↔ fonction immunitaire
Le système cardiovasculaire véhicule les lymphocytes et les anticorps. Le système lymphatique recueille les protéines plasmatiques échappées des capillaires du cœur et des vaisseaux sanguins et les renvoie dans le système cardiovasculaire. Le sang est la source de la lymphe (liquide interstitiel échappé des capillaires sanguins). Le transport de la lymphe est assuré par les pompes musculaire et respiratoire et par la contraction des muscles lisses des parois des vaisseaux lymphatiques.
Fonction cardiovasculaire ↔ fonction digestive
Le système digestif fournit au cœur et aux vaisseaux sanguins les nutriments essentiels à leur bon fonctionnement. Il favorise l'absorption du fer nécessaire à la synthèse de l'hémoglobine, et de l'eau indispensable au maintien d'un volume du sang circulant. Les hormones du tube digestif sont distribuées dans l'organisme grâce au système cardiovasculaire.

Fonction cardiovasculaire ↔ fonction éliminatrice
La composition du sang dépend de l'alimentation, du métabolisme cellulaire et du débit urinaire. Pour maintenir cette composition, les reins interviennent pour : éliminer les déchets ; maintenir l'équilibre hydrique, électrolytique et acido-basique par phénomène d'absorption, de sécrétion et d'élimination.
L'érythropoïétine fabriquée par les reins stimule la production des érythrocytes. La pression artérielle maintient la fonction rénale : un abaissement important de la pression artérielle (< 6 mm Hg) se traduit par une absence de filtration glomérulaire, ce qui peut entraîner un bas débit rénal et aboutir à une insuffisance rénale.
Fonction cardiovasculaire ↔ fonction locomotrice
Les os sont le siège de l'hématopoïèse, c'est-à-dire de la formation des éléments figurés du sang (hématies, leucocytes, plaquettes) au niveau de la moelle rouge. Le calcium nécessaire à l'activité cardiaque se fixe sur les os. La distribution du sang aux tissus périphériques doit s'adapter aux variations des besoins locaux et généraux. Au repos, les organes ayant une activité métabolique importante reçoivent l'essentiel de la masse sanguine. La moitié du volume sanguin se répartit entre le foie et les reins ; les muscles n'en reçoivent que 15 %. Lors d'exercices, cette masse sanguine est redistribuée aux muscles à hauteur de 80 % de cette masse. Il s'opère de façon concomitante une augmentation du débit sanguin au niveau de certains territoires musculaires et une diminution de ce débit dans d'autres territoires. Le système sympathique innerve les muscles contenus dans la paroi des vaisseaux systémiques entraînant ainsi une contraction des muscles situés dans la paroi des vaisseaux.
Fonction cardiovasculaire ↔ fonction endocrinienne
Le sang véhicule les hormones ; plusieurs d'entre elles influent sur le volume sanguin, la pression artérielle et la contractilité cardiaque. Elles interviennent aussi dans le maintien de l'équilibre hydroélectrolytique ainsi que sur la régulation du métabolisme cellulaire et l'équilibre énergétique.

Points clés à retenir

▶ L'ensemble de l'appareil circulatoire est l'objet d'une régulation précise et complexe qui fait intervenir différents mécanismes. Il participe à l'équilibre du milieu intérieur par la régulation de la pression artérielle et de la température intra-corporelle.

▶ Le cœur fonctionne comme une pompe. Les deux parties qu'il réunit, cœur droit et cœur gauche, fonctionnent de façon synchrone. Les circulations pulmonaire et systémique empruntent chacune un trajet spécifique afin de permettre les échanges nécessaires au fonctionnement des différents organes et tissus et le transport des déchets du métabolisme cellulaire. Ces échanges sont indispensables pour garantir le bon fonctionnement et l'homéostasie au sein de l'organisme.

S'ENTRAINER

VÉRIFIER SES CONNAISSANCES

1 QCM

1. La diminution du nombre d'hématies contenues dans le sang est une :

a. Anoxie
b. Anoxémie
c. Anémie
d. Anomie

2. L'accélération de la fréquence des pulsations cardiaques s'appelle :

a. Tachycardie
b. Bradycardie
c. Cardioplégie
d. Cardiomégalie

3. La formation des globules du sang s'appelle :

a. Hémoglobine
b. Hémolyse
c. Érythropoïèse
d. Hématopoïèse

4. Les érythrocytes ont une durée de vie de :

a. 30 jours
b. 50 jours
c. 90 jours
d. 120 jours

5. Les érythrocytes ont pour fonction essentielle :

a. D'apporter l'oxygène à tous les organes
b. D'apporter le dioxyde de carbone à tous les organes
c. De maintenir le pH à un taux stable
d. De participer au mécanisme de défense

2 **1.** Annotez le schéma ci-dessous.

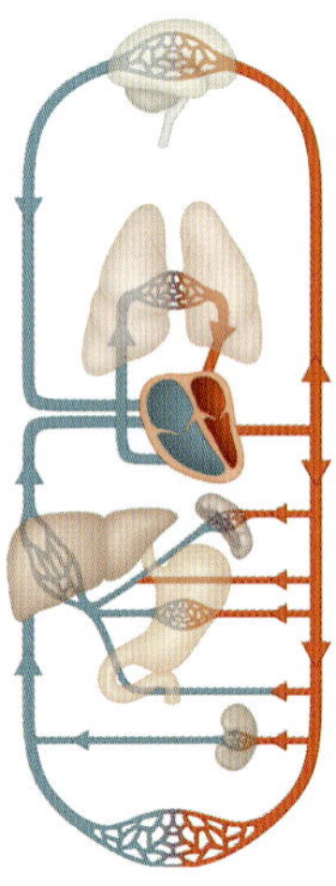

2. Expliquez en 10 à 12 lignes maximum le fonctionnement de la grande et de la petite circulation.

3. Commentez les résultats de la numération formule sanguine suivante (les valeurs normales de toutes les lignées sont attendues). Nommez le résultat obtenu en cas d'anomalie.

Éléments sanguins	Résultats de la NFS	Anomalies	Valeurs normales
Hématies	4,5 millions/mm^3		
Leucocytes	14 100/mm^3		
Polynucléaires neutrophiles	11 900/mm^3		
Polynucléaires éosinophiles	150/mm^3		
Polynucléaires basophiles	50/mm^3		
Lymphocytes	1 500/mm^3		
Monocytes	500/mm^3		
Plaquettes	543 000/mm^3		
Hémoglobine	9,3 g/dl		

4. Énoncez brièvement le but de la fonction cardiovasculaire.

5. Expliquez le fonctionnement du système cardiovasculaire.

6. Complétez le texte lacunaire ci-dessous.

Le sang, visqueux et opaque, constitue .... % de la masse corporelle. Chez l'homme sain, son volume est de .... litres ; il est le seul .... liquide de l'organisme. Il est composé d'éléments figurés ou cellules sanguines qui représentent environ .... % du sang total, en suspension dans un liquide appelé .... qui représente environ .... % du sang total.
Son pH varie entre .... et ....
Les éléments figurés du sang sont constitués de trois types de cellules :
– les globules rouges ou .... ou .... ;
– les globules blancs ou........ ;
– les plaquettes ou ....
Ces cellules ont toutes la même origine : elles sont issues de la .... ou tissu myéloïde, selon un processus complexe appelé ....

7. Énoncez le rôle des plaquettes.

8. Énoncez le rôle du plasma.

9. Citez les trois types de protéines plasmatiques les plus abondantes et indiquez pour chacune d'elle leurs différentes fonctions.

10. Annotez le schéma suivant.

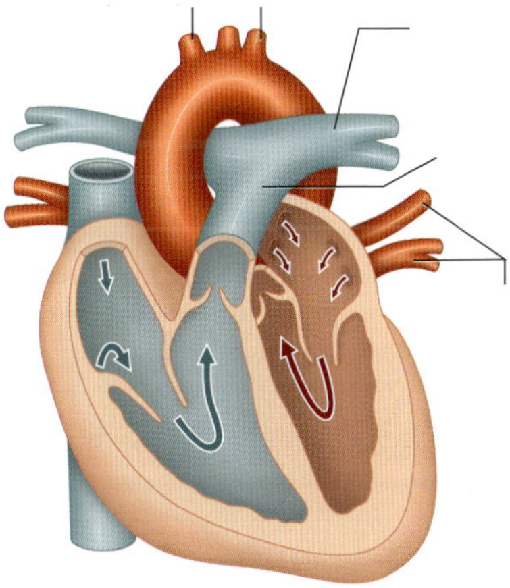

11. Énoncez le rôle des artères coronaires.

3 Répondez par Vrai ou Faux.

1. L'hémoglobine (protéine fixant le fer) détermine véritablement l'efficacité du transport de l'oxygène par les érythrocytes.

2. Le sang normal contient 10 à 13 grammes d'hémoglobine par décilitre.

3. La teneur en hémoglobine est légèrement inférieure chez l'homme par rapport à la femme.

4. Les globules rouges fabriqués depuis 24 heures ou moins sont appelés réticulocytes.

5. Le pourcentage des réticulocytes par rapport au nombre total d'hématies permet d'évaluer directement la production issue de la moelle osseuse.

6. Les leucocytes jouent un rôle essentiel dans le transport de l'oxygène.

7. Les leucocytes jouent un rôle essentiel dans la lutte contre les maladies.

8. Les réticulocytes défendent l'organisme contre les bactéries, les virus, les parasites ainsi que les cellules tumorales.

9. Les globules blancs s'appellent des leucocytes.

10. Les granulocytes sont des leucocytes contenant des granulations.

11. Les agranulocytes sont des leucocytes dépourvus de granulations.

12. Le point commun de tous les leucocytes est d'être impliqués dans la défense immunitaire de l'organisme, c'est-à-dire la défense contre les agressions extérieures microbiennes.

13. Les granulocytes neutrophiles augmentent rapidement en présence d'allergies ou d'infections par des parasites.

14. La pression artérielle est exprimée par deux unités de mesure, en cm de mercure (cm Hg) ou en mm de mercure (mm Hg).

15. La pression maximale au moment de la contraction du cœur, ou systole, correspond au chiffre supérieur de la tension artérielle.

16. La pression minimale au moment du relâchement du cœur, ou diastole, correspond au chiffre inférieur de la tension artérielle.

CORRIGÉS

VÉRIFIER SES CONNAISSANCES

1 QCM

1 c ; 2 a ; 3 d ; 4 d ; 5 a.

2

1. Voir figure 2.1.

2. La petite circulation, ou circulation pulmonaire, amène le sang veineux, qui provient de l'ensemble de l'organisme, pauvre en oxygène et riche en gaz carbonique, au contact des alvéoles pulmonaires, par l'artère pulmonaire pour que l'hématose puisse se réaliser (rejet du CO_2 et charge en O_2). Après s'être oxygéné, le sang regagne le cœur gauche par les 4 veines pulmonaires qui arrivent dans l'oreillette gauche. La petite circulation fonctionne à basse pression.

La circulation systémique, ou grande circulation, amène aux cellules de l'organisme le sang artériel riche en oxygène et pauvre en gaz carbonique. Le transport sanguin est réalisé grâce à l'artère aorte qui naît du ventricule gauche. Une fois les échanges réalisés au sein des organes, le sang regagne le cœur droit par l'intermédiaire de veinules puis de veines de gros calibre qui s'abouchent dans les veines caves qui se jettent dans l'oreillette droite. La grande circulation fonctionne à haute pression.

3.

Éléments sanguins	Résultat de la NFS	Anomalies	Valeurs normales
Hématies	4,5 millions/mm^3		3,5 à 5 millions/mm^3
Leucocytes	14 100/mm^3	Augmentés : hyper-leucocytose	4 000 à 10 000/mm^3
Polynucléaires neutrophiles	11 900/mm^3	Augmentés : neutrocytose	2 000 à 4 000/mm^3
Polynucléaires éosinophiles	150/mm^3	X	X
Polynucléaires basophiles	50/mm^3	X	X
Lymphocytes	1 500/mm^3	X	1 000 à 4 000/mm^3
Monocytes	500/mm^3	X	400 à 800/mm^3
Plaquettes	543 000/mm^3	Augmentées : thrombo-cytose	150 000 à 400 000/mm^3
Hémoglobine	9,3 g/dl	Abaissée : anémie	12 à 16 g/dl

4. Le but de la fonction cardiovasculaire est d'apporter aux cellules de l'organisme les éléments indispensables à son fonctionnement et à sa vie. Parmi ces éléments, les plus importants sont les nutriments et l'oxygène.

5. Le fonctionnement du système cardiovasculaire

Le cœur est un muscle doté d'une activité motrice qui génère sa propre impulsion ; il est comparable à une pompe qui propulse le sang à l'intérieur du corps humain pour alimenter tous les tissus. Ceci est possible grâce au tissu nodal, système doué d'une activité électrique, autonome et permanente, indépendante des centres nerveux supérieurs.

Le système cardiovasculaire utilise les vaisseaux sanguins, qui sont des canaux ou des conduits, pour acheminer les nutriments et l'oxygène contenus dans le sang, nécessaires au fonctionnement des cellules.

Le sang circule à sens unique, dans un système circulatoire en circuit fermé qui comprend : les artères (avec artère pulmonaire et aorte, gros vaisseaux sanguins) qui amènent le sang aux organes à partir du cœur ; les veines (avec veines caves supérieure et inférieure) qui ramènent le sang au cœur au niveau de l'oreillette droite.

Pour s'adapter aux différentes situations, il est aidé par le système nerveux autonome (SNA) lui-même divisé en deux branches :

– le système nerveux sympathique (SNS) qui est un centre cardio-accélérateur : il accélère le cœur et la force de contraction musculaire ;

– le système nerveux parasympathique (SNPS), antagoniste du système nerveux sympathique, qui est un centre cardio-modérateur : il ralentit le rythme cardiaque.

6. Le sang, visqueux et opaque, constitue **8 %** de la masse corporelle. Chez l'homme sain, son volume est de **5 à 6 litres** ; il est le seul **tissu** liquide de l'organisme. Il est composé d'éléments figurés ou cellules sanguines qui représente environ **45 %** du sang total, en suspension dans un liquide appelé **plasma** qui représente environ **55 %** du sang total.

Son pH varie entre 7,35 et 7,45.
Les éléments figurés du sang sont constitués de trois types de cellules :
– les globules rouges ou hématies ou érythrocytes ;
– les globules blancs ou leucocytes ;
– les plaquettes ou thrombocytes.
Ces cellules ont toutes la même origine : elles sont issues de la moelle osseuse rouge ou tissu myéloïde, selon un processus complexe appelé hématopoïèse.

7. Les plaquettes sont nécessaires au processus de coagulation pour empêcher les hémorragies lors d'effractions vasculaires. Dès qu'il existe une brèche vasculaire (ou rupture d'un vaisseau sanguin par traumatisme par exemple), les plaquettes adhèrent à la lésion et s'agrègent ; collées les unes aux autres, elles forment un amas visqueux appelé « clou plaquettaire » et obturent la brèche. Elles sont ainsi le premier activateur de l'hémostase (coagulation) qui s'effectue en trois phases.

8. Le rôle du plasma est de transporter :
– les nutriments absorbés au niveau du tube digestif ;
– les hormones fabriquées par les glandes endocrines ;
– les enzymes libérées lors de la destruction cellulaire ;
– de nombreux électrolytes.

9. Les trois types de protéines plasmatiques les plus abondantes
– Les albumines : elles contribuent à la pression oncotique du sang, laquelle maintient l'eau dans la circulation sanguine, et servent de transporteurs pour diverses substances.
– Les globulines : elles comprennent des molécules de transport et des anticorps (ou immunoglobulines) qui protègent l'organisme contre les substances et les agents pathogènes.
– Les facteurs de coagulation : ils concourent à arrêter l'épanchement de sang à la suite de la rupture d'un vaisseau sanguin.

10. Voir figure 2.2.

11. Les artères coronaires sont les artères qui irriguent le myocarde et apportent le sang nécessaire à son fonctionnement. En effet, comme tous les muscles de l'organisme, il a besoin d'un apport en oxygène et en nutriments pour fonctionner correctement.

3 Vrai ou Faux

1. L'hémoglobine (protéine fixant le fer) détermine véritablement l'efficacité du transport de l'oxygène par les érythrocytes. Vrai

2. Le sang normal contient 10 à 13 grammes d'hémoglobine par décilitre. Faux

3. La teneur en hémoglobine est légèrement inférieure chez l'homme par rapport à la femme. Faux

4. Les globules rouges fabriqués depuis 24 heures ou moins sont appelés réticulocytes. Vrai

5. Le pourcentage des réticulocytes par rapport au nombre total d'hématies permet d'évaluer directement la production issue de la moelle osseuse. Vrai

6. Les leucocytes jouent un rôle essentiel dans le transport de l'oxygène. Faux

7. Les leucocytes jouent un rôle essentiel dans la lutte contre les maladies. Vrai

8. Les réticulocytes défendent l'organisme contre les bactéries, les virus, les parasites ainsi que les cellules tumorales. Faux

9. Les globules blancs s'appellent des leucocytes. Vrai

10. Les granulocytes sont des leucocytes contenant des granulations. Vrai

11. Les agranulocytes sont des leucocytes dépourvus de granulations. Vrai

12. Le point commun de tous les leucocytes est d'être impliqué dans la défense immunitaire de l'organisme, c'est-à-dire la défense contre les agressions extérieures microbiennes ou cliniques. Vrai

13. Les granulocytes neutrophiles augmentent rapidement en présence d'allergies ou d'infections par des parasites. Faux

14. La pression artérielle est exprimée par deux unités de mesures, en cm de mercure (cm Hg) ou en mm de mercure (mm Hg). Vrai

15. La pression maximale au moment de la contraction du cœur ou systole correspond au chiffre supérieur de la tension artérielle. Vrai

16. La pression minimale au moment du relâchement du cœur ou diastole correspond au chiffre inférieur de la tension artérielle. Vrai

3 La fonction locomotrice

COMPRENDRE

La fonction locomotrice intervient dans la capacité du corps à se maintenir en position debout sous l'effet de certaines contraintes telles que la pesanteur, mais aussi le maintien de l'équilibre. Elle intéresse également les mouvements du corps et permet de comprendre la façon dont l'homme peut bouger ses bras, ses jambes, marcher, se déplacer, mais aussi entrer en interaction avec autrui ou avec des objets, comme par exemple danser à deux, porter un bébé, lancer une balle. Autant de possibilités que le corps possède grâce à l'association de différents éléments qui par leurs actions conjuguées le maintiennent en équilibre dans une grande majorité des situations.

Néanmoins, la fonction locomotrice n'est pas acquise dès la naissance. Lors de la vie in utero, le bébé est mobile et évolue dans la poche de liquide amniotique, comme un astronaute en apesanteur. Le bébé qui vient au monde bouge ses bras, ses jambes, mais ses mouvements restent imprécis. Progressivement, il réalise des progrès de plus en plus importants. Néanmoins, ce n'est qu'entre 12 et 18 mois qu'il acquiert la maîtrise de la marche. Les grandes étapes de l'acquisition de la fonction locomotrice montrent combien la progression est longue et complexe. L'observation des premiers pas d'un bébé montre bien les multiples tentatives qu'il est amené à faire, les déséquilibres auxquels il est soumis et qui mènent ou non à la chute afin de lui permettre peu à peu de marcher en se dirigeant où il le souhaite avec assurance et précision.

DÉFINITIONS ET VOCABULAIRE

Définition de la fonction locomotrice

La fonction locomotrice correspond à la mise en mouvement de ses constituants pour se déplacer, entrer en contact avec l'autre ou manipuler un objet. Elle participe également à la vie de relation qui se développe avec un seul ou un groupe d'individu(s). Cela s'illustre par une poignée de main échangée, mais aussi par un échange de sourires, une expression du visage ou encore une attitude corporelle. La fonction locomotrice se met également en action pour maintenir la posture et la stabilité quel que soit le mouvement ou le changement de position opéré. Enfin, elle intervient dans des phénomènes qui ne sont pas directement liés à la locomotion : il s'agit notamment de la mastication des aliments, dans le cadre de la fonction digestive.

Différents éléments, tels que les os, les muscles, les articulations interviennent dans la fonction locomotrice. Ils interagissent ensemble pour favoriser les déplacements du corps lors de la marche, de la course, ou lors de mouvements tels que bouger les bras. Ils donnent également la possibilité d'entrer en interaction avec des objets ou d'autres êtres vivants. À chaque fois que l'appareil locomoteur est sollicité, il utilise les éléments qui le composent.

Vocabulaire spécifique

Il est indispensable de maîtriser les termes de vocabulaire spécifique à la fonction locomotrice, afin d'être en mesure de comprendre les situations rencontrées, mais aussi d'intervenir auprès des différents professionnels de santé avec un vocabulaire adapté et précis.

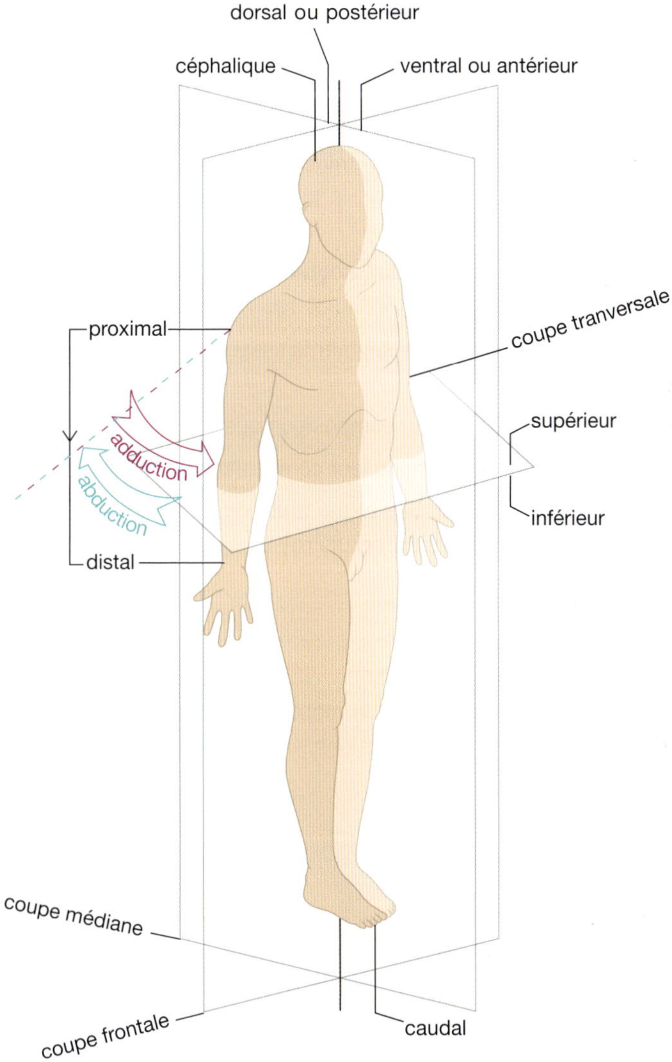

Fig. 3.1. Situation dans l'espace. Axes et plans anatomiques

Parmi les termes les plus couramment utilisés, nous retiendrons les suivants :

- **céphalique** : signifie relatif à la tête ;
- **caudal** : signifie relatif à la queue ou à la partie terminale de l'axe du corps ;
- **proximal** : signifie proche de, partie la plus près du centre du corps ou d'un point d'attache ;
- **distal** : signifie à distance de, partie la plus éloignée d'un point de référence de l'organisme ;

■ **abduction** : mouvement d'un membre ou d'un segment de membre qui a pour résultat de l'écarter de l'axe du corps. Il s'observe dans le plan frontal ;

■ **adduction** : mouvement d'un membre ou d'un segment de membre qui a pour résultat de le rapprocher de l'axe du corps. Il s'observe dans le plan frontal ;

■ **supination** : mouvement de l'avant-bras qui fait exécuter à la main une rotation de dedans en dehors (paume en dessus, pouce à l'extérieur). C'est le mouvement que l'on effectue lorsque l'on tend la main afin de recevoir quelque chose au creux de celle-ci ;

■ **pronation** : mouvement de l'avant-bras qui fait exécuter à la main une rotation de dehors en dedans (paume en dessous et pouce à l'intérieur). Il fait référence à la pronation des rois ;

■ **rotation** : terme souvent utilisé dans le mouvement des articulations. La rotation fait pivoter l'une des pièces osseuses sur l'autre, le point fixe représentant l'élément interne de l'articulation ;

■ **flexion** : mouvement qui rapproche deux segments osseux en réduisant leur angle de réunion ;

■ **extension** : mouvement qui éloigne deux segments osseux réunis par une articulation en augmentant l'angle les séparant ;

■ **ostéologie** : étude des os, tant dans leur composition que dans leur fonctionnement ;

■ **arthrologie** : étude des articulations, selon leur composition et leur degré de mobilité ;

■ **myologie** : science qui étudie les muscles et qui traite de leur classification selon leur forme ; elle s'intéresse à l'histologie (composition cellulaire) du tissu musculaire et aux qualités du muscle.

MÉCANISMES

Les mécanismes qui interviennent lors de la mobilisation et des déplacements que le corps effectue peuvent faire appel à différentes fonctions :

■ la fonction locomotrice ;

■ les fonctions associées.

La fonction locomotrice

La fonction locomotrice utilise les os, les muscles et les articulations pour garantir la mobilité et l'équilibre du corps. Tous ces éléments sont indispensables et complémentaires pour assurer cette fonction avec efficacité. D'une manière plus précise, l'appareil locomoteur fonctionne avec de nombreux éléments.

■ *Les os* correspondent aux parties dures de l'appareil locomoteur. Ils sont fixes, indéformables et d'une grande solidité. Ce sont eux qui donnent la forme du squelette. Ainsi, ils constituent la charpente du corps.

■ *Les muscles* représentent les parties molles de l'appareil locomoteur. Grâce à leur capacité de contraction et de relâchement, ils participent à la mise en mouvement du corps : ils favorisent le rapprochement ou l'éloignement des différents segments de membre comme lors de la flexion ou de l'extension. Dans le même temps, ils renforcent la solidité osseuse par leur position qui épouse l'os et le protège.

- *Les articulations*, qui unissent les os entre eux, favorisent la mobilité de ces derniers les uns par rapport aux autres. C'est grâce à elles que les mouvements sont possibles. Cependant, ils sont aussi limités en fonction de la composition et de la structure des différentes articulations existantes. Généralement, elles sont d'une grande souplesse, tout en offrant une grande solidité.

Les fonctions associées

Seules les actions conjuguées des éléments de la fonction locomotrice permettent la mise en mouvement des membres et de l'ensemble du corps.

Pour ce faire, trois mécanismes interviennent : le mécanisme de commande des mouvements par le système nerveux, de métabolisme des glucides et de transmission d'informations par la fonction sensorielle.

La commande des mouvements par le système nerveux

Le système nerveux agit aussi bien lors des mouvements volontaires qu'involontaires. Il va ordonner la contraction des muscles nécessaires en fonction de ce que l'individu décide de faire. C'est également le système nerveux qui va commander l'activité des muscles dont la contraction est involontaire, même si nous n'en avons pas conscience. C'est, entre autres, le cas des contractions diaphragmatiques, le diaphragme étant un muscle intervenant lors de la respiration, mais aussi des muscles participant aux expressions du visage.

Le métabolisme des glucides

L'alimentation apporte à l'organisme des glucides simples et complexes qui sont ensuite transformés, pour être acheminés au niveau des muscles. L'énergie qu'ils vont apporter est indispensable au fonctionnement et à l'activité musculaire, pour les épisodes de contraction et de relâchement musculaires.

La transmission d'informations par la fonction sensorielle

La fonction sensorielle, grâce aux informations transmises au cerveau par l'intermédiaire de l'oreille, assure ce que l'on appelle l'équilibration, c'est-à-dire la régulation de l'équilibre. Elle concourt à garantir un bon équilibre avec la fonction locomotrice. L'œil, grâce à la vision, apporte des informations supplémentaires au cerveau. De même, les sensations tactiles ressenties au contact du sol ou au niveau des zones d'interaction (avec les objets ou individus avec lesquels le corps est en contact) transmettent également des données au cerveau. Ce dernier enregistre toutes les informations reçues, les analyse pour adapter les actions et réactions du corps humain.

ÉVOLUTION DE LA FONCTION

La fonction locomotrice évolue au cours de la vie de l'être humain. Pour cela, deux aspects sont à considérer : l'évolution de la motricité, mais aussi la croissance de l'appareil locomoteur.

L'évolution motrice

La fonction locomotrice n'est pas acquise dès la naissance et n'est que très peu développée, puisque les seuls mouvements réalisés dans le ventre de la mère se font dans des conditions particulières. En effet, pendant 9 mois le fœtus évolue dans la poche de liquide amniotique où il ne subit pas les contraintes d'équilibre et de pesanteur.

Ce n'est que vers l'âge de deux mois que le bébé réussit à attraper un jouet dont la forme est adaptée à sa préhension. Vers trois mois, son tonus musculaire se renforce et il réussit à tenir sa tête droite. Puis la musculature et la coordination des mouvements continuent à se développer, et le bébé peut bientôt se retourner : tout d'abord du dos sur le ventre, puis dans l'autre sens. Vers six mois, il se tient assis, tout d'abord un peu penché en avant, en appui sur ses mains (position de trépied), puis sans appui. Ce n'est qu'aux alentours d'un an que le bébé acquiert la marche et qu'il est enfin capable de mobiliser ses jambes pour avancer tout en maintenant l'équilibre de tout son corps.

La croissance

La croissance du corps, et donc de l'appareil locomoteur, va être très rapide, tout d'abord lors de la vie intra-utérine, où l'embryon (puis le fœtus) va croître très vite. En effet, le nouveau-né mesure en moyenne 50 cm à sa naissance. Il va ensuite traverser une étape de croissance rapide jusqu'à deux à quatre ans. À quatre ans, il va doubler sa taille de naissance pour atteindre une stature moyenne de 1 mètre.

Puis le rythme de la croissance va ralentir, pour s'accélérer à nouveau au moment de l'adolescence où l'adolescent peut prendre jusqu'à 8 à 12 cm par an.

Soumis à un rythme soutenu de croissance, le système locomoteur va devoir assurer ses fonctions en terme de mobilité et d'équilibre, tout en garantissant une croissance harmonieuse.

ANATOMIE ET PHYSIOLOGIE

Généralités

Pour faciliter la compréhension de cette fonction, il convient d'étudier les os, les muscles et les articulations. Autour de ces grands thèmes, nous tenterons d'expliquer le fonctionnement de l'appareil locomoteur.

Le squelette, représenté par l'ensemble des os, a plusieurs fonctions au sein de l'organisme.

- Une fonction de soutien : caractérisée par la solidité et la rigidité du tissu osseux, elle confère au squelette un rôle de charpente.
- Une fonction de protection des organes internes, mous et fragiles : ainsi le cœur, les poumons, les organes de l'appareil digestif, sont protégés en tout ou en partie par le squelette qui les entoure comme une sorte de coque. Le cœur et les poumons sont plus particulièrement abrités par l'ossature de la cage thoracique, reliée en arrière au rachis (colonne vertébrale).
- Une fonction de réservoir : le squelette contient en effet plusieurs minéraux et plus particulièrement le calcium et le phosphore. En cas de nécessité, ceux-ci sont acheminés dans le sang, après avoir quitté le tissu osseux.
- Une fonction de production des cellules sanguines telles que les érythrocytes, afin d'assurer le renouvellement des éléments figurés du sang à partir de la moelle osseuse.

Les os

Notre squelette rassemble 206 os.

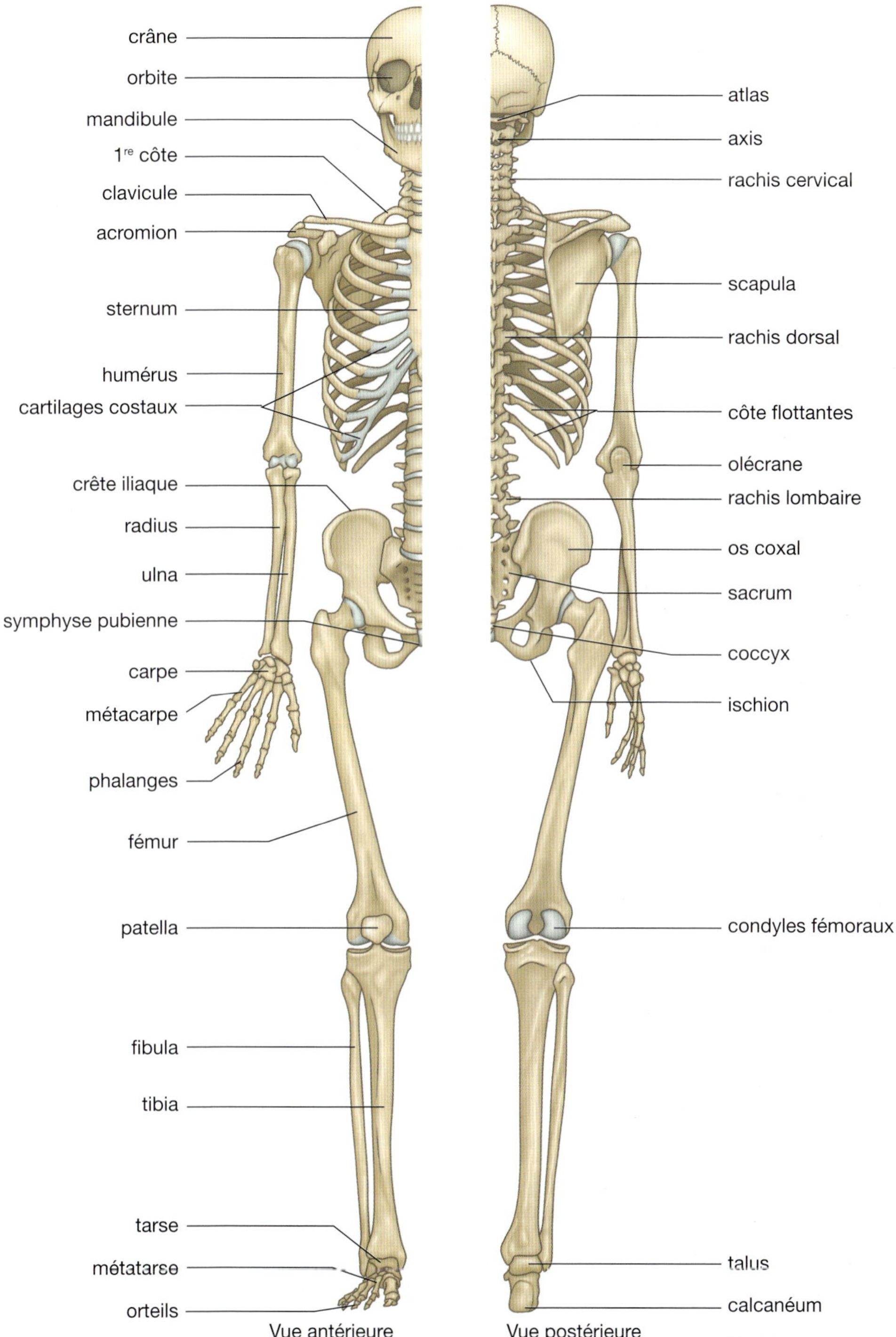

Fig. 3.2. Le squelette

D'un point de vue anatomique, ils sont répartis en deux parties selon leur localisation :

- le squelette axial qui rassemble les os formant l'axe du corps ;
- le squelette appendiculaire qui regroupe les os des extrémités à savoir les membres supérieurs et inférieurs.

Le squelette axial

Il comprend plus précisément la tête et le rachis.

La tête est composée de plusieurs os assez fins et soudés entre eux. Elle s'appuie sur le rachis qui se situe juste en dessous.

Le rachis est constitué par l'empilement de vertèbres de formes différentes selon l'endroit où elles se trouvent. Plus elles sont situées à proximité de la tête, plus leur forme assure une grande stabilité. En allant du haut vers le bas, on rencontre :

- 7 vertèbres cervicales ;
- 12 vertèbres dorsales ou thoraciques ;
- 5 vertèbres lombaires ;
- 5 vertèbres sacrées ;
- 3 à 5 vertèbres coccygiennes.

Les vertèbres sont séparées par des disques intervertébraux qui ont une structure plus souple que l'os. Ces disques servent d'amortisseurs. On imagine aisément que si les vertèbres étaient simplement empilées les unes sur les autres, elles formeraient un édifice bien fragile et instable. Grâce à eux, la colonne vertébrale gagne en stabilité et en souplesse. Le rachis est aussi marqué par des courbures naturelles : les cyphoses qui donnent l'aspect de « dos rond » et les lordoses qui à l'inverse représente la cambrure. Ces courbures contribuent également à une plus grande stabilité et une meilleure souplesse.

L'empilement des vertèbres forme, dans sa zone interne, une colonne contenant la moelle épinière.

Le squelette appendiculaire

Il est composé de l'ensemble des os des membres supérieurs et inférieurs.

Pour le membre supérieur, si l'on part de l'épaule pour aller vers la main, on rencontre successivement : le bras avec l'humérus, l'avant-bras constitué de l'ulna (cubitus) et du radius et enfin le poignet, contenant plusieurs osselets, et la main qui comporte notamment le carpe et les phalanges des doigts.

Pour le membre inférieur, au niveau de la cuisse, le fémur est le premier os rencontré. La patella (rotule) lui fait suite au niveau du genou. Ensuite, la jambe réunit le tibia et la fibula (péroné) qui aboutissent au pied, lui-même constitué par les os du talon, le tarse puis les phalanges des orteils.

Le squelette comprend également les ceintures scapulaire[1] et pelvienne[2] qui rattachent les quatre membres au squelette axial.

1 La ceinture scapulaire rattache les bras au thorax. Elle est matérialisée par l'articulation de l'épaule.

2 La ceinture pelvienne relie les jambes au bassin. Elle est représentée par l'articulation de la hanche.

L'ostéologie

L'ostéologie s'intéresse à la fonction des os, à leur forme, à leur structure ainsi qu'au développement de l'os, à sa croissance, à son vieillissement et à sa capacité à consolider en cas de lésion osseuse. En cas de fracture par exemple, on parle alors de remaniement osseux.

Les os peuvent être classés selon leur forme.

- **Un os long** présente une forme allongée en son milieu et une partie plus large, à type de renflement aux deux extrémités. C'est notamment le cas du fémur, du tibia, de l'humérus.
- **Les os courts** intègrent les os dont la forme est cubique ou rectangulaire. Leurs trois dimensions (longueur, largeur, épaisseur) sont quasiment identiques. Ils sont représentés par les os du carpe par exemple.
- **Les os plats** sont caractérisés par deux dimensions qui dominent la troisième. Ce sont des os fins tels que l'omoplate, le sternum ou encore les os du crâne.

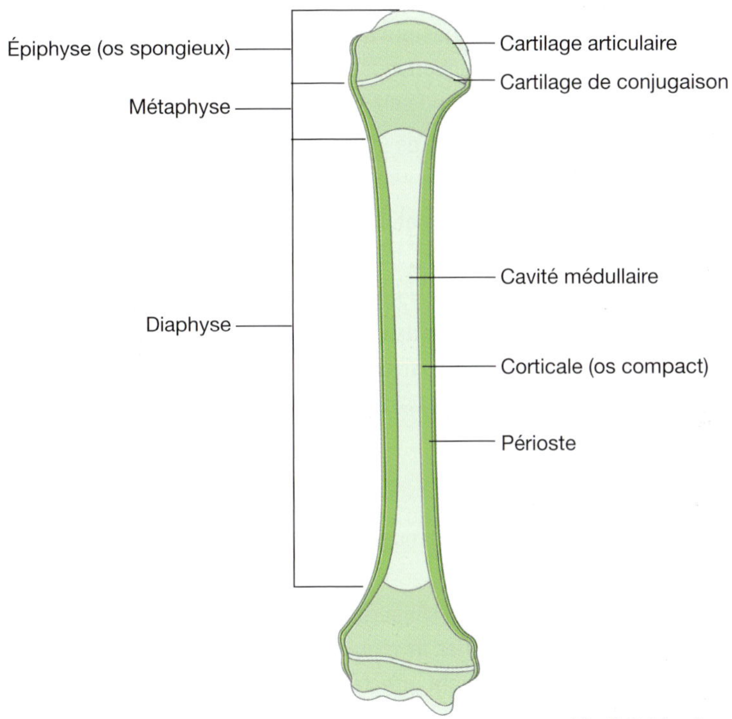

Fig. 3.3. L'os long

L'étude de l'os et de sa constitution est décrite à travers l'os long.

Cet os long est constitué de deux extrémités : les épiphyses, et une partie centrale : la diaphyse. Entre la diaphyse et l'épiphyse, une zone de jonction se nomme la métaphyse.

C'est au niveau de la diaphyse qu'interviennent la réparation, la croissance et la nutrition du tissu osseux.

Les épiphyses sont recouvertes de cartilage, afin de réduire les frictions et d'absorber les chocs qui se produisent au niveau des articulations lors des différents mouvements.

Le tissu osseux qui constitue les épiphyses a la particularité de renfermer de la moelle osseuse.

Quant aux métaphyses, elles ont un rôle primordial lors de la croissance, puisque cette zone tout d'abord cartilagineuse, s'ossifie lorsque la croissance s'achève.

Si l'on étudie le tissu osseux d'un point de vue microscopique, on distingue trois types de cellules osseuses :

- **les ostéoblastes**, qui fabriquent en permanence du tissu osseux ;
- **les ostéocytes**, qui sont les cellules qui maintiennent la vie du tissu osseux ;
- **les ostéoclastes**, qui résorbent en continu les cellules osseuses.

L'activité conjointe de ces trois types de cellules permet l'équilibre de l'os, en favorisant le renouvellement du tissu osseux. Ce phénomène est appelé le remaniement osseux.

Outre les cellules osseuses, l'os est également constitué de sels minéraux, de calcium et de phosphore.

L'os a une fonction de stockage ou d'homéostasie des minéraux : il a la capacité de stocker des éléments comme le calcium et le magnésium au sein de la matrice osseuse (tissu osseux). Ces éléments sont nécessaires à la contraction musculaire ainsi qu'à l'activité nerveuse. Ils sont libérés dans le sang par petite quantité quand cela s'avère utile.

On peut également distinguer deux types d'os : l'os compact, qui est dense, et l'os spongieux dans lequel on retrouve la moelle osseuse.

La moelle osseuse rouge a une activité hématologique. En effet, elle a la capacité de fabriquer des cellules sanguines telles que les hématies, les leucocytes et les plaquettes. Ce phénomène de fabrication de cellules sanguines s'appelle l'hématopoïèse.

Jusqu'à six semaines de gestation, le squelette de l'embryon humain est essentiellement composé de cartilage, celui-ci va s'ossifier progressivement.

Au cours de l'enfance, l'os va s'allonger au niveau des métaphyses sous l'effet de la croissance.

Les muscles

Le corps humain contient précisément 639 muscles squelettiques (striés), dont le poids équivaut environ à la moitié de celui du corps.

Ce sont des organes charnus et mous qui s'insèrent au niveau des os ou des viscères. Ils ont la capacité de se contracter et de se relâcher. Ils mobilisent les segments osseux sur lesquels ils sont insérés ou les viscères auxquels ils sont affectés.

- **Les muscles striés** interviennent dans la vie de relation, c'est-à-dire qu'ils ne se contractent que sous l'effet de la volonté, lorsque l'on souhaite bouger ou se déplacer par exemple. Ils ont la capacité de se contracter rapidement. Leurs extrémités allongées sont appelées tendons. Le corps du muscle est plus charnu.
- **Les muscles lisses**, quant à eux, échappent au contrôle de la volonté. L'activité de contraction a lieu sans même que la personne s'en rende compte ou qu'elle y pense. C'est le cas, entre autres, du muscle cardiaque qui se contracte automatiquement pour garantir les battements cardiaques. Les muscles dédiés aux organes digestifs et respiratoires participent à la digestion et aux mouvements respiratoires. Ils se contractent lentement mais avec beaucoup de puissance.

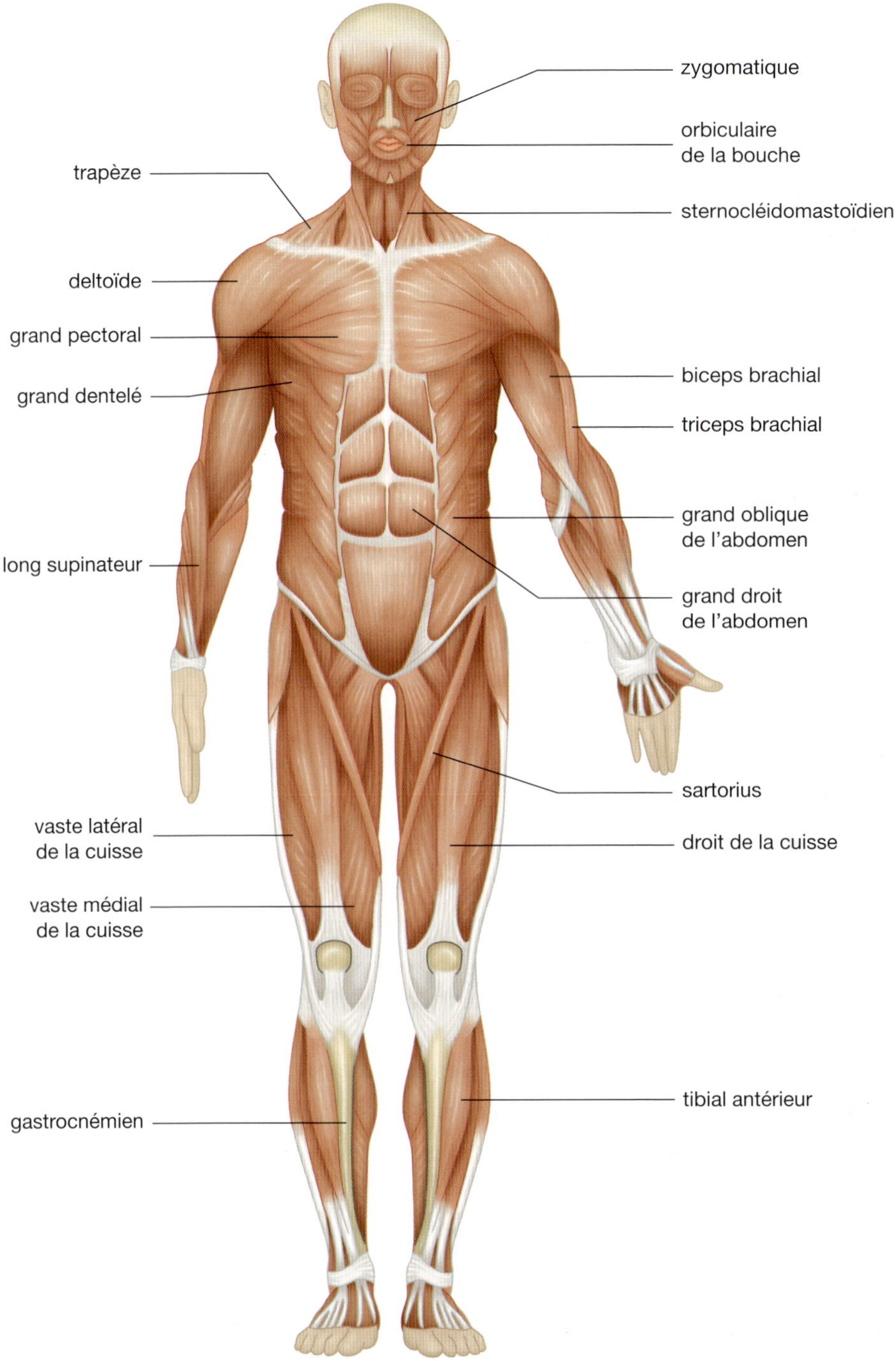

Fig. 3.4. Les muscles

Les muscles présentent également différentes propriétés.

■ **L'excitabilité** : c'est la capacité du muscle à se contracter lorsqu'il est excité, comme par exemple en cas de stimulation mécanique (pincement), thermique (brûlure), électrique (décharge électrique).

■ **La contractilité** : c'est la faculté qu'a le muscle à se raccourcir en se contractant. Par cette action, il réduit la distance entre ses deux extrémités et génère un ou des mouvements. Par exemple lors de la flexion du bras, on observe le raccourcissement et la contraction du biceps.

■ **L'élasticité** : c'est la propriété du muscle qui lui permet de se laisser allonger sous l'effet d'une traction et de reprendre sa position initiale sans la moindre déformation résiduelle lorsque la traction est levée.

■ **La tonicité** : c'est la faculté du muscle à demeurer en légère contraction permanente et involontaire. C'est grâce à ce phénomène que l'être humain tient debout. Les muscles situés de part et d'autre de la colonne vertébrale restent contractés pour aider au maintien de l'équilibre de celle-ci. On parle alors de tonus musculaire.

L'activité musculaire intervient en association avec deux autres fonctions.

Le système nerveux commande l'activité musculaire. Grâce à la transmission d'un « signal électrique » puis à la libération d'une substance chimique, ou médiateur chimique.

L'alimentation et le fonctionnement du muscle se font grâce aux glucides, aliments qui apportent l'énergie nécessaire au travail de contraction. C'est pourquoi les sportifs consomment des glucides lents, à type de féculent avant un effort soutenu. La contraction musculaire libère également de l'énergie sous forme de chaleur.

Les articulations

Une articulation est la structure qui unit deux ou plusieurs pièces osseuses. Sa fonction principale est d'assurer la mobilité de cet ensemble osseux.

Lors de l'étude des articulations, on s'intéresse plus particulièrement à la structure et à la fonctionnalité des articulations du corps humain.

Il existe deux possibilités pour classer les articulations. Elles se rejoignent énormément puisque moins une articulation est mobile, moins elle a besoin d'éléments pour bouger, et plus elle est mobile plus elle contient d'éléments complémentaires.

On distingue trois types d'articulations, qui sont présentées selon leur structure.

■ Les synarthoses sont des articulations à mobilité réduite, voire sans mobilité. Elles sont majoritairement composées d'os et de tissus fibreux pour les unir. C'est le cas des os du crâne.

■ Les amphiarthroses sont semi-mobiles. Elles voient leurs os réunis par du cartilage, pour la plupart. On peut citer les articulations situées entre les corps vertébraux.

■ Les diarthroses ont une mobilité importante. Elles contiennent de nombreux éléments supplémentaires qui garantissent également une grande stabilité.

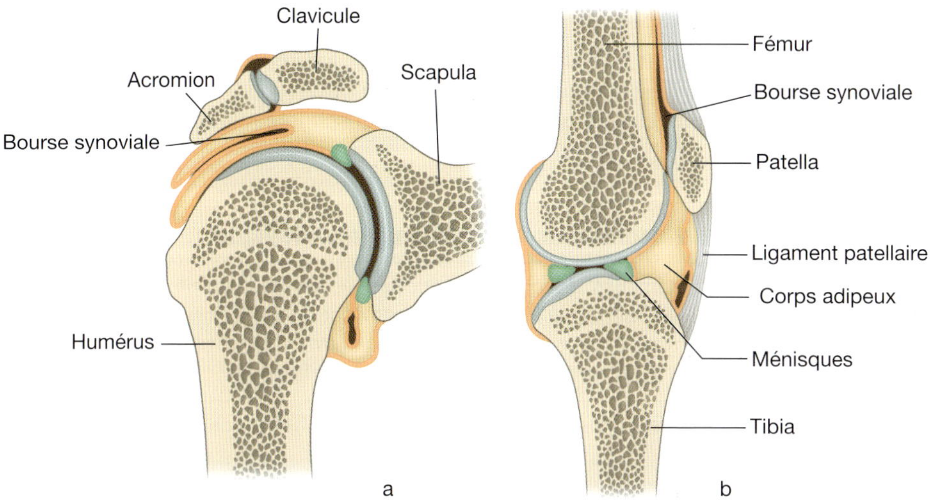

Fig. 3.5. Exemples de diarthroses. a : articulation scapulo-humérale (épaule). b : articulations fémoro-patellaire et fémoro-tibiale (genou)

L'articulation à type de diarthrose, souvent utilisée pour étudier la composition et la structure d'une articulation, peut contenir, outre ses parties osseuses, différentes éléments.

- La cavité articulaire synoviale rassemble les os sans les mettre en contact direct. En effet, le contact entre deux os impliquerait des phénomènes d'usure et limiterait la mobilité de l'articulation.
- La capsule articulaire délimite la cavité articulaire. Elle a la forme d'un manchon qui englobe l'ensemble de l'articulation et unit les os. Il est à noter que les ligaments, courtes bandes de tissu fibreux denses et résistantes, sont le prolongement des faisceaux de certaines capsules articulaires.
- Le cartilage articulaire recouvre les surfaces articulaires des os. Il amortit les chocs et facilite le glissement lors des différents mouvements. Il protège aussi les os de l'usure que pourrait générer un frottement.
- Le liquide synovial ou synovie, que l'on retrouve à l'intérieur de la capsule articulaire, est un liquide visqueux et blanchâtre comme le blanc d'œuf. Il a pour fonction principale de réduire les frictions lors des mouvements tout en jouant un rôle de lubrifiant.
- Les ménisques, pas toujours présents , sont des sortes de coussinets qui divisent la cavité articulaire et qui permettent d'apporter un meilleur ajustement des surfaces articulaires.
- Les bourses séreuses sont des petits sacs remplis de liquide synovial. Elles sont situées à des endroits stratégiques pour limiter les frictions de certaines articulations. Elles ont un rôle d'amortisseur de choc.

Les diarthroses sont les articulations les plus connues du corps humain. Par exemple, le genou est une diarthrose ; c'est une articulation qui pose souvent problème chez les sportifs de haut niveau.

INTERACTIONS ET INTERDÉPENDANCES DE L'APPAREIL LOCOMOTEUR AVEC LES AUTRES FONCTIONS

La complexité de l'organisme est marquée par de nombreuses interrelations entre les différentes fonctions qui mettent en jeu différents organes.

Fonction locomotrice ↔ fonction hématologique
Produit les cellules sanguines (hématies, leucocytes, plaquettes) au sein de la moelle osseuse rouge : ce phénomène se nomme l'hématopoïèse.
Fonction locomotrice ↔ fonction neurologique
Agit dans la commande des mouvements au niveau des muscles : en l'absence de réaction nerveuse, la mobilité n'est plus efficiente. Intervient également dans la sensibilité et donne ainsi des informations au cerveau sur la position du corps. Participe à la perception sensitive de la douleur, des sensations désagréables et induit des phénomènes réflexes, tels que lors d'une sensation de brûlure.
Fonction locomotrice ↔ fonction endocrinienne
Assure la nutrition du muscle par l'apport en glucides. Produit du calcium grâce aux glandes parathyroïdes, et renforce ainsi la qualité et la solidité osseuse. L'os est le réservoir de calcium de l'organisme.
Fonction locomotrice ↔ fonction sensorielle
Intervient dans le maintien de l'équilibre, grâce à la vision (œil) et à l'équilibration (oreille interne) qui transmettent ensuite les informations collectées au cerveau. C'est aussi la fonction locomotrice qui permet d'utiliser le toucher pour entrer en relation avec autrui.
Fonction locomotrice ↔ fonction cardiovasculaire
Permet le maintien d'une activité physique régulière et d'un appareil cardiaque plus résistant. Son fonctionnement assure la distribution sanguine au sein de l'organisme et l'oxygénation des organes.
Fonction locomotrice ↔ fonction respiratoire
Entretient l'état respiratoire (en lien avec la fonction cardiaque) lors des activités physiques régulières, et maintient ainsi une ventilation efficace.
Fonction locomotrice ↔ fonction digestive
Est facilitée grâce à l'activité physique, notamment au niveau de la digestion et du transit, c'est-à-dire de l'ingestion des aliments à l'exonération des matières fécales.
Fonction locomotrice ↔ fonction de reproduction
Est assurée grâce à la mobilité du corps, sans laquelle elle ne serait pas possible : tant lors du coït que lors de l'accouchement.

Fonction locomotrice ↔ fonction d'élimination
Assure le maintien des capacités des muscles sphinctériens responsables de la continence urinaire et fécale.
Fonction locomotrice ↔ fonction immunitaire
Participe aux défenses immunitaires par la fabrication des leucocytes, principaux acteurs des défenses de l'organisme. Ils sont produits par la moelle osseuse lors de l'hématopoïèse.

CONCLUSION

La mise en mouvement de l'appareil locomoteur peut être réalisée de manière volontaire ou involontaire. Dans les deux cas, la fonction locomotrice ne se suffit pas à elle-même. En effet, le mouvement musculaire est dépendant de la fonction neurologique qui assure la commande des mouvements.

La fonction de métabolisme intervient aussi pour apporter les « aliments » nécessaires à l'activité des muscles.

La connaissance des liens entre les différentes fonctions est indispensable pour expliquer les dysfonctionnements ou les pathologies qu'un patient peut développer.

Dans la pratique professionnelle, comprendre les processus qui interviennent permettra de faire les liens entre les troubles présentés par le patient, les examens demandés par les médecins et les thérapeutiques prescrites.

AGIR

LA SITUATION

Un jeune homme âgé de 19 ans a été pris en charge aux urgences pour une entorse du poignet droit provoquée par une chute de sa hauteur en jouant au bowling avec ses amis.

Pour traiter son entorse, il a été immobilisé par un plâtre allant de la main à l'extrémité proximale de l'avant-bras. Afin de permettre le séchage du plâtre et en l'absence de personne pouvant venir le chercher, il a passé la nuit en hospitalisation.

Vous travaillez dans le service où ce jeune homme a été hospitalisé et vous devez le prendre en charge lors de la prise de votre service à 7 heures le lendemain matin.

Face à cette situation, l'IDE recherche les éléments pour comprendre et évaluer la situation. Pour y parvenir, elle va procéder par étapes.

La première consiste à identifier les éléments significatifs, c'est-à-dire les éléments contenus dans l'énoncé qui peuvent avoir une incidence sur la situation et précisent le contexte dans lequel s'inscrit cette situation.

1 IDENTIFIER LES DONNÉES SIGNIFICATIVES

Quelles données relève-t-on ?	Pourquoi sont-elles significatives ?
L'âge	Élément à considérer au regard de l'état de santé et des risques de complications ainsi que pour adapter la communication
Les données médico-chirurgicales : entorse de poignet	Indiquent les zones de perte d'indépendance Justifient la prise en charge médicale et paramédicale
Plâtre allant de la main à l'extrémité proximale de l'avant-bras	Justifie les soins, la surveillance et l'aide à apporter
Nuit à l'hôpital	Absence de personnes ressources pour le ramener

2 COMPRENDRE ET ÉVALUER LA SITUATION

Que faut-il comprendre ?	Évaluation
À 19 ans, la croissance osseuse est terminée, disparition du cartilage de conjugaison, laisse présager une évolution favorable SAVOIRS FONDAMENTAUX Étapes de la vie : fin de l'adolescence, adulte	Adolescent qui présente peu de risque de complications fonctionnelles
L'entorse du poignet est le diagnostic médical qui justifie le traitement orthopédique. L'impotence fonctionnelle induite laisse envisager les aides et/ou suppléances temporaires SAVOIRS FONDAMENTAUX Anatomie et physiologie de l'appareil locomoteur ; Processus traumatique	Impotence fonctionnelle liée à l'entorse et au plâtre
La pose d'un plâtre induit des surveillances du fait de l'œdème et du risque de compression Ces risques nécessitent que soit prévue une éducation SAVOIRS FONDAMENTAUX Soins infirmiers (aux personnes porteuses de plâtre)	Risque de complication liée au plâtre : le syndrome de Volkman
Seul, il va avoir besoin d'aide pour certaines activités de la vie quotidienne (aide à la toilette, à l'habillage et à la prise des repas) SAVOIRS FONDAMENTAUX Démarche clinique infirmière ; Soins infirmiers	Perte partielle d'indépendance due à l'immobilisation

Synthèse de l'évaluation : il s'agit d'un jeune homme porteur d'un plâtre récent qui va nécessiter :

- une surveillance du membre supérieur et du plâtre ;
- une aide pour les actes courants tels que la toilette, les repas ; l'éducation concernant le plâtre (situation nouvelle).

3 METTRE EN ŒUVRE LES ACTIONS

Quelles actions met-on en œuvre ?	Pourquoi ?
Assurer les soins et activités de confort défaillantes : • aide à la toilette : aide pour rincer le gant et laver le membre porteur du plâtreƐ ; • aide au repas : installation et aide pour l'ouverture des barquettes, des sachets ou pots (si yaourts) et pour couper les aliments ou éplucher les fruits ; • aide à l'habillage SAVOIR-FAIRE PROFESSIONNELS Démarche clinique IDE. Soins infirmiers	Compléter ce que le jeune homme ne peut réaliser seul en lui laissant le maximum d'indépendance pour qu'il trouve lui-même les stratégies d'adaptation répondant à ses besoins
Surveiller le plâtre : aspect du plâtre (propreté, intégrité, sec, non taché), aspect du membre (coloration des doigts, sensibilité, motricité, présence de douleur et/ou d'œdème, chaleur normale ou non des extrémités) SAVOIR-FAIRE PROFESSIONNELS Soins infirmiers ; Processus traumatique	La surveillance est indispensable pour : • s'assurer de l'efficacité de l'immobilisation : plâtre pas trop lâche et non compressif ; • dépister le syndrome de Volkman causé par un plâtre trop serré ; • vérifier l'intégrité du plâtre (séchage, aspect) en vue de la sortie du jeune homme
Éduquer le jeune homme par rapport au plâtre SAVOIR-FAIRE PROFESSIONNELS Soins infirmiers ; Soins relationnels et éducatifs ; Processus traumatique	Situation nouvelle que la personne doit apprendre à gérer. Il est nécessaire de lui préciser l'utilité de surélever le membre pour éviter l'œdème, de surveiller la coloration , la douleur, la sensibilité et la motricité des doigts, de ne pas mouiller le plâtre, de ne pas introduire d'objet à l'intérieur et de se présenter aux urgences au moindre signes d'alerte

4 NOTER ET ANALYSER LES RÉSULTATS OBTENUS

Résultats	Évaluation des résultats de la prise en charge
Patient propre et habillé Petit déjeuner pris	Réponse adaptée aux besoins du jeune homme
Surveillance du plâtre réalisée : plâtre sec, propre, non taché, non cassé ou fissuré. Immobilisation efficace Extrémités des doigts roses, chaudes, non douloureuses, non œdématiées, mobiles, sensibles, absence de fourmillements	Absence de complications détectées

S'ENTRAINER

VÉRIFIER SES CONNAISSANCES

1 QCM – Cochez les proposions exactes

1. La fonction locomotrice intervient dans :
a. la vie de relation
b. le maintien des postures
c. la mise en œuvre des mouvements
d. la capacité à respirer

2. La fonction locomotrice est :
a. acquise au sixième mois de grossesse
b. acquise à la naissance
c. acquise lorsque le petit enfant sait marcher
d. reste en cours d'acquisition même si le jeune enfant marche

3. La croissance de l'appareil locomoteur est :
a. terminée à 18 ans
b. lente et régulière
c. particulièrement rapide jusqu'à l'âge de 4 ans et lors de l'adolescence
d. traverse une phase rapide entre 4 ans et l'adolescence

4. La fonction locomotrice mobilise les éléments suivants :
a. os
b. la peau
c. muscles
d. articulations

5. Le rachis dorsal se compose de :
a. 5 vertèbres dorsales
b. 7 vertèbres thoraciques
c. 10 vertèbres dorsales
d. 12 vertèbres thoraciques

6. Il existe différents types de cellules osseuses, certaines d'entre elles se nomment :
a. les ostéoclastes
b. les ostéocytes
c. les ostéons
d. les ostéites

7. La contractilité du muscle est :
a. sa capacité à se contracter
b. sa faculté à se raccourcir en se contractant
c. son maintien permanent et involontaire d'une légère contraction
d. son incapacité à retrouver sa position et sa taille initiale après une traction élevée

8. L'orthopédie est la spécialité qui traite :
a. la chirurgie de l'appareil locomoteur
b. les pathologies médicales de l'appareil locomoteur
c. les pathologies des pieds
d. les pathologies dégénératives

9. Le squelette a plusieurs fonctions dans l'organisme dont :
a. une fonction de soutien
b. une fonction de réservoir
c. une fonction d'élimination
d. une fonction musculaire

10. Les os ont une fonction hématopoïétique qui est assurée au niveau :
a. de la diaphyse proximale
b. de la diaphyse distale
c. des épiphyses
d. du canal médullaire

11. Le bras est composé :
a. de l'humérus
b. de l'ulna
c. de la fibula
d. du radius

12. La fonction locomotrice est :
a. totalement autonome
b. dépendante du système nerveux
c. en interdépendance avec d'autres fonctions dont les fonctions endocrinienne et sensorielle (entre autres)
d. seulement en interdépendance avec les fonctions locomotrice et sensorielle

13. L'adduction consiste en un mouvement qui :
a. rapproche un membre de l'axe du corps
b. éloigne un membre de l'axe du corps
c. permet un mouvement d'avant en arrière
d. assure une rotation du poignet positionnant la paume de la main en dessous

14. Le liquide synovial :
a. est un liquide rosé et très fluide
b. a une consistance visqueuse telle que le blanc d'œuf
c. réduit les frictions au niveau de l'articulation
d. est contenu dans les ménisques

15. Les amphiarthroses sont des articulations caractérisées par :
a. une grande mobilité
b. une absence de mobilité
c. la présence de liquide synovial
d. toutes les propositions sont fausses

16. On peut dire des muscles qu'ils sont :
a. striés s'ils se contractent involontairement
b. lisses s'ils se contractent sous l'effet de la volonté
c. striés s'ils se contractent sous l'effet de la volonté
d. lisses s'ils se contractent involontairement

17. L'arthrologie est la science qui étudie :
a. les os
b. les articulations
c. les mouvements
d. les pathologies du genou

18. Les ostéoblastes ont une fonction de :
a. destruction du tissu osseux
b. fabrication de cellules osseuses
c. régulation du tissu osseux
d. toutes les propositions sont justes

2 QROC
(questions à réponses ouvertes courtes)

1. Définir les termes suivants : abduction, caudal, supination, proximal, myologie, ostéologie.

2. Nommez et définissez les quatre propriétés du muscle.

3. Différenciez les muscles striés des muscles lisses. Pour chacun d'entre eux, citez deux exemples.

4. Justifiez l'intérêt de cartilages articulaires au sein des articulations.

3 Répondez par Vrai ou Faux

1. Le plan horizontal est parallèle au front.

2. Le plan frontal divise le corps en une partie antérieure et postérieure.

3. Le plan sagittal est parallèle au plan horizontal.

4. La flexion est un mouvement qui éloigne l'un de l'autre deux segments osseux en réduisant leur angle de réunion.

5. L'abduction permet l'examen clinique de la région axillaire.

6. La pronation est un mouvement de rotation externe.

7. La supination est un mouvement de l'avant-bras qui fait exécuter à la main une rotation de dedans en dehors.

8. L'appareil locomoteur se compose de l'ensemble des os du corps humain.

9. L'épiphyse distale du fémur intervient dans l'articulation du genou.

10. Le squelette axial est représenté par les quatre membres.

CORRIGÉS

VÉRIFIER SES CONNAISSANCES

1 QCM

1 a, b, c ; 2 d ; 3 c ; 4 a, c, d ; 5 d ; 6 a, b ; 7 b ; 8 a ; 9 a, b ; 10 c ; 11 a, b, d ; 12 b, c ; 13 a ; 14 b, c ; 15 d ; 16 c, d ; 17 b ; 18 b.

2 QROC

1. Abduction : mouvement qui éloigne un membre ou un segment de membre de l'axe du corps.
Caudal : relatif à la partie terminale du corps.
Supination : mouvement de l'avant-bras qui fait exécuter à la main une rotation de dedans en dehors, paume en dessus, pouce à l'extérieur.
Proximal : proche de, partie la plus près de l'axe du corps ou d'un point d'attache.
Myologie : science qui étudie les muscles.
Ostéologie : science qui étudie les os.

2. Les quatre propriétés du muscle sont :
– L'excitabilité : c'est la capacité du muscle à se contracter lorsqu'il est excité, comme par exemple en cas de stimulation mécanique (pincement), thermique (brûlure), électrique (décharge électrique).
– La contractilité : c'est la faculté qu'a le muscle à se raccourcir en se contractant. Par cette action, il réduit la distance entre ses deux extrémités et génère un ou des mouvements. Lors de la flexion du bras, on observe le raccourcissement et la contraction du biceps.
– L'élasticité : c'est la propriété du muscle qui lui permet de se laisser allonger sous l'effet d'une traction et de reprendre sa position initiale sans la moindre déformation résiduelle lorsque la traction est levée.
– La tonicité : c'est la faculté du muscle à demeurer en légère contraction permanente et involontaire. C'est grâce à ce phénomène, que l'être humain tient debout. Les muscles situés de part et d'autre de la colonne vertébrale restent contractés pour aider au maintien de l'équilibre de celle-ci. On parle alors de tonus musculaire.

3. Les muscles striés se différencient des muscles lisses par leur mode de commande (qui est volontaire dans les muscles striés et involontaire pour les muscles lisses) et par leur participation à la vie de relation (pour les muscles striés) ou non (pour les muscles lisses).
Exemples de muscles striés : le deltoïde, le biceps.
Exemples de muscles lisses : le myocarde, le diaphragme.

4. Les cartilages articulaires présentent trois intérêts :
– ils amortissent les chocs lors des différents mouvements ;
– ils facilitent le glissement entre les pièces osseuses composant l'articulation ;
– ils protègent de l'usure osseuse qui existerait si les os frottaient directement l'un contre l'autre.

3 Vrai ou Faux

1. Le plan horizontal est parallèle au front. Faux

2. Le plan frontal divise le corps en une partie antérieure et postérieure. Vrai

3. Le plan sagittal est parallèle au plan horizontal. Faux

4. La flexion est un mouvement qui éloigne l'un de l'autre deux segments osseux en réduisant leur angle de réunion. Faux

5. L'abduction permet l'examen clinique de la région axillaire. Vrai

6. La pronation est un mouvement de rotation externe. Faux

7. La supination est un mouvement de l'avant-bras qui fait exécuter à la main une rotation de dedans en dehors. Vrai

8. L'appareil locomoteur se compose de l'ensemble des os du corps humain. Faux

9. L'épiphyse distale du fémur intervient dans l'articulation du genou. Vrai

10. Le squelette axial est représenté par les quatre membres. Faux

4 La fonction digestive

COMPRENDRE

La fonction digestive est assurée par l'appareil digestif qui comprend de nombreux organes allant de la bouche à l'anus. Pour se maintenir et fonctionner correctement, l'organisme a besoin d'apports nutritionnels quotidiens. Plusieurs éléments sont essentiels à la vie comme l'eau, les protides, les lipides, les glucides, les oligoéléments, les sels minéraux et les vitamines. Ils sont apportés par l'alimentation. Cependant, leur présentation ne permet pas directement leur assimilation par l'organisme, ils nécessitent des transformations.

L'appareil digestif est responsable de la transformation des aliments, de leur dégradation en protéines, en glucides, en sels minéraux, en oligoéléments, en lipides et en d'autres substances utilisables par l'organisme, ainsi que du passage de ces nutriments dans la circulation sanguine de façon à ce qu'ils puissent être utilisés par l'organisme.

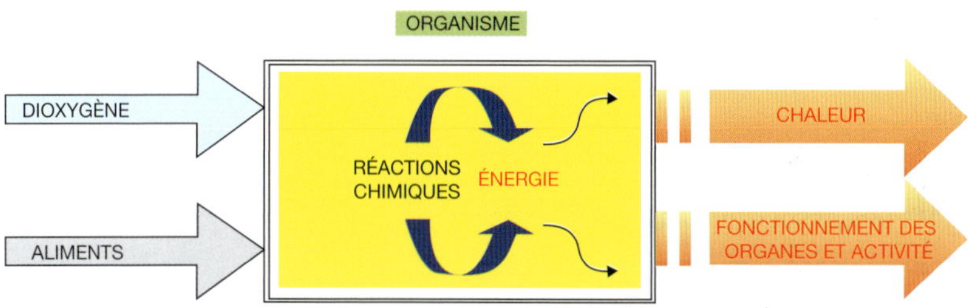

Fig. 4.1. La fonction digestive

GÉNÉRALITÉS

Définition

La digestion est un processus qui permet de transformer les aliments ingérés en de toutes petites unités susceptibles d'être absorbées par l'organisme pour participer au maintien de la vie cellulaire, tissulaire et organique. Ces transformations nécessitent des phénomènes physiques et des réactions chimiques qui sont réalisées par les différents organes qui constituent l'appareil digestif.

Mécanisme

Le système digestif fournit les nutriments nécessaires au fonctionnement de l'organisme et à sa croissance. Les nutriments permettent de produire de l'énergie utilisable par l'ensemble de l'organisme.

Les aliments, qui sont des éléments complexes, sont absorbés par l'organisme au cours des repas. Les produits ingérés ne sont donc pas directement assimilables et doivent subir des transformations pour passer d'une composition complexe à la composition simple directement assimilable que sont les nutriments.

Le métabolisme est l'ensemble des réactions se produisant dans les cellules de l'organisme. Il permet :

- soit d'extraire l'énergie des nutriments, c'est le catabolisme ;
- soit de synthétiser les constituants nécessaires à la structure et au bon fonctionnement des cellules, c'est l'anabolisme.

Pour être effectif, le métabolisme nécessite l'apport de nutriments. L'organisme peut ainsi assurer ses fonctions, entretenir et remplacer ses propres cellules.

Les nutriments assimilables par l'organisme sont les oses issus des glucides, les acides aminés issus des protides et les acides gras issus des lipides.

Les aliments sont transformés en nutriments grâce aux réactions chimiques au cours de la digestion.

Les glucides

Les glucides sont des molécules de sucre identifiées sous différentes formes telles que les oses, osides ou polyosides (polysaccharides). Les glucides sont classés selon qu'ils ont une absorption rapide ou lente par l'organisme et selon leur pouvoir glycémique.

Les différentes compositions

– Les oses, ou monosaccharides, contiennent souvent 3 à 7 atomes de carbone[1] :

  – Glucose
  – Fructose
  – Galactose

– Les osides sont des associations de 2 à 10 oses :

  – Lactose = galactose + glucose
  – Saccharose = glucose + fructose
  – Maltose = glucose + glucose

– Les polyosides ou polysaccharides contiennent plus de dix molécules d'oses.

Le pouvoir glycémique

Les glucides sont classés selon leur index glycémique[2], c'est-à-dire selon leur action sur la glycémie.

L'index glycémique est un critère de classement des aliments contenant des glucides, basé sur la glycémie durant les deux heures suivant leur ingestion. Il compare le pouvoir glycémiant de chaque aliment, mesuré directement lors de la digestion. L'index glycémique d'un aliment est donné par rapport à un aliment de référence, auquel on attribue l'indice 100 comme pour le glucose pur.

Un sucre rapide, rapidement assimilé par l'organisme, est un sucre ayant un index glycémique supérieur à 70. Les sucres rapides sont, le plus souvent, des sucres simples.

1 http://www.azaquar.com/iaa/index.php?cible=ca_glucides#oses
2 L'index glycémique a été inventé par l'équipe de David J. Jenkins à l'université de Toronto en 1981.

Exemples de sucres rapides : le glucose, le pain blanc, le riz blanc; la pomme de terre en purée contient des sucres complexes tel que l'amidon mais est classée dans les sucres rapides car son indice glycémique est de 80.

Un sucre lent, donc lentement assimilé par l'organisme, est un sucre ayant un index glycémique inférieur à 55. Les sucres lents sont généralement des sucres complexes ou polysaccharides.

Exemple de sucres lents : le pain complet, les lentilles, les pâtes; le fructose est un sucre simple mais aussi un sucre lent car son indice glycémique est inférieur à 55.

Les protéines

Les protéines, constituées d'unités d'acides aminés mises bout à bout, sont des macromolécules composées d'une ou plusieurs chaînes d'acides aminés.

Elles sont composées d'un groupe d'amines ($-NH_2$) et d'un groupe acide, habituellement carboxylique (-COOH). Il existe 20 acides aminés (AA) disponibles dont 8 sont dits essentiels car ils ne peuvent être fabriqués par l'organisme, ils doivent alors être impérativement apportés par l'alimentation.

- 8 acides aminés essentiels : isoleucine, leucine, lysine, méthionine, phénylalanine, thréonine, tryptophane, valine.
- 12 acides aminés accessoires : alanine, acide aspartique, arginine, cystéine, glutamine, glycine, histidine, ornithine, proline, hydroxyproline, sérine, tyrosine.

Les lipides

Les lipides représentent les graisses qui peuvent être soit d'origine animale soit d'origine végétale. Ils sont formés de carbone, d'oxygène, d'hydrogène, de phosphore et de soufre. Il existe plusieurs types de lipides.

- Les acides gras qui selon le type de liaisons chimiques sont dits saturés ou insaturés.
  - Les acides gras saturés sont souvent d'origine animale, ils ont une nette propension à augmenter le taux de cholestérol sanguin, ce qui implique un risque athérogène[3].
  - Les acides gras mono ou polyinsaturés sont souvent d'origine végétale, ils ont tendance à abaisser la cholestérolémie.
- Les triglycérides représentent 95 % des lipides de l'organisme, ils sont formés à partir du glycérol.
- Les lipides complexes comprennent dans leur structure des substances diverses comme des acides aminés ou des glucides. Les phospholipides par exemple sont des lipides complexes qui constituent pour majeure partie la membrane cellulaire.
- Les stérols, dont le plus connu est le cholestérol, possèdent une structure chimique en forme de cycle.

3 Qui favorise la constitution de plaques d'athérome (dépôts graisseux) sur les parois des vaisseaux sanguins.

ANATOMIE ET PHYSIOLOGIE

L'appareil digestif

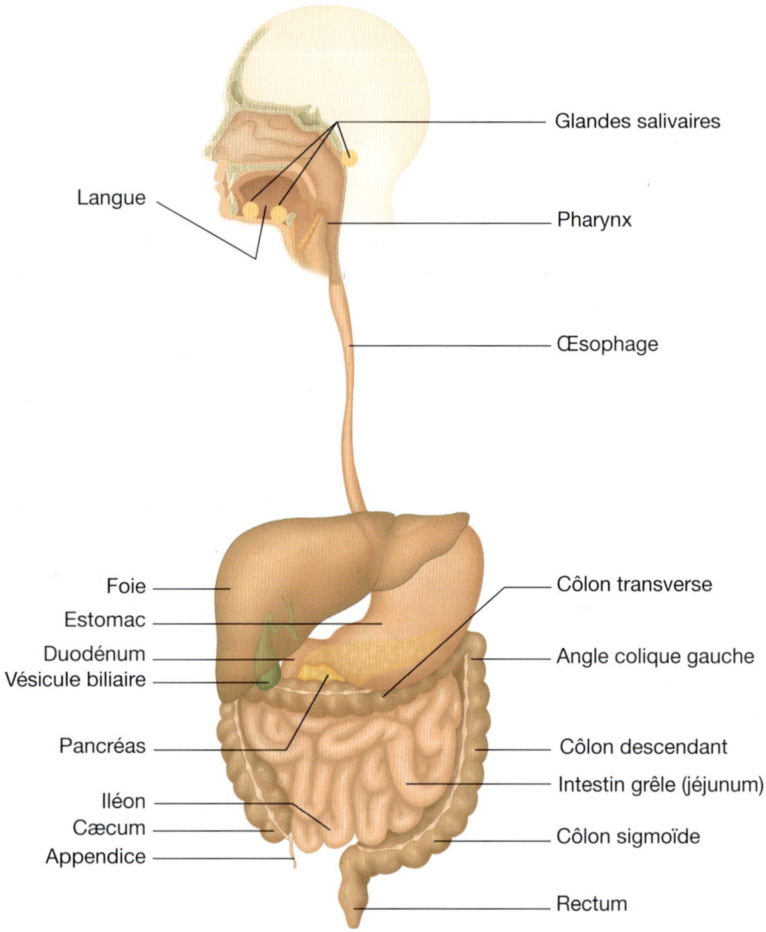

Fig. 4.2. L'appareil digestif

L'appareil digestif est composé du tube digestif ainsi que d'organes et glandes digestives annexes. Le tube comprend la bouche, le pharynx ou gorge, l'œsophage, l'estomac, le duodénum, l'intestin grêle, le côlon et le rectum. Parmi les annexes, se trouvent les glandes salivaires, le foie, la vésicule biliaire et le pancréas.

L'organisme est composé de protéines, de lipides, de glucides, d'eau et de sels minéraux. Afin d'entretenir ses tissus, de renouveler ses cellules et d'apporter l'énergie nécessaire à son fonctionnement, l'organisme a besoin de nutriments.

Un nutriment est un composant élémentaire contenu notamment dans les aliments et directement assimilable par l'organisme. Exemple de nutriments : l'eau, les oses, les acides gras, les acides aminés, les sels minéraux, les vitamines, etc.

La digestion

La digestion est assurée par deux types de phénomènes, un mécanique et un chimique, qui se produisent au fur et à mesure de la progression des aliments dans le tube digestif.

- Le phénomène mécanique comprend plusieurs actions comme le broyage des aliments et le brassage du bol alimentaire.
- Le phénomène chimique assure la transformation des molécules complexes en molécules plus petites puis en éléments simples et assimilables, les nutriments.

Le premier temps de la digestion est buccal. Les aliments ingérés sont déchiquetés par la mastication. Les dents coupent, écrasent, broient. La langue malaxe en mêlant les aliments à la salive. Cette dernière humidifie ce qui est ingéré afin de former une pâte facile à déglutir. La salive contient une enzyme, la ptyaline qui est une amylase active sur l'amidon. Celle-ci a pour fonction de réduire l'amidon, substance constituée par l'enchaînement d'un grand nombre de molécules de glucose, en une molécule plus simple.

La salive, sécrétée en permanence par les glandes salivaires, voit sa production augmenter de façon réflexe lors des repas. La stimulation de l'augmentation de l'insalivation[4] est dépendante de l'odeur des aliments, de leur goût et du contact entre l'aliment et la muqueuse buccale. La production de salive est d'environ 1,5 l par jour.

À cette étape, ce qui est ingéré, mastiqué et mêlé à la salive, s'appelle le bol alimentaire.

Le bol alimentaire est ensuite dégluti, il passe par le pharynx. La déglutition est un mécanisme à la fois volontaire et réflexe qui permet au bol alimentaire de passer du pharynx vers l'œsophage. Pendant ce temps, le clapet appelé épiglotte, qui protège les voies respiratoires, s'abaisse fermant ainsi l'accès vers les bronches. Les aliments peuvent ainsi en toute sécurité être dirigés vers l'œsophage. C'est le temps pharyngien.

Le bol alimentaire est maintenant dans l'œsophage, c'est le temps œsophagien. Il est dirigé grâce au péristaltisme œsophagien du pharynx vers l'estomac en s'humidifiant grâce à des glandes qui sécrètent du mucus, facilitant ainsi sa progression. Le péristaltisme est la succession d'ondes de contraction qui se propagent du haut en bas de l'œsophage.

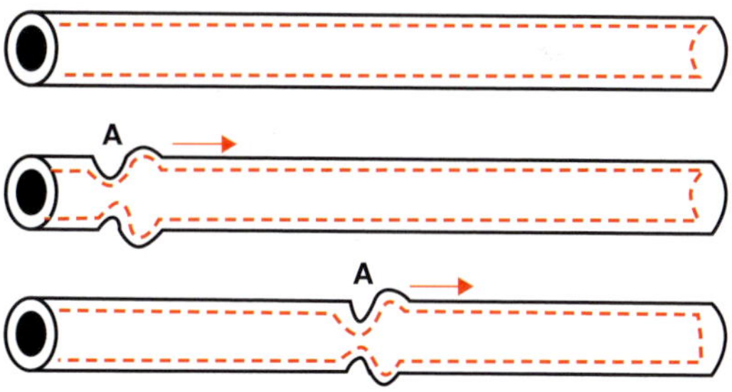

Fig. 4.3. Mouvements péristaltiques

Le péristaltisme permet donc au bol alimentaire de se diriger vers le cardia, sphincter supérieur de l'estomac. L'entrée de l'estomac est « fermée » en l'absence d'alimentation afin de protéger la muqueuse de l'œsophage des remontées d'acides provenant de l'estomac. L'œsophage n'est pas conçu pour supporter le degré d'acidité de l'estomac dont le pH est de 2.

C'est sous l'effet des ondes péristaltiques que le cardia s'ouvre laissant ainsi passer le bol alimentaire.

4 Imprégnation des aliments par la salive.

Le temps gastrique est variable, il dépend de la composition du bol alimentaire. Plus celui-ci est riche en lipides, plus il est long. En moyenne le temps gastrique dure de 3 à 4 heures.

L'estomac est une poche musculeuse pouvant contenir jusqu'à 1 500 cm^3 et qui brasse le bol alimentaire. Cette activité mécanique rend possible l'amalgame entre le bol alimentaire et les sécrétions stomacales.

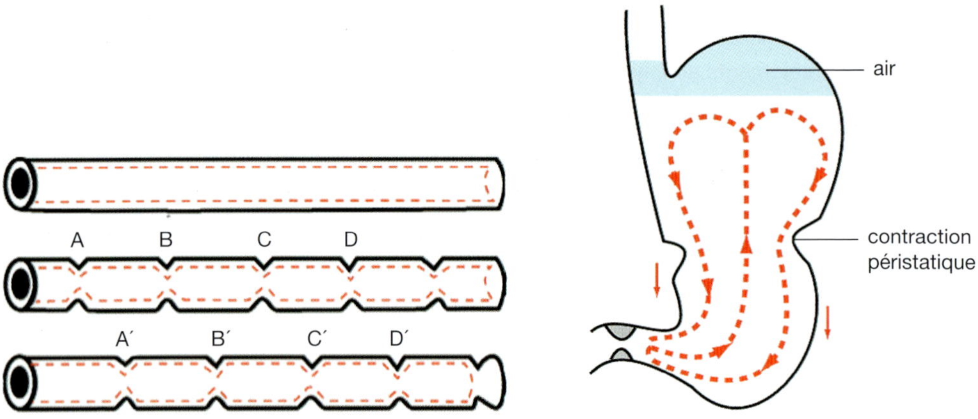

Fig. 4.4. a et b. Mouvements de brassage

L'estomac sécrète normalement 2 litres de suc gastrique par 24 heures chez l'Homme. La quantité produite est variable selon l'alimentation. Le suc gastrique est un liquide incolore et limpide composé de nombreux éléments :

- La pepsine est une enzyme protéolytique qui s'attaque aux protéines en les scindant en petits fragments de polypeptides (association d'acides aminés).
- La mucine est une substance qui permet à l'estomac de se protéger contre sa propre acidité.
- L'acide chlorhydrique est un acide qui abaisse le pH de l'estomac à des valeurs comprises entre 1 et 2,5, facilitant ainsi l'action des pepsines. Cette acidité débarrasse le bol alimentaire des bactéries ingérées puisque notre alimentation n'est pas stérile et concourt ainsi à éviter le développement de germes pathogènes dans le système digestif.

La sécrétion de suc gastrique dépend de différents facteurs.

- Les stimuli psychiques agissent sur la production de suc gastrique. L'idée d'un bon repas, outre l'insalivation qu'il provoque, active la production de liquide gastrique.
- Les stimuli gustatifs, olfactifs et visuels stimulent la sécrétion de suc gastrique.
- La gastrine est une hormone sécrétée par l'estomac et dont la sécrétion est déclenchée par le contact du bol alimentaire avec l'antre. La gastrine stimule la production de liquide gastrique jusqu'à ce que le contenu de l'estomac atteigne un niveau d'acidité suffisant. Dès que ce niveau est atteint, le pH se situe aux environs de 1 à 2, alors la sécrétion de gastrine est inhibée.

À la sortie de l'estomac, le bol alimentaire se présente sous la forme d'une bouillie constituée de grosses molécules nécessitant encore des transformations pour devenir assimilables par l'organisme.

Le bol alimentaire sortant de l'estomac s'appelle le chyme. Il traverse le pylore, le sphincter inférieur de l'estomac, et arrive dans le duodénum. Le passage du chyme dans le duodénum déclenche la fermeture du pylore et l'inhibition de la sécrétion de suc gastrique.

Le temps duodénal commence lorsque le chyme arrive dans la partie proximale du duodénum. La muqueuse duodénale sécrète plusieurs substances : la sécrétine, l'entérokinase et la cholécystokinine qui vont à leur tour permettre aux aliments ingérés de se transformer.

- La sécrétine est une hormone qui inhibe la sécrétion de gastrine, stimule la sécrétion de suc pancréatique et potentialise l'action d'une autre hormone, la cholécystokinine (CCK).
- L'entérokinase, enzyme protéolytique, active le trypsinogène, substance inactive (précurseur d'une enzyme protéolytique active), sécrété par le pancréas et le transforme en trypsine, enzyme protéolytique.
- La cholécystokinine qui stimule les sécrétions pancréatique et biliaire, a aussi une action anorexigène, c'est-à-dire qu'elle inhibe la sensation de faim. Elle provoque également la contraction de la vésicule biliaire entraînant une chasse vésiculaire dans le duodénum et l'ouverture du sphincter d'Oddi, lorsque le repas ingéré contient des graisses. Les sécrétions agissant sur la digestion du chyme sont déversées dans le duodénum.

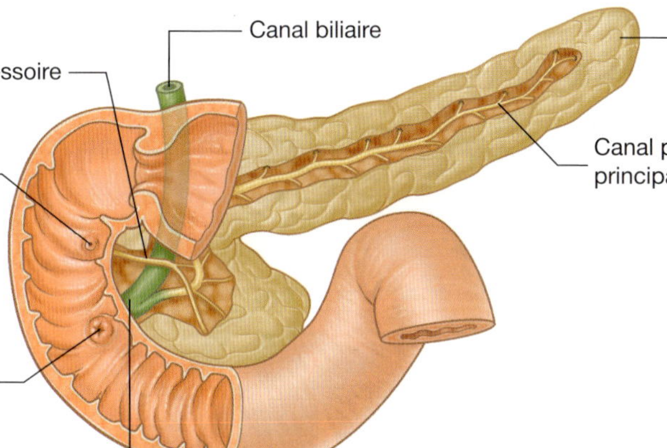

Fig. 4.5. Canaux biliaires et pancréatiques (coupe)

C'est dans le duodénum que s'abouchent les canaux excréteurs pancréatiques et les voies biliaires, par lesquels se déversent le suc pancréatique et la bile.

Le pancréas est une glande mixte présentant deux types de sécrétions, une sécrétion endocrine et une exocrine.

- La sécrétion endocrine est assurée par les îlots de Langerhans qui sécrètent l'insuline, une hormone hypoglycémiante ainsi que le glucagon, une hormone hyperglycémiante. La sécrétion de ces hormones, qui ont des propriétés antagonistes, assure la régulation de la glycémie.
- La sécrétion exocrine[5] est assurée par des glandes regroupées en lobules qui sécrètent le suc pancréatique qui participe à la digestion chimique des aliments. Ce suc est évacué par le canal de Wirsung, canal excréteur principal du pancréas. Le canal de Wirsung rejoint le canal cholédoque. Ensemble, ils se jettent dans le duodénum au niveau de l'ampoule de Vater, qui s'ouvre et se ferme grâce au sphincter d'Oddi.

5 Les glandes exocrines sont des glandes dont les sécrétions s'écoulent en dehors du sang, par un canal excréteur.

Le suc pancréatique, dont la sécrétion est de 1 à 1,5 litres par 24 heures, contient :

- des ions bicarbonates HCO^{3-} qui diminuent l'acidité du chyme ;
- des enzymes digestives qui agissent sur le fractionnement des glucides, des lipides et des protéines.

Les enzymes pancréatiques actives sur les glucides sont :

- l'amylase pancréatique qui agit sur l'amidon ;
- la maltase qui agit sur le maltose ;
- la saccharase qui agit sur le saccharose.

L'enzyme pancréatique active sur les lipides est la lipase qui agit sur les triglycérides pour les transformer en monoglycérides et en acides gras libres.

Amylase et lipase agissent dans le duodénum sur les sucres et les graisses avec l'aide notamment des sels biliaires.

Les enzymes pancréatiques qui vont s'activer pour être efficaces et digérer les protéines sont :

- la trypsine, qui est tout d'abord présente dans le pancréas sous forme inactive (le trypsinogène) ;
- la chymotrypsine, qui est tout d'abord présente dans le pancréas sous forme inactive (le chymotrypsinogène).

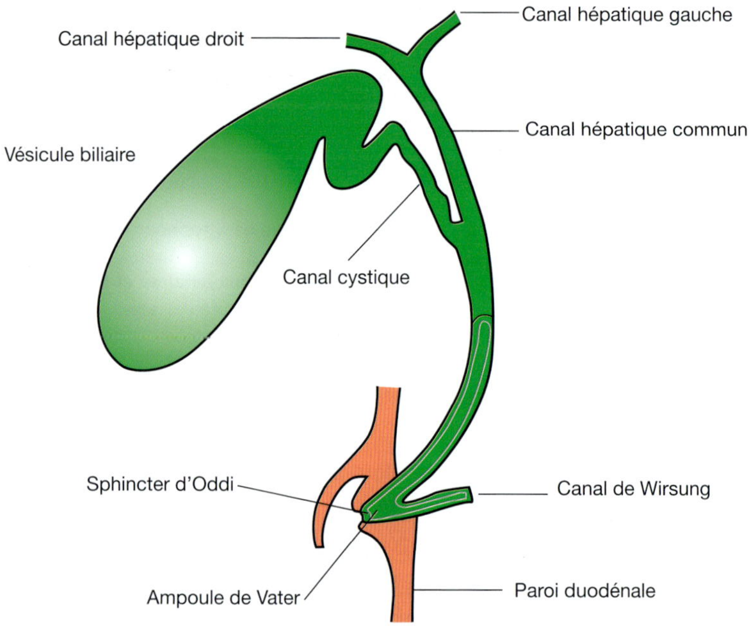

Fig. 4.6. La vésicule biliaire

La bile, fabriquée par les hépatocytes, est déversée par les canalicules qui se regroupent en canaux de plus en plus volumineux jusqu'à former deux troncs, le canal hépatique droit et le canal hépatique gauche.

Ils se regroupent pour former le canal hépatique commun qui rejoint le canal excréteur pancréatique, le canal de Wirsung avec lequel il s'abouche au niveau de l'ampoule de Vater qui se termine par le sphinter d'Oddi.

Ces deux enzymes sont inactives dans le pancréas pour éviter qu'elles ne le détruisent. C'est dans le duodénum, grâce à l'entérokinase, qu'elles deviennent actives et agissent sur les protéines.

Le foie est une glande digestive qui sécrète en permanence de la bile. Celle-ci est déversée dans le canal cholédoque, qui se termine par un anneau musculaire appelé le sphincter d'Oddi.

En dehors des repas, ce sphincter est fermé et la bile ne peut s'écouler. Elle reflue donc dans la vésicule biliaire où elle est stockée entre deux chasses vésiculaires.

La bile, produite par les cellules du foie et stockée dans la vésicule biliaire, est chassée dans le duodénum par ouverture du sphincter d'Oddi, sous l'effet de la teneur en graisses du chyme.

La bile contient :

- les sels biliaires qui agissent sur la digestion et l'absorption des lipides ;
- des pigments biliaires dont le principal est la bilirubine qui est le produit de dégradation de l'hémoglobine. Alors que le fer et la globine sont recyclés, l'hème est transformé en bilirubine. Cette substance doit être éliminée car elle est toxique pour le système nerveux central. La bilirubine est éliminée par voie urinaire et par voie fécale, elle colore les urines en jaune et les selles en marron.

Les sels biliaires agissent sur les graisses de plusieurs manières :

- ils fractionnent les gouttes de graisse en petites gouttelettes, c'est l'émulsification, qui permet l'action de la lipase pancréatique ;
- ils se combinent avec les acides gras et les monoglycérides formés par l'action de la lipase pancréatique pour construire des particules lipidiques hydrosolubles appelées les micelles. Ces particules sont facilement absorbées par l'organisme.

C'est donc dans le duodénum qu'agissent conjointement les sucs pancréatiques, les sels biliaires et les enzymes produites par la muqueuse du duodénum, portion initiale de l'intestin grêle.

Le temps intestinal est caractérisé par l'absorption des nutriments par l'organisme. La muqueuse intestinale sur ses portions duodénales et jéjunales, est constituée de nombreux plis et replis majorant ainsi la surface d'absorption des aliments.

Les cellules du duodénum secrètent de la sécrétine, de la cholécystokinine ainsi que du mucus grâce aux glandes de Brünner situées à l'entrée du duodénum. Ce mucus protège la muqueuse de l'acidité du chyme.

Dans ses portions duodénales et jéjunales, l'intestin grêle produit les dernières réactions chimiques destinées à rendre le chyme assimilable. On retrouve :

- des dissacharidases (sucrase, maltase, lactase) qui transforment les disaccharides en monosaccharides ;
- des lipases qui transforment les triglycérides en acides gras et en glycérol ;
- des peptidases qui transforment les polypeptides en acides aminés.

Les aliments, préparés par les différentes sécrétions et ayant subi une fragmentation, vont pouvoir abandonner les composants utiles à l'organisme ; il s'agit de l'absorption.

Au niveau de l'iléon, les plis, replis et villosités disparaissent. L'iléon n'a pratiquement plus de fonction d'absorption.

Le contenu de l'intestin grêle, dépourvu des nutriments que l'organisme a fini d'absorber, arrive dans le côlon. Il s'agit du temps colique.

À ce stade, le contenu du côlon droit contient ce qui n'a pas été assimilé par l'organisme comme de l'eau et des fibres.

Les matières fécales atteignent le côlon sigmoïde et se localisent dans l'ampoule rectale dans l'attente de la défécation. Il s'agit du temps rectal.

Les matières s'accumulent et provoquent la distension de l'ampoule rectale, ce qui déclenche le réflexe de défécation qui est un processus mixte puisqu'il associe les sphincters interne et externe de l'anus. Le sphincter anal interne s'ouvre de façon involontaire dès que la sensation de plénitude de l'ampoule rectale est atteinte. Le sphincter anal externe se relâche de façon volontaire chez l'Homme mature lorsque la défécation est possible. Lors de la défécation, on constate une augmentation du péristaltisme du côlon sigmoïde et une contraction du rectum avec ouverture du sphincter anal, mouvements aboutissant à l'émission de selles par l'anus.

On considère un rythme d'élimination normal lorsque le nombre de selles varie de deux selles par jour à trois selles par semaine. Les selles varient en fonction des personnes et du type d'alimentation.

Le temps entre l'ingestion des aliments et leur élimination dans les selles, varie entre 24 et 72 heures.

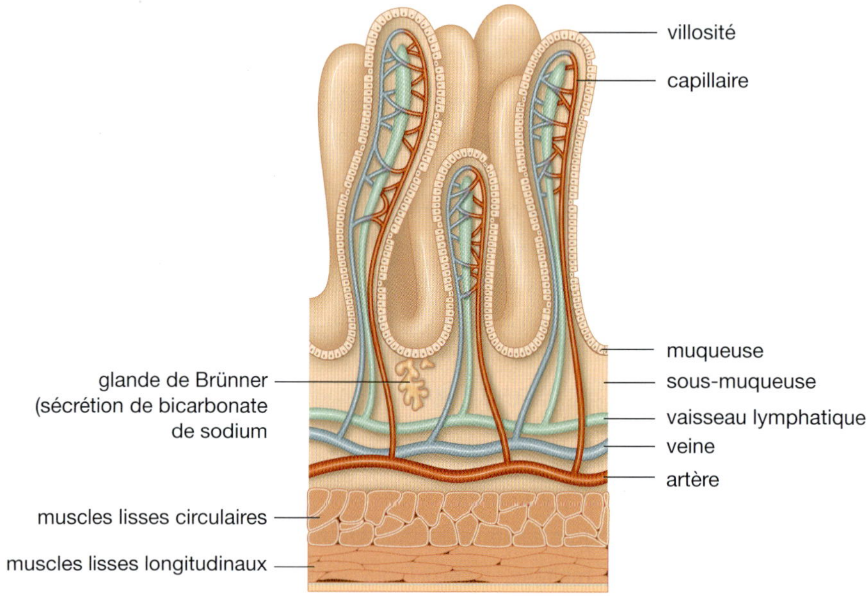

Fig. 4.7. La muqueuse intestinale et l'absorption

L'absorption par voie sanguine concerne :

- l'eau,
- les sels minéraux,
- les oses ou sucres simples assimilables,
- les acides aminés,
- les vitamines hydrosolubles.

Ces nutriments empruntent la veine mésentérique supérieure, puis la veine porte jusqu'au foie

L'absorption par voie lymphatique concerne :

– les lipides,

– les vitamines liposolubles.

Ces nutriments empruntent le canal chylifère, la citerne de Pecquet et le canal thoracique. Ils rejoignent la circulation sanguine par la veine sous-clavière gauche.

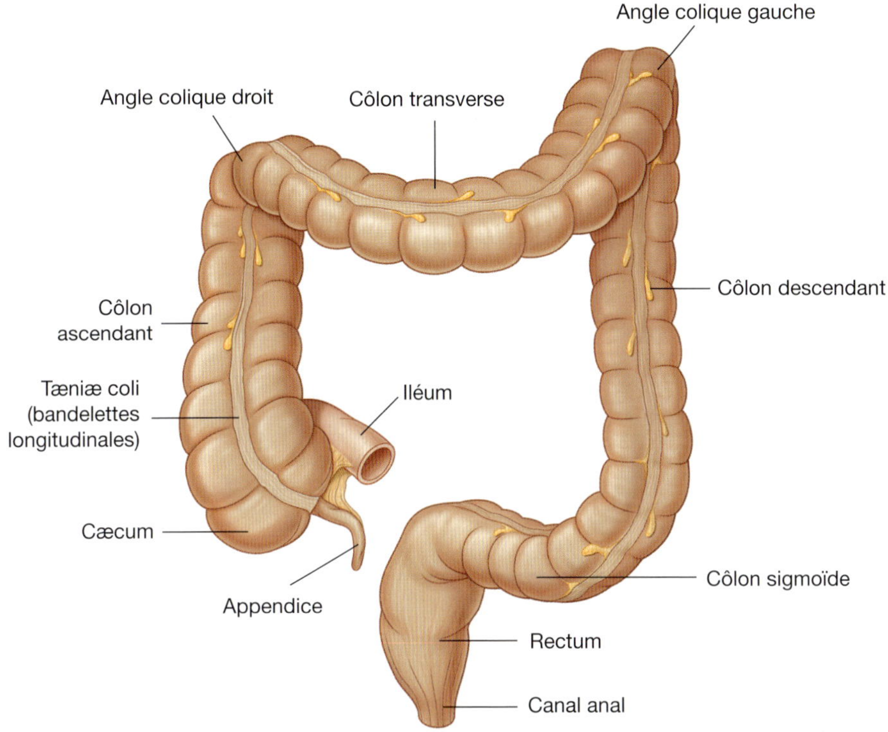

Fig. 4.8. Le côlon

La fonction du côlon est de transformer des selles liquides en selles solides.

Le côlon est le siège de la réabsorption de l'eau. Lors de cette étape, 75 % de l'eau est réabsorbée.

Lorsque l'apport hydrique est insuffisant, l'organisme réabsorbe au maximum l'eau afin de maintenir l'équilibre hydrique intra et extra-cellulaire. Au niveau du côlon, quand la réabsorption d'eau est maximale, les selles deviennent alors très sèches et très dures.

Leur élimination est alors difficile, la défécation ne peut s'effectuer ou si elle est possible, elle peut s'avérer douloureuse.

Les selles s'accumulent dans l'ampoule rectale mais ne sont pas éliminées, ce qui peut aboutir à la formation d'un fécalome. Un fécalome est une accumulation d'un volume important de matières fécales déshydratées (asséchées), stagnant dans le rectum.

C'est une situation que l'on peut rencontrer chez les personnes âgées qui perdent la sensation de soif. Si tel est le cas, elles ne peuvent maintenir leur équilibre hydrique.

...

...
Il est donc nécessaire de pallier cette défaillance en les faisant boire fréquemment. Il faut alors quantifier les apports afin qu'ils correspondent aux recommandations car le vieillissement des organes entraîne souvent des insuffisances rénale et cardiaque. Dans ces conditions, un apport trop important d'eau peut également provoquer des problèmes de santé comme des œdèmes et notamment, un œdème aigu du poumon.

	GLUCIDES	PROTÉINES	LIPIDES	AUTRES
BOUCHE ↓	Ptyaline (amylase de la salive)			
ESTOMAC ↓		Suc gastrique Pepsine	Suc gastrique Lipase gastrique	
DUODÉNUM ↓	Suc intestinal : Amylase intestinale Maltase Lactase Saccharase	Suc intestinal : Peptidase Suc pancréatique : Trypsine et Chymotrypsine	Suc pancréatique Lipase La bile (fabriquée par le foie et stockée dans la vésicule biliaire) apporte des sels biliaires qui digèrent les graisses.	Sécrétine : annule l'acidité de l'estomac permet l'action du suc pancréatique Cholécystokinine (CCK)
ILÉON JÉJUNUM ↓	Entérokinase : Maltase Lactase	Entérokinase Érepsine		
ABSORPTION ↓	Par voie sanguine : (Veine Mésentérique Supérieure → Veine Porte → Foie) Oses (glucides simples) Acides aminés (protéines simples) Eau et sels minéraux		Par voie lymphatique : (Canal chylifère → Citerne de Pecquet → Canal Thoracique → Veine sous-clavière gauche) Lipides combinés aux sels biliaires	
CÔLON DROIT ↓	Flore de fermentation : Glucides non absorbés (amidon, cellulose) Gaz			Réabsorption d'eau

	GLUCIDES	PROTÉINES	LIPIDES	AUTRES
CÔLON TRANSVERSE		Transformation de l'urée (produit de dégradation des protéines) en ammoniac (odeur) Transformation de la bilirubine (provenant du duodénum) en stercobilirubine (couleur marron) S'éliminent dans les selles les substances non digestibles, la cellulose, les cellules mortes du tube digestif		La bilirubine est le produit de dégradation final de l'hème (hème + globine = hémoglobine). Elle est dégradée par le système réticulo-endothélial (ensemble de cellules disséminées dans l'organisme, destiné à la fabrication des éléments du sang et à la destruction entre autres de cellules considérées comme étrangères) puis par le foie et est éliminée dans la bile.

Tableau 4.I. Récapitulatif des réactions chimiques de la digestion

INTERACTIONS ET INTERDÉPENDANCE AVEC LES AUTRES FONCTIONS DE L'ORGANISME

Fonction digestive ↔ fonction cardiovasculaire et lymphatique
Le sang et la lymphe transportent les nutriments absorbés par voie intestinale, à toutes les cellules de l'organisme.
Fonction digestive ↔ fonction respiratoire
Le système respiratoire fournit l'oxygène au système digestif afin que celui-ci puisse assurer son propre fonctionnement. Le dioxyde de carbone produit à l'issue du processus de digestion est ensuite éliminé par le système respiratoire.

4 La fonction digestive

Fonction digestive ↔ fonction endocrinienne
Le système endocrinien régule l'activité digestive, il assure la régulation de la glycémie lorsque le sucre est déversé dans le sang.
Fonction digestive ↔ fonction locomotrice
Le squelette protège les organes de la digestion, les muscles permettent les mouvements de brassage et de malaxage, qui participent à la digestion mécanique. Par ailleurs de nombreux sphincters interviennent dans la digestion, ils sont constitués de muscles.
Fonction digestive ↔ fonction immunitaire
Le système immunitaire défend l'organisme des agressions par des micro-organismes pathogènes pouvant être ingérés lors de l'alimentation.
Fonction digestive ↔ fonction urinaire
Le système urinaire permet à la vitamine D absorbée par voie alimentaire d'être activée.
Fonction digestive ↔ fonction neurologique
Le système nerveux contrôle et régule l'activité digestive par l'action de nerfs. Le système extrinsèque agit sur le système digestif grâce à des neurotransmetteurs, l'acétylcholine et le VIP (Vasoactive Intestinal Peptide). L'acétylcholine stimule la production de sucs digestifs. L'acétylcholine stimule les muscles squelettiques et donc contrôle la contraction péristaltique alors que le VIP assure la relaxation péristaltique. Les nerfs intrinsèques entrent en activité lorsque la paroi des organes creux est distendue par des aliments. 80 % des fibres du système intrinsèque sont des fibres sensitives. Les nerfs transmettent des informations sensorielles d'origine digestive à la moelle épinière et en retour renvoient des signaux centraux vers le tube digestif.

S'ENTRAINER

VÉRIFIER SES CONNAISSANCES

1 QCM – Cochez la ou les réponse(s) correcte(s)

1. Les lipases sont surtout sécrétées par :
a. les glandes salivaires
b. l'œsophage
c. les cellules pariétales de l'estomac
d. le pancréas
e. le foie

2. La réabsorption hydrique intestinale s'effectue au niveau :
a. du duodénum
b. du jéjunum
c. de l'iléon
d. du côlon
e. du rectum

3. On évoque une constipation lorsque le rythme d'élimination fécale est de :
a. 1 selle par jour
b. 1 selle tous les 4 jours
c. 1 selle par semaine
d.1 selle tous les 2 jours
e. 3 selles par jour

4. La bile contient :
a. des sels biliaires
b. des pigments biliaires
c. de la bilirubine
d. de la stercobilirubine
e. de l'urobiline

5. Le suc gastrique contient :
a. de la citrine
b. de l'acide chlorhydrique
c. de l'acide acétyl-salicylique
d. de l'acide lactique
e. de la mucine

6. La stimulation de l'augmentation de l'insalivation dépend :
a. De l'odeur de l'aliment
b. Du péristaltisme
c. De la sécrétion pancréatique
d. Du goût de l'aliment
e. Du contact entre l'aliment et la muqueuse buccale

7. La déglutition est un phénomène :
a. volontaire et réflexe
b. uniquement volontaire
c. uniquement réflexe
d. mécanique
e. chimique

8. Le rôle de l'épiglotte lors d'ingestion d'un aliment est de protéger :
a. l'appareil digestif
b. l'appareil circulatoire
c. l'appareil respiratoire
d. l'appareil sensoriel
e. aucun de ces appareils

9. Les phénomènes mécaniques intervenant lors de la digestion sont :
a. la mastication
b. le péristaltisme
c. la sécrétion de mucus
d. la dégradation des molécules par le suc
e. l'action de l'amylase

10. Lors de la digestion, on retrouve des réactions chimiques au niveau :
a. buccal
b. œsophagien
c. stomacal
d. duodénal
e. iléal

2

1. Annotez le schéma ci-dessous.

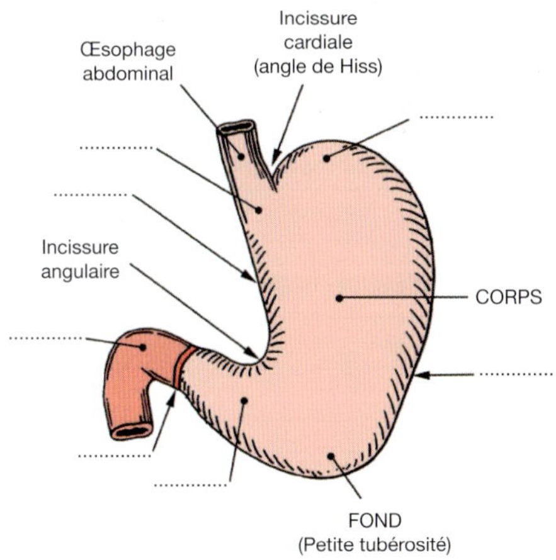

2. Développez en 8 lignes maximum la fonction principale de l'appareil digestif.

3. Décrire en 5 lignes maximum l'absorption intestinale des lipides.

4. Développez en 7 lignes maximum le rôle des sels biliaires dans la digestion.

5. Argumentez les répercussions de l'absence de dentition sur la fonction de digestion.

6. Expliquez pourquoi la paroi de l'estomac est protégée de l'acidité alors que celle de l'œsophage ne l'est pas.

7. Énoncez et localisez les différents temps de la digestion des protéines.

8. Citez où s'effectue la réabsorption d'eau lors de la digestion.

9. Définir les termes glycémie, glycosurie et glycogène.

10. Nommez les 4 organes et/ou glandes annexes intervenant dans la digestion.

11. Définissez le métabolisme et citez l'élément nécessaire à celui-ci.

12. Différenciez le catabolisme de l'anabolisme.

13. Expliquez brièvement les phénomènes mécaniques et chimiques permettant la digestion.

14. Expliquez le phénomène réflexe de protection intervenant lors de la déglutition.

3 Répondez par Vrai ou Faux

1. La déglutition comporte chronologiquement 3 temps : le temps buccal, le temps œsophagien puis le temps laryngien.

2. Le temps buccal est volontaire.

3. Pendant le temps buccal, le bol alimentaire est comprimé et repoussé en arrière par les joues.

4. Après l'entrée du bol alimentaire dans l'estomac, la respiration reprend.

5. Les muscles constricteurs du larynx se relâchent et permettent le passage des aliments dans l'estomac.

6. Lors du temps pharyngien, la respiration est suspendue par la fermeture de la luette.

7. Sous la pression du voile du palais, le bol alimentaire descend et s'appuie sur l'épiglotte.

8. Le temps pharyngien est volontaire.

9. Le larynx retrouve sa position initiale après l'entrée du bol alimentaire dans l'estomac.

10. Pendant le temps pharyngien, la mâchoire se ferme et la langue se soulève pour bloquer la cavité naso-pharyngienne.

TRANSFÉRER À D'AUTRES SITUATIONS

M. Dupond, 52 ans, vient à la consultation de la médecine du travail où il est convoqué comme l'ensemble des salariés de l'entreprise, une fois tous les deux ans environ. Au cours de l'entretien d'accueil, il explique à l'IDE qu'il a changé de poste de travail depuis un an et qu'il a pris du poids. Il pense que son surpoids est lié à ce changement, car la modification de ses horaires de travail l'empêche de faire l'activité sportive qu'il effectuait auparavant, à savoir 3 heures par semaine de natation. Il précise que la prise de poids est de 8 kg et représente 10 % de son poids initial.

1. Identifier les données significatives

Quelles données relève-t-on ?	Pourquoi sont-elles significatives ?

2. Comprendre et évaluer la situation

Que faut-il comprendre ?	Évaluation

3. Mettre en œuvre les actions

Quelles actions met-on en œuvre ?	Pourquoi ?

4. Noter et analyser les résultats obtenus

Résultats	Analyse des résultats de la prise en charge
M. Dupond : • manifeste une demande réelle d'aide pour débuter un régime alimentaire et diminuer sa sédentarité ; • a indiqué ne pas avoir de problème particulier dans son nouveau poste, mais a indiqué que dans cette équipe, les personnels avaient tendance à grignoter, chacun amenant à tour de rôle des friandises ; • souhaite augmenter ses dépenses énergétiques.	
Poids : 88 kg .Taille : 1 m 75 IMC[6] : 28.76 Pouls à 88 pulsations/minute TA 145/842 mmHg	
Analyse d'urines faite : Sucre = 0 ; Acétone = 0, pH = 6 ; sang = 0	

CORRIGÉS

VÉRIFIER SES CONNAISSANCES

1 QCM

1 d ; 2 d ; 3 b, c ; 4 a, b, c ; 5 b, e ; 6 a, d, e ; 7 a, d ; 8 c ; 9 a, b ; 10 a, c, d, e.

2

1.

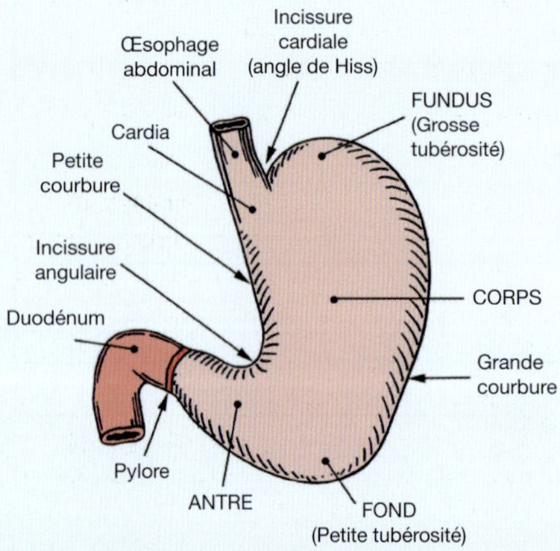

2. La fonction principale de l'appareil digestif

Pour se maintenir et fonctionner correctement, l'organisme a besoin d'apports nutritionnels quotidiens. Plusieurs éléments sont essentiels comme les protides, les lipides, les glucides qui sont apportés par l'alimentation. Cependant, leur présentation ne permet pas directement leur assimilation par l'organisme, ils nécessitent des transformations qui sont assurées par l'appareil digestif, afin que les molécules complexes deviennent absorbables par l'organisme. Ainsi les protéines seront dégradées en acides aminés, les glucides en sucres simples et les lipides en acides gras c'est-à-dire en substances utilisables par l'organisme.

3. L'absorption intestinale concerne les graisses et les vitamines liposolubles, l'absorption des lipides s'effectue par voie lymphatique. Ces nutriments empruntent le canal chylifère, la citerne de Pecquet et le canal thoracique. Ils rejoignent enfin la circulation sanguine par la veine sous-clavière gauche.

4. Les sels biliaires agissent sur les graisses de plusieurs manières :

– ils fractionnent les gouttes de graisse en petites gouttelettes, c'est l'émulsification, ce qui permet ensuite l'action de la lipase pancréatique ;

– ils se combinent avec les acides gras et les monoglycérides formés par l'action de la lipase pancréatique pour construire des particules lipidiques hydrosolubles appelées les micelles. Ces particules sont facilement absorbées par l'organisme.

5. Les répercussions de l'absence de dentition sur la fonction de digestion

Les aliments ingérés sont déchiquetés par la mastication. Les dents coupent, écrasent, broient les aliments afin de les mêler à la salive.

La salive contient une enzyme, l'amylase, qui a pour rôle de réduire l'amidon, substance constituée par l'enchaînement d'un grand nombre de molécules de glucose, en une molécule plus simple.

En l'absence de dentition, le découpage mécanique et le broyage ne peuvent plus être effectués, ce qui empêche l'amylase d'agir sur les aliments ; de ce fait, le temps de digestion sera plus long.

6. La paroi de l'estomac est protégée de l'acidité car l'estomac produit du suc gastrique qui contient notamment de la mucine. Cette substance lui permet de se protéger contre sa propre acidité. L'œsophage reste sensible à l'acidité et ne sécrète aucun produit pour s'en protéger. C'est pourquoi le sphincter supérieur de l'estomac, le cardia, se ferme hermétiquement pour empêcher les remontées acides de l'estomac vers l'œsophage et ainsi le protéger.

7. La digestion des protéines se réalise à plusieurs niveaux :

– au niveau gastrique grâce à la pepsine ;

– au niveau duodénal grâce à la peptidase intestinale et grâce à la trypsine et la chymotrypsine pancréatiques ;

– au niveau de l'iléon et du jéjunum grâce à l'entérokinase et à l'érepsine intestinales.

8. La réabsorption d'eau s'effectue au niveau du côlon droit ou côlon ascendant.

9. Glycémie : concentration de glucose dans le sang.

Glycosurie : présence de glucose dans l'urine.

Glycogène : forme de stockage du glucose, principalement dans le foie.

10. Les 4 organes et/ou glandes annexes intervenant dans la digestion sont : les glandes salivaires, la vésicule biliaire, le foie et le pancréas.

11. Le métabolisme est l'ensemble des réactions se produisant dans les cellules de l'organisme.

Pour être effectif, le métabolisme nécessite l'apport de nutriments.

12. Le catabolisme permet d'extraire l'énergie des nutriments alors que l'anabolisme permet de synthétiser les constituants nécessaires à la structure et au bon fonctionnement des cellules.

13. Le phénomène mécanique permettant la digestion comprend plusieurs actions qui sont le broyage des aliments et le brassage du bol alimentaire.
Le phénomène chimique permet la transformation des molécules complexes en molécules plus petites puis en éléments simples et assimilables, que sont les nutriments.

14. La déglutition est un mécanisme à la fois volontaire et réflexe qui permet au bol alimentaire de passer du pharynx vers l'œsophage. Pendant ce temps, le clapet, appelé épiglotte, qui protège les voies respiratoires, s'abaisse fermant ainsi l'accès vers les bronches. Les aliments peuvent ainsi en toute sécurité être dirigés vers l'œsophage.

3

1. La déglutition comporte chronologiquement 3 temps : le temps buccal, le temps œsophagien puis le temps laryngien. Faux, le temps buccal puis pharyngien et enfin œsophagien.

2. Le temps buccal est volontaire. Vrai

3. Pendant le temps buccal, le bol alimentaire est comprimé et repoussé en arrière par les joues. Faux, il est comprimé par la langue.

4. Après l'entrée du bol alimentaire dans l'estomac, la respiration reprend. Faux, la respiration reprend après l'entrée du bol alimentaire dans l'œsophage.

5. Les muscles constricteurs du larynx se relâchent et permettent le passage des aliments dans l'estomac. Faux, les muscles constricteurs du pharynx se relâchent et permettent le passage des aliments dans l'œsophage.

6. Lors du temps pharyngien, la respiration est suspendue par la fermeture de la luette. Faux, la respiration est suspendue par la fermeture de l'épiglotte.

7. Sous la pression du voile du palais, le bol alimentaire descend et s'appuie sur l'épiglotte. Faux, c'est sous la pression de la base de la langue.

8. Le temps pharyngien est volontaire. Faux, il est réflexe.

9. Le larynx retrouve sa position initiale après l'entrée du bol alimentaire dans l'estomac. Faux, le larynx retrouve sa position initiale après l'entrée du bol alimentaire dans l'œsophage.

10. Pendant le temps pharyngien, la mâchoire se ferme et la langue se soulève pour bloquer la cavité naso-pharyngienne. Faux, pendant le temps pharyngien, la mâchoire se ferme et le voile du palais se soulève pour bloquer la cavité naso-pharyngienne.

TRANSFÉRER À D'AUTRES SITUATIONS

1. Identifier les données significatives

Quelles données relève-t-on ?	Pourquoi sont-elles significatives ?
L'âge : 52 ans	Élément important au regard de l'état de santé et des modifications corporelles en lien avec l'avancée en âge
Changement du poste de travail Absence d'activité sportive depuis un an	Ces éléments précisent le contexte : conditions de travail et habitudes de vie
Prise de poids importante : 10 %	Motif de la « plainte » de M. Dupond lors de la consultation

2. Comprendre et évaluer la situation

Que faut-il comprendre ?	Évaluation
52 ans est un âge où les risques de complications liés à la surcharge pondérale sont réels. Le risque de développer une pathologie cardiovasculaire est majoré SAVOIRS FONDAMENTAUX Étapes de la vie (âge adulte) ; Santé publique	Présence de facteurs de risques

Que faut-il comprendre ?	Évaluation
Le changement de poste de travail peut avoir favorisé la prise de poids indépendamment de l'arrêt de l'activité sportive. La recherche d'informations complémentaires est nécessaire SAVOIRS FONDAMENTAUX Santé publique	Présence de facteurs de risques
Prise de poids et la sédentarité constituent des facteurs de risque supplémentaires SAVOIRS FONDAMENTAUX Santé publique	
Les modifications corporelles et le changement de rythme de vie peuvent être mal vécus par la personne SAVOIRS FONDAMENTAUX Démarche clinique infirmière ; Soins infirmiers	Risque d'altération de l'image corporelle

Synthèse de l'évaluation : il s'agit d'un homme d'âge mûr qui a pris 8 kg en un an suite à un changement de poste de travail qui a entraîné un arrêt de ses activités sportives. Cette prise de poids majore les risques sanitaires notamment les risques cardiovasculaires. Le fait d'informer directement l'IDE traduit une préoccupation de la personne quant à sa prise de poids.

3. Mettre en œuvre les actions

Quelles actions met-on en œuvre ?	Pourquoi ?
Mener un entretien pour explorer : • la demande réelle de M. Dupond par rapport à sa prise de poids ; • les nouvelles habitudes de vie de M. Dupond notamment en matière alimentaire ; • les changements qu'il peut faire pour reprendre une activité sportive SAVOIR-FAIRE PROFESSIONNELS Soins relationnels ; Démarche clinique IDE	S'assurer qu'il n'y a pas d'autres éléments explicatifs qui justifient la prise de poids : éléments liés au changement de travail : stress, ambiance..., modifications des habitudes alimentaires... Rechercher si des actions simples peuvent être entreprises rapidement pour lutter contre les facteurs de risqueS : marche rapide pour pallier le manque d'activité, prendre les escaliers à la place de l'ascenseur...
Mesurer les paramètres suivants : poids, taille, prise du pouls et de la pression artérielle Calculer l'indice de masse corporelle SAVOIR-FAIRE PROFESSIONNELS Soins infirmiers ; Sciences biomédicales	Données qui servent à évaluer les risques sanitaires à travers l'IMC la TA et les pulsations S'assurer que M. Dupond n'est pas hypertendu Quantifier la surcharge pondérale
Réaliser une analyse d'urines à la bandelette SAVOIR-FAIRE PROFESSIONNELS Soins infirmiers	Examen systématique de suivi médical pour détecter d'éventuelle anomalie ou une pathologie comme le diabète
Noter les éléments recueillis dans le dossier de suivi SAVOIR-FAIRE PROFESSIONNELS Soins infirmiers	L'inscription des données dans le dossier permet d'assurer le suivi de la personne à court, moyen et long terme

4. Noter et analyser les résultats obtenus

<table>
<tr><th>Résultats</th><th>Analyse des résultats de la prise en charge</th></tr>
<tr><td>M. Dupond :
• manifeste une demande réelle d'aide pour débuter un régime alimentaire et diminuer sa sédentarité ;
• a indiqué ne pas avoir de problème particulier dans son nouveau poste, mais a indiqué que dans cette équipe, les personnels avaient tendance à grignoter, chacun amenant à tour de rôle des friandises ;
• souhaite augmenter ses dépenses énergétiques.</td><td>L'entretien exploratoire a permis à M. Dupond d'exprimer sa demande d'aide en matière d'accompagnement pour modifier ses habitudes de vie (alimentation, sédentarité)</td></tr>
<tr><td>Poids : 88 kg .Taille : 1 m 75
IMC[6] : 28.76
Pouls à 88 pulsations/minute
TA 145/842 mmHg</td><td>M. Dupond présente un surpoids
Cette norme est enregistrée et permettra de suivre l'évolution du poids
Le pouls et la pression artérielle sont conforment aux normes</td></tr>
<tr><td>Analyse d'urines faite :
Sucre = 0 ; Acétone = 0, pH = 6 ; sang = 0</td><td>Absence d'élément anormal</td></tr>
<tr><td colspan="2">Face à cette situation deux possibilités sont offertes à M. Dupond.
• Soit il doit augmenter ses dépenses énergétiques, en faisant des activités quotidiennement telles que de la marche (rapide) lorsqu'il se rend à son travail ou lorsqu'il va faire ses courses, monter les escaliers plutôt que prendre l'ascenseur, ne pas utiliser son véhicule pour les petits déplacements...
• D'autre part il doit supprimer ou diminuer dans un premier temps le grignotage, diminuer ses apports caloriques et donc moins manger ou manger différemment. Pour cela, il peut diminuer ses rations alimentaires, abaisser la quantité systématiquement ou ne jamais se resservir, modifier ses apports en limitant les graisses et les sucres, notamment les graisses et sucres cachés.
Le but dans un premier temps est de faire en sorte que les dépenses deviennent supérieures aux apports afin de mobiliser les réserves et les faire « fondre », puis dans un deuxième temps d'adapter les apports aux dépenses pour obtenir une stabilisation du poids.
Il peut combiner les deux actions afin de retrouver une hygiène de vie plus saine et diminuer les facteurs de risques. De même, cela peut favoriser une perte de poids plus aisément et rapidement permettant ainsi à M. Dupond de retrouver une image corporelle répondant à ses représentations.</td></tr>
</table>

6 L'indice de masse corporelle est une grandeur qui permet d'estimer la corpulence d'une personne. Cet indice se calcule en fonction de la taille et de la masse (exprimée à travers le poids). Selon l'OMS, un IMC compris entre 18.5 et 25 correspond à une corpulence normale, et un surpoids entre 25 et 30.

5 La fonction d'élimination

COMPRENDRE

La fonction d'élimination est assurée par l'organisme grâce à l'intervention de plusieurs systèmes et ce, en fonction des produits ou déchets à éliminer.

Les produits non volatils sont éliminés par voie urinaire, par voie digestive et en partie par voie cutanée. Les produits volatils, eux, sont éliminés par la respiration.

Ainsi, l'appareil urinaire élimine de l'eau et certaines substances comme les déchets azotés et des sels, l'appareil digestif élimine les résidus de la digestion par les fèces, les tissus cutanés éliminent la sueur par la transpiration, et l'appareil respiratoire élimine du CO_2 et de l'eau. L'élimination d'eau par la transpiration et par la respiration correspond à environ 500 ml par jour ; cette déperdition hydrique correspond aux pertes insensibles.

L'ÉLIMINATION URINAIRE

Généralités[1]

Les fonctions de l'appareil urinaire sont multiples et sont assurées principalement par les reins.

De par sa fonction endocrine, le rein joue un rôle dans la régulation de l'eau et des électrolytes. Il participe à l'équilibre acido-basique de l'organisme, en collaboration avec le poumon, et épure le sang de substances qui seraient toxiques pour l'organisme si elles n'étaient pas éliminées. Le rein assure la formation de l'urine par laquelle s'éliminent ces substances toxiques et/ou étrangères, des déchets ou des médicaments.

Les voies urinaires acheminent les urines jusqu'à la vessie qui assure le stockage de l'urine entre deux mictions[2] et participe à son évacuation lors de la miction. La quantité d'urines émises par 24 heures dépend de l'hydratation de la personne ; en moyenne, 1 à 1,5 litre d'urines sont éliminées chaque jour.

Mécanisme

L'utilisation d'éléments nutritifs par l'organisme et le fonctionnement des organes et des cellules produisent des déchets qui circulent dans le sang. Une partie de ces déchets est éliminée par le rein qui correspond à un centre d'épuration de l'organisme. En effet, les reins sont chargés :

1 http://www.cosmovisions.com/urine.htm

2 La miction est l'expulsion naturelle de l'urine accumulée dans la vessie.

■ d'éliminer les excédents de substances minérales telles que le sodium, le potassium, le calcium, le magnésium, les chlorures, les phosphates, les sulfates ;

■ d'éliminer le surplus d'éléments organiques tels que l'urée, l'acide urique, les acides aminés, les enzymes, les hormones, les vitamines. Ces éléments sont dissous dans de l'eau et l'ensemble constitue les urines qui sont sécrétées par les reins ;

■ de réabsorber ce qui est nécessaire au bon fonctionnement de l'organisme humain, notamment l'eau et les électrolytes.

L'urine est un liquide limpide de couleur jaune plus ou moins foncé, issu de l'épuration du sang réalisée par le rein. L'urine est stérile, elle est donc en situation physiologique dépourvue de micro-organismes.

L'urine a une composition différente du sang, puisqu'un certain nombre de ses constituants sont filtrés et réabsorbés.

Éléments	Urines	Sang
Eau	95 %	90 %
Albumine et fibrinogène[3]	0 %	9 %
Urée	0,025 %	0,015 %
Acide urique	0,05 %	Traces
Chlorure de sodium	1,1 %	0,5 à 0,6 %
Autres sels	0,8 à 0,9 %	0,4 à 0,5 %

Tableau 5.1. Comparatif des éléments contenus dans les urines et dans le sang

Ce tableau montre la différence de constitution entre l'urine et le plasma sanguin. On note la présence d'albumine dans le plasma alors qu'elle n'existe pas dans l'urine. Cette protéine, substance nourricière par excellence des éléments anatomiques, reste dans le sang pour assurer la nutrition des tissus.

Par ailleurs, toutes les autres substances du liquide sanguin se retrouvent dans l'urine en plus grandes quantités. C'est qu'en effet, les composants de l'urine ne prennent pas naissance dans les reins, mais se forment dans toutes les parties du corps au titre des produits de décomposition tissulaire.

Le rôle des reins se borne à les extraire du sang, à les concentrer et à les rejeter à l'extérieur de l'organisme.

Cette répartition est cependant variable selon l'alimentation et l'hydratation de l'individu, mais aussi selon le moment où les urines sont émises. En l'absence d'hydratation pendant la nuit, les urines sont plus concentrées le matin que le soir où elles sont plus diluées.

La composition de l'urine varie beaucoup avec l'alimentation. Ainsi, chez les personnes qui consomment des aliments à forte teneur en protéines, elle est acide, riche en urée et en acide urique. Son acidité est due au phosphate acide de soude. Elle peut devenir alcaline sous l'influence d'un régime végétarien.

3 Protéines.

Le pH des urines oscille entre 4,5 et 8 et dépend principalement de l'aspect acide ou alcalin de ce qui est ingéré. En moyenne cependant le pH se situe entre 5 et 6.

L'urine tend à devenir alcaline [basique] si on la laisse reposer à l'air libre, suite à la formation de carbonate d'ammoniac, d'où la nécessité de réaliser des tests de pH urinaire sur des urines fraîchement émises.

L'urine ne rejette pas seulement des produits de dégradation issus des tissus et de l'alimentation, elle évacue aussi des substances étrangères introduites dans l'organisme de façon accidentelle ou de façon volontaire, comme les médicaments.

De nombreux traitements pharmaceutiques ont une élimination urinaire, c'est pourquoi la fonction d'élimination rénale doit être vérifiée avant d'entreprendre certains traitements. Les molécules ingérées doivent être éliminées, sinon leur accumulation dans l'organisme peut s'avérer toxique notamment si elles y sont en excès.

Quand l'urine est à l'air libre, l'urée se transforme en carbonate d'ammoniac, dont l'odeur est bien perceptible dans les urinoirs insuffisamment nettoyés. Cette transformation est due à la présence d'un grand nombre d'organismes microscopiques amenés par l'air. L'urine, de par les matières azotées qu'elle renferme, est un véritable milieu nutritif pour le développement de tous ces micro-organismes.

Les produits éliminés

Les substances minérales et l'eau

L'eau et le sodium

L'eau est un élément indispensable pour notre corps, puisqu'on ne peut vivre sans eau.

L'eau est de loin le composant le plus répandu de l'organisme, puisqu'elle constitue de 60 à 75 % du poids corporel total d'un individu. Il est donc indispensable de s'hydrater pour renouveler l'eau de notre corps.

Le sodium participe à la transmission de l'influx nerveux, à la contraction musculaire et à la répartition de l'eau dans l'organisme. Il est principalement présent dans le milieu extracellulaire.

L'eau et le sodium sont des composants fortement liés : le sodium retient l'eau, l'eau entraîne le sodium lorsqu'elle passe d'un secteur dans un autre.

La réabsorption effectuée par le rein concerne l'eau, le sodium et le chlore. Les réabsorptions de l'eau et du sodium dépendent toutes deux de facteurs hormonaux.

La régulation de l'eau est sous la dépendance de l'hormone antidiurétique [HAD] fabriquée par la glande post-hypophysaire, située au niveau cérébral.

Lorsque l'organisme a besoin d'eau parce qu'il n'en a pas suffisamment, alors la sécrétion d'HAD est stimulée. L'eau est réabsorbée en grande quantité et les urines émises sont concentrées et donc très colorées.

À l'inverse, lorsque l'organisme contient trop d'eau, il doit en éliminer. Dans ce cas, la sécrétion de l'HAD est inhibée. Les tubes ne réabsorbent plus l'eau excédentaire qui est alors excrétée. Les urines définitives sont diluées et claires.

Lorsque l'organisme retient trop d'eau du fait d'un dysfonctionnement, cela entraîne la formation d'œdèmes dans les tissus. Ces œdèmes peuvent se localiser à l'intérieur ou à l'extérieur du corps. Dans l'exemple de l'œdème des membres inférieurs (œdème extérieur), les tissus au niveau des chevilles sont gonflés car remplis d'eau. Dans l'exemple de l'œdème aigu du poumon (œdème intérieur), l'excès d'eau empêche les échanges gazeux au niveau des alvéoles pulmonaires avec pour conséquence une ventilation inefficace.

La régulation du sodium est sous la dépendance d'une hormone : l'aldostérone.

Lorsque l'organisme a besoin de sodium car son taux plasmatique (natrémie) baisse, alors la sécrétion d'aldostérone est stimulée afin que cette hormone favorise la réabsorption du sodium par le tube proximal. Pour ce faire, elle a besoin du système rénine/angiotensine.

La rénine est une enzyme[4] (parfois considérée comme une hormone) sécrétée par l'appareil juxta-glomérulaire dans le rein.

La rénine agit comme une enzyme en transformant l'angiotensinogène inactif en angiotensine I inactive. Une seconde enzyme, l'enzyme de conversion fabriquée par le poumon, va rendre active l'angiotensine I en angiotensine II. Cette dernière va stimuler la sécrétion d'aldostérone qui augmente la volémie et la pression artérielle de par son action hypertensive.

Lorsque l'organisme contient trop de sodium, il doit l'éliminer. La sécrétion d'aldostérone est alors inhibée, le sodium n'est plus réabsorbé, il est alors excrété par voie urinaire.

Le potassium

Le potassium est un ion important intervenant dans la contraction musculaire et notamment celle du muscle cardiaque. Tout excès ou déficit grave aura des répercussions sur la contractilité musculaire et la conduction de l'influx nerveux cardiaque. Il est donc indispensable que son taux soit maintenu dans des limites normales. Le potassium est principalement présent dans le milieu intra-cellulaire.

La régulation du potassium dépend, elle aussi, de l'aldostérone.

Lorsque le taux de potassium sanguin (kaliémie) est trop élevé, le tube distal l'excrète ; cette excrétion est stimulée par l'aldostérone.

Lorsque le taux de potassium est trop bas, la sécrétion d'aldostérone est inhibée et le potassium est totalement réabsorbé dans le tube proximal.

Le calcium

Le calcium est un ion important pour notre organisme. Il est principalement présent dans le milieu extra-cellulaire. Il est un constituant essentiel du tissu osseux et participe à la contraction de tous les muscles de l'organisme.

La régulation du calcium est assurée en partie par le rein sous l'influence de la parathormone qui est une hormone fabriquée par les glandes parathyroïdes. La parathormone est hypercalcémiante.

Un taux de calcium élevé entraîne une inhibition de la sécrétion de parathormone, le calcium est filtré par le glomérule et évacué dans les urines.

Lorsque le taux de calcium est trop bas, la sécrétion de parathormone est stimulée et agit sur la réabsorption du calcium au niveau tubulaire du néphron.

Les autres substances minérales

Le magnésium est un élément nécessaire au métabolisme du corps humain, à de nombreuses réactions enzymatiques et à la régulation de la perméabilité des cellules. Une

4 Une enzyme est une substance capable d'accélérer les processus permettant à la réaction chimique de s'effectuer.

concentration insuffisante perturbe gravement les fonctions cardiovasculaires, neuromusculaires et rénales.

Le corps contient environ 25 g de magnésium, réparti pour moitié dans le squelette, le reste étant dilué dans les liquides organiques, principalement le liquide intra-cellulaire.

Le processus normal de régulation du magnésium par le rein consiste en une filtration glomérulaire et une réabsorption tubulaire, commandées par des hormones.

L'ion chlorure est le principal ion positif ou cation principalement présent dans les liquides extra-cellulaires. Le sodium et le chlorure représentent ensemble la majeure partie des composants osmotiques actifs du plasma.

Les reins ont un rôle important dans le traitement des chlorures par l'organisme. En effet, les chlorures accompagnent la plupart du sodium filtré par le glomérule et agissent également dans l'échange chlorure-bicarbonate.

Les phosphates sont pour 85 % présents dans l'organisme humain sous forme de phosphates de calcium, constituant des os et des dents, le reste étant dilué principalement dans les liquides intra-cellulaires. Fortement liés au calcium, les phosphates sont régulés de la même manière que ce dernier.

Les sulfates sont des ions qui favorisent l'acidité de l'organisme, ils augmentent l'excrétion urinaire du calcium.

Lorsque ces substances sont présentes en excès dans l'organisme, elles sont excrétées par voie urinaire. Lorsque ces substances viennent à manquer, elles sont réabsorbées au niveau du tube rénal.

Toutes ces réactions sont dépendantes de facteurs hormonaux.

Les déchets organiques

L'organisme élimine les déchets azotés, produits de la décomposition des protéines, sous trois formes : l'urée qui représente la part la plus importante, l'ammoniac et l'acide urique. D'autres substances organiques sont éliminées par voie urinaire lorsqu'elles sont présentes en excès. Il s'agit des acides aminés, d'enzymes, d'hormones et de vitamines.

Dans les matières organiques de l'urine, il existe aussi des matières colorantes.

L'urée

L'urée $CO(NH_2)_2$, substance azotée, cristallisable, provenant de la destruction des substances protéiques de l'organisme, est principalement synthétisée dans le foie. Le système circulatoire la transporte jusqu'aux reins. Cependant, toute l'urée n'est pas éliminée, une partie y est retenue et contribue à la régulation de l'osmolarité qui joue un rôle majeur dans la réabsorption de l'eau.

L'urée est extrêmement soluble dans l'eau, c'est même l'un des corps le plus soluble connu puisque un gramme d'urée se dissout dans un millilitre eau. Ce phénomène se produit même en présence d'un apport hydrique très faible où l'urée est toujours dissoute et donc éliminée dans les urines.

L'ammoniac

L'Homme élimine aussi l'azote sous forme d'ammoniac, molécule extrêmement toxique pour la cellule. En effet, l'ammoniac a une toxicité environ 100 000 fois supérieure que celle de l'urée. Pour son transport dans le foie puis dans les reins, l'ammoniac est lié à une protéine.

Dans le foie, l'ammoniac va être transformé en urée : c'est ce que l'on appelle l'uréogenèse ou cycle de l'urée. L'urée est ensuite véhiculée par la circulation sanguine jusqu'aux reins où cette substance est éliminée par l'urine sous forme d'ions ammonium. Cette élimination est d'autant plus importante qu'elle permet non seulement d'éliminer l'ammoniac mais aussi une grande quantité des ions H^+ formés au cours de diverses réactions métaboliques. Rappelons que cet ion est responsable de l'acidification des liquides.

L'urée et l'ammoniac présentent une toxicité neurologique lorsque ces molécules sont présentes en excès, notamment en cas d'excrétion rénale défaillante.

L'acide urique

L'acide urique $C_5H_4N_4O_3$ provient de la décomposition de substances protéiques issues des noyaux cellulaires. Il est peu soluble dans l'eau, il a donc besoin d'un autre composé, le phosphate acide de soude, pour se dissoudre dans les urines et ainsi être éliminé.

Lorsque l'alimentation est trop riche en protéines, la quantité d'acide urique augmente dans l'organisme au point qu'il ne se dissout plus en totalité dans le sang. Il peut donc précipiter, formant ainsi de petits éléments solides (cristaux) qui se localisent surtout dans les cartilages articulaires. Cette pathologie se nomme la goutte.

Les matières colorantes

Les matières colorantes comprennent un pigment azoté et jaune, appelé l'urochrome, et de l'urobiline qui provient de la transformation de la petite partie de la matière colorante de la bile ou bilirubine qui a traversé la muqueuse intestinale pour pénétrer dans le sang.

On peut noter aussi que l'ingestion de certains aliments ou de certains médicaments peut colorer les urines. Par exemple les betteraves rouges ou la rifampicine donnent une coloration rouge.

La créatinine

La créatinine est une substance azotée, $C_4H_7N_3O$, qui provient de la destruction d'une substance protéique des muscles, la créatine $C_4H_9N_3O_2$.

La particularité de cette substance est qu'elle est filtrée par le glomérule rénal sans subir de réabsorption ni de sécrétion. C'est donc un bon témoin de la filtration rénale.

Pour évaluer le fonctionnement de la filtration glomérulaire, il suffit donc de mesurer la clearance de la créatinine, la clearance étant la quantité de plasma totalement épuré en une minute. Elle est égale au taux de filtration glomérulaire, soit 120 mL/minute. C'est un examen biologique de pratique courante permettant d'évaluer le bon fonctionnement rénal d'une personne.

Les produits anormaux de l'urine

L'urine peut renfermer d'autres produits provenant du mauvais fonctionnement de certains organes. Les principaux sont le glucose, l'albumine, l'acétone et les calculs urinaires.

Le sang ne renferme normalement que 1 à 1,5 g de glucose par litre. Quand ce taux dépasse 1,80 g/L, les reins interviennent pour éliminer l'excédent. Cette présence anormale du sucre dans les urines s'appelle une glycosurie, on la retrouve en cas de diabète.

L'albuminurie ou présence d'albumine dans les urines indique une altération des parois des tubes urinifères, dont les cellules sont devenues incapables de s'opposer à la filtration de l'albumine du sang.

L'acétone est un des produits de la destruction des graisses. L'urine normale en renferme toujours de 5 à 30 mg par litre. Dans le diabète, l'acétone n'est pas brûlée, elle passe alors dans les urines. On peut aisément la détecter lors d'une analyse par bandelette urinaire.

Des calculs urinaires peuvent se constituer dans les voies urinaires, notamment en cas de stagnation des urines. Dans ce cas, un dépôt orangé composé d'acide urique, d'urates et de phosphates ammoniaco-magnésiens se crée et précipite. Cette précipitation se présente alors soit sous forme de petites granulations comme une sorte de sable, soit ces granulations s'entourent successivement de plusieurs couches et forment des concrétions. Ces dernières sont dures et quelquefois volumineuses et constituent des lithiases (pierre) ou des calculs. Ces calculs rénaux peuvent, suivant leur localisation, s'opposer à l'émission d'urine. Cette pathologie évolue par crises qui sont extrêmement douloureuses.

Anatomie et physiologie

L'appareil urinaire

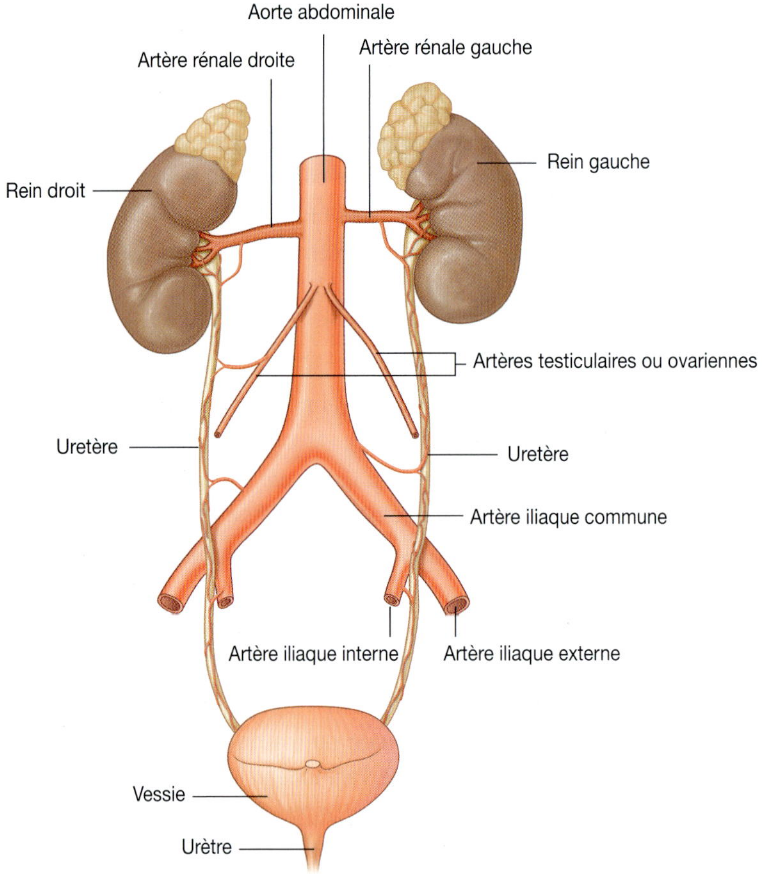

Fig. 5.1. L'appareil urinaire

Le corps humain possède deux reins situés sous la coupole diaphragmatique, en arrière de la cavité péritonéale, ce sont des organes rétro-péritonéaux. Le rein gauche est situé plus haut que le rein droit.

Les reins sont vascularisés par les artères rénales, qui sont à la fois nourricières (elles irriguent le tissu rénal afin qu'il soit oxygéné et nourri), et fonctionnelles (c'est le sang apporté par ces artères rénales qui est filtré par le rein).

L'urine élaborée dans le bassinet est véhiculée par les uretères droit et gauche vers la vessie.

Lorsque la vessie est pleine, l'urine est évacuée par l'urètre et le méat urinaire.

Mécanisme de formation de l'urine

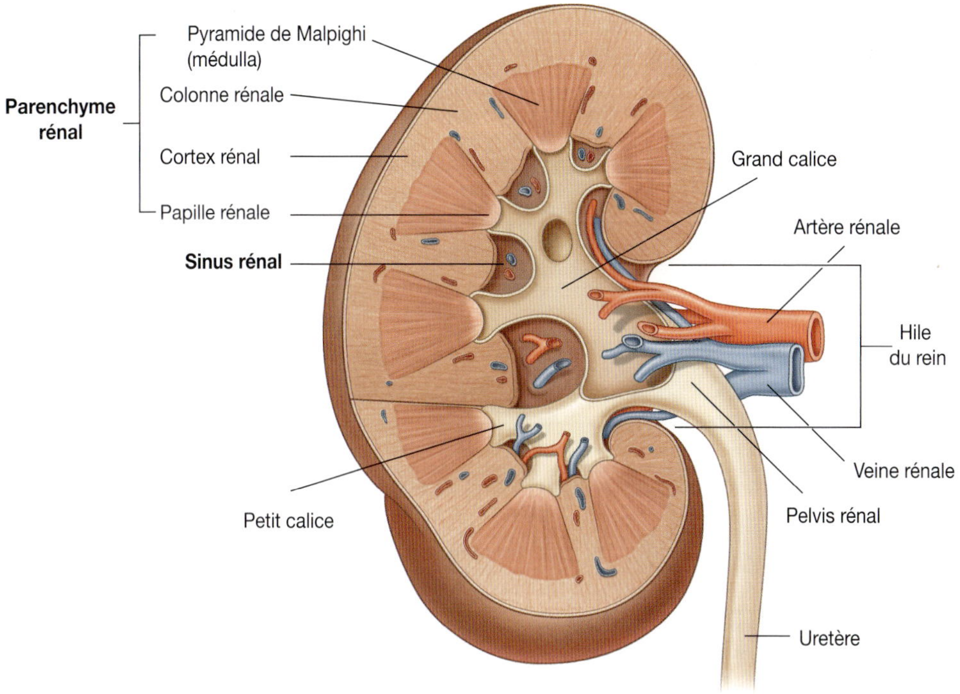

Fig. 5.2. Le rein

Le rein est un organe en forme de haricot de 10 à 12 cm de hauteur et pesant de 150 à 250 grammes.

Il est composé de plusieurs couches. De l'extérieur vers l'intérieur, on trouve le cortex, puis la médulla qui forment le parenchyme rénal constitué d'une multitude d'unités anatomiques et fonctionnelles, appelées les néphrons.

Chaque rein est vascularisé par l'artère et la veine rénales. L'artère rénale est une branche de l'aorte abdominale, dont elle se détache à la hauteur de L1 (première vertèbre lombaire).

Le sang chargé en déchets arrive dans le rein via l'artère rénale. À l'intérieur du sinus rénal, l'artère se divise en branches interlobaires qui pénètrent dans la médulla et cheminent entre les pyramides de Malpighi. Ces artères se subdivisent et suivent un trajet en arc de cercle formant ainsi les artères arquées. Ces artères forment des pelotons vasculaires appelés les glomérules et vascularisent le cortex et la médulla.

Le glomérule de Malpighi est un petit amas de capillaires (minuscules vaisseaux), qui assure la filtration du sang, son épuration et donc une hémofiltration.

Le sang pénètre à l'intérieur des capillaires glomérulaires par une artériole glomérulaire afférente et en ressort après épuration par une artériole efférente.

C'est grâce à la pression artérielle que le sang est poussé en dehors des capillaires pour y être filtré. La filtration s'effectue au travers de deux membranes, l'endothélium des capillaires et l'enveloppe de la capsule de Bowman. En dessous de 60 mm d'Hg de pression artérielle systolique, l'épuration rénale s'arrête et la production d'urine devient nulle.

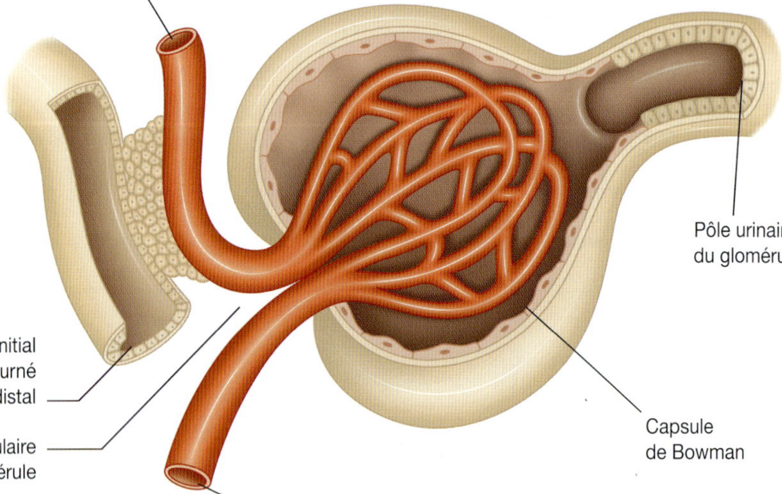

Fig. 5.3. Le glomérule rénal

Le glomérule rénal est constitué d'un peloton de vaisseaux capillaires, les capillaires glomérulaires, logés dans une capsule en forme de sphère appelée la capsule de Bowman.

Lors d'un problème de santé, si la pression artérielle devient inférieure à 60 mm Hg, les reins n'élaborent plus d'urine (on dit qu'il existe une anurie) puisque le processus de filtration est interrompu. Il s'agit d'une urgence organique qui devra être traitée rapidement.

Le glomérule présente deux pôles distincts, un pôle vasculaire et un pôle urinaire d'où part le tube contourné proximal, première portion du tube du néphron. Dans ce tube sont excrétées les urines primitives. Chez l'Homme, la quantité d'urine primitive par 24 heures est environ de 180 litres, d'où l'importance de la réabsorption tubulaire.

Certaines protéines sont présentes en même quantité dans les urines primitives et définitives. Elles ne sont ni sécrétées ni réabsorbées, mais simplement filtrées comme l'est la créatinine.

Les urines primitives contiennent des composés indispensables à l'organisme tels que le glucose, le sodium et le potassium, etc.

Au cours de la filtration glomérulaire, seules les cellules et les grosses molécules restent à l'intérieur des capillaires sanguins. Il s'agit des hématies, des leucocytes (globules blancs) et des plaquettes ainsi que des macromolécules telles que l'albumine.

L'urine initiale est donc composée d'eau, de petites protéines telles que l'urée, produit de dégradation des acides aminés, de glucose et d'électrolytes comme le sodium, le potassium, le chlore ou les bicarbonates.

Dans le néphron, au pôle vasculaire du glomérule, le sang ainsi filtré repart dans la circulation par la veine rénale.

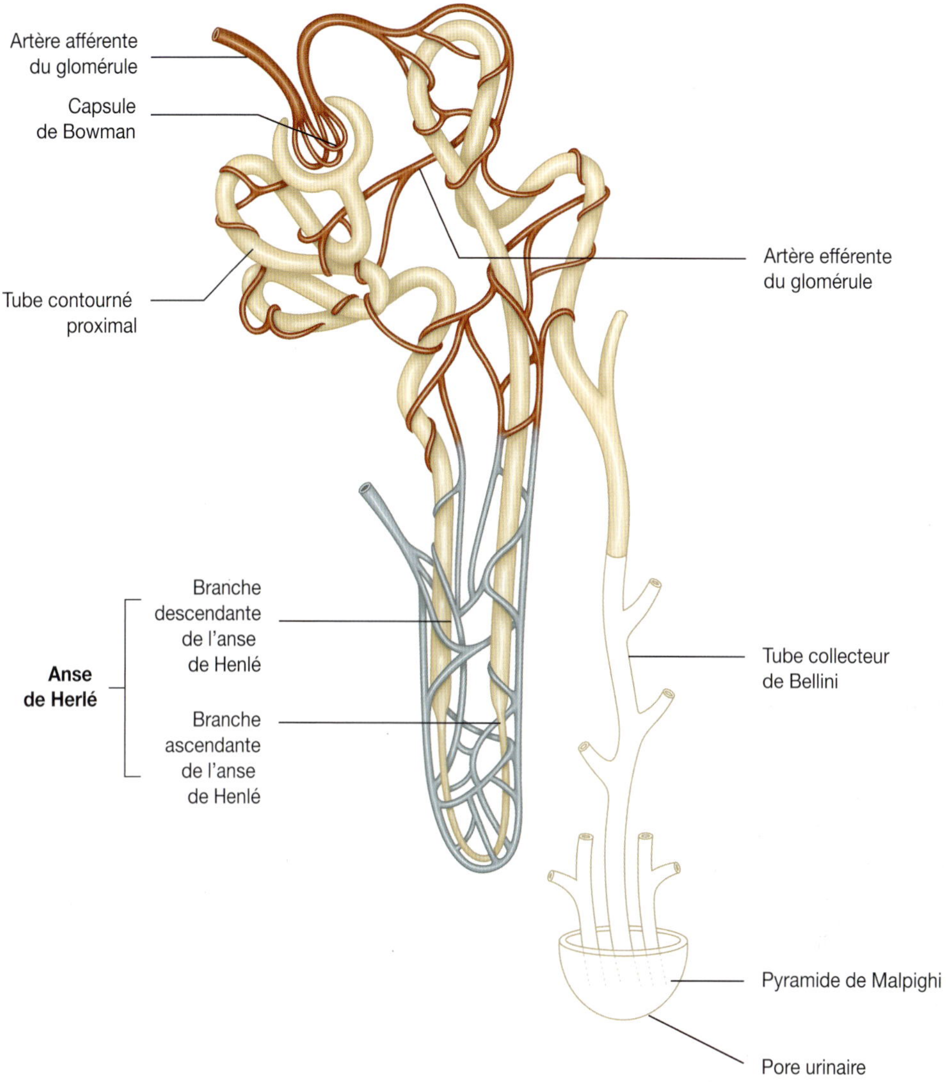

Fig. 5.4. Le néphron

Chaque glomérule rénal associé à un tube constitue un néphron.

Les urines primitives appelées aussi urines initiales sont très diluées avec une composition très proche de celle du plasma sanguin. Lors de la progression des urines primitives le long du tube se produisent des phénomènes continus de réabsorption et de sécrétion.

La réabsorption tubulaire correspond au passage de substances de la lumière du tube vers les capillaires situés autour du tube.

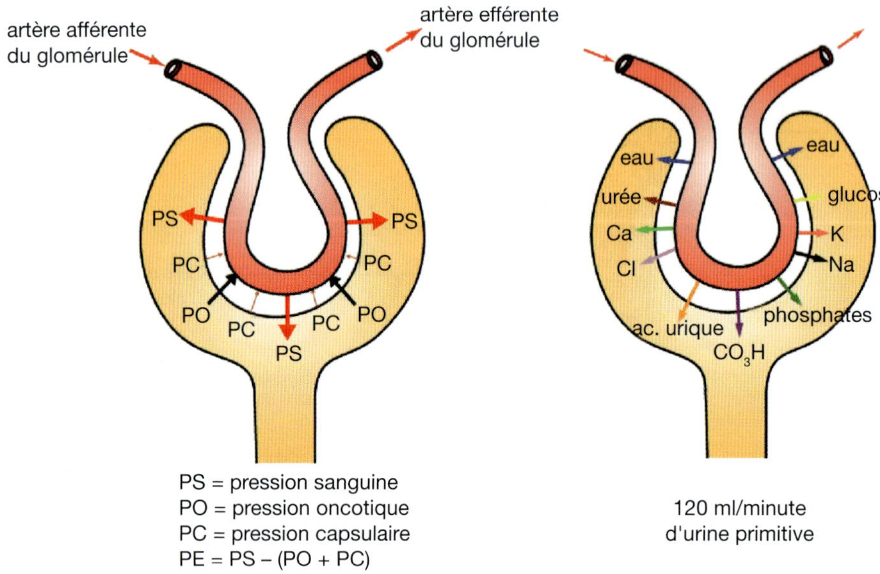

Fig. 5.5.a. Pression effective de filtration (PE) du plasma

Fig. 5.5.b. Filtration des éléments

À l'inverse, la sécrétion tubulaire correspond au passage de substances des capillaires péritubulaires vers la lumière du tube.

Les urines initiales sont réabsorbées à 99 % tout le long du tube, dont 80 % dans le tube proximal.

La réabsorption des éléments s'effectue de deux façons, soit par diffusion, soit par transport actif.

La diffausion est un phénomène chimique où une substance diffuse du milieu où elle est le plus concentrée, vers le milieu où elle est le moins concentrée, jusqu'à obtenir un équilibre entre les deux milieux.

Le transport actif d'une substance nécessite de l'énergie et une protéine de transport sur laquelle la substance se fixe. Le nombre de protéines dites transporteuses est limité et il existe une capacité maximale de transport appelée seuil de réabsorption. Au-delà, la substance est excrétée, faute de transporteur libre.

L'urine primitive continue son parcours vers le centre du rein en se concentrant petit à petit.

La réabsorption est le moyen d'équilibrer les éléments du sang. Ainsi, les ions comme le sodium ou le potassium doivent se situer dans des limites normales.

La réabsorption de chaque substance dépend de sa concentration sanguine au même moment.

Les urines définitives rejoignent le bassinet puis l'uretère. À ce niveau-là, il n'existe plus de phénomènes d'excrétion ou de réabsorption, les urines sont définitives. Elles sont acheminées vers la vessie où elles sont stockées. L'élimination par voie urinaire est véritablement terminée lors de la vidange de la vessie au cours de la miction. Ce processus dépend de deux mécanismes successifs :

- le réflexe involontaire de miction déclenché par la plénitude de la vessie (à partir de 250 à 300 mL d'urines) ;
- le contrôle volontaire assuré chez l'adulte mature par le contrôle du sphincter urétral. L'envie d'uriner est présente mais la personne adulte est capable de la maitriser jusqu'à un certain point par la fermeture volontaire du sphincter urétral. La miction sera alors déclenchée volontairement grâce au relâchement de ce sphincter. Les urines vont alors emprunter l'urètre qui est le conduit reliant la vessie au méat urinaire.

Savoir faire

Pour évaluer le fonctionnement du système d'élimination urinaire, nous disposons de deux examens simples et efficaces : la quantification de la diurèse et l'analyse d'urines par bandelette.

La diurèse est la quantification des urines pendant 24 heures. Si cette diurèse est débutée le matin à 8 heures, il faut faire uriner le patient à 8 heures et jeter ces premières urines afin de débuter la quantification. Toutes les urines seront gardées jusqu'au lendemain matin 8 heures, y compris la dernière miction à 8 heures. Cette diurèse est réalisée tous les jours et la quantité journalière est notée. L'ensemble des diurèses forme une courbe qui permet d'en suivre l'évolution. Cet examen doit être réalisé dans de nombreux cas comme lors de la prise de traitements médicamenteux agissant sur le système urinaire comme les diurétiques ou la surveillance de pathologies chez des personnes ayant des œdèmes pour symptôme. Cela peut être le cas lors d'insuffisance rénale chronique ou d'une insuffisance cardiaque. La réalisation de la surveillance de la diurèse est une décision infirmière. La diurèse fait partie du rôle propre de l'infirmière.

L'analyse des urines par la bandelette urinaire est un acte simple qui dépend du rôle propre infirmier.

Les bandelettes urinaires d'orientation clinique permettent la détection de :

– Urobilinogène (0,1 unité Ehrlich/dl),
– Glucose (50 mg/dl),
– Bilirubine (0,5 mg/dl),
– Corps cétoniques (5 mg/dl),
– Densité (1,000 à 1,030),
– Sang (5 à 10 érythrocytes/ml),
– pH (5 à 9),
– Protéines (15 mg/dl),
– Nitrites (0,1 mg/dl),
– Leucocytes (20 à 25 leucocytes/ml).

La recherche et la quantification des composés ci-dessus par l'analyse d'urine à la bandelette permettent d'évaluer la fonctionnalité du système urinaire ainsi que la présence éventuelle d'une infection.

Les urines en situation physiologique sont stériles. L'infection des urines se dépiste par la présence de leucocytes et de nitrites à la bandelette. Si ces deux composés sont présents lors de la lecture, l'orientation diagnostique sera infectieuse. Dans ce cas, sur prescription médicale, les urines seront mises en culture afin d'identifier le ou les germe(s) responsable(s) de cette infection.

La présence de glucose dans les urines est un bon exemple du seuil de réabsorption tubulaire. Le glucose sanguin est filtré dans le glomérule et est ensuite totalement réabsorbé lors de son parcours tubulaire. Mais lorsqu'il existe une hyperglycémie élevée, la totalité du glucose n'est pas réabsorbée car le glucose nécessite des protéines transporteuses. En cas d'excès de glucose dans le sang, ces protéines transporteuses se retrouvent totalement saturées. Lorsque la capacité totale de réabsorption est atteinte, le glucose excédentaire est éliminé, on le retrouve alors dans les urines, c'est une glycosurie.

La présence de protéines dans les urines, comme l'albumine, est un signe qui peut témoigner d'une maladie rénale. Normalement, les grosses molécules ne sont pas filtrées et restent dans le sang en situation physiologique. Si elles sont retrouvées dans les urines, c'est le signe d'une défaillance du filtre glomérulaire.

L'ÉLIMINATION DIGESTIVE

Lors de la digestion, le contenu de l'intestin grêle arrivant dans le côlon est dépourvu de la majeure partie des nutriments car ceux-ci ont été absorbés auparavant. Il est constitué par ce qui n'a pas été assimilé ou qui n'est pas assimilable par l'organisme et il est éliminé par les selles ou matières fécales. Celles-ci sont constituées d'éléments comme les fibres inassimilables ou par des éléments dont l'organisme n'a pas besoin.

Les selles sont en moyenne émises une fois par 24 heures, cependant le rythme d'élimination fécal est propre à chaque individu et il est considéré comme normal si le nombre de selles émises se situent entre deux selles par jour et une selle tous les trois jours. En dehors de ces limites, on parlera de diarrhée[5] ou de constipation.

Les selles normales sont constituées, pour une quantité normale sur 24 heures, de 100 à 150 g, qui se répartissent de la façon suivante : 75 % d'eau, des bactéries, des aliments non digestibles comme les fibres alimentaires telles que la cellulose, des cellules intestinales desquamées, de 6 à 10 grammes de protides (créatorrhée ou azotorrhée), de moins de 6 grammes de lipides (stéatorrhée) et de stercobiline.

C'est dans le côlon que la bilirubine se transforme en stercobiline et donne la couleur brune aux selles.

Lorsque la quantité d'eau diminue, les selles deviennent dures, l'exonération ou défécation ou vidange intestinale, devient difficile.

La flore intestinale est constituée de bactéries éliminées par les selles. Elles proviennent de deux flores, inoffensives pour l'homme, constituées de germes saprophytes[6].

5 La diarrhée est l'évacuation fréquente de selles molles et riches en eau. Si elle n'est pas traitée, la diarrhée peut conduire à une déshydratation.

6 Terme qualifiant les bactéries, les champignons microscopiques ou les protozoaires (constitués d'une seule cellule) qui ne se développent pas dans l'organisme vivant et qui se nourrissent de matières mortes. Ils participent par ailleurs à la dégradation de ces matières organiques. Un germe saprophyte (habituellement) vit dans l'organisme sans être pathogène. http://www.vulgaris-medical.com/encyclopedie/saprophyte-6331.html

- La flore de fermentation agit au niveau du côlon droit, elle s'attaque à la cellulose et à l'amidon, elle est à l'origine de la formation de gaz.
- La flore de putréfaction agit au niveau du côlon transverse et du côlon gauche. Elle s'attaque aux résidus protéiques et aux cellules intestinales desquamées. La formation d'amines aromatiques et d'ammoniac est à l'origine de l'odeur des selles.

Quand un enfant naît, son appareil digestif est stérile. Puis, très rapidement, des germes vont pénétrer par la bouche et passer dans l'intestin grêle puis dans le côlon. Les bactéries qui y sont retrouvées sont dites anaérobies (bactéries pouvant vivre sans oxygène). Elles se nourrissent des dérivés alimentaires qui ne sont pas utilisés par l'organisme (produits non digérés). Elles constituent un équilibre qui empêche une bactérie de dominer l'autre. L'ensemble constitue une protection contre des agents extérieurs quelquefois pathogènes. Dans les bactéries présentes au niveau du gros intestin, on retrouve des bactéries dites aérobies telles que : Pseudomonas aeruginosa, Escherichia coli, Klebsiella pneumoniae, Streptococcus viridans, Streptococcus faecalis, Staphylococcus aureus et pour la flore anaérobie : Fusobacterium, Streptocoque anaérobie, Clostridia.

Les principaux rôles des bactéries sont de :

- défendre l'organisme contre l'infection ;
- favoriser la digestion ;
- synthétiser différentes vitamines (vitamine K, acide folique) ;
- assurer la fermentation de divers glucides qui ne sont pas digérés, comme la cellulose. Ceci aboutit à la production d'acides irritants et à un mélange de gaz. Certains de ces gaz, comme le sulfure diméthyle, sont très odorants. Environ 500 mL de gaz à l'origine de flatulences sont produits chaque jour (parfois plus, selon la consommation des aliments, notamment si celle-ci est particulièrement riche en glucides, notamment en féculents). L'odeur que présentent les selles provient du métabolisme des bactéries.

L'utilisation d'antibiotiques est susceptible de modifier la flore intestinale (perte d'odeur des selles) qui se reconstitue dès l'arrêt du traitement. Une infection est également susceptible de modifier la flore de certains organes comme l'intestin et peut être à l'origine d'une perturbation de la flore intestinale. Dans ce cas, celle-ci est dans l'incapacité de lutter contre les germes pathogènes et il est alors nécessaire d'utiliser sur prescription médicale un traitement anti-infectieux.

Les aliments non digérés sont constitués essentiellement par les fibres alimentaires. Il est important d'en consommer chaque jour parce qu'elles augmentent le volume des selles et ainsi facilitent l'élimination fécale. C'est le volume des selles qui, s'accumulant dans l'ampoule rectale, déclenche l'envie d'aller à la selle.

Les cellules intestinales sont des cellules à reproduction rapide, elles sont renouvelées tous les 4 à 5 jours. Lorsque ces cellules ne sont plus fonctionnelles, elles sont éliminées avec les selles lors de la défécation.

L'ÉLIMINATION CUTANÉE

Dans les conditions normales du métabolisme basal, un homme vaporise à la surface de sa peau environ 500 g d'eau par 24 heures, entraînant une perte de 290 kilocalories. Cette évaporation continue est possible car l'air n'est en général pas saturé en vapeur d'eau. Ce phénomène est appelé la perspiration cutanée insensible.

En cas d'effort ou d'une température élevée, on constate la production de transpiration qui est un liquide émis par voie cutanée. La transpiration est l'excrétion d'eau, de sels et de très petites quantités de dérivés azotés à la surface de la peau et dont l'évaporation entraîne un refroidissement.

La composition de la sueur est dépendante de l'alimentation et de chaque individu. La sueur est normalement acide et son pH est compris entre 4 et 6. Elle est composée essentiellement d'eau (99 %) de sels minéraux (chlorure de sodium), de vitamine C, d'anticorps, d'urée, d'acide urique et d'ammoniac (qui sont des produits de dégradation des protéines), d'acide lactique (substance qui attire les moustiques) et de médicaments, le cas échéant.

La sueur est le résultat de la sécrétion des glandes sudoripares. Celles-ci sont en nombre plus important à certains endroits du corps humain, comme les aisselles.

La transpiration provient du plasma sanguin. Ayant une pression oncotique moins importante, elle traverse les cellules des glandes sudoripares pour être ensuite libérée à l'extérieur de l'organisme par les pores de la peau.

La transpiration est déclenchée par différents stimuli.

- Un stimulus thermique qui engendre une augmentation de la chaleur, nécessite que l'organisme régule sa température. La transpiration permet de diminuer efficacement la température corporelle.
- Un stimulus psychique provoque des sueurs froides ; cette transpiration est déclenchée par un stress émotionnel brutal.
- Un stimulus gustatif est déclenché par l'absorption d'un aliment, comme le piment par exemple. Dans ce cas, la transpiration se localise au niveau du visage et peut s'étendre au cou et au thorax.

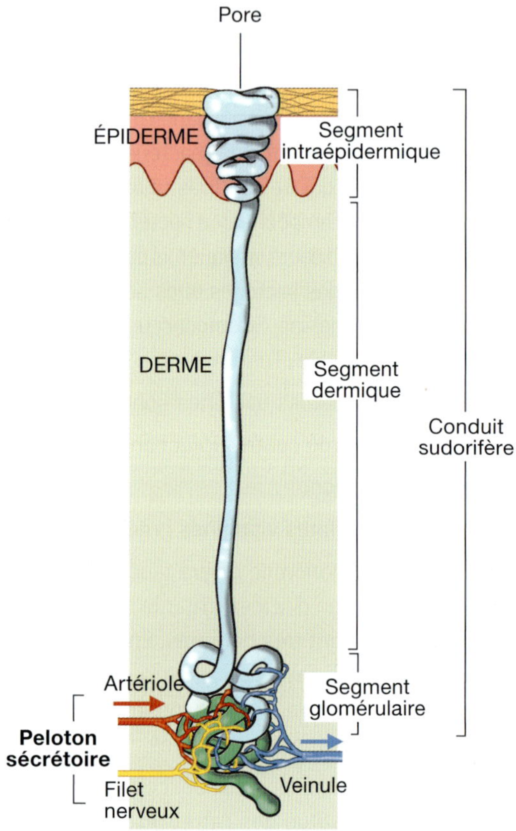

Fig. 5.6. La peau

La sueur est issue du plasma sanguin, elle est sécrétée par les glandes sudoripares situées dans la couche profonde de la peau, le derme.

La sueur est acheminée vers la peau par un canal excréteur, elle est évacuée par un pore.

Le pore est une ouverture imperceptible à l'œil et au toucher située à la surface de la peau.

L'ÉLIMINATION RESPIRATOIRE

Le principal élément toxique qui est éliminé par voie respiratoire est le dioxyde de carbone (CO_2).

Cette partie est traitée dans la fonction respiratoire.

L'air expiré s'élimine normalement par les narines. Cependant, au cours de la phonation, l'essentiel de cet air passe par la filière buccale. Cet air composé de gaz carbonique, de vapeur d'eau, d'azote et d'un peu d'oxygène est normalement dépourvu d'odeur. Cependant, de nombreuses substances volatiles présentes dans le sang s'éliminent par cette filière et se retrouvent dans l'haleine. Certaines substances sont malodorantes et sont source d'une gêne dans les relations qu'un individu entretient avec les autres. Il s'agit de composés soufrés qu'on désigne par le terme de composés volatils sulfurés. Les trois molécules identifiées sont le méthyl-mercaptan, le sulfure d'hydrogène et le diméthyl-sulfure.

Il existe plusieurs origines à cette élimination :

- le jeûne prolongé ;
- l'absorption d'aliments aillés souvent consommés crus ;
- l'ingestion d'alcool, dont une partie est éliminée par voie pulmonaire (d'où le principe de l'éthylotest qui permet d'évaluer l'alcoolémie par son élimination respiratoire)...

Il existe aussi des causes pathologiques, comme :

- les pathologies rénales qui peuvent donner des haleines à odeur ammoniacale ;
- les pathologies digestives qui sont responsables d'excès de fermentation et de putréfaction colique, source de gaz nauséabonds absorbés par l'intestin et éliminés par la voie pulmonaire.

LES AUTRES TYPES D'ÉLIMINATION

L'élimination salivaire

La salive est un liquide incolore composé d'eau, d'électrolytes, de sels minéraux, de substances organiques comme l'urée, la créatinine et la mucine et d'une enzyme digestive, l'amylase salivaire ou ptyaline. La salive participe à l'élimination de déchets par l'organisme, mais cette fonction reste anecdotique par rapport aux autres voies d'élimination.

L'élimination lactée

Le lait maternel ne constitue pas une voie d'élimination à proprement parler comme les autres systèmes décrits ci-dessus. Cependant, si toutes les substances nécessaires à l'enfant se retrouvent dans le lait maternel, il en est de même pour les médicaments et les substances toxiques ingérées par la mère.

C'est pourquoi, il est recommandé de ne pas prendre de médicaments pendant l'allaitement sauf avis favorable du médecin.

INTERACTIONS ET INTERDÉPENDANCE AVEC LES AUTRES FONCTIONS

Fonction d'élimination ↔ fonction cardiovasculaire
La filtration du sang au niveau rénal nécessite une pression artérielle minimale à 60 mm d'Hg. Les artères rénales assurent le transport du sang provenant de l'organisme et la fonction nourricière du tissu rénal.
Fonction d'élimination ↔ fonction respiratoire
Le poumon permet l'oxygénation du sang et l'évacuation du CO_2 ; il participe ainsi au bon fonctionnement du rein. Rein et poumon sont associés pour maintenir l'équilibre acido-basique de l'organisme, le pH devant se situer entre 7,38 et 7,42.
Fonction d'élimination ↔ fonction endocrinienne
L'hormone antidiurétique sécrétée par l'hypothalamus et excrétée par la posthypophyse régule l'eau, permet sa réabsorption en cas de besoin. **L'aldostérone**, hormone sécrétée par le cortex de la glande surrénale active la réabsorption d'eau et d'électrolytes par le rein, permettant la conservation de l'eau et le maintien ou l'élévation de la pression artérielle. **La rénine**, produite par le rein, est sécrétée lorsque la pression artérielle est trop basse pour permettre une épuration sanguine efficace. **La parathormone**, fabriquée par les glandes parathyroïdes, participe au maintien des taux de calcium et de phosphore sanguins.
Fonction d'élimination ↔ fonction locomotrice
La parathormone favorise la formation de l'os et le rein participe à l'équilibre du bilan phosphocalcique. Le calcium est un ion nécessaire à la contraction de tous les muscles de l'organisme, et surtout au muscle cardiaque. Une baisse du calcium sanguin augmente l'excitabilité musculaire.
Fonction d'élimination ↔ fonction immunitaire
La fonction immunitaire protège le système urinaire des agressions par les micro-organismes dont certains peuvent s'avérer pathogènes.
Fonction d'élimination ↔ fonction digestive
La fonction digestive fournit les nutriments pour produire de l'énergie et ainsi faire fonctionner le rein.
Fonction d'élimination ↔ fonction de protection
La peau participe à l'élimination de l'eau grâce à la transpiration qui s'effectue par les glandes sudoripares situées dans le derme.
Fonction d'élimination ↔ fonction neurologique
La fonction neurologique intervient lors de la miction. L'envie d'uriner est transmise au système nerveux central, c'est le réflexe de miction. Un adulte peut se retenir entre deux mictions car il contrôle de façon volontaire son sphincter urétral externe. C'est en le relâchant, de façon volontaire aussi, que la miction se produit.

S'ENTRAINER

VÉRIFIER SES CONNAISSANCES

1 QCM

1. Les urines initiales sont réabsorbées par l'organisme à hauteur de :
a. 27 %
b. 50 %
c. 53 %
d. 88 %
e. 99 %

2. Dans les urines, on trouve en situation physiologique :
a. Des micro-organismes
b. Du potassium
c. Du sang
d. Du glucose
e. De l'urobiline

3. On évoque une constipation lorsque le rythme d'élimination fécale est de :
a. 1 selle par jour
b. 1 selle tous les 4 jours
c. 1 selle par semaine
d. 1 selle tous les 2 jours
e. 3 selles par jour

4. La réabsorption des éléments contenus dans les urines primitives se fait par :
a. Transport actif
b. Diffusion
c. Conduction
d. Injection
e. Rayonnement

5. Parmi les substances suivantes, une n'est ni secrétée ni réabsorbée dans les urines, il s'agit de :
a. L'urée
b. La créatinine
c. L'acide urique
d. L'acide lactique
e. L'ammoniac

6. Le rein participe à :
a. La régulation acido-basique
b. L'élimination de déchets organiques
c. La régulation électrolytique
d. L'élimination de la plupart des médicaments
e. La régulation hydrique

7. Les substances qui sont à la fois présentes dans le sang et dans les urines en situation physiologique sont :
a. L'albumine
b. Le fibrinogène
c. L'eau
d. Le glucose
e. Le sodium

8. L'élimination de l'eau et du chlorure de sodium est liée à :
a. L'hormone antidiurétique
b. L'aldostérone
c. La rénine
d. L'angiotensine
e. La parathormone

9. L'ammoniac pour être éliminé nécessite l'intervention :
a. Du poumon
b. Des glandes thyroïdes
c. Des grandes parathyroïdes
d. Du pancréas
e. Du foie

10. La substance présente dans la sueur qui attire les moustiques est :
a. L'acide acétique
b. L'acide lactique
c. L'acide acétylsalicylique
d. L'acide borique
e. L'acide carbonique

2 QROC

1. Citez les quatre principales voies d'élimination de l'organisme.

2. Annotez le schéma suivant.

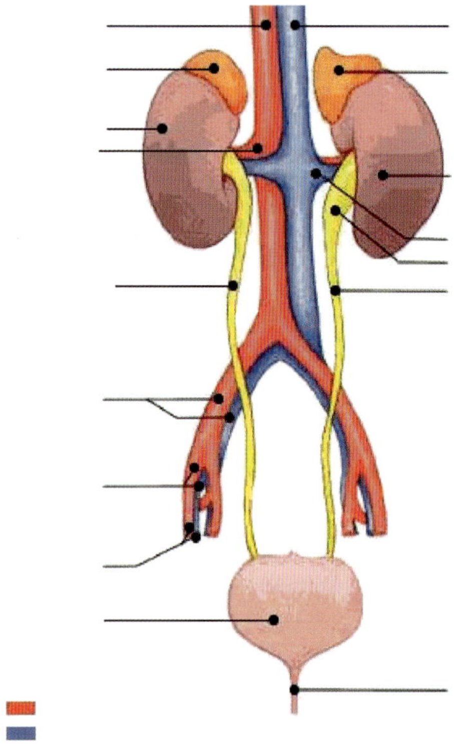

3. Énoncez 3 types de déchets organiques éliminés par voie urinaire.

4. Expliquez la formation de lithiases ou calculs urinaires.

5. Détaillez la composition des selles.

6. Définissez la transpiration.

7. Énoncez 3 causes d'une haleine malodorante.

8. Expliquez pourquoi il est important de ne pas prendre de médicament sans avis médical au cours d'un allaitement maternel.

9. Définissez l'urine.

10. Énoncez les facteurs qui peuvent modifier la composition des urines.

11. Énoncez les principaux rôles des bactéries présentes dans les flores intestinales.

12. Définir un germe saprophyte.

13. Expliquez en 8 à 10 lignes la formation des urines.

14. Énoncez brièvement la formation des gaz intestinaux.

15. Indiquez le phénomène de production de la sueur.

16. Énoncez les principaux types de stimuli responsables de la transpiration.

CORRIGÉS

1 QCM

1 e ; 2 b, e ; 3 b, c ; 4 b, c ; 5 b ; 6 a, b, c, d, e ; 7 c, e ; 8 a, b, c, d ; 9 e ; 10 b.

2 QROC

1. Les quatre principales voies d'élimination de l'organisme sont : l'élimination urinaire, l'élimination digestive, l'élimination respiratoire et l'élimination cutanée.

2.

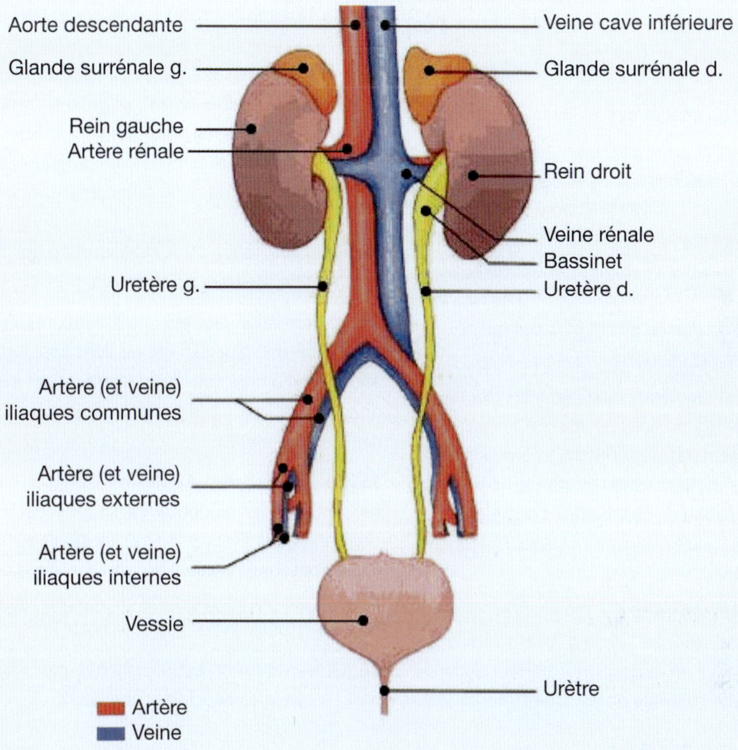

3. Les déchets organiques éliminés par voie urinaire sont l'urée, l'ammoniac et l'acide urique.

4. Des calculs urinaires peuvent se constituer dans les voies urinaires en cas de stagnation des urines. Un dépôt composé d'acide urique, d'urates et de phosphates ammoniaco-magnésiens se crée et précipite. Cette précipitation se présente alors soit sous forme de petites granulations comme une sorte de sable, soit ces granulations s'entourent successivement de plusieurs couches et forment des concrétions. Ces dernières sont dures et quelquefois volumineuses et constituent des lithiases (pierres) ou des calculs.

5. Les selles normales sont constituées pour une quantité normale sur 24 heures de 100 à 150 g, qui se répartissent de la façon suivante : 75 % d'eau, des bactéries, des aliments non digestibles comme les fibres alimentaires telles que la cellulose, des cellules intestinales desquamées, de 6 à 10 grammes de protides (créatorrhée ou azotorrhée), de moins de 6 grammes de lipides (stéatorrhée) et de stercobiline.

6. La transpiration est l'excrétion d'eau, de sels et de très petites quantités de dérivés azotés à la surface de la peau et dont l'évaporation entraîne un refroidissement.

7. Une haleine malodorante, élimination respiratoire nauséabonde, peut avoir plusieurs origines possibles : le jeûne prolongé, l'absorption d'aliments aillés souvent consommés crus, l'ingestion d'alcool.

8. Lors de l'allaitement, les traitements médicamenteux s'éliminent aussi dans le lait maternel. De ce fait, le lait donné à l'enfant sera chargé de substances pouvant être nocives pour lui. Il est donc nécessaire de demander un avis médical avant de prendre un traitement en cours d'allaitement.

9. L'urine est un liquide limpide de couleur jaune plus ou moins foncé, issu de l'épuration du sang réalisée par le rein. L'urine est stérile, elle est donc en situation physiologique dépourvue de micro-organismes.

10. La composition des urines est variable selon :
– l'alimentation ;
– l'hydratation ;
– le moment où les urines sont émises (en l'absence d'hydratation pendant la nuit, les urines sont plus concentrées le matin que le soir où elles sont plus diluées) ;
– l'acidité des substances ingérées ;
– les médicaments consommés et donc éliminés par voie urinaire.

11. Les principaux rôles des bactéries sont de :
– défendre l'organisme contre l'infection ;
– favoriser la digestion ;
– synthétiser différentes vitamines (vitamine K, acide folique) ;
– assurer la fermentation de divers glucides qui ne sont pas digérés, comme la cellulose.

12. Saprophyte est un terme qualifiant les bactéries, les champignons microscopiques ou les protozoaires qui ne se développent pas dans l'organisme vivant et qui se nourrissent de matières mortes. Ils participent par ailleurs à la dégradation de ces matières organiques. Un germe saprophyte (habituellement) vit dans l'organisme sans être pathogène.

13. La formation des urines
Chaque rein est vascularisé par une artère rénale qui amène le sang chargé en déchets. À l'intérieur du sinus rénal, l'artère rénale se divise en branches interlobaires pour former in fine les artères arquées qui forment des pelotons vasculaires appelés glomérules. Le glomérule de Malpighi est un petit amas de capillaires (minuscules vaisseaux), logés dans une capsule en forme de sphère appelée la capsule de Bowman qui assure la filtration du sang, son épuration et donc une hémofiltration.
C'est grâce à une pression artérielle > à 60 mm d'Hg que le sang est poussé en dehors des capillaires pour y être filtré. La filtration s'effectue au travers de deux membranes, l'endothélium des capillaires et l'enveloppe de la capsule de Bowman. Le glomérule présente deux pôles distincts, un pôle vasculaire et un pôle urinaire d'où part le tube contourné proximal, première portion du tube du néphron. Dans ce tube sont excrétées les urines primitives. Selon la composition sanguine, les besoins de l'organisme et la taille des composants, ces urines primitives subiront tout au long du néphron des phénomènes d'absorption et de réabsorption qui aboutiront à la formation des urines définitives.

14. La formation des gaz intestinaux résulte de la fermentation des glucides qui ne sont pas digérés, et qui aboutit à la production d'acides irritants et à un mélange de gaz. Certains de ces gaz, comme le sulfure diméthyle, sont très odorants.

15. La sueur, issue du plasma sanguin, est sécrétée par les glandes sudoripares situées dans la couche profonde de la peau, le derme. La sueur est acheminée vers la peau par un canal excréteur, elle est évacuée par un pore qui est une ouverture imperceptible à l'œil et au toucher située à la surface de la peau.

16. La transpiration est déclenchée par 3 types de stimuli : thermique, psychique et gustatif.

6 Le système nerveux

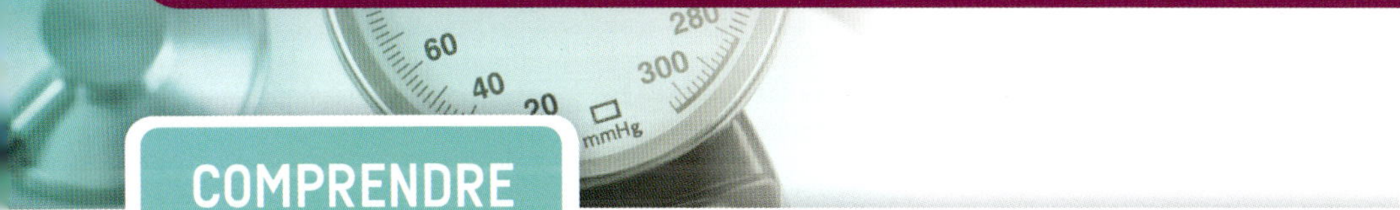

COMPRENDRE

Au cours des ans, de grandes avancées scientifiques ont donné naissance à la discipline « neurologie » pour permettre de comprendre les mécanismes de fonctionnement du cerveau, organe central où siègent les phénomènes du corps et des sens. Depuis l'antiquité, des observations, explorations, hypothèses et théories sont réalisées par de nombreux pionniers.

Hippocrate (466-377), médecin grec du siècle de Périclès, considéré comme l'une des grandes figures de l'histoire de la médecine, annonçait : « *Les hommes doivent savoir que du cerveau et du cerveau seulement naissent nos plaisirs, nos joies, nos rêves et plaisanteries aussi bien que nos peines, nos douleurs, nos chagrins et nos larmes* ». Hippocrate est donc le premier à remarquer l'importance de cet organe.

Le système nerveux est le principal système de contrôle et de communication de l'organisme. En effet, chacun de nos comportements reflète une fonction du cerveau. La pensée, la conscience sont des aspects de l'activité cérébrale, comme le sont les actions d'apprendre, de sourire ou de souffrir. Inversement, les troubles des émotions, de la pensée, ou des fonctions perceptives et motrices, caractérisent les maladies psychiatriques et neurologiques et résultent de lésions, fonctionnelles ou organiques, du cerveau.

Le système nerveux est un ensemble de structures anatomiques impliquées dans la réception et dans la transmission des informations provenant de l'environnement, dans la commande des muscles et autres organes effecteurs, et dans la coordination des diverses fonctions vitales.

La neurologie est la discipline médicale qui étudie l'ensemble du système nerveux, et en particulier le cerveau. Il existe une séparation récente entre les spécialités de neurologie et de psychiatrie. L'inventeur du terme de neurologie fut le médecin et anatomiste anglais Thomas Willis qui produisit les premiers travaux concernant la structure du cerveau en distinguant substance grise et substance blanche.

La neurologie concerne l'ensemble du corps humain avec des points de rencontre avec les autres spécialités (troubles du comportement avec la psychiatrie, douleurs diverses avec la rhumatologie, lésions multifocales sur l'ensemble de l'organisme)[1].

1 Remerciements au Dr Thierry Faillot, neurochirurgien.

DÉFINITION

Le système nerveux est un système en réseau formé des organes des sens, des nerfs, du cerveau, de la moelle épinière. Il se compose de deux parties : le système nerveux central et le système nerveux périphérique.

Le système nerveux central (SNC)

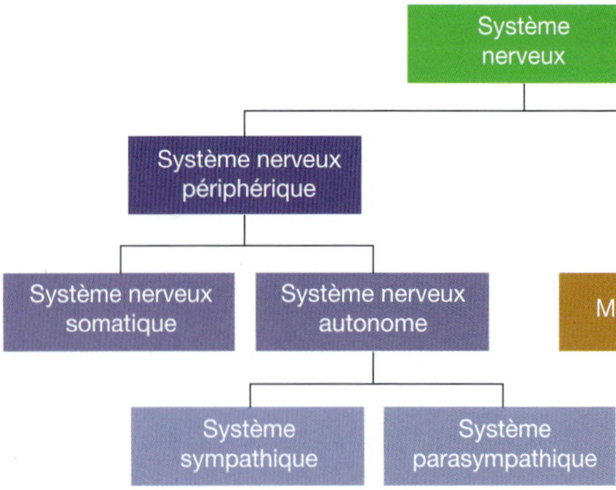

Fig. 6.1. Organisation du système nerveux

Il comprend le cerveau (ou encéphale), le tronc cérébral et la moelle épinière reliés entre eux à la base du crâne. Il a pour fonction d'intégrer l'information.

Le SNC est constitué de la substance grise renfermant les corps cellulaires des neurones et de la substance blanche composée de prolongements neuronaux regroupés en faisceaux.

Le cerveau (encéphale)

Il est composé de deux hémisphères : un dominant et un mineur.

L'hémisphère dominant est l'hémisphère gauche (HG) chez les droitiers et l'hémisphère droit chez les gauchers. Cependant, sur le plan fonctionnel, certains cortex sont similaires dans l'HD et l'HG, il en est ainsi de la vision mais d'autres sont différents comme par exemple pour le langage.

Les aires du langage sont donc latéralisées à gauche chez les droitiers. On peut donc dire

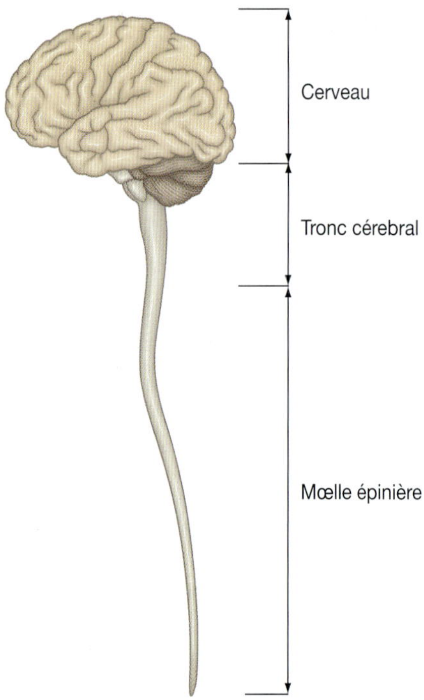

Fig. 6.2. Organisation du système nerveux central

que certaines fonctions sont latéralisées (ou spécialisées). La spécialisation hémisphérique dépasse ce strict cadre du langage (ex : aires motrice, sensitive, visuelle, auditive). La machinerie cérébrale fait appel à un réseau de structures interconnectées qui comporte entre les aires des fibres d'association.

La dextralité correspond à l'utilisation préférentielle d'une main, souvent prédominance de la main droite à plus de 90 %.

Généralement on peut dire que l'hémisphère gauche est spécialisé dans le langage tandis que l'hémisphère droit contrôle les fonctions spatiale, musicale et émotive.

L'encéphale comporte 4 lobes et la structure limbique.

Le lobe frontal

La projection corporelle à la surface du cortex moteur est représentée par l'homonculus de Penfield, du nom du neurologue américain Wilder Penfield (1891-1976) qui l'a découverte.

L'homoncule moteur désigne l'organisation de la commande motrice des muscles du corps humain à la surface du cerveau. On parle de somatotopie fonctionnelle. Chacune des régions de ces aires représente un territoire corporel. On voit par exemple que la surface correspondant à la main est très grande, la région corticale a une surface d'autant plus grande que la partie du corps considérée est plus complexe du point de vue de la motricité.

Pour illustrer les fonctions du lobe frontal, on peut citer le cas surprenant de Phineas Cage qui, en 1848, à la suite d'une explosion, fut blessé par une barre de fer qui lui a traversé cette région du cerveau. Cet homme survécut à ses blessures sans handicap sensori-moteur mais présentait des troubles du comportement et de la personnalité frontale (impulsivité, euphorie, désinhibition...).

Les lobes frontaux contiennent des aires spécialisées fortement connectées à d'autres parties du cerveau. Ces régions frontales sont comparées à la passerelle du commandant d'un navire. Leur action est essentielle pour la conduite du « vaisseau humain ». Les lobes frontaux sont impliqués dans des fonctions cognitives variées : l'initiative, la programmation et l'exécution des mouvements, la prise de décision, les affects, la mémoire, le comportement, la personnalité, le jugement...

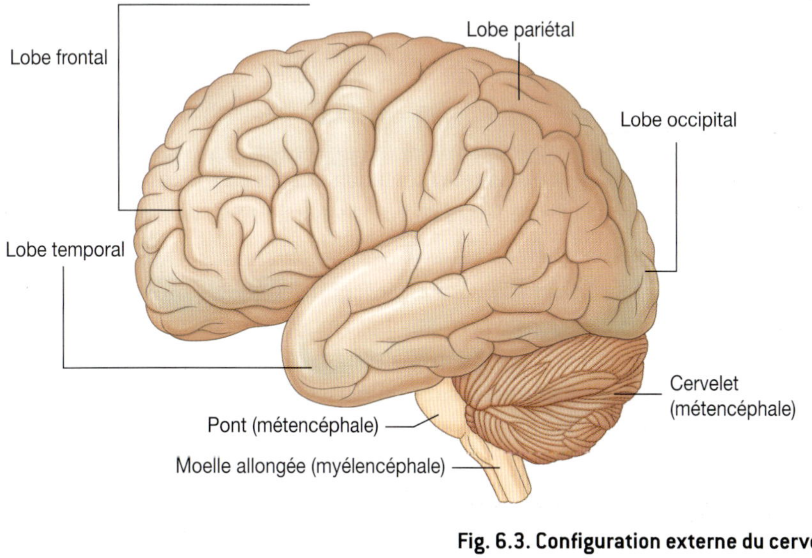

Fig. 6.3. Configuration externe du cerveau

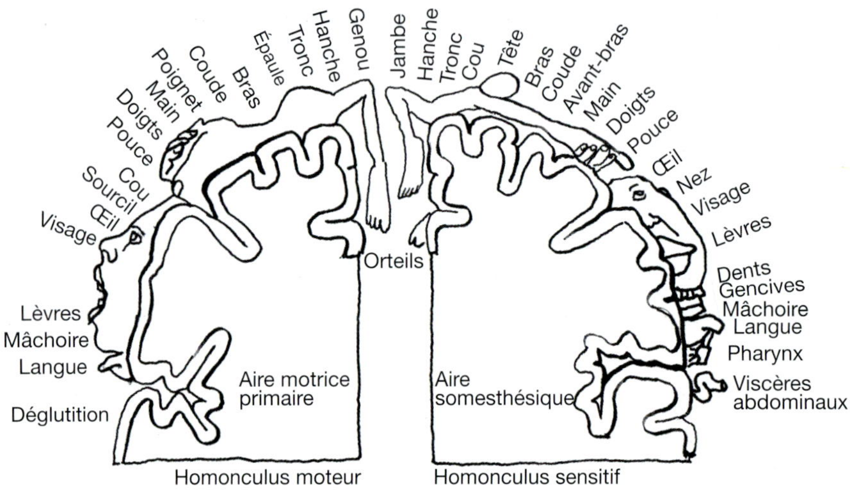

Fig. 6.4. Homonculus moteur et sensitif

■ **Le lobe temporal**

Ce lobe est la partie du cerveau située derrière les tempes et impliquée dans l'audition, le langage, la mémoire et la vision des formes complexes. Il joue un rôle dans de multiples processus cognitifs qui permettent les capacités d'abstraction et de raisonnement. Il se situe non loin des structures limbiques qui participent aux états émotionnels tels que joie, tristesse, dégoût, peur...

■ **Le lobe pariétal**

Il reçoit toutes les informations liées à la sensibilité corporelle, notamment tactiles. Ce sont les informations *somesthésiques*, c'est-à-dire l'ensemble des informations liées à la sensibilité sensorielle : thermique, tactile, nociceptive (informations douloureuses), proprioceptive (provient de capteurs situés au niveau des articulations qui permettent de connaître la position de notre corps dans l'espace).

Il existe une représentation somatotopique de la sensibilité corporelle, c'est l'homonculus sensitif. Une surface de cortex correspond à une surface du corps mais la représentation d'une partie du corps est d'autant plus étendue sur le cortex que la sensibilité est fine, complexe, riche dans la zone corporelle considérée (ex : la représentation imagée des pieds est plus grande que celle des jambes). Ainsi la sensibilité générale du corps se projette au niveau du lobe pariétal du cortex cérébral.

La motricité et la sensibilité corporelle sont deux fonctions qui ne peuvent pas fonctionner l'une sans l'autre (ex : l'anesthésie locale consistant à inhiber de façon réversible la propagation des signaux le long des nerfs produit des effets tels que l'analgésie – diminution de la sensation de douleur –, et la paralysie – perte de puissance du muscle).

■ **Le lobe occipital**

C'est la partie saillante située à l'arrière du cerveau contenant les centres d'interprétation de la vision. Il permet la reconnaissance des orientations et des contours des images. Les messages visuels générés par la rétine sont acheminés par les nerfs optiques jusqu'au cerveau. Il reçoit les informations issues des rétines et traite les différentes caractéristiques du stimulus visuel (couleur, forme, mouvement).

La structure limbique

Le système limbique est considéré comme le substrat anatomique de *l'expression*, de *l'émotion* et du *comportement* en particulier dans diverses émotions comme l'agressivité, la peur, le plaisir. Il est également impliqué dans les *processus mnésiques*.

La particularité des structures limbiques est qu'elles sont toutes connectées et doivent être toutes fonctionnelles pour que la mémoire fonctionne. Le système limbique influe sur le système endocrinien et le système nerveux autonome. Il consiste en plusieurs structures subcorticales situées autour du thalamus (hypothalamus, hippocampe, amygdales...).

Cependant, la distinction entre les lobes à la face interne de l'hémisphère cérébral est un peu artificielle puisqu'il y existe un « circuit » impliqué dans la mémoire, les affects et les comportements, qui dépassent anatomiquement les limites des lobes en particulier celle de la structure limbique.

Le tronc cérébral

Situé dans la fosse postérieure du crâne, sous le cerveau, il comprend :

- le mésencéphale (ou pédoncules cérébraux) ;
- le pont (ou protubérance annulaire) ;
- le bulbe rachidien.

C'est le lieu d'émergence de neuf des douze paires de nerfs crâniens.

Il est responsable de la régulation de la respiration et du rythme cardiaque. C'est le lieu de passage des voies motrices et sensitives ainsi qu'un centre de contrôle de la douleur.

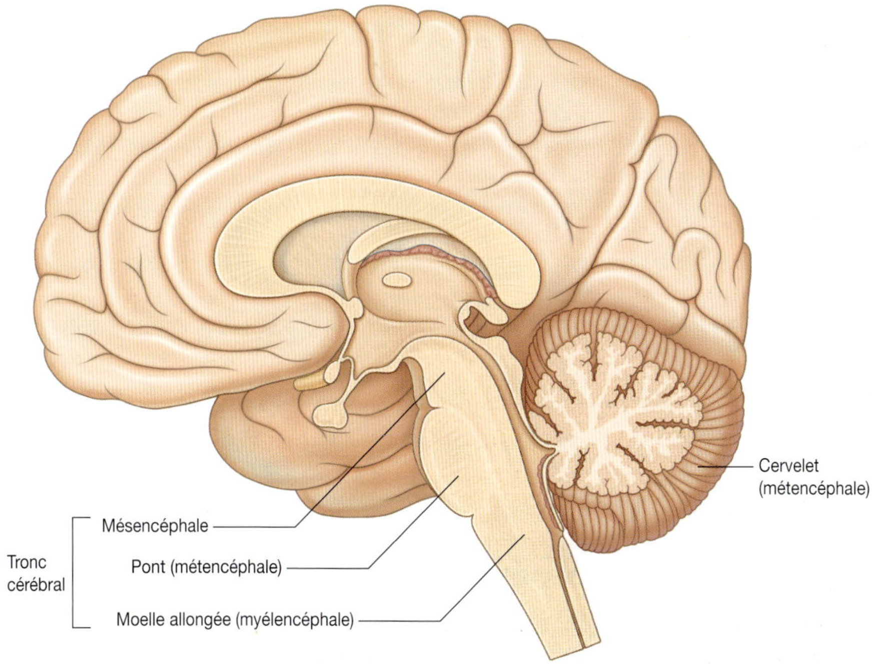

Fig. 6.5. Tronc cérébral

Le cervelet est le centre régulateur de la fonction motrice au sens large, l'organe de l'équilibre et de la coordination des mouvements et postures. Il semble également impliqué dans des fonctions cognitives variées.

Il reçoit des informations de tous les segments du névraxe (moelle épinière, tronc cérébral, cerveau). Il traite ces informations pour donner, aux programmes moteurs du mouvement, une organisation chronologique et somatotopique (organisation temporo-spatiale).

La moelle épinière

Elle se situe dans le prolongement du tronc cérébral, de la première vertèbre cervicale jusqu'à la 2e vertèbre lombaire. Elle mesure environ 43 cm, pèse 30 g. Elle est constituée d'une substance grise centrale en forme de H, entourée de la substance blanche autour. La partie antérieure (ou ventrale) de la moelle épinière est motrice, la partie postérieure (ou dorsale) est sensitive. La moelle épinière est le siège des 31 paires de nerfs rachidiens (ou spinaux).

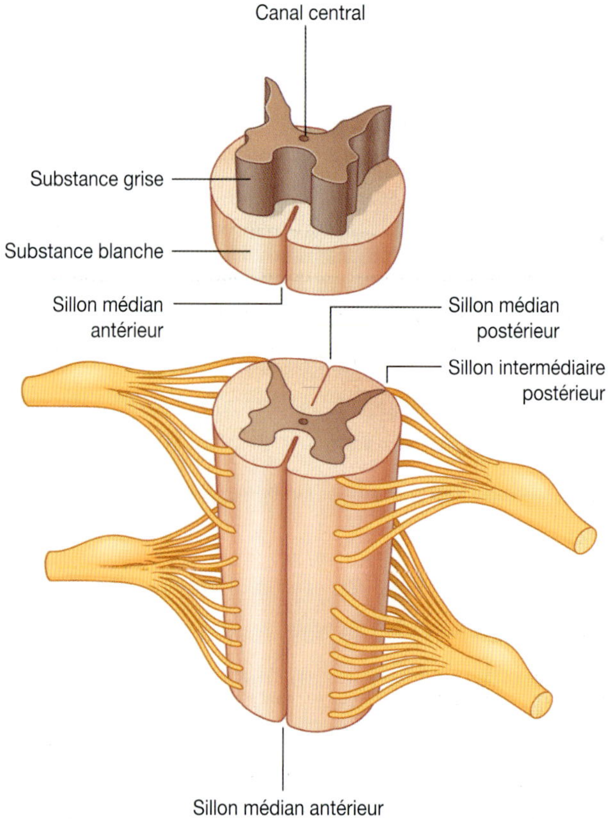

Fig. 6.6. La moelle épinière

Le système nerveux périphérique

Il est constitué par un ensemble de nerfs (composés des prolongements [axones] des cellules nerveuses), qui part du système nerveux central et a pour fonction d'innerver le reste de l'organisme.

Au niveau périphérique, on peut distinguer deux types de systèmes nerveux sur la base de leur fonctionnement.

Le système nerveux somatique, système conscient, ouvert vers l'extérieur (vie de relation), reçoit et traite les informations en provenance des organes des sens et contrôle les postures et mouvements de l'organisme.

Le système nerveux autonome (ou végétatif) est constitué des nerfs et ganglions nerveux qui gèrent les fonctions automatiques de régulation (par opposition aux fonctions « conscientes »). On le divise en système nerveux sympathique et système nerveux parasympathique qui ont des effets opposés sur des organes cibles. Il se situe aussi bien au niveau du SNC (hypothalamus, noyaux du tronc cérébral et de la moelle lombosacrée pour le parasympathique, la corne latérale de la moelle pour le sympathique) qu'au niveau des fibres cheminant avec les nerfs périphériques.

Le système nerveux périphérique est composé de nerfs sensitifs et moteurs issus de la moelle et du tronc cérébral. On distingue les nerfs crâniens (12 paires), innervant principalement l'extrémité céphalique. Leurs origines apparentes sont situées dans le tronc cérébral. Ils empruntent tous un trou ou un canal de la base du crâne. D'autre part, les 31 paires de nerfs rachidiens (ou spinaux), issus de la moelle épinière, émergent de part et d'autre par des orifices de la colonne vertébrale. Ils sont responsables de la motricité et de la sensibilité des membres, des sphincters et du périnée.

On distingue 2 catégories de nerfs suivant le type d'informations qu'ils convoient.

Les nerfs sensitifs (ou voie afférente) font remonter les informations depuis les récepteurs sensoriels somatiques (peau, muscle...) et viscéraux jusqu'au SNC.

Les nerfs moteurs (ou voie efférente) transportent la commande motrice depuis le SNC vers les effecteurs (muscles, glandes) des systèmes somatiques ou autonomes.

Les nerfs contenants des voies afférentes et efférentes sont dits mixtes.

Le système nerveux somatique

Il reçoit des fibres sensorielles de la peau, des muscles et des articulations et regroupe les fibres motrices primaires des muscles. Il permet d'interagir avec le monde extérieur en participant à l'équilibre et la motricité. Pour cela, l'innervation somatique commande le tonus et la contraction des muscles du squelette.

Le système nerveux végétatif ou autonome

Il a pour fonction la régulation du milieu intérieur. Il contrôle et régule les fonctions respiratoires, circulatoires, digestives et urogénitales. Cette régulation est inconsciente. La région du cerveau qui est la plus impliquée est l'hypothalamus[2] qui a également une action sur le système endocrinien et le système limbique[3].

2 Région diencéphalique du cerveau qui intervient dans la régulation des fonctions endocrines, autonomes et comportementales (sexuelles, alimentaires, défensive, de stress, de thermorégulation, du cycle circadien).

3 Section du cerveau plus ancienne du point de vue de l'évolution qui est associée avec l'émotion, la mémoire et l'apprentissage.

Il intervient dans :

- la thermorégulation ;
- le contrôle de l'équilibre de l'eau via l'hormone anti-diurétique ;
- le contrôle de l'appétit.

Le système nerveux végétatif comprend deux entités.

- **Le système nerveux orthosympathique** (ou sympathique) : ce système est une partie du système nerveux autonome efférent. Il est responsable d'un grand nombre d'activités inconscientes de l'organisme telles que le rythme cardiaque ou la contraction des muscles lisses. Il exerce ses effets sur les cellules et organes cibles via les neurotransmetteurs appelés catécholamines (adrénaline, noradrénaline).
- **Le système nerveux parasympathique :** le système parasympathique (ou vagal) est une division du système autonome. Il contrôle les activités involontaires des organes, glandes, vaisseaux sanguins, conjointement au système sympathique. Le neurotransmetteur en jeu à la fonction effectrice est l'acétylcholine.

Ces deux systèmes ont des effets opposés sur leurs organes cibles : ainsi, le système sympathique stimule l'organisme (augmentation de la fréquence des battements du cœur, élévation de la pression artérielle, etc.), tandis que le système parasympathique est davantage impliqué dans sa mise au repos (il joue un rôle capital, par exemple, dans le sommeil).

Ces fonctions permettent, d'une façon simplifiée, de préparer le corps humain à l'action sauvageonne.

Ainsi, l'activation de ces systèmes provoque les signes énoncés dans le tableau ci-dessous.

Organes		Sympathique	Parasympathique
Pupille		Mydriase	Myosis
Glande lacrymale		Hyposécrétion	Stimulation de la glande avec augmentation des sécrétions
Fréquence cardiaque		Tachycardie	Ralentissement de la fréquence
Conductibilité		Augmentation	Diminution
Contractilité		Augmentation	Diminution
Bronche		Broncho dilatation	Broncho constriction
Estomac	Muscles	Relâchement	Mobilité du tractus
	Sécrétions	Diminution	Augmentation
Intestin	Muscles	Ralentissement du péristaltisme	Augmentation du péristaltisme
	Sécrétions	Diminution	Augmentation
Vessie	Muscles	Relaxation	Contraction
	Sphincter	Contraction	Relâchement
Vaisseaux		Vasoconstriction périphérique	Vasodilatation

Tableau 6.1. Actions du système nerveux autonome sur les différents organes

Homéostasie : équilibre des constances.

MÉCANISME DES STRUCTURES INTERCONNECTÉES

Le système nerveux est le siège de la fonction la plus complexe de notre organisme. Le cerveau interagit avec d'autres systèmes : le système endocrinien par l'intermédiaire des hormones et le système immunitaire avec la capacité à faire face aux microorganismes pathogènes.

Ces liens permettent de maintenir l'homéostasie, c'est-à-dire maintenir un équilibre physiologique interne malgré les contraintes extérieures.

Le neurone

L'unité de base du système nerveux est le neurone, cellule constituée de dendrites, d'un corps cellulaire (ou soma) contenant un noyau et d'un axone. Le neurone est excitable, il produit des potentiels d'action[4].

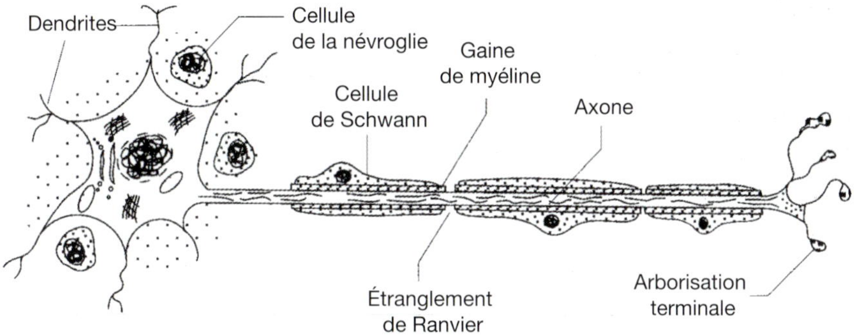

Fig. 6. 7. Le neurone

Il reçoit et transmet des informations sous forme d'influx nerveux naissant au niveau du corps cellulaire. Les axones conduisent l'influx nerveux du corps cellulaire vers la périphérie.

Les neurones établissent des liaisons entre eux et avec toutes les parties du corps à l'aide de filaments plus ou moins longs qui s'associent en voies ou faisceaux dans le système nerveux central et forment les nerfs dans le système nerveux périphérique.

Remarque : chaque individu dispose d'un stock défini de neurones c'est-à-dire qu'un neurone perdu ne pourra pas être remplacé. Cependant, on a démontré que certains neurones ont la propriété de rentrer dans le cycle cellulaire (mitose) : les neurones peuvent donc se multiplier même chez l'adulte. La production de neurones a été mise en évidence dans l'hippocampe chez le sujet adulte, c'est ce que l'on nomme la neurogenèse[5] adulte.

C'est par l'intermédiaire des nerfs que transitent les ordres faisant agir les muscles ou modifier l'état de fonctionnement d'un organe.

4 Signal électrique unidirectionnel parcourant les axones qui provoque la libération de neurotransmetteurs au niveau des synapses.
5 Ensemble de phénomènes qui conduisent à la formation du système nerveux.

La fonction automatique

Le système nerveux coordonne l'ensemble des fonctions de l'organisme. Il existe un fonctionnement de base permanent sur lequel n'intervient pas la volonté. Cette fonction automatique est prise en charge par le système nerveux végétatif, elle intervient en phase de veille ou pendant le sommeil. Elle régule le fonctionnement de chaque organe selon les informations qui lui parviennent et assure les variations, en fonction du besoin des organes. Il en est ainsi de la fréquence et de l'amplitude de la ventilation ainsi que de la fréquence cardiaque et du volume de sang éjecté à chaque contraction cardiaque. Cette fonction est responsable des réflexes de sécurité qui déclenchent des actions de défense en cas de danger. Ainsi, la protection des voies respiratoires est assurée par la déglutition et la toux, la protection de la peau en cas de brûlure est assurée par le retrait brutal du membre afin de limiter l'étendue des lésions. La fermeture des paupières intervient en cas de menace, la contraction des pupilles protège l'œil exposé à la lumière, en ne laissant pas entrer une intense luminosité.

La fonction des phénomènes conscients

Les centres nerveux sont responsables des phénomènes conscients faisant intervenir la volonté, les facultés cognitives liées à l'activité du système nerveux central. Le domaine du conscient permet aux individus de communiquer, de réagir de façon volontaire, d'avoir une activité intellectuelle. Le niveau de conscience est soumis à des variations normales selon un rythme veille/sommeil.

LES GRANDES FONCTIONS NEUROLOGIQUES

Les grandes fonctions neurologiques permettent de capter les sensations et les perceptions. Ainsi, les interactions avec l'environnement dépendent du cerveau qui, comme « un système dynamique », est en équilibre constant avec le monde extérieur. Ainsi les fonctions neurologiques assurent la communication entre l'organisme et son milieu ainsi que la communication entre les organes.

Motricité

L'organisation neurologique du mouvement est connue, dans ses grandes lignes, depuis le début du XXe siècle, grâce aux travaux de Sherrington[6]. Cette organisation est hiérarchisée :

- à la base du système, se trouve la moelle épinière dans laquelle se déroule l'activité réflexe ;
- au dessus, le cervelet, dont les voies transitent par le tronc cérébral, assure l'organisation de l'activité motrice et la coordination musculaire nécessaire au mouvement ;
- enfin au sommet, se trouve le cerveau dont les noyaux gris centraux sont responsables des activités motrices automatiques ; le cortex du cerveau est l'initiateur du mouvement volontaire.

Les systèmes de contrôle moteur responsables de l'équilibre et de la motricité sont au nombre de quatre.

6 Sir Charles Scott Sherrington (27 novembre 1857-4 mars 1952) était un scientifique britannique connu pour ses importantes contributions en physiologie et neurosciences. Il partage en 1932 le Prix Nobel de Physiologie avec Edgar Douglas Adrian pour leurs travaux sur les neurones.

Le système médullaire

Il est schématisé par l'arc réflexe. Cet arc est responsable d'une réaction motrice ou sécrétoire déclenchée par le système nerveux en dehors de l'intervention de la volonté, en réponse à une stimulation des terminaisons nerveuses sensitives (exemple : lors d'une piqûre ou brûlure de la main (stimulation des terminaisons nerveuses au niveau de la peau avec sensation de douleur), il se produit un retrait immédiat de la main (réaction motrice) sans décision consciente (pas d'intervention de la volonté et absence de sécrétion).

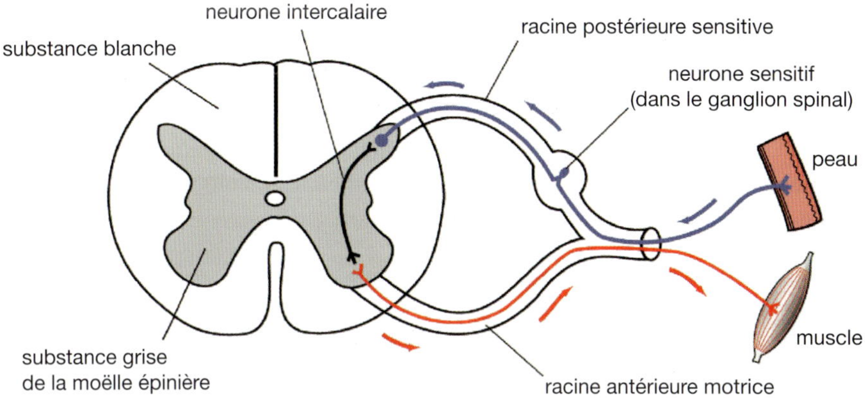

Fig. 6.8. L'arc réflexe

Le système pyramidal

C'est une partie du système nerveux regroupant les faisceaux pyramidaux qui forment les pyramides bulbaires du bulbe rachidien. Le système pyramidal par l'intermédiaire du faisceau pyramidal[7] a pour cible les muscles squelettiques.

Le système cérébelleux

Il contrôle la coordination du mouvement et de sa bonne exécution au niveau du cervelet. En effet, en tant que centre nerveux régulateur de la fonction motrice, le cervelet reçoit des informations de tous les segments du névraxe (moelle épinière, tronc cérébral, cerveau). Il traite ces informations pour donner, aux programmes moteurs du mouvement, une organisation chronologique et somatotopique (organisation temporo-spatiale). Il assure ainsi la régulation des activités musculaires du mouvement volontaire global, des activités musculaires toniques de la posture, des activités musculaires toniques du maintien de l'équilibre.

Le système extrapyramidal

Il a un rôle moteur, influençant l'état de contraction de chaque muscle squelettique. Il intervient ainsi dans le maintien des différentes postures prises par le corps et dans les changements de posture. Il aide le mouvement volontaire, par exemple en maintenant en permanence l'épaule et le coude en position correcte lors d'un mouvement avec la main. Il joue aussi un rôle important au cours des mouvements automatiques, tels que la marche.

7 Ensemble des axones moteurs cortico-spinaux qui transmettent directement et rapidement les commandes des mouvements des muscles du corps depuis le cortex cérébral jusqu'aux motoneurones de la corne antérieure de la moelle épinière.

La vascularisation cérébrale

Le cerveau, pour fonctionner correctement, doit avoir un apport suffisant en oxygène. Celui-ci est assuré par le réseau vasculaire cérébral qui irrigue le cerveau. Il existe un système permettant d'atténuer les conséquences de modification du débit sanguin et de la pression artérielle systémique, avec pour résultat la préservation d'un apport sanguin suffisant, le cerveau étant dépourvu de toute capacité de réserve en glucose. De ce fait, le cerveau est préférentiellement irrigué en cas de baisse brutale du débit cardiaque ou de pression artérielle.

La circulation artérielle s'effectue par l'arrivée du sang au cerveau par les 2 carotides internes en avant et les 2 artères vertébrales en arrière.

Les possibilités d'apport sanguin du cerveau sont principalement assurées par le polygone de Willis (voir figure 6.9). Le polygone de Willis est un cercle artériel situé à la base du cerveau permettant la communication des artères principales suivantes : carotide interne, tronc (ou artère) basilaire, artère cérébrale (antérieure, moyenne et postérieure), communicante antérieure et communicante postérieure.

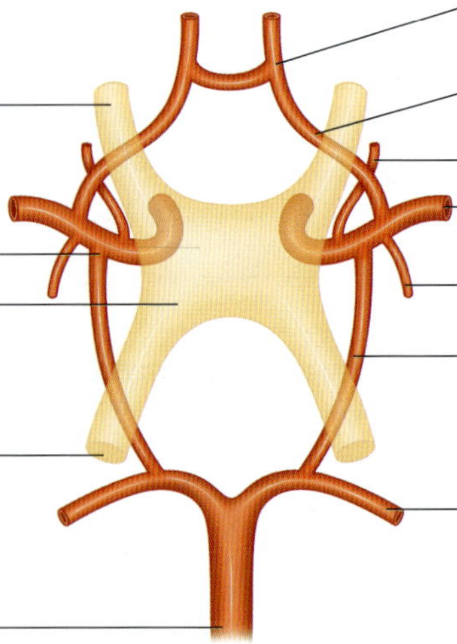

Fig. 6.9. Le cercle artériel du cerveau (polygone de Willis)

Indépendant des artères, le réseau veineux cérébral comporte des veines profondes et des sinus veineux.

L'ensemble des veines se draine vers l'arrière, puis dans les sinus latéraux. La veine jugulaire interne ainsi formée ramène le sang vers le cœur de chaque côté.

La régulation thermique

L'être humain est homéotherme[8] et le maintien d'une température corporelle stable est possible grâce à la dépense d'énergie.

Le centre de la thermorégulation se situe au niveau de l'hypothalamus.

8 L'organisme humain conserve une température constante, indépendamment du milieu extérieur (on parle d'homéostasie thermique).

L'organisme se défend contre le froid qui provoque une stimulation des récepteurs cutanés et une vasoconstriction. L'organisme produit alors de la chaleur avec apparition de frissons et érection des poils. L'adrénaline peut être secrétée pour augmenter la production de chaleur.

À contrario, l'organisme peut réduire son isolation thermique par vasodilatation cutanée. Quand la température extérieure est supérieure à la température corporelle, il existe une déperdition par évaporation (transpiration). L'organisme, par l'intermédiaire des centres nerveux, s'adapte ou se défend des phénomènes environnementaux.

La mémoire

La mémoire est un système de stockage et de récupération d'informations qui permet à l'être humain de connaître, de se repérer et d'évoluer dans le monde qui l'entoure. Dans le système mnésique, les informations traitées superficiellement se mémorisent bien moins que les informations traitées en profondeur et associées à des connaissances existantes. Plus il y a d'association entre nouveautés et ce qui est déjà connu, meilleur est l'apprentissage. La mémoire est un phénomène fondamental du fonctionnement cérébral. Elle correspond à la capacité d'acquisition, d'apprentissage et de restitution d'information par le cerveau.

Le circuit de Papez[9], décrit en 1937, joue un rôle dans les processus de mémorisation à long terme tant sur le plan de l'apprentissage que sur celui du renforcement. Ce circuit unit le cortex sensoriel qui a reçu l'information, l'hippocampe, le fornix, les corps mammillaires, le thalamus, le gyrus cingulaire.

La mémoire fait intervenir de nombreux médiateurs chimiques tels que l'acétylcholine et la noradrénaline qui intervient de façon plus spécifique dans les mécanismes de l'attention sélective. L'adrénaline et la dopamine interviennent dans les processus d'attention et d'intention, la sérotonine et l'histamine agissent sur le maintien de l'éveil.

La mémoire fonctionne d'une manière hiérarchisée à 3 niveaux : une mémoire immédiate (ou à court terme) « volatile », une mémoire à moyen terme et une mémoire permanente (apprentissage des langues, acquisition de comportements, fixation des souvenirs...).

La mémoire à court terme exige une capacité de fixation immédiate. Ce mécanisme est appelé « empan de mémoire ». À moyen terme, la mémoire « de travail » est dépendante de l'attention.

La mémoire permanente nécessite des processus de fixation. La mémorisation d'une nouvelle acquisition nécessite un stockage sensoriel immédiat utilisant les organes des sens (visuel, auditif...).

L'information s'acquiert grâce à « un encodage » qui s'effectue suivant des mécanismes complexes d'associations (contexte, sémantique, phonologie, apprentissage volontaire...). Un « rappel » de l'information intervient dans le souvenir, l'oubli étant son corollaire. Pour explorer la mémoire, de nombreux test existent (ex : quotient de mémoire de Weschler[10]...).

9 Circuit qui permet de relier les différentes régions du cortex limbique : hippocampe, hypothalamus, corps calleux.

10 Weschler est un chercheur américain (1896-1981) qui publie en 1939 une échelle de calcul du quotient intellectuel pour adulte de 16 à 19 ans. L'importance de la mémoire de travail est reconnue dans une version récente d'échelle de Weschler.

La vigilance et le sommeil

Le sommeil est un état physiologique qui occupe le tiers de notre vie. Le phénomène « sommeil » peut être abordé de différentes façons : sur le plan pathologique (insomnies, hypersomnies...), sur le plan psychiatrique (interprétation des rêves), sur le plan chimique (rôle des neuromédiateurs et hormones), sur le plan électrique (lecture de l'électro-encéphalogramme).

Selon le cycle circadien, la durée du sommeil est très variable d'un individu à l'autre et peut aller de 4 à 11 heures, avec une moyenne de 7 à 8 h 30 chez l'adulte (sur le sommeil, voir aussi *Biologie fondamentale*, volume 1 de la même collection). Chez le nouveau-né, elle est de 16 à 20 heures. On décrit 2 sortes de sommeil, le sommeil calme ou à ondes lentes et le sommeil paradoxal.

Le sommeil à ondes lentes est caractérisé par une succession de 4 phases qui surviennent dans la première partie de la nuit.

- La phase I correspond à l'endormissement.
- La phase II correspond au sommeil lent léger.
- La phase III correspond au sommeil lent profond.
- La phase IV correspond au sommeil lent profond.

Le sommeil paradoxal (dit « actif » en raison de mouvements du corps) survient de façon cyclique toutes les 90 minutes. Dans la seconde partie de la nuit, il représente 20 % du temps de sommeil et correspond à la période des rêves. L'appellation « sommeil paradoxal » fait référence au contraste entre d'une part l'impression clinique du sommeil le plus profond (seuls quelques mouvements fins des doigts et des secousses rapides des globes oculaires sont observables) et d'autre part une activité électrique cérébrale à l'EEG voisine de l'activité de veille, surtout dans les régions occipitales.

Le sommeil est étroitement lié au métabolisme et à la thermorégulation, toutes modifications de ces fonctions retentissent sur le sommeil.

Le sommeil correspond à un état de conservation de l'énergie en l'absence d'apport alimentaire, tout en satisfaisant les besoins de l'homéothermie.

L'endormissement est une rupture de contact actif entre le sujet et l'environnement. La rythmicité veille/sommeil de l'organisme humain correspond à une adaptation aux changements de l'environnement (jour/nuit). Certaines hormones (cortisol, mélatonine) agissent sur les rythmes circadiens, d'autres (prolactine, STH) influencent les états de veille/sommeil.

Le rythme du sommeil est synchronisé sur le cycle jour/nuit par une véritable horloge située dans le cerveau. Les décisions de se coucher et de se lever sont influencées par le truchement de signaux temporels externes comme la lumière, la chaleur ou la nourriture.

La courbe thermique et l'éclairement (photopériode) ont une influence sur l'organisme humain concernant l'endormissement. Le coucher survient lorsque la température corporelle et la luminosité s'abaissent.

Un adulte dort généralement entre 23 heures et 7 heures.

La fragmentation du sommeil au cours du nycthémère est physiologique chez tous les mammifères. Dans l'espèce humaine, cette fragmentation se retrouve chez le nourrisson, le jeune enfant et le sujet âgé. Le besoin de sieste est variable selon les individus adultes mais la concentration du sommeil sur une période de huit heures pourrait être dictée par les nécessités de l'activité économique et les difficultés de s'éclairer la nuit. Or, selon les cultures, la sieste peut être intégrée à l'organisation de vie.

Un certain nombre de facteurs influencent le sommeil :

- l'environnement (lumière, température) ;
- l'âge, les nouveau-nés dorment environ 20 heures, l'enfant et l'adolescent environ 10 heures, le vieillissement entraînant une désorganisation progressive du sommeil, les personnes âgées dorment moins de 7 à 8 heures par nuit ;
- le sexe : les hommes dorment moins que les femmes entre 30 et 60 ans et plus qu'elles quand ils sont jeunes ou âgés.

Le rythme de sommeil est perturbé par le décalage horaire, le travail de nuit, le travail posté (changement d'horaire).

La douleur

La douleur est l'expression d'une expérience sensorielle et émotionnelle désagréable liée à une pathologie tissulaire existante ou potentielle.

Elle peut se présenter sous deux formes : aiguë ou chronique et elle est due à deux causes : un excès de nociception[11] ou une douleur neuropathique.

La douleur aiguë est un signal d'alarme, un appel au diagnostic. Cependant, toute douleur n'est pas utile, comme par exemple lors d'un accouchement et peut être nocive comme dans le cas d'un infarctus du myocarde car elle traduit la nécrose cellulaire.

La douleur chronique se traduit comme une « maladie dans la maladie » et entraîne des signes neurovégétatifs tels qu'une irritabilité, des troubles du sommeil, des troubles de l'appétit...

Le stimulus douloureux peut être mécanique, thermique, électrique, chimique. Il doit atteindre une certaine intensité pour être efficacement générateur d'informations douloureuses.

Au niveau des voies périphériques, des récepteurs non spécifiques, terminaisons nerveuses libres, se situent principalement dans l'épiderme et le derme mais aussi dans la paroi vasculaire, la capsule articulaire et les fibres viscérales.

Le stimulus douloureux est transmis via les nerfs sensitifs périphériques jusqu'à la moelle par les neurones amyéliniques.

La corne postérieure de la moelle épinière constitue le premier relai des voies de la douleur ainsi qu'un filtre des informations. Les informations douloureuses sont véhiculées au niveau du faisceau spino-réticulo-thalamique. Un contrôle supra-spinal s'exerce au niveau du tronc cérébral par inhibition des voies descendantes entraînant par blocage des réflexes nociceptifs, une analgésie de la zone touchée.

11 Ensemble des réactions psychologiques consécutives à l'activation des nocicepteurs (récepteurs de la douleur) cutanés, musculaires et articulaires. Le transport de l'information sensorielle par les nerfs se fait de la périphérie (lieu du ressenti de la douleur) jusqu'à l'encéphale. Il faut que la douleur dépasse un certain seuil pour qu'il y ait déclenchement d'une réponse électrique.

En tant qu'organe de contrôle permanent, le tronc cérébral voit son rôle s'accentuer lorsqu'un stimulus apparaît. Des substances opioïdes endogènes (différentes endorphines) secrétées par le cerveau agissent sur la douleur comme agirait de la morphine.

En effet, on découvre en 1940 que l'action de la morphine est liée à sa fixation sur des récepteurs spécifiques. D'une même protéine d'origine découlent deux substances endogènes : les endorphines et les enképhalines. Leur pouvoir est analgésique et active le système limbique en ayant des effets comportementaux tels que sédation, euphorie...

La douleur, avec la fatigue qu'elle entraîne, est le motif le plus fréquent des consultations médicales. Par ailleurs, son expression est très variable en fonction de l'individu et des cultures. Sa qualité est hétéromorphe et son seuil peut être différent selon le plaignant, néanmoins, quelle que soit son expression, la douleur doit être toujours prise en compte et soulagée.

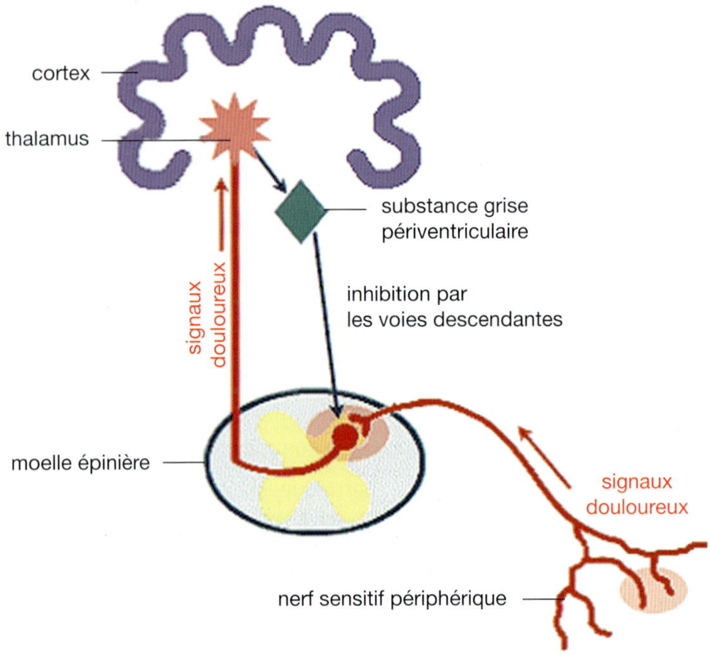

Fig. 6.10. Circuit du stimulus douloureux au niveau du faisceau réticulo-thalamique

LES INTERRELATIONS AVEC LES AUTRES SYSTÈMES

Fonction neurologique ↔ fonction cardiovasculaire
Interrelation : vascularisation du cerveau Exemple de dysfonctionnement : processus obstructif à type d'accident vasculaire cérébral
Fonction neurologique ↔ fonction respiratoire
Interrelation : oxygénation cérébrale Exemple de dysfonctionnement : anoxie tissulaire, ischémie cérébrale

Fonction neurologique ↔ fonction d'élimination
Interrelation : perception du besoin d'uriner Exemple de dysfonctionnement : incontinence urinaire ou dysurie par atteinte médullaire
Fonction neurologique ↔ fonction digestive
Interrelation : apport nutritif Exemple de dysfonctionnement : encéphalopathie alcoolo carentielle, maladie de Creutzfeld-Jacob
Fonction neurologique ↔ fonction locomotrice
Interrelation : aires de la motricité Exemple de dysfonctionnement : paralysie
Fonction neurologique ↔ fonction endocrinienne
Interrelation : intervention de différentes hormones (mélatonine, prolactine...) Exemple de dysfonctionnement : perturbation veille/sommeil
Fonction neurologique ↔ fonction sensorielle
Interrelation : activité neuronale, terminaisons nerveuses Exemple de dysfonctionnement : stimulus douloureux
Fonction neurologique ↔ fonction psychique
Interrelation : activités cérébrales, pensée, conscience... Exemple de dysfonctionnement : processus psychopathologique, anxiété

CONCLUSION

Le cortex cérébral qui renferme dix milliards de neurones interconnectés entre eux, constitue un ensemble qui est responsable de ce qu'on appelle la pensée. Cependant certaines zones du cerveau sont spécialisées dans certaines fonctions. À proximité de ces zones s'étendent des régions moins bien délimitées, ce sont les centres d'association psychique qui vont intégrer la sensation élémentaire de perception et l'identifier.

Le cerveau humain n'a pas révélé tous ses secrets et la discipline neurologie est en perpétuelle évolution. Elle dispose aujourd'hui de nouvelles thérapeutiques pour lutter contre la maladie d'Alzheimer, la maladie de Parkinson, certaines formes de sclérose en plaques, tumeurs cérébrales, épilepsie, migraines, troubles du sommeil... Ces thèmes de recherche sont en constant développement que ce soit pour des applications diagnostiques ou thérapeutiques.

Dans le cadre des soins infirmiers, le partage des connaissances, l'utilisation des outils de travail des pratiques soignantes pour faire évoluer la profession permettent d'unir les forces vives pour motiver et dynamiser les équipes soignantes vers un but commun, optimiser la prise en charge des personnes accueillies dans les unités spécialisées de neurologie.

AGIR

Chloé, 20 ans, étudiante en soins infirmiers de première année assiste l'infirmière du service pour le prélèvement des gaz du sang prescrit à une patiente. Il s'agit d'une des patientes dont Chloé s'occupe depuis 15 jours dans le cadre de ses soins de confort et de continuité de la vie. Cette dame, habituellement calme, souffre d'insuffisance respiratoire et présente un début de démence. L'infirmière Nathalie est chargée d'effectuer le prélèvement artériel en radial mais la ponction échoue car Madame Durand est très agitée et pleure.

Les soignants dans la chambre tentent d'apaiser la patiente et lui expliquent que cet examen est indispensable et servira à améliorer son traitement et donc son état de santé. Après l'application de pommade antidouleur au niveau du pli de l'aine, le médecin du service renouvelle le prélèvement en artère inguinale et le réussit. Cependant, la patiente remue beaucoup, crie fort et se débat. L'infirmière et l'aide-soignante l'ont maintenue pendant l'acte pour faciliter le geste de l'opérateur mais au retrait de l'aiguille, du sang s'est répandu sur les draps. Chloé, l'étudiante présente dans la chambre et debout depuis le début de la scène, ne se sent pas à l'aise, elle s'appuie contre le mur, éprouve une sensation de faiblesse. Pâle, elle sue et a des nausées. Elle demande à sortir de la chambre, franchit le seuil de la porte et s'évanouit dans le couloir. Sa perte de connaissance ne dure que quelques secondes, Nathalie se rend à son chevet, l'installe dans le poste de soins et constate que sa lèvre supérieure saigne.

1 IDENTIFIER LES DONNÉES SIGNIFICATIVES

Quelles données relève-t-on ?	Pourquoi sont-elles significatives ?
L'âge : 20 ans	L'âge est un élément important dans les problématiques de santé
Étudiante de première année, témoin d'une scène de prélèvement artériel L'ESI suit madame Durand quotidiennement depuis 15 jours dans le cadre de soins de confort et de continuité de la vie La patiente remue beaucoup, crie fort et se débat L'infirmière et l'aide-soignante ont maintenu la patiente pendant l'acte pour faciliter le geste de l'opérateur mais au retrait de l'aiguille, du sang s'est répandu sur les draps	Ces éléments situent le contexte dans lequel se trouve l'étudiante avant la survenue du malaise

Quelles données relève-t-on ?	Pourquoi sont-elles significatives ?
L'ESI est en position debout depuis quelque temps L'ESI ne se sent pas à l'aise, s'appuie contre le mur, éprouve une sensation de faiblesse. Pâle, elle sue et a des nausées Elle demande à sortir de la chambre	Chloé manifeste les symptômes d'un malaise qu'elle sent arriver
Chloé s'évanouit dans le couloir suite à une perte de connaissance	La perte de connaissance justifie une prise en charge immédiate
Sa perte de connaissance ne dure que quelques secondes	La durée est un élément important caractéristique de la perte de connaissance

2 COMPRENDRE ET ÉVALUER LA SITUATION

Que faut-il comprendre ?	Évaluation
20 ans est *a priori* un âge où l'on est plutôt en bonne santé SAVOIRS FONDAMENTAUX Étapes de la vie	Absence de facteurs de risque *a priori*
La contention faite par l'AS et IDE, la vue du sang, l'observation de la scène (le fait de regarder et de ne pas être acteur) avec l'agitation et la douleur de la patiente peuvent avoir choqué Chloé qui est novice dans le métier La situation de travail génératrice de stress est typique de ce type de malaise (syncope réflexe ou syncope neuro-médiée due à une diminution du débit sanguin cérébral). Ces éléments sont à l'origine du malaise de Chloé SAVOIRS FONDAMENTAUX Psychologie, les grandes fonctions	Conditions favorables à un malaise
La position debout prolongée associée à d'autres facteurs peut favoriser l'apparition du malaise vagal avec baisse de la circulation cérébrale SAVOIRS FONDAMENTAUX Les grandes fonctions	

Que faut-il comprendre ?	Évaluation
La prise en charge de la patiente par l'étudiante depuis 15 jours a crée un lien suffisant pour que Chloé soit émue par ce qui s'est passé. L'émotion ressentie est un facteur contributif à l'apparition du malaise SAVOIRS FONDAMENTAUX Les grandes fonctions, psychologie	Conditions favorables à un malaise
Chloé manifeste les symptômes significatifs d'un malaise imminent avec prodrome caractéristique (sueurs, nausées…) SAVOIRS FONDAMENTAUX Sciences médicales	Syncope réflexe
La brièveté de la perte de connaissance est caractéristique de ce type de malaise et élimine d'autres causes SAVOIRS FONDAMENTAUX Sciences médicales	

Synthèse de l'évaluation : il s'agit d'une jeune fille ayant fait une syncope réflexe déclenchée par une situation stressante et émotionnellement forte.

3 METTRE EN ŒUVRE LES ACTIONS

Quelles actions met-on en œuvre ?	Pourquoi ?
Installer Chloé en position allongée ou assise Expliquer les actions mises en œuvre et rassurer SAVOIR-FAIRE PROFESSIONNELS Soins d'urgence ; Soins relationnels	Favoriser la circulation cérébrale Dédramatiser la situation et éviter le découragement
Prendre le pouls, et la pression artérielle SAVOIR-FAIRE PROFESSIONNELS Soins infirmiers	Mettre en évidence l'hypoperfusion cérébrale
Mesurer la glycémie capillaire SAVOIR-FAIRE PROFESSIONNELS Soins infirmiers	Repérer une éventuelle hypoglycémie qui pourrait être responsable d'un malaise

Quelles actions met-on en œuvre ?	Pourquoi ?
Désinfecter la plaie à la lèvre Vérifier l'absence de traumatisme dû à la chute SAVOIR-FAIRE PROFESSIONNELS Soins infirmiers et démarche clinique (observation)	Prévenir le risque infectieux et favoriser la cicatrisation Ce type de malaise imprévisible expose à des risques de traumatisme de localisation diverse
Adresser l'ESI vers les urgences ou une consultation médicale SAVOIR-FAIRE PROFESSIONNELS Démarche clinique	Réaliser un examen clinique médical approfondi à la recherche d'une cause cardiaque, orthostatique...

4 NOTER ET ANALYSER LES RÉSULTATS OBTENUS

Résultats	Analyse des résultats de la prise en charge
Pouls : 55 battements par minute Pression artérielle est à 9/6 cm Hg. Glycémie capillaire normale Chloé précise qu'elle n'a pas de pathologie particulière et que c'est la première fois qu'elle s'évanouit	Bradycardie et hypotension artérielle sont les signes du malaise vagal ; ils témoignent d'une hypoperfusion cérébrale globale et passagère qui explique le malaise Ces résultats sont cohérents avec la situation
Plaie désinfectée	Prise en charge efficace
Dissipation rapide de la pâleur et des nausées Pouls 75/min et PA 10/6 cm Hg à la deuxième prise	Normalisation de la coloration, du pouls et de la TA

S'ENTRAINER

VÉRIFIER SES CONNAISSANCES

1 QCM – Cocher la réponse exacte

1. Le système nerveux humain est composé :
a. des systèmes nerveux central et périphérique
b. du système nerveux central et du système nerveux autonome
c. des systèmes nerveux autonome et végétatif
d. de l'encéphale et des nerfs

2. Le système nerveux végétatif est composé :
a. du système orthosympathique et parasympathique
b. du système nerveux périphérique et sympathique
c. du système nerveux autonome et de la moelle épinière
d. du système nerveux sympathique et des nerfs rachidiens

3. L'élément essentiel du système nerveux est :
a. l'axone
b. le corps cellulaire
c. l'acétylcholine
d. le neurone

4. La substance grise cérébrale est principalement composée :
a. de dendrites
b. de corps cellulaires
c. d'axones
d. de sécrétion

5. La jonction entre deux neurones est appelée :
a. neuro-espace
b. axone
c. synapse
d. neurinome

6. Les interruptions survenant à intervalles réguliers sur un axone périphérique myélinisé sont appelées :
a. les nœuds de Ranvier
b. les fentes synaptiques
c. les intervalles jonctionnels
d. gouttières synaptiques

7. Les dendrites conduisent l'influx nerveux :
a. vers le corps cellulaire
b. vers une synapse
c. d'une cellule nerveuse à l'autre
d. du corps cellulaire vers l'axone

8. La méninge qui est au contact du cerveau et de la moelle épinière est :
a. la périneurale
b. l'arachnoïde
c. la pie-mère
d. la dure-mère

9. Les nerfs crâniens sont au nombre de :
a. 6
b. 10
c. 12
d. 16

10. La moelle épinière se termine au niveau de :
a. S2
b. L1-L2
c. L4-L5
d. D10

2 Répondre par Vrai ou Faux

1. L'axone est le prolongement qui conduit l'influx nerveux vers le corps cellulaire.

2. Les dendrites sont généralement plus longues que les axones.

3. L'influx nerveux obéit à la loi « du tout ou rien ».

4. L'aire de Broca, responsable de la parole, est située dans l'hémisphère gauche.

5. Le thalamus est composé de substance blanche.

6. Le thalamus reçoit les informations sensitives, sensorielles (sauf odorat).

7. Le centre de l'audition est situé dans le lobe pariétal.

8. La substance grise de la moelle épinière est un centre d'activité réflexe.

9. Le faisceau pyramidal transmet des influx sensitifs.

10. La substance blanche est centrale au niveau de l'encéphale.

3

1. Annoter le schéma et lui donner un titre.

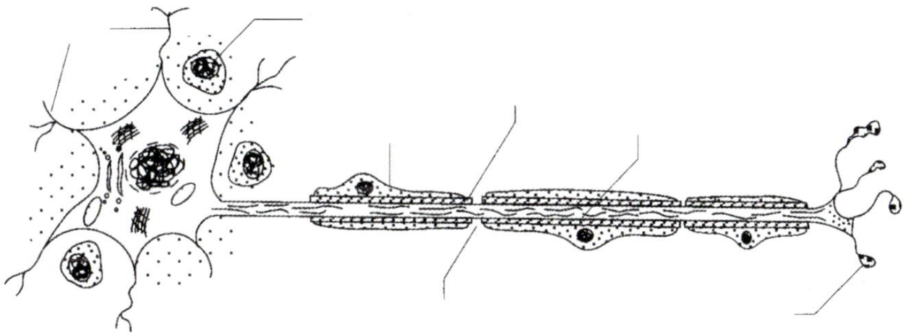

2. Annoter le schéma suivant en plaçant les lobes cérébraux.

3. Énoncez les fonctions principales du lobe temporal et du lobe pariétal.

4. Indiquez les fonctions du système limbique.

5. Indiquez les fonctions principales du cervelet.

6. Complétez le texte lacunaire suivant :

La moelle épinière se situe dans le prolongement du ...., de la première vertèbre cervicale jusqu'à la deuxième vertèbre lombaire. Elle mesure environ .... cm, pèse .... g. Elle est constituée d'une substance .... en forme de H, entourée de la substance .... autour. La partie antérieure (ou ventrale) de la moelle épinière est ...., la partie postérieure (ou dorsale) est .... La moelle épinière est le siège des .... paires de nerfs.

7. Complétez le tableau suivant en inscrivant dans chaque case l'effet que provoquent les systèmes sympathiques et parasympathiques sur chaque organe.

<table>
<tr><th colspan="2">Organes</th><th>Sympathique</th><th>Parasympathique</th></tr>
<tr><td colspan="2">Pupille</td><td></td><td></td></tr>
<tr><td colspan="2">Glande lacrymale</td><td></td><td></td></tr>
<tr><td colspan="2">Fréquence cardiaque</td><td></td><td></td></tr>
<tr><td colspan="2">Conductibilité</td><td></td><td></td></tr>
<tr><td colspan="2">Contractilité</td><td></td><td></td></tr>
<tr><td colspan="2">Bronche</td><td></td><td></td></tr>
<tr><td rowspan="2">Estomac</td><td>Muscles</td><td></td><td></td></tr>
<tr><td>Sécrétions</td><td></td><td></td></tr>
</table>

Organes		Sympathique	Parasympathique
Intestin	Muscles		
	Sécrétions		
Vessie	Muscles		
	Sphincter		
Vaisseaux			

8. Complétez l'arborescence suivante représentant la structure du système nerveux.

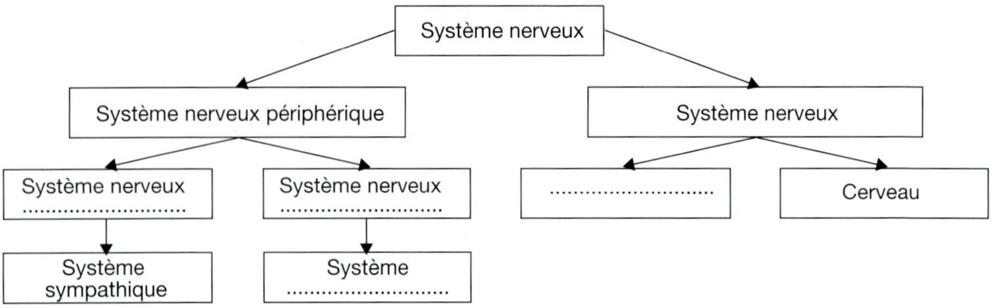

9. Citez les médiateurs chimiques qui interviennent dans la mémoire.

10. Développez en quelques lignes les différents types de mémoire.

11. Définir la douleur.

12. Citez les différents types de stimuli qui peuvent provoquer une douleur.

13. Expliquez succinctement le mécanisme de la douleur.

14. Différenciez les nerfs sensitifs et des nerfs moteurs.

CORRIGÉS

VÉRIFIER SES CONNAISSANCES

1 QCM

1a ; 2 a ; 3 d ; 4 b ; 5 c ; 6 a ; 7 a ; 8 c ; 9 c ; 10 b.

2 VRAI FAUX

1 Faux ; 2 Faux ; 3 Vrai ; 4 Vrai ; 5 Faux ; 6 Vrai ; 7 Faux ; 8 Vrai ; 9 Faux ; 10 Vrai.

3

1. Voir figure 6.7.

2.

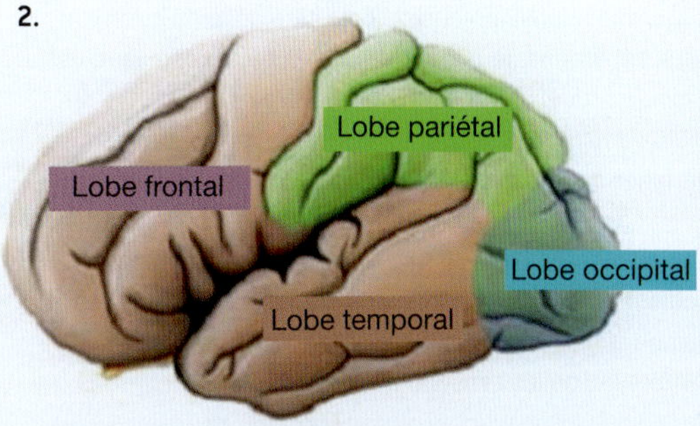

3. Le lobe temporal est impliqué dans plusieurs fonctions notamment dans l'audition, le langage, la mémoire, la vision des formes complexes. Il intervient aussi les capacités d'abstraction et de raisonnement.

Le lobe pariétal reçoit toutes les informations liées à la sensibilité corporelle notamment tactiles : thermique, tactile, nociceptive et proprioceptive.

4. Le système limbique participe à tout ce qui est de l'ordre de l'expression, de l'émotion, du comportement et en particulier dans les émotions comme l'agressivité, la peur, le plaisir. Il est également impliqué dans les processus mnésiques.

5. Les fonctions principales du cervelet

Le cervelet est le centre régulateur de la fonction motrice, il intervient dans l'équilibre et la coordination des mouvements et des postures.

6. La moelle épinière se situe dans le prolongement du tronc cérébral, de la première vertèbre cervicale jusqu'à la deuxième vertèbre lombaire. Elle mesure environ 43 cm, pèse 30 g. Elle est constituée d'une substance grise centrale en forme de H, entourée de la substance blanche autour. La partie antérieure (ou ventrale) de la moelle épinière est motrice, la partie postérieure (ou dorsale) est sensitive. La moelle épinière est le siège des 31 paires de nerfs rachidiens (ou spinaux).

7.

Organes		Sympathique	Parasympathique
Pupille		Mydriase	Myosis
Glande lacrymale		Hyposécrétion	Stimulation de la glande avec augmentation des sécrétions
Fréquence cardiaque		Tachycardie	Bradycardie
Conductibilité		Augmentation	Diminution
Contractilité		Augmentation	Diminution
Bronche		Broncho dilatation	Broncho constriction
Estomac	Muscles	Relâchement	Mobilité du tractus
	Sécrétions	Diminution	Augmentation
Intestin	Muscles	Ralentissement du péristaltisme	Augmentation du péristaltisme
	Sécrétions	Diminution	Augmentation
Vessie	Muscles	Relaxation	Contraction
	Sphincter	Contraction	Relâchement
Vaisseaux		Vasoconstriction périphérique	Vasodilatation

8. Voir figure 6.1.

9. Les médiateurs chimiques qui interviennent dans la mémoire sont :

– L'acétylcholine et la noradrénaline interviennent dans les mécanismes de l'attention sélective.

– L'adrénaline et la dopamine interviennent dans les processus d'attention et d'intention.

– La sérotonine et l'histamine agissent sur le maintien de l'éveil.

10. La mémoire fonctionne selon 3 niveaux :

– une mémoire immédiate ou à court terme, volatile, qui exige une capacité de fixation immédiate ;

– une mémoire à moyen terme appelée la mémoire de travail qui est dépendante de l'attention ;

– une mémoire permanente qui correspond à des apprentissages tels que les langues, l'acquisition de comportements, la fixation des souvenirs, qui nécessite des processus de fixation.

11. La douleur est l'expression d'une expérience sensorielle et émotionnelle désagréable liée à une pathologie tissulaire existante ou potentielle. Elle peut être aiguë ou chronique et elle est due à deux causes : un excès de nociception ou une douleur neuropathique.

La douleur aiguë est un signal d'alarme, un appel au diagnostic.

La douleur chronique se traduit comme une « maladie dans la maladie » et entraîne des signes neurovégétatifs tels qu'une irritabilité, des troubles du sommeil, des troubles de l'appétit...

12. Les différents types de stimuli qui peuvent provoquer une douleur sont : mécanique, thermique, électrique, chimique.

13. Le mécanisme de la douleur

Le stimulus douloureux doit atteindre une certaine intensité pour être efficacement générateur d'informations douloureuses. Les récepteurs non spécifiques, telles que les terminaisons nerveuses libres situées principalement dans l'épiderme, le derme et dans la paroi vasculaire, la capsule articulaire et les fibres viscérales, captent le stimulus douloureux qui est transmis via les nerfs sensitifs périphériques jusqu'à la moelle par les neurones amyéliniques. La corne postérieure de la moelle épinière constitue le premier relai des voies de la douleur. Les informations douloureuses sont véhiculées au niveau du faisceau spino-réticulo-thalamique pour atteindre l'aire sensitive du cerveau où les sensations sont perçues.

7 La fonction sensorielle

COMPRENDRE

La fonction sensorielle est essentielle pour l'Homme afin qu'il puisse se protéger en répondant sans cesse aux changements de l'environnement. Pour ce faire, il a besoin de recueillir de multiples informations qui lui sont apportées par les organes des sens. Ces informations constituent des stimuli[1] qui déclenchent une réaction adaptée destinée à protéger l'intégrité de l'individu.

C'est donc grâce à cette fonction sensorielle que l'individu appréhende de façon globale son environnement. Elle lui permet de collecter des données sur le monde qui l'entoure.

Ces informations peuvent être de différentes natures. Ainsi, elles peuvent être de nature chimique comme les odeurs et le goût, électromagnétique en ce qui concerne la lumière et les images, acoustique, s'agissant des bruits ou des sons, physique comme pour la température et enfin spatiale pour tout ce qui touche à la position du corps.

Chaque système, correspondant donc à une fonction et à un organe spécifiques, répond de manière adaptée aux divers stimuli. Pour capter ces derniers, les systèmes sensoriels utilisent des cellules spécialisées à savoir des récepteurs périphériques ou des cellules sensorielles.

Les récepteurs sensoriels effectuent la transduction[2] du signal de l'environnement en un signal bioélectrique que les neurones peuvent utiliser. Les messages sensoriels sont ensuite transportés par l'influx nerveux le long des neurones dont l'organisation peut être assimilée à un système de câblages conçu pour informer le système nerveux central de ce qui se trouve et de ce qui se passe dans le monde extérieur et/ou intérieur.

La transmission de ces sensations repose sur les cinq sens que sont la vue, l'ouïe, l'odorat, le goût et le toucher.

➡ Lors de la dégustation d'un gâteau, la vue permet d'apprécier à l'avance ce mets, car cette situation appétissante, qui est déjà mémorisée, va stimuler l'appétit. Par ailleurs, le discernement de la texture sera réalisé par le toucher. À l'approche de la bouche, la fonction olfactive entre en action et distingue les différentes odeurs liées à la composition de la pâtisserie. Lors de la mastication, la fonction gustative prend le relais pour distinguer les différents goûts. Enfin, l'ouïe permet d'entendre le « croustillant » de ce gâteau.

1 Phénomène de l'environnement, ou provenant d'un organisme, de nature physique ou chimique, capable d'être capté par un récepteur approprié.

2 La transduction est la transformation d'une grandeur physique ou d'une énergie en une autre qui est fonction de la première.

GÉNÉRALITÉS

Assimilation et interprétation des messages sensoriels

Le parcours entre le stimulus et la perception par les organes des sens peut être résumé par le schéma de la figure 7.1.[3]

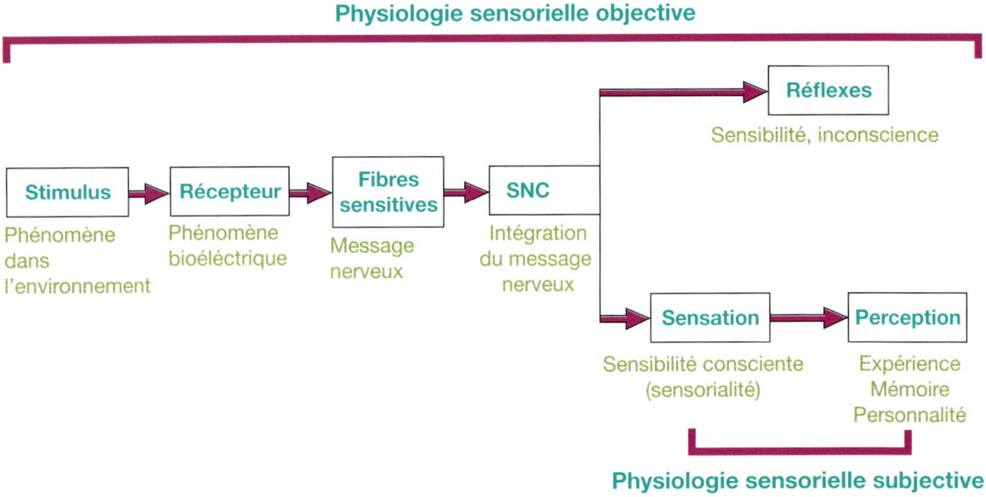

Fig. 7.1. Schéma du stimulus au système nerveux central (SNC)

Le stimulus déclenche l'activation de récepteurs qui transmettent un message nerveux le long des fibres sensitives jusqu'au système nerveux central. Le message transmis peut donner lieu à deux solutions :

- soit le message déclenche un réflexe, ce qui est le cas lorsque l'on touche un objet brûlant. Le SNC déclenche un réflexe afin d'ôter la main immédiatement de la source de chaleur. Il s'agit d'un phénomène inconscient ;
- soit le message est interprété par projection sur le cortex cérébral[4], il est alors comparé à des expériences anciennes afin d'être analysé. La personne décide alors de la réaction à donner à ce stimulus. En présence d'une odeur, celle-ci sera transmise au SNC puis analysée. Si elle est plaisante, elle rappellera à la personne un moment agréable vécu précédemment, alors la personne décidera consciemment de réagir en se rapprochant de la source odorante.

L'intégration consciente du message déclenche une sensation qui sera confrontée à des expériences mémorisées afin d'obtenir une perception, d'où la nécessité de différencier ces deux termes.

La sensibilité est la capacité d'un organisme à être informé des paramètres physico-chimiques de l'environnement. C'est l'ensemble des phénomènes par lesquels un message

3 D'après R.F. Schmidt : *Fundamentals of sensory physiology*, Springer, 1978.

4 Le cortex cérébral, ou écorce cérébrale, est la couche externe des deux hémisphères du cerveau. Le cortex cérébral est le lieu du traitement fondamental de l'information.

nerveux est acheminé, jusqu'aux différentes strates du système nerveux central qui va l'analyser. On distingue la sensibilité consciente appelée encore sensorialité et la sensibilité inconsciente.

La perception est l'interprétation et l'appréciation que l'on donne à un stimulus.

Par exemple l'image de la figure 7.2 peut être interprétée différemment.

Fig. 7.2. a.

S'agit-il d'une vieille sorcière ou une jeune fille élégante ?

Si vous voyez la sorcière, dites-vous que son nez pourrait être la joue et le menton de la jeune fille, et la verrue de la vieille sorcière, le nez de la jeune fille.

Si vous voyez la jeune fille, regardez les détails précédents ou encore le collier comme étant la bouche de la vieille sorcière.

Fig. 7.2. b.

Et sur cette image, quelle est votre interprétation ?

Un esquimau ou un visage d'indien ?

Si vous voyez l'esquimau, sa manche gauche est le nez de l'indien et ses jambes son cou.

Si vous voyez le visage de l'indien, son oreille est le bras de l'esquimau.

Sensation et perception nécessitent l'assimilation et l'analyse des informations collectées. Celles-ci se réalisent grâce au système nerveux central.

Certaines zones ont été identifiées comme étant le siège de l'analyse des informations transmises par des voies sensorielles. D'autres zones ont plutôt une vocation motrice et permettent l'action en réponse aux stimuli sensoriels.

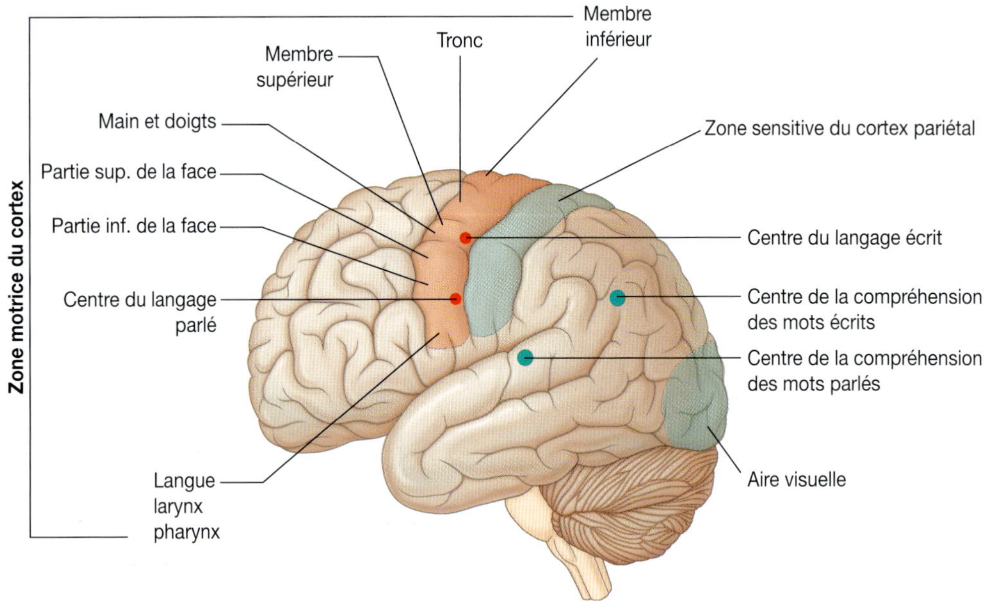

Fig. 7.3. Les aires du cerveau

Exemple sur le schéma ci-contre : l'aire visuelle est située au niveau du lobe occipital du cerveau, sa fonction est de traiter les informations visuelles qu'elle reçoit. Si l'information visuelle consiste en un écrit, le centre de la compréhension des mots écrits sera sollicité afin de traduire le message lu.

Les récepteurs

Il existe des cellules spécialisées dans la réception de stimuli spécifiques. Ces cellules sont regroupées en organes sensoriels qui sont à l'origine d'une sensibilité donnée. Ainsi, l'œil assure la vision ; l'oreille, l'audition ; le nez, l'olfaction ; la peau, le toucher et la langue, le goût.

Les stimuli perçus par chaque organe sensoriel sont de natures différentes, la vision par exemple va informer sur les formes, les couleurs, le positionnement dans l'espace alors que l'audition informe sur les caractéristiques que peuvent avoir les sons. Ces derniers peuvent être forts ou faibles, aigus ou graves et présenter différents timbres.

Il existe plusieurs types de récepteurs, que l'on peut catégoriser selon la manière dont ils sont stimulés et selon leur sensibilité par rapport aux différents stimuli. Ainsi, on identifie :

- **des mécanorécepteurs** présents au niveau cutané, ils sont sensibles à une pression mécanique ;
- **des chimio ou chémorécepteurs**, présents au niveau de la langue et dans le nez, ils sont sensibles à un goût, à une odeur ;
- **des photorécepteurs**, présents au niveau de l'œil, ils sont sensibles à la lumière, aux couleurs ;
- **des thermorécepteurs**, présents au niveau cutané, ils sont sensibles au chaud et au froid ;
- **des nocicepteurs**, présents au niveau cutané, ils sont sensibles à la douleur.

Chaque organe sensoriel ayant sa spécificité, ils seront étudiés successivement.

LA VUE

Définition

La vue est un sens permettant d'identifier son environnement, de percevoir des éléments matériels, des couleurs, des formes et des mouvements à l'aide des yeux.

Chez l'homme, ce processus ne peut s'effectuer qu'en présence d'un minimum d'intensité lumineuse.

L'œil est un organe double qui réceptionne des images qui seront ensuite interprétées par le cortex visuel dans le cerveau.

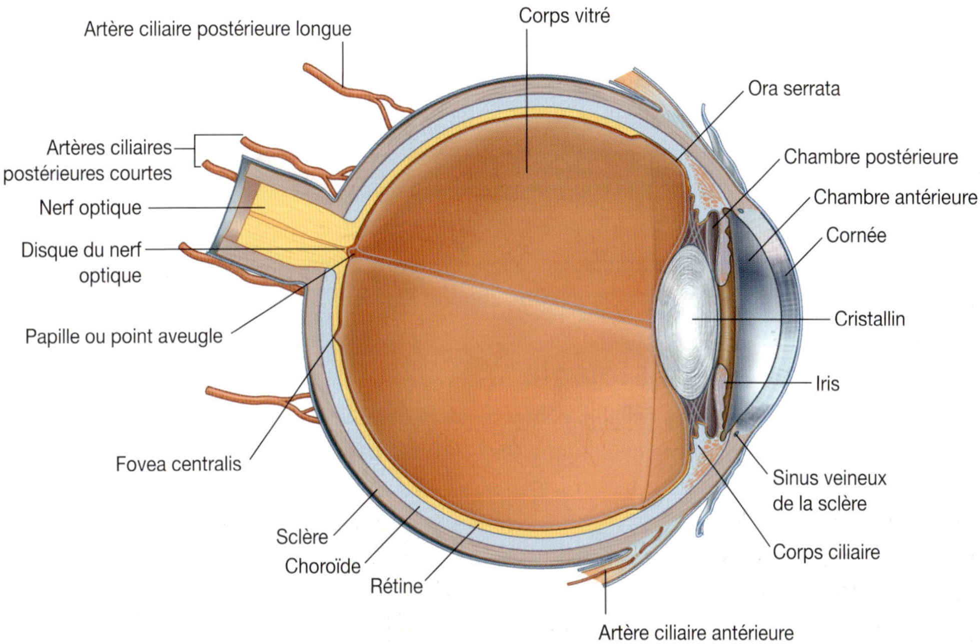

Fig. 7.4. Globe oculaire

Le globe oculaire est une sphère de 24 à 25 mm de diamètre qui pèse 7 à 8 g. Il est entouré de 3 membranes qui forment une coque protectrice, la plus externe est la sclérotique (membrane fibreuse), puis la choroïde (membrane vasculaire) et enfin la plus interne est la rétine (membrane nerveuse).

Au centre du globe, on trouve 3 milieux transparents qui maintiennent la forme et la pression de l'œil avec, d'avant en arrière : la chambre antérieure (liquide), le cristallin (lentille bi-convexe) et le corps vitré (substance gélatineuse).

En arrière s'insère le nerf optique qui transmet les informations visuelles au cortex cérébral.

Évolution de la fonction visuelle

La fonction visuelle n'est pas innée. Elle se développe dès les premiers mois de la vie. À la naissance, l'acuité visuelle est très faible et en l'absence de trouble visuel, elle peut devenir satisfaisante (environ 4/10e) dès 1 an. Avant le quatrième mois, le nourrisson acquiert des bases visuelles et des réflexes tels que la fixation, la poursuite d'un objet par le regard, il apprend à coordonner l'œil et la main, pour attraper ce qui lui est présenté. Vers l'âge de six mois, l'enfant commence à percevoir les reliefs et le champ visuel ne sera presque complet que vers l'âge de 1 an.

De 0 à 3 ans, la fonction visuelle est très fragile. Cette période est essentielle car elle conditionne le degré d'éducation des aires sensorielles du cerveau, et les capacités visuelles pour le reste de la vie. Dans 50 % des cas de strabisme, celui-ci apparaît avant l'âge de 1 an.

Un examen de la vue pour l'entrée à l'école maternelle et à l'école primaire sont indispensables aux pré-requis visuels nécessaires à la lecture et à l'écriture. À 6 ans, l'enfant a acquis presque toutes ses capacités visuelles.

La vision des reliefs s'améliore jusqu'à l'âge de 6 ans car l'enfant perfectionne sa vision binoculaire[5]. Le maximum d'acuité et de sensibilité aux contrastes est atteint progressivement, pour se stabiliser aux alentours de l'âge de 10 ans.

En général, la vision et la valeur du défaut visuel se stabilisent à la fin de la croissance, vers 20-25 ans, et n'évolueront plus jusqu'à l'apparition de la presbytie[6], vers 45 ans. Néanmoins, de légères modifications sont possibles, notamment en cas de prises de médicaments psychotropes[7] ou en cas de profondes modifications hormonales lors d'une grossesse par exemple.

L'œil vieillit depuis la naissance et c'est au cours de la quarantaine que ce vieillissement est mis en évidence, notamment en ce qui concerne le cristallin qui a pour fonction l'accommodation. Ainsi, la diminution de l'amplitude d'accommodation nécessite de tendre les bras pour lire.

À partir de 70 ans, l'œil atteint sa phase ultime de vieillissement, le cristallin s'opacifie progressivement, l'œil est atteint de la cataracte. La vision devient très insuffisante, et la personne a l'impression de voir à travers un voile blanchâtre, comme à travers un rideau en plein jour.

Mécanisme et physiologie

L'énergie lumineuse stimule les cellules photoréceptrices de l'œil, situées sur la rétine, membrane nerveuse interne. Il en existe deux types, les cellules à bâtonnets et les cellules à cônes.

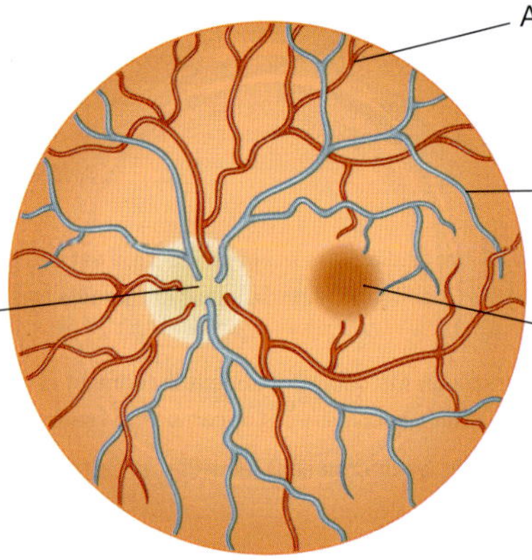

Fig. 7.5. La rétine

La rétine est la membrane interne de l'œil contenant de nombreuses fibres nerveuses. Elle perçoit les impressions lumineuses et les transmet le long des fibres nerveuses qui se rejoignent au niveau de la papille optique pour former le nerf optique.

5 L'image de chaque œil est fusionnée en une seule.
6 Difficulté d'accommodation due au vieillissement du cristallin.
7 Médicaments agissant sur le comportement.

■ Les cellules à bâtonnets sont de forme allongée, on en dénombre environ 130 millions. Elles sont à l'origine de la vision périphérique et crépusculaire, c'est-à-dire la vision nécessitant une faible luminosité (pigment : la rhodopsine ou pourpre rétinien). Elles fournissent des images floues et incolores. Elles permettent de différencier les tons de lumière, d'ombre et de détecter les formes et les mouvements.

■ Les cellules à cônes sont estimées à 7 millions. Elles fournissent la précision visuelle ainsi que la vision des couleurs (3 pigments : érythrosine, chloropsine et cyanopsine). Elles s'activent en pleine lumière ce qui explique les difficultés et/ou l'impossibilité de distinguer les couleurs à la tombée de la nuit.

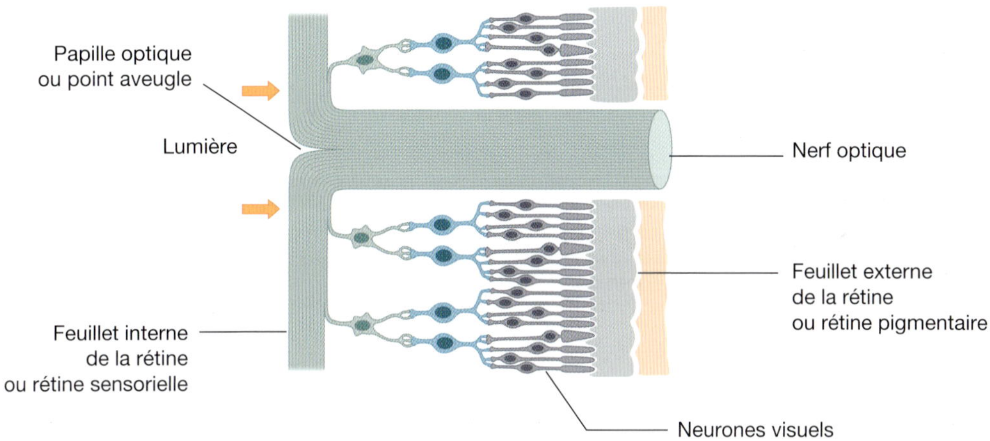

Fig. 7.6. Les cellules photo-réceptrices

Les cellules photo-réceptrices assurent la transformation de l'influx lumineux en influx nerveux.

Sous l'action de la lumière qu'elles absorbent, les molécules de pigment vont se dégrader et se transformer conduisant ainsi à la dépolarisation cellulaire (mouvement d'ions), qui génère les influx nerveux. Les cellules relais (bipolaires et multipolaires) assurent la liaison entre les cellules visuelles et les cellules ganglionnaires qui donnent naissance aux fibres du nerf optique.

Deux zones de la rétine présentent des propriétés particulières.

■ La macula ou la tache jaune, située exactement au centre de la partie postérieure de la rétine correspond à l'axe optique. Cette zone ne possède que des cellules à cônes, aussi les impressions visuelles de précision sont maximales. Au centre de la macula, les images sont encore plus nettes, cette zone est appelée la fovéa.

■ La papille ou tache aveugle ou encore tache de Mariotte, est une zone dépourvue de cellules à cônes et à bâtonnets car elle correspond à l'insertion du nerf optique. De ce fait, aucune image ne peut s'y former. Ce « trou » visuel est compensé par le fait d'avoir une vision binoculaire. En effet, l'absence de vision d'un œil est compensée par la vision du deuxième. Le cerveau va fusionner les deux images en une seule, la personne n'aura aucune lacune dans son champ visuel.

En présence d'une stimulation des cellules photoréceptrices de la rétine, un influx nerveux se déclenche, il emprunte les voies optiques pour atteindre le cortex visuel.

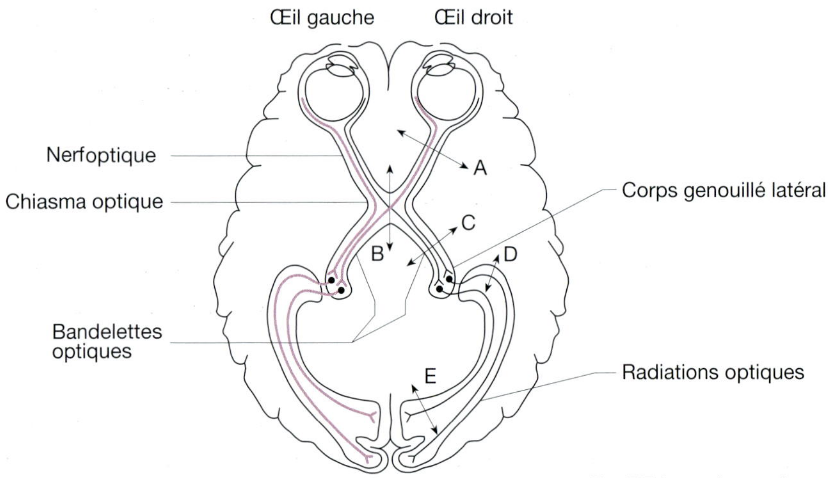

Fig. 7.7. Les voies optiques

L'influx nerveux quitte le globe oculaire et converge vers le nerf optique de l'autre œil. Les fibres nerveuses convergent en un point appelé le chiasma optique. Le message visuel emprunte ensuite les deux bandelettes optiques pour atteindre les corps genouillés.

L'aire visuelle est située dans le lobe occipital.

Autour de l'aire visuelle, se trouvent des zones appelées parastriées qui interviennent pour intégrer et rendre cohérentes les impressions visuelles transmises.

L'OUÏE

Définition

L'ouïe est le sens qui confère la perception des sons comme les bruits, la musique.

Outre leur rôle de détection du danger, les oreilles nous permettent de garder notre équilibre et de communiquer. L'ouïe participe à la relation avec les autres.

L'oreille est l'organe de l'audition. Par ailleurs, elle intervient dans le maintien de l'équilibre du corps et permet ainsi de se situer dans l'espace.

Mécanisme

Quand un son est émis, c'est que des molécules d'air se mettent en mouvement et la propagation du son s'effectue par des ondes sonores. Le son se caractérise par plusieurs paramètres.

- **La fréquence**[8] : plus cette fréquence est élevée, plus le son émis est aigu. L'unité de la fréquence sonore est l'Hertz (Hz). Certains sons comme les ultrasons et les infrasons ne sont pas perçus par l'oreille humaine. Lors d'un audiogramme (examen qui teste l'acuité auditive d'une personne), l'ouïe est testée à plusieurs fréquences différentes. Certaines surdités peuvent dépendre de la fréquence des sons.
- **L'amplitude** est la puissance du son émis. Plus le son est fort, puissant, plus l'amplitude est élevée. L'unité de l'amplitude est le décibel (dB). Lors d'un audiogramme, l'ouie est testée en fonction de l'amplitude des sons. Au-delà d'une exposition de 40 minutes à une amplitude de 105 dB (intensité sonore en discothèque), la fonction auditive peut être endommagée.

8 La fréquence d'un phénomène est le nombre de cycles qui se produisent durant une seconde.

■ **Le timbre** est ce qui permet de différencier deux sons ayant la même amplitude et la même fréquence. Deux personnes ou deux instruments de musique ont des timbres différents.

La différenciation des sons est possible grâce à des fonctions différentes de l'oreille. Lorsque le stimulus est interprété, il renvoie ou non à une situation expérientielle. Ainsi, une personne pressée qui souhaite traverser la rue sera alertée par le bruit émis par un véhicule approchant. Cela va induire une réaction chez cette personne qui va s'arrêter de traverser, consciente du danger si elle tente de continuer.

Lors d'une conversation entre plusieurs personnes, c'est grâce aux timbres de voix qui sont tous différents que l'on peut reconnaître l'individu qui parle, même en l'absence d'un contact visuel.

Physiologie

Les ondes sonores arrivent au niveau de l'oreille externe, constituée du pavillon et du conduit auditif externe. Ces ondes font vibrer le tympan qui est la membrane séparant l'oreille externe de l'oreille moyenne pour arriver dans la caisse du tympan. Cette caisse contient trois petits osselets qui assurent la conduction de l'onde sonore de l'oreille moyenne à l'oreille interne, du malléus (marteau), de l'incus (enclume) et du stapès (étrier). Ces osselets amplifient les vibrations. L'étrier, dont la fonction est de transmettre le message à l'oreille interne, est accolé à une membrane appelée la fenêtre ovale, qui sépare donc l'oreille moyenne de l'oreille interne.

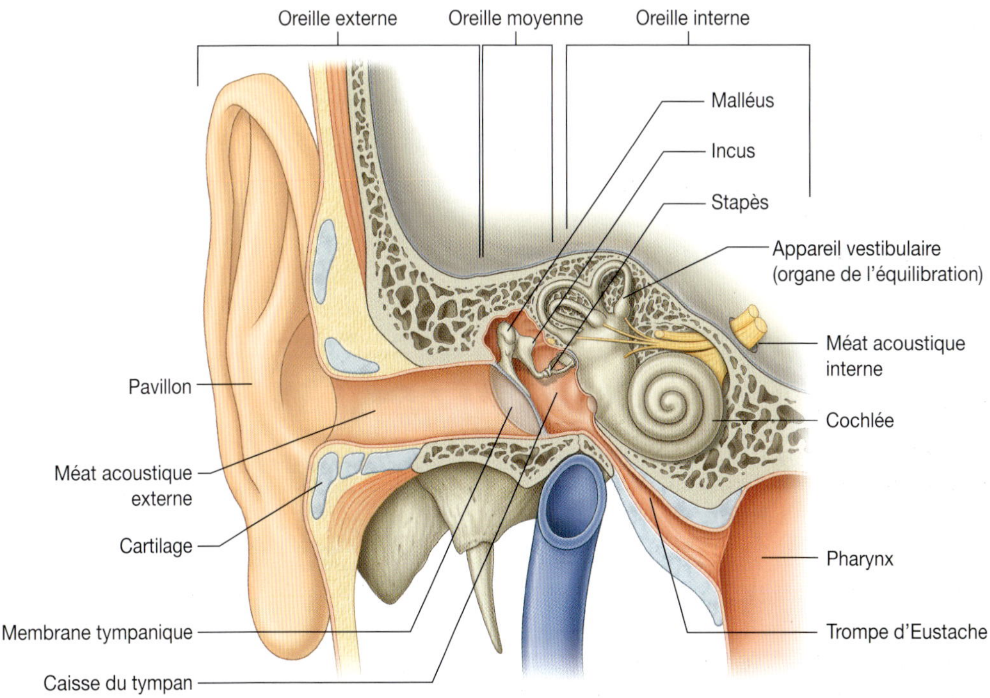

Fig. 7.8. L'oreille

L'oreille interne est constituée d'un labyrinthe osseux. Les vibrations sonores sont transmises de la fenêtre ovale au liquide péri lymphatique, puis à la rampe vestibulaire et enfin au canal cochléaire. C'est à ce niveau que les cellules auditives sont stimulées. Ces cellules ciliées convertissent l'énergie mécanique des ondes sonores en un influx nerveux, qui se propage le long du nerf cochléaire. Enfin, le cerveau décode et interprète les messages reçus.

Le cerveau auditif va décoder et interpréter le message transmis par la cochlée, via le nerf auditif. Il peut en résulter des réactions de réflexe, tel que le sursaut, et tout ce qui constitue la perception auditive consciente : reconnaissance, mémorisation, préparation d'une réponse motrice consciente, comme la prise de parole pour répondre à un interlocuteur.

L'OLFACTION

Définition

L'olfaction ou l'odorat est le sens qui repère les substances chimiques volatiles présentes dans l'air donc les odeurs. Ce sens est certainement le moins utilisé par l'être humain. Par conséquent il est peu développé, à la différence de nombreux mammifères pour lesquels, il est prépondérant. Avec de l'entraînement, l'Homme peut améliorer cette perception comme c'est le cas, par exemple, pour les créateurs de parfums (les « nez »), les cuisiniers ou les œnologues.

Lorsqu'une personne sent une odeur, elle confronte mentalement sa perception à une expérience antérieure. On s'aperçoit que l'odeur se charge d'une valeur affective et peut être associée aux autres données sensorielles afin de faire remonter des souvenirs parfois lointains, comme ceux que la personne a vécu dans sa petite enfance.

Mécanisme

Les odeurs, transportées par des molécules dans l'air, sont inspirées et expirées lors des mouvements respiratoires et atteignent les muqueuses nasales où elles stimulent les cellules de l'olfaction.

Anatomie et physiologie

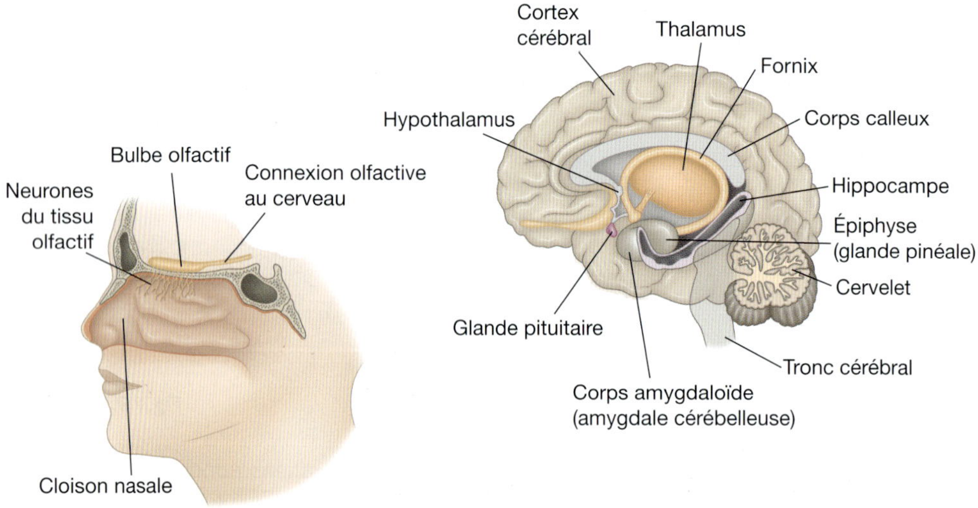

Fig. 7.9. Les voies de l'olfaction

Les odeurs parviennent aux muqueuses nasales de deux façons, d'une part en empruntant les orifices narinaires, d'autre part en empruntant la bouche, qui communique avec les fosses nasales.

C'est pourquoi l'olfaction est associée au goût au cours de l'absorption alimentaire. Ces deux sens sont étroitement liés ; cependant, la capacité à détecter des odeurs est plus développée que celle du goût.

Les odeurs sont captées par la muqueuse nasale ou muqueuse pituitaire. Les récepteurs, situés dans la partie supérieure de la cavité nasale, sont stimulés en reniflant. La muqueuse spécialisée dans l'olfaction présente trois types de cellules : des cellules basales, des cellules de soutien et des cellules de Schultze. Ces dernières, spécialisées dans l'olfaction, sont des neurones bipolaires, qui traversent la lame criblée de l'ethmoïde, paroi osseuse criblée de trous formant le plafond des fosses nasales.

Les odeurs transportées par l'air inspiré et expiré atteignent les cils des cellules de Schultze par l'orifice narinaire et/ou par l'orifice des choanes[9] et lorsqu'elles parviennent aux cils à une concentration suffisante, la stimulation se produit et l'influx nerveux est déclenché et propagé le long des fibres nerveuses.

Celles-ci rejoignent les glomérules du bulbe olfactif avant d'atteindre les centres cérébraux de l'olfaction, situés au niveau de la 5e circonvolution temporale et au niveau de la circonvolution sous-calleuse.

Si une personne est enrhumée et a la sensation de nez « bouché », elle ne peut plus distinguer les odeurs, ou alors elle les distingue difficilement, car les cellules ne sont plus fonctionnelles. Soit la personne est dans l'impossibilité de respirer par le nez et donc l'air ne passe plus par les fosses nasales, soit les cellules sont engluées dans une sécrétion abondante de mucus dûe à un rhume productif. Alors la fonction olfactive est atteinte momentanément, elle reprendra son rôle dès que la rhinite sera enrayée.

L'odorat est utile pour stimuler notre appétit, mais aussi pour prévenir du danger comme repérer des gaz toxiques odorants ou de la nourriture avariée.

Dans la profession infirmière, l'olfaction sert également pour détecter certains signes ou symptômes pouvant guider la prise en charge des patients. Il existe des odeurs particulières comme par exemple dans les infections par des bacilles de pyocyaniques[10], ou également lors d'hémorragies digestives avec la présence de méléna[11].

LE GOÛT

Définition

Le goût est un sens qui se développe dès la plus tendre enfance en proposant au bébé et à l'enfant des aliments variés. Ce sens s'élabore à partir de la rencontre buccale des différentes saveurs.

9 Orifice postérieur des fosses nasales, faisant communiquer le nez et la gorge.

10 Pseudomonas aeruginosa.

11 Émission par l'anus de selles noires, poisseuses et malodorantes dues à du sang digéré.

La gustation ou le goût permet de percevoir les saveurs grâce à des récepteurs, suite à des stimuli chimiques transformés en influx nerveux et donc relayés au niveau du cerveau.

Le goût est divisé en 4 classes basiques : le sucré, le salé, l'acide et l'amer. Le goût est constitué des sensations ressenties en mélangeant les différents récepteurs stimulés.

Mécanisme

Pour déclencher le goût en bouche, l'aliment doit être humidifié par la salive afin de provoquer un stimulus chimique. Simultanément, le goût se combine avec l'odorat afin de détecter plus finement les arômes, les saveurs ou autres senteurs car les cellules sensorielles olfactives situées à l'arrière des fosses nasales sont directement en contact avec les molécules odorantes des aliments mastiqués.

Physiologie

Les récepteurs du goût sont appelés bourgeons du goût, ils sont situés sur la langue. Ce sont des organes microscopiques contenant des cellules sensorielles sensibles à différentes substances chimiques. Ces bourgeons forment différentes papilles gustatives en fonction des zones de la langue où ils sont situés. Les papilles gustatives impliquées dans la détection des molécules sapides[12] sont concentrées sur la langue. Elles présentent une structure différente selon leur localisation : les papilles fongiformes (en forme de champignon), très concentrées à l'extrémité de la langue, caliciformes (en forme de calice) situées dans le fond et foliées (en forme de feuille) sur les bords externes de la langue. Elles concentrent les bourgeons du goût dans lesquels se logent verticalement les cellules sensorielles fusiformes qui détectent les différentes saveurs, comme cela est indiqué sur le schéma de la figure 7.10.

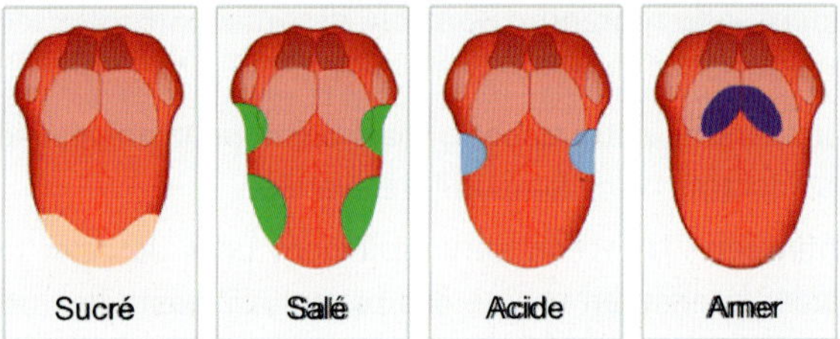

Fig. 7.10. Les saveurs

La transmission nerveuse du goût s'effectue grâce à deux nerfs, le nerf facial (VII) et le nerf glosso-pharyngien (IX) qui transmettent les informations à des neurones aboutissant au niveau du cortex cérébral.

On goûte avec la langue, mais le cerveau intervient pour la mémorisation et l'éducation du goût.

En effet, la cavité buccale est le premier déterminant de la gustation grâce aux bourgeons du goût et ses récepteurs gustatifs. Le deuxième déterminant est la sensation gustative qui se développe grâce à l'intégration et à l'analyse de l'information par le cerveau.

12 Molécules qui confèrent la saveur aux aliments.

Ce mécanisme est nécessaire pour parfaire une éducation alimentaire satisfaisante destinée à assurer une hygiène alimentaire de qualité.

Il est important de varier son alimentation en ne mangeant ni trop sucré, ni trop salé, ni trop gras, afin de prévenir l'apparition de certaines pathologies. Ainsi, avec l'évolution du goût aux différents âges, l'éducation alimentaire se poursuit tout au long de la vie.

Si la notion de perte de goût (agueusie) ou la diminution de celui-ci (hypogueusie) est présente chez une personne, il lui sera difficile de manger équilibré car l'alimentation se fera uniquement pour subvenir aux besoins de l'organisme sans réel plaisir.

Généralement, l'agueusie est couplée avec la perte de l'odorat (anosmie) qui succède, le plus souvent, à un dysfonctionnement au niveau cérébral.

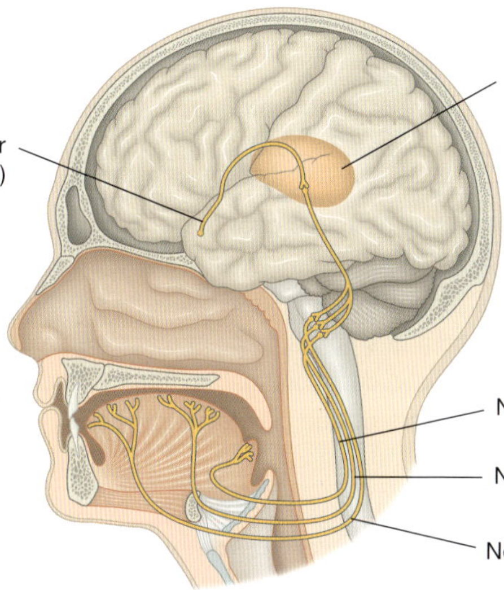

Fig. 7.11. Le système gustatif

Par ailleurs, il existe une altération du goût chez les fumeurs, comme le démontre cette étude[13] :

« Les fumeurs consomment des plats en sauce bien « goûteux » parce que bien gras, mets auxquels ils ajoutent beaucoup de sel qui favorisera la libération des arômes. De plus, les fumeurs mangent généralement très peu de fruits et légumes car ils les trouvent insipides. Cette alimentation particulièrement riche en acides gras saturés et en sel, pauvre en fibres et micronutriments, ayant pour origine l'altération de la sensibilité gustative liée au tabac, explique (en partie) *la prévalence des maladies cardio-vasculaires et celles de certains cancers. »*

La détérioration du goût s'explique par une atteinte des muqueuses buccales, en liaison avec les très fortes températures infligées à la langue par la fumée du tabac à chaque bouffée. Cette altération est réversible à l'arrêt du tabac.

13 Professeur Jeanine Louis-Sylvestre, Directeur d'Études à l'École Pratique des Hautes Études.

LE TOUCHER

C'est le sens le plus indispensable à la survie de l'être humain parce qu'il permet le contact avec l'environnement et fonctionne comme un système d'alarme naturel. Sans le toucher, il serait impossible de faire la distinction entre un lieu dangereux et un lieu sûr.

La peau est le premier-né des organes et par conséquent, le sens du toucher est le premier à se développer chez l'embryon humain. C'est notre premier mode de communication.

Définition

Le sens général du toucher nous renseigne grâce aux contacts avec l'environnement. C'est l'impression produite par un corps que l'on touche. C'est le sens grâce auquel on perçoit la présence d'objet ou de sensations. Les différentes sensations du toucher sont la pression, la température, la rugosité, la douceur, la consistance, la douleur...

Le toucher est assuré par un organe général, la peau, pourvue de fibres nerveuses plus ou moins abondantes, de récepteurs et de corpuscules. Toute la surface de la peau est concernée par le toucher même si toutes les sensations ne sont pas perçues de la même façon selon l'endroit de la peau. Les sensations sont distinctes de par la quantité et la qualité des récepteurs présents à sa surface à un endroit donné. Le bout des doigts est très richement doté de récepteurs et cette partie du corps est naturellement très impliquée dans le toucher. À l'inverse, le dos de la main est moins sensible que le bout des doigts, la peau du crâne présente moins de récepteurs sensoriels. C'est pourquoi, on pratique de façon systématique une anesthésie locale pour suturer une plaie au niveau des doigts, alors qu'une plaie du cuir chevelu ne nécessite pas forcément cette prévention systématique.

La présence d'une épaisse couche de corne au niveau de l'épiderme entraînera pour la personne des modifications de la perception tactile. Ainsi, celle-ci sera nettement moins développée et nettement moins fine. Les sensations de la pulpe des doigts seront altérées du fait d'une diminution de la stimulation des terminaisons nerveuses.

Mécanisme

Différents récepteurs sensibles au toucher sont situés dans le derme. Ils vont transformer les phénomènes physiques en influx nerveux transmis au cerveau afin d'interpréter les informations.

La peau est plus qu'une enveloppe protectrice, c'est un organe à part entière, doté de multiples fonctions, dont cette fonction sensorielle qu'est le toucher.

La peau est un tissu souple et élastique composé de différentes couches de cellules, de vaisseaux sanguins, de terminaisons nerveuses et de glandes.

La surface de peau est d'environ 1,70 à 2 m^2, son poids est estimé à environ 3,5 kg, son épaisseur va de 0,5 mm pour la paupière à 4 à 5 mm pour les paumes des mains, la plante des pieds et le cuir chevelu.

La peau est constituée de trois couches superposées qui sont, de l'extérieur vers l'intérieur de l'organisme, l'épiderme, le derme et l'hypoderme.

On appelle tissu cutané l'association de l'épiderme et du derme.

On appelle tissu sous-cutané l'hypoderme.

Les corpuscules situés au niveau du derme et de l'épiderme sont des terminaisons nerveuses. En tant que récepteurs sensitifs cutanés (mécanorécepteurs), on trouve les corpuscules de Meissner et les lamelleux sensibles à la pression.

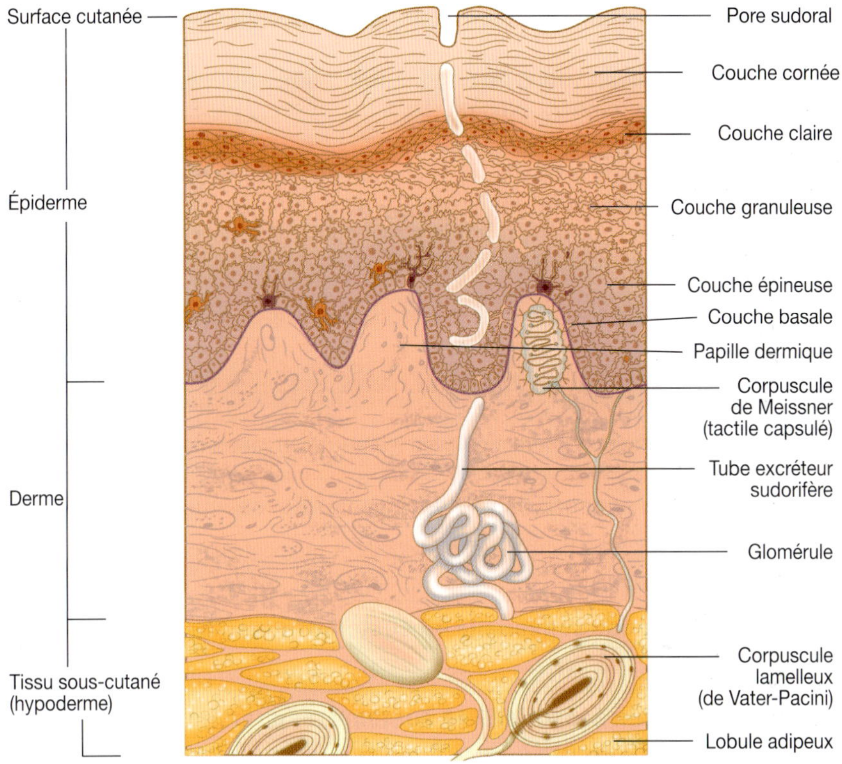

Fig. 7.12. La peau et l'hypoderme

Les récepteurs du toucher se trouvent au niveau du derme et des follicules pileux qui sont particulièrement sensibles au toucher, du fait de la présence de nombreuses fibres nerveuses.

Il existe trois niveaux de sensations relayées par la peau qui correspondent à trois sortes de récepteurs différents qui répondent à une tâche particulière :

- Les thermorécepteurs sont utiles pour la perception de la température d'un objet. Ainsi, le chaud et le froid sont détectés ce qui permet une réaction adéquate en présence d'un danger pour l'intégrité de l'organisme.
- Les mécanorécepteurs sont utiles pour la perception d'un stimulus mécanique comme la sensation tactile que l'on peut éprouver lors de la préhension d'un objet.
- Les nocicepteurs sont stimulés dans les manifestations douloureuses.

Les informations perçues sont transmises au système nerveux central afin d'être interprétées.

Les prélèvements de sang artériel et veineux réalisés par l'IDE nécessitent l'utilisation de la fonction sensorielle, et plus particulièrement la sensation tactile qui est très utile pour le répérage du vaisseau sanguin à ponctionner.

Le nombre de récepteurs est important au niveau de la pulpe des doigts. La « lecture » au bout des doigts est primordiale afin de repérer l'endroit, le plus propice, pour effectuer un prélèvement sanguin.

Le repérage du point de ponction s'effectue en touchant la veine même si le trajet sanguin se voit. Les informations recueillies sont plus précises avec la perception tactile qui permet d'évaluer la profondeur du cordon veineux, la dureté de la peau qui doit être traversée pour atteindre la veine, de tester si une veine « roule » ou si elle est plutôt fixe. Ces éléments vous renseignent plus précisément, et vous permettent de réussir cet acte technique.

La ponction artérielle nécessite le toucher, car l'artère ne peut gonfler avec l'application d'un garrot comme c'est le cas pour une veine. Ce n'est donc que grâce au toucher que son trajet peut être repéré, que sa profondeur peut être évaluée. Pour une ponction artérielle, seul le toucher est sollicité.

INTERACTIONS ET INTERDÉPENDANCE DES SYSTÈMES

L'appareil sensoriel fonctionne en interaction avec les autres organes du corps humain.

Fonction sensorielle ↔ système cardiovasculaire
La vue d'un danger peut accélérer les battements cardiaques et augmenter la pression artérielle par le stress en stimulant le nerf vague.
Fonction sensorielle ↔ système nerveux
Le toucher dépend complètement de sa relation avec le système nerveux (excepté lors de l'anesthésie).
Fonction sensorielle ↔ système respiratoire
L'inspiration permet le passage de l'air dans les fosses nasales et permet l'olfaction.
Fonction sensorielle ↔ système digestif
L'odorat et le goût peuvent stimuler l'appétit et la sécrétion salivaire.
Fonction sensorielle ↔ système locomoteur
Les os du crâne sont une protection du système nerveux central qui permet l'interprétation des sensations transmises par des organes des sens, excepté pour la peau.
Fonction sensorielle ↔ système immunitaire
La peau est la première barrière contre les agressions des micro-organismes présents dans l'environnement. Une effraction cutanée, comme une coupure, constitue une porte d'entrée dans l'organisme ; dans ce cas le système immunitaire doit mobiliser ses défenses pour éviter la propagation des germes.

CONCLUSION

La fonction sensorielle permet de vivre en sécurité dans un environnement qui peut être plus ou moins favorable, de percevoir ce qui nous entoure et de communiquer entre êtres vivants. À travers cette fonction, l'organisme a un rôle de protection :

- l'odorat permet de repérer des gaz toxiques odorants ou de la nourriture avariée ;
- le toucher permet d'éviter de se brûler, de geler ou d'être en contact avec un produit irritant ;
- la vue permet d'éviter les dangers de la route, les chutes, etc.
- l'ouïe permet d'entendre des véhicules, des appels qui nous alertent ;
- le goût permet de détecter de la nourriture avariée, si l'odorat ne l'avait pas fait au préalable.

La perte d'un ou de plusieurs sens est considérée comme un handicap qui diminue le niveau de protection de l'individu, le rendant ainsi plus fragile dans son environnement.

Cependant, lorsqu'un sens n'est plus fonctionnel, l'organisme pallie cette perte en renforçant un autre sens. C'est le cas des personnes non-voyantes ou malvoyantes qui développent les autres fonctions sensorielles et découvrent autrui en le touchant, en l'écoutant.

En l'absence des organes des sens, la vie ne serait pas possible.

AGIR

M. Dugudu , 43 ans, se présente sur convocation, à la consultation de la médecine du travail. Il est comptable et travaille la plupart du temps sur un écran d'ordinateur.

Au cours de l'entretien d'accueil, M. Dugudu explique à l'IDE qu'il vient à la consultation car c'est obligatoire, et qu'après tout, un petit check-up ne peut pas lui faire de mal, qu'il sent bien qu'il vieillit et qu'il a plus de difficultés qu'avant pour récupérer après une soirée festive et tardive. Il ajoute avoir participé la veille à un concert rock et dit qu'il se sent bien dans son corps, qu'il fait du sport régulièrement en écoutant son baladeur MP3 lorsqu'il court. La musique et le sport sont ses deux grandes passions.

Au cours de l'entretien, M. Dugudu parle particulièrement fort alors que l'IDE est à proximité. Il se plaint d'être fatigué par la lecture et le manque de luminosité. L'IDE lui demande depuis combien de temps il a remarqué cette fatigue à la lecture, et si on lui avait déjà fait la remarque qu'il s'exprime en parlant très fort. M. Dugudu répond que cette fatigue oculaire existe depuis environ 1 mois mais que cela va passer, que cela est probablement lié à un peu de fatigue, et que l'IDE est la première personne à lui dire qu'il parle fort.

1 IDENTIFIER LES DONNÉES SIGNIFICATIVES

Quelles données relève-t-on ?	Pourquoi sont-elles significatives ?
L'âge : 43 ans	Élément important au regard de l'état de santé et des modifications corporelles en lien avec l'avancée de l'âge
Concert de rock la veille Utilisation fréquente d'un baladeur audio	Ces éléments indiquent les habitudes de vie et ont un lien avec la fonction auditive
Parle avec une intensité élevée	Cet élément, en lien avec la fonction auditive, semble être inhabituel et nouveau chez M. D.
Travaille sur écran d'ordinateur	Cet élément précise les conditions de travail
Se plaint de fatigue oculaire à la lecture et supporte mal le manque de luminosité	Ces éléments sont à explorer car peuvent être en lien avec l'âge et/ou le travail.

2 COMPRENDRE ET ÉVALUER LA SITUATION

Que faut-il comprendre ?	Évaluation
43 ans est un âge où les organes des sens peuvent présenter un déficit physiologique, l'audition comme la vue. SAVOIRS FONDAMENTAUX Étapes de la vie (adulte) ; Vieillissement physiologique ; Les grandes fonctions (la fonction sensorielle)	Apparition d'une presbytie compatible avec l'âge
Les habitudes et les conditions de vie constituent des facteurs de risques et expliquent en partie les signes présentés par M. D : baisse de l'audition et de l'acuité visuelle Forte intensité sonore lors des concerts qui provoque des traumatismes de l'audition. SAVOIRS FONDAMENTAUX Processus pathologiques (processus traumatiques de l'audition : lésions des cellules ciliées)	Existence probable d'une baisse de l'acuité auditive liée à la forte intensité sonore lors des concerts qui provoque des traumatismes de l'audition. Perte de l'acuité visuelle compatible avec l'âge et le travail sur écran.

Évaluation : il s'agit d'un homme de 43 ans qui présente un déficit visuel et auditif. L'âge est en faveur d'un début de presbytie. La prebyacousie est à relier avec la fréquentation de concerts musicaux et le port régulier d'un baladeur.

3 METTRE EN ŒUVRE LES ACTIONS

Quelles actions met-on en œuvre ?	Pourquoi ?
Mener un entretien pour explorer : • le nombre d'heures passé sur écran ainsi que les pauses réellement réalisées ; • les répercussions de la gêne visuelle dans les activités de la vie quotidienne ; • le temps d'écoute du baladeur, le niveau du volume et son changement éventuel récent ; • la distance entre les enceintes et M. D. lors du concert SAVOIR-FAIRE PROFESSIONNELS Soins relationnels ; Démarche clinique IDE ; Législation du travail	Confirmer la présence des facteurs précipitant les baisses sensorielles Évaluer depuis quand il perçoit ces modifications visuelles et auditives Évaluer le risque de perte brutale de l'audition liée à une trop grande proximité avec les enceintes lors du concert

Quelles actions met-on en œuvre ?	Pourquoi ?
L'informer des mesures de protection à prendre SAVOIR-FAIRE PROFESSIONNELS Soins éducatifs	Éviter l'aggravation en lui précisant les bonnes conditions d'utilisation : • de son écran ; la mise en œuvre d'actions efficaces et peu coûteuses peuvent être entreprises rapidement : travail sur un écran plat, utilisation éventuelle d'un filtre, respect des temps de pause horaire ; • de son baladeur ; repérage du niveau d'intensité d'écoute élevé qui peut favoriser le vieillissement précoce de l'ouïe
Pratiquer un test visuel SAVOIR-FAIRE PROFESSIONNELS Soins infirmiers	Examen systématique de suivi médical pour détecter une éventuelle anomalie du type presbytie.
Pratiquer un test auditif simple : détection des troubles auditifs lors d'écoute de voix chuchotée, à intensité normale et élevée SAVOIR-FAIRE PROFESSIONNELS Soins infirmiers	Examen de suivi médical pour détecter une éventuelle anomalie du type presbyacousie.
Recueillir les données suivantes : poids, taille, pression artérielle, pouls Pratiquer une analyse d'urine Lui conseiller de consulter son médecin traitant au regard des résultats des tests ORL et OPH SAVOIR-FAIRE PROFESSIONNELS Soins relationnels	La visite médicale en médecine du travail a pour but de recueillir les paramètres afin de détecter des pathologies Avoir un avis médical et juger de l'opportunité d'une visite spécialisée
Noter les éléments recueillis dans le dossier de suivi SAVOIR-FAIRE PROFESSIONNELS Soins infirmiers	L'inscription des données dans le dossier permet d'assurer le suivi de la personne à court, moyen et long terme

4 NOTER ET ANALYSER LES RÉSULTATS OBTENUS

Résultats	Évaluation des résultats de la prise en charge
Absence d'application des mesures de prévention relatives aux déficits sensoriels Le temps d'exposition aux sons de forte intensité est quotidien La position de M. D. et l'absence de protections plaident en faveur d'un traumatisme auditif	La baisse de l'acuité visuelle est réelle L'entretien a permis l'identification de facteurs de risques et a confirmé la nécessité d'une consultation médicale
Poids : 75 kg Taille 1 m 80 IMC[14] : 23.15 Pression artérielle : 125/70 Pouls : 65 battements par minutes Analyse d'urines : Sucre = 0 ; Acétone = 0, pH = 5 ; sang = 0	Absence d'élément anormal
Au test visuel, un déficit est constaté lors de la vision de près	Résultats en faveur d'une presbytie et d'une adaptation à son poste de travail (écran protecteur...)
Au test auditif, ne perçoit pas les sons à la voix chuchotée, et s'approche pour entendre et comprendre les propos à intensité normale Demande à l'IDE de répéter	Résultats en faveur d'une perte auditive (progressive ou brutale ?) Répercussion sur la communication

14 L'indice de masse corporelle est une grandeur qui permet d'estimer la corpulence d'une personne. Cet indice se calcule en fonction de la taille et de la masse (exprimée à travers le poids). Selon l'OMS, un IMC compris entre 18.5 et 25 correspond à une corpulence normale, et un surpoids entre 25 et 30.

S'ENTRAINER

VÉRIFIER SES CONNAISSANCES

1 QCM

1. Les cellules sensorielles visuelles sont des cellules :
- **a.** à bâtonnets
- **b.** à choanes
- **c.** à cônes
- **d.** ciliées
- **e.** de Schultze

2. La fonction sensorielle a des interactions avec le système :
- **a.** digestif
- **b.** cardiovasculaire
- **c.** urinaire
- **d.** endocrinien
- **e.** nerveux

3. Au niveau de l'oreille, l'influx nerveux se propage à partir :
- **a.** du marteau
- **b.** du conduit auditif externe
- **c.** du tympan
- **d.** de la cochlée
- **e.** de la trompe d'Eustache

4. Les terminaisons nerveuses participant au toucher sont :
- **a.** les mécanorécepteurs
- **b.** les nocicepteurs
- **c.** les percepteurs
- **d.** les thermorécepteurs
- **e.** les terminocepteurs

5. Au niveau de l'ouïe la puissance sonore se mesure :
- **a.** en hertz (Hz)
- **b.** en décibels (dB)
- **c.** en grades
- **d.** en gray

6. Des bruits de forte intensité peuvent blesser :
- **a.** les cellules ciliées de l'organe de Corti
- **b.** les cellules de Schultze
- **c.** les cellules de la lame criblée
- **d.** toutes les réponses sont exactes

7. L'odorat est utile pour :
- **a.** prévenir du danger
- **b.** maintenir l'équilibre
- **c.** stimuler l'appétit
- **d.** prendre en charge des patients
- **e.** communiquer

8. La zone rétinienne dépourvue de cellules nerveuses est appelée :
- **a.** papille
- **b.** macula
- **c.** tache aveugle
- **d.** fovéa
- **e.** tache de Mariotte

9. Au niveau de l'œil, les cellules à cônes et à bâtonnets sont :
- **a.** de formes différentes
- **b.** de nombres identiques
- **c.** localisées uniquement sur la rétine
- **d.** stimulées différemment en fonction de l'intensité lumineuse.
- **e.** réparties en fonction de l'œil droit et gauche.

10. Les différentes sensations du toucher sont :
- **a.** la pression
- **b.** la température
- **c.** la rugosité
- **d.** la consistance
- **e.** la douleur

2 QROC

1. Complétez le schéma ci-dessous.

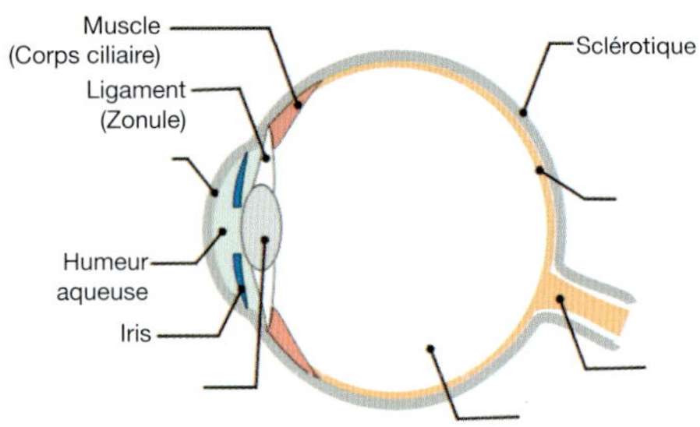

2. Citez les différents récepteurs cutanés intervenant dans le toucher et associez-les à leur rôle.

3. Différenciez la sensibilité de la perception.

4. Définissez la sensorialité.

5. Énoncez la finalité de la fonction de l'appareil sensoriel. Illustrez-la par un exemple.

6. Définir la presbytie.

7. Énoncez les quatre types de sensations gustatives.

8. Énoncez les deux fonctions de l'oreille.

9. Une obstruction de la trompe d'Eustache peut entrainer une hypoacousie. Expliquez ce phénomène.

10. La transmission des sons au niveau de l'oreille moyenne est également appelée « transmission osseuse ». Justifiez cette affirmation.

11. Expliquez la raison pour laquelle les infections de la gorge et du nez peuvent se transmettre à l'oreille.

12. Citez les 3 tuniques du globe oculaire de l'extérieur vers l'intérieur ainsi que la qualité de chacune.

13. Expliquez le rôle de la rétine.

14. Expliquez en quoi le fait d'être enrhumé diminue la perception des odeurs.

15. Localisez et nommez la sensibilité des chémo-récepteurs.

16. Localisez et nommez la sensibilité des 2 types de photorécepteurs.

CORRIGÉS

VÉRIFIER SES CONNAISSANCES

1 QCM

1 a, c ; 2 a, b, e ; 3 d ; 4 a, b, d ; 5 b ; 6 a ; 7 a, c, d ; 8 a, c, e ; 9 a, c ; 10 a, b, c, d, e.

2 QROC

1.

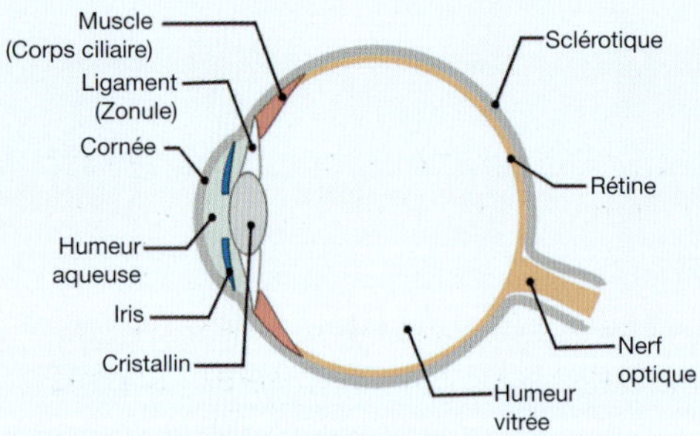

2. Les différents récepteurs cutanés intervenant dans le toucher sont :

– les mécanorécepteurs qui sont sensibles à une pression mécanique ;

– les thermorécepteurs qui sont sensibles au chaud et au froid ;

– les nocicepteurs qui sont sensibles à la douleur.

3. La sensibilité est la capacité d'un organisme à être informé des paramètres physico-chimiques de l'environnement par des messages nerveux alors que la perception est l'interprétation et l'appréciation que l'on donne à un stimulus.

4. La sensorialité est la sensibilité consciente.

5. La fonction sensorielle permet à l'Homme de se protéger en répondant sans cesse aux changements de l'environnement.

Face à un feu, la vue permet de visualiser l'incendie, l'ouïe permet d'entendre les crépitements, l'odeur de brûlé confirme la nature du danger, les récepteurs thermiques de la peau perçoivent l'augmentation de température.

Ces éléments, confrontés à des expériences antérieures éventuelles permettent l'analyse de la situation, afin d'envisager une possible réaction.

6. La presbytie est un défaut de vision qui apparaît vers 45 ans. Elle est due à une difficulté d'accommodation liée au vieillissement du cristallin.

7. Les quatre types de sensations gustatives sont : le sucré, le salé, le goût amer et le goût acide.

8. Les deux fonctions de l'oreille sont : l'audition et l'équilibration.

9. Si la trompe d'Eustache est obstruée, le tympan ne peut vibrer correctement. Il ne peut transmettre les sons que si la pression de l'oreille externe et celle de la caisse du tympan sont identiques. Cette égalité de pression s'effectue grâce à la trompe d'Eustache. Une obstruction de celle-ci engendrerait donc une différence de pression et gênerait la vibration de la membrane tympanique.

10. La « transmission osseuse »

L'oreille moyenne correspond à la chambre tympanique avec la chaîne des osselets. La transmission osseuse est donc la transmission de l'onde sonore, grâce à la vibration du tympan, répercutée par les 3 osselets : le malléus, l'incus et le stapès.

11. Les infections de la gorge et du nez peuvent se transmettre à l'oreille car la sphère ORL communique par la trompe d'Eustache avec la caisse tympanique. De ce fait, lors de l'expiration, la pression peut pousser les germes jusqu'à la chambre tympanique et ainsi propager l'infection.

12. Les 3 tuniques du globe oculaire sont, de l'extérieur vers l'intérieur :

– la sclérotique qui est une membrane fibreuse ;

– la choroïde qui est une membrane vasculaire ;

– la rétine qui est une membrane nerveuse.

13. La rétine est constituée de cellules photoréceptrices (neurones) qui reçoivent la lumière, elle transforme les rayons lumineux en influx nerveux puis transmet ces influx au nerf optique.

14. Le fait d'être enrhumé diminue la perception des odeurs.

Les récepteurs de l'olfaction sont situés dans la partie supérieure de la cavité nasale et sont stimulés en reniflant afin d'amener les odeurs, transportées par des molécules dans l'air. Le fait d'être enrhumé gêne l'inspiration et l'expiration nasale et par conséquent la détection des odeurs.

15. Les chémorécepteurs ou chimiorécepteurs sont présents au niveau de la langue et participent à la fonction gustative. Ils sont donc sensibles au goût.

16. Les photorécepteurs sont situés au niveau de la rétine, donc de l'œil, ils participent à la vision et sont sensibles à la lumière. Les 2 types sont les cellules à cônes et les cellules à bâtonnets.

8 La fonction de reproduction

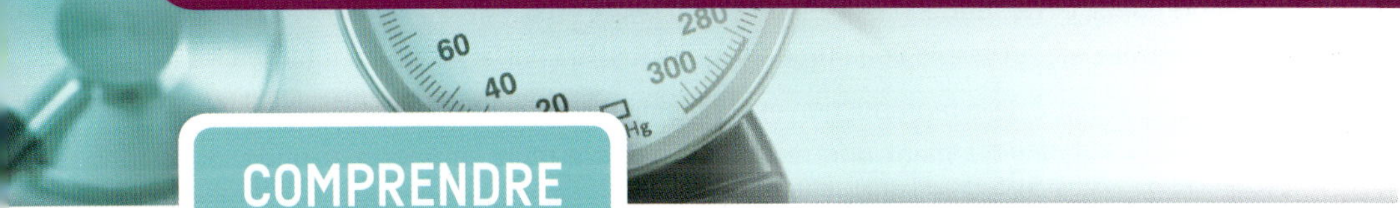

COMPRENDRE

Dans l'organisme humain, la fonction de reproduction peut être envisagée selon différents niveaux et peut-être devrait-on parler des fonctions de reproduction, plutôt que de la fonction de reproduction.

- Un premier niveau concerne l'espèce et dans ce sens il s'agit véritablement de la fonction de reproduction, c'est-à-dire de la perpétuation de l'espèce humaine, reproduction qui est assurée entre autres par l'appareil génital masculin et féminin.
- Un deuxième niveau concerne la multiplication cellulaire, indispensable au maintien et au bon fonctionnement de l'organisme ; sans laquelle aucune reproduction ne serait possible.

La fonction de reproduction est une caractéristique qui distingue les êtres vivants de la matière inerte qui, par définition, ne peut se reproduire. Cette fonction, qui a pour but d'assurer la survie de l'espèce, est en lien avec les autres fonctions de l'organisme notamment avec la fonction endocrinienne.

Les hommes et les femmes, qui représentent les deux sexes de l'espèce humaine, ont pour chacun d'entre eux des particularités notamment physiques sur lesquelles nous reviendrons ultérieurement.

La reproduction résulte de la succession d'actes comprenant l'acte sexuel, la fécondation, la nidation, le développement du fœtus et l'accouchement.

La fonction de reproduction présente d'autres particularités :

- les organes de la reproduction ne sont fonctionnels qu'au moment de la puberté ;
- pour la femme, ils cessent de fonctionner aux environs de la cinquantaine, ce mécanisme correspond à la ménopause ;
- son étalement dans le temps puisque 9 mois de gestation sont nécessaires avant la naissance de l'enfant.

Par ailleurs, la fonction de reproduction, dont dépend la survie de l'espèce, est liée à l'enchaînement de stades qui se succèdent. Chacun d'entre eux dépend du stade précédent et conditionne à son tour le stade suivant. Elle est étroitement liée à l'ensemble des autres fonctions de l'organisme.

LES CARACTÉRISTIQUES DE LA FONCTION

Définition

La reproduction est le processus biologique qui assure la perpétuation de l'espèce.

Chez les êtres humains, cette fonction correspond à un processus – *la reproduction sexuée*[1] – qui nécessite pour qu'elle soit possible deux types d'individus, les hommes et les femmes.

Le phénomène fondamental de la reproduction est la fusion de deux cellules appelées *gamètes*, qui sont des éléments histologiquement différents : un gamète mâle, le spermatozoïde, et un gamète femelle, l'ovule, qui donnent naissance à une cellule qui contient toute l'information génétique qui fera de chaque individu un être unique : l'*œuf*. Ce processus particulier se nomme la *fécondation*.

Ces cellules sont produites par des organes spécifiques appelés *gonades* : les testicules chez l'homme et les ovaires chez la femme.

Mécanisme

Pour être possible, de façon naturelle, la reproduction nécessite :

- que l'appareil génital de l'homme et de la femme soient correctement constitués d'un point de vue anatomique ;
- que ces deux appareils fonctionnent normalement du point de vue physiologique ;
- que les spermatozoïdes soient fabriqués, qu'ils se déplacent et qu'ils soient mis dans les voies génitales femelles ; en effet, le nombre de spermatozoïdes doit être suffisant et ils doivent être de bonne qualité tant dans leur morphologie que dans leur motilité, pour qu'un seul parvienne à pénétrer à l'intérieur de l'ovule ;
- qu'un ovule soit libéré par l'ovaire et qu'il puisse migrer dans les voies génitales femelles ;
- que la « libération » des deux types de gamètes se fasse à la même période pour que la rencontre soit possible et éviter ainsi les rendez-vous manqués ;
- que les autres fonctions intervenant dans la reproduction, notamment la fonction endocrinienne, ne présentent pas d'altération.

La fonction de reproduction s'amenuise avec l'âge. Ainsi, une femme ovule au mieux 12 fois par an mais le plus souvent le nombre d'ovulations est de 10 par an.

La période optimale se situant entre 4 jours avant l'ovulation et deux jours après, il est conseillé aux couples qui veulent un enfant d'avoir une vie sexuelle régulière avec deux à trois rapports par semaine, sans que le fait de vouloir faire un bébé ne devienne une obsession.

Une femme de 25 ans a 25 % de chance d'être enceinte lors d'un cycle, ce pourcentage tombe à 12 % à 35 ans et chute à 6 % à 42 ans.

1 La reproduction sexuée correspond à une reproduction où plusieurs partenaires sont nécessaires (ce qui n'est pas le cas dans la reproduction asexuée c'est-à-dire non sexuelle).

NOTIONS DE GÉNÉTIQUE

Reproduction des cellules non sexuelles

Chaque cellule du corps humain possède un noyau qui contient 46 chromosomes (soit 23 paires : 22 paires d'autosomes et une paire de chromosomes sexuels ou gonosomes : XX chez la femme et XY chez l'homme).

Chaque chromosome est constitué d'une double hélice d'ADN qui contient l'information génétique. Le génome humain est l'information contenue dans les 2 lots de 23 chromosomes, l'un du père, l'autre de la mère, numérotée de 1 à 22 et X ou Y.

Dans le cadre général de la multiplication des cellules, une cellule mère donne naissance à deux cellules filles identiques, contenant chacune 46 chromosomes. Cette multiplication correspond à la mitose.

Reproduction des cellules sexuelles

Dans le cadre de la reproduction des cellules sexuelles, les cellules germinales (qui donneront naissance aux gamètes après des évolutions successives) se divisent selon un mécanisme différent – la méiose – qui aboutit à la wformation des gamètes qui ont la moitié du nombre initial de chromosomes (n chromosomes), afin que la cellule œuf nouvellement formé dispose de 46 chromosomes (2n chromosomes), 23 apportés par le spermatozoïde et 23 par l'ovule, ce qui aboutit au final à 46 chromosomes.

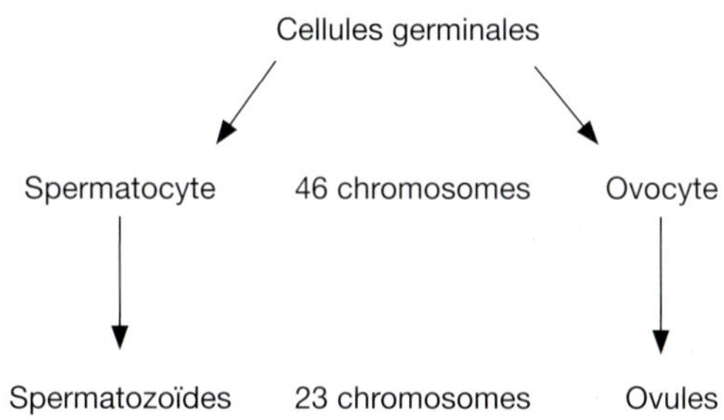

Fig. 8.1a. Schéma de la spermatogenèse et de l'ovogenèse

Durant la méiose, il existe un brassage intra et interchromosomique qui aboutit à la formation de nouveaux chromosomes, ce qui explique que les enfants d'une même fratrie soient différents.

Une seule cellule de chaque parent sera retenue lors de la fécondation. Ainsi, chacun des deux gamètes qui s'unissent contient le matériel génétique (ou gènes) d'un des parents.

Les gamètes sont responsables de l'hérédité et donc de la détermination du sexe du fœtus, dès la formation de l'œuf.

Pour bien appréhender la fonction de reproduction, il est nécessaire de connaître de façon schématique les organes qui interviennent dans la reproduction et les grands principes de leur fonctionnement.

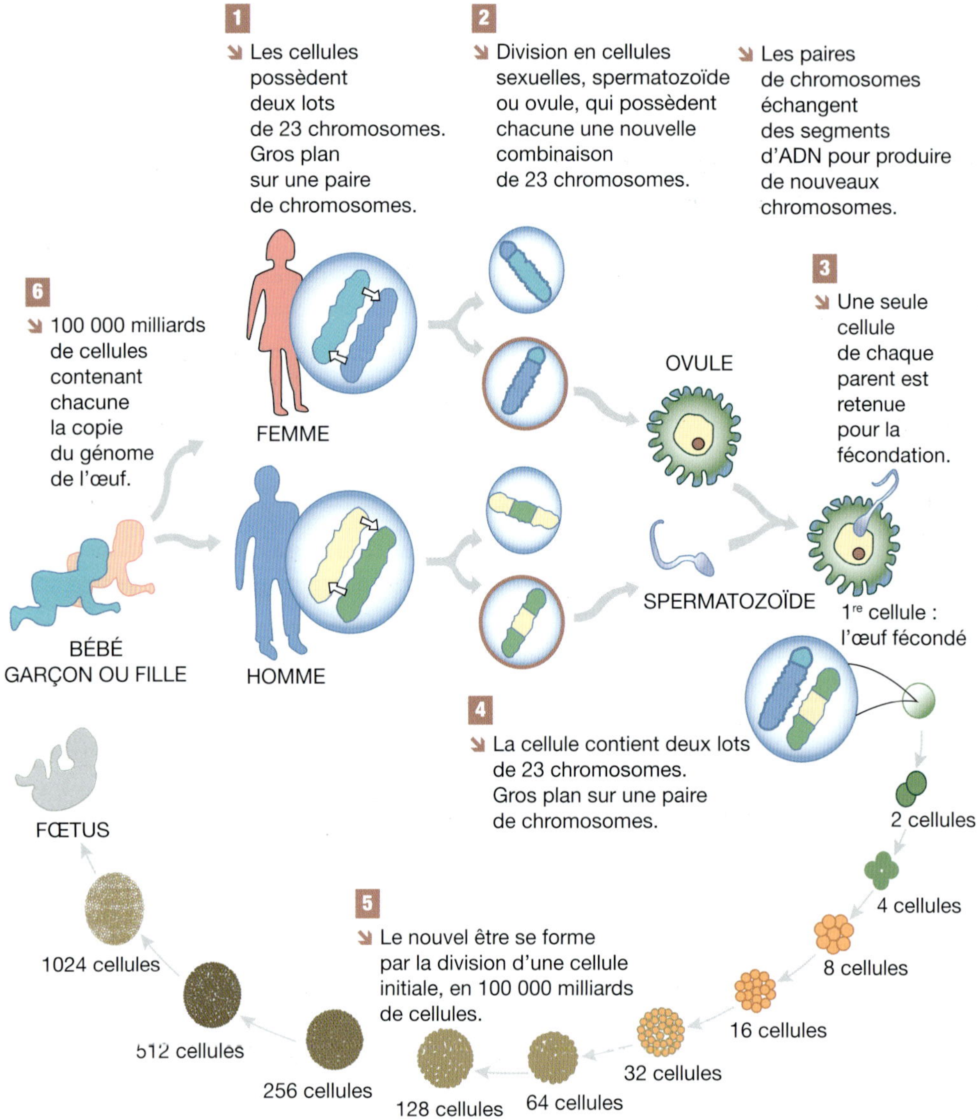

Fig. 8.1b. La transmission de l'ADN

ANATOMIE ET PHYSIOLOGIE DE L'APPAREIL REPRODUCTEUR

L'appareil génital masculin

Il a pour fonction de produire les spermatozoïdes et permettre leur acheminement vers l'ovule afin de rendre possible leur rencontre.

Cette fonction de reproduction, en lien étroit avec la fonction endocrinienne, n'est possible que par l'intervention des hormones hypophysaires (FSH[2] et LH[3]), elles-mêmes sous la dépendance de l'hypothalamus.

Chez l'homme, c'est l'activité des testicules qui est sous l'influence de ces deux hormones hypophysaires sécrétées en permanence à partir de la puberté : la folliculostimuline qui favorise le développement des spermatozoïdes et l'hormone lutéinisante qui stimule la fabrication de la testostérone.

Ces deux hormones sont elles-mêmes sous la dépendance de l'hypothalamus, qui agit par rétrocontrôle.

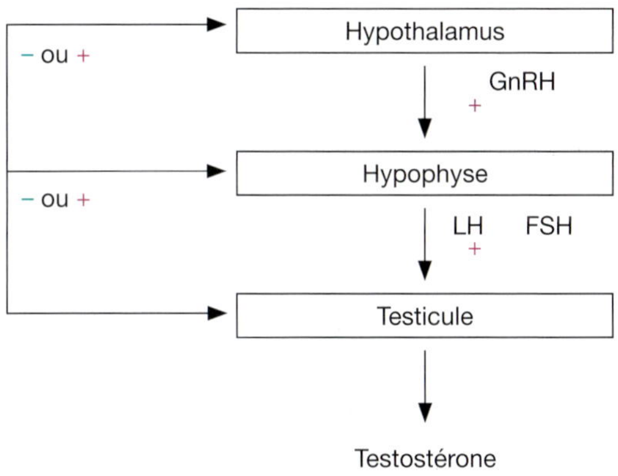

Fig. 8.2. Axe hypothalamo-hypophysaire chez l'homme

L'appareil génital masculin se compose des testicules, des voies génitales, du pénis et du sperme.

Les testicules

Les testicules (ou gonades) au nombre de deux constituent les glandes sexuelles. Ils sont situés à l'extérieur du corps humain, dans un sac : le scrotum (ou les bourses) afin que la température inférieure à celle du corps permette le développement correct des gamètes.

Les testicules, sous le contrôle des hormones hypophysaires, fabriquent les spermatozoïdes et synthétisent des hormones[4], dont la principale est la testostérone.

2 Hormone folliculostimulante.

3 Hormone lutéinisante.

4 Une hormone est un messager chimique véhiculé par le sang, qui assure la transmission d'une information d'une glande à une autre glande.

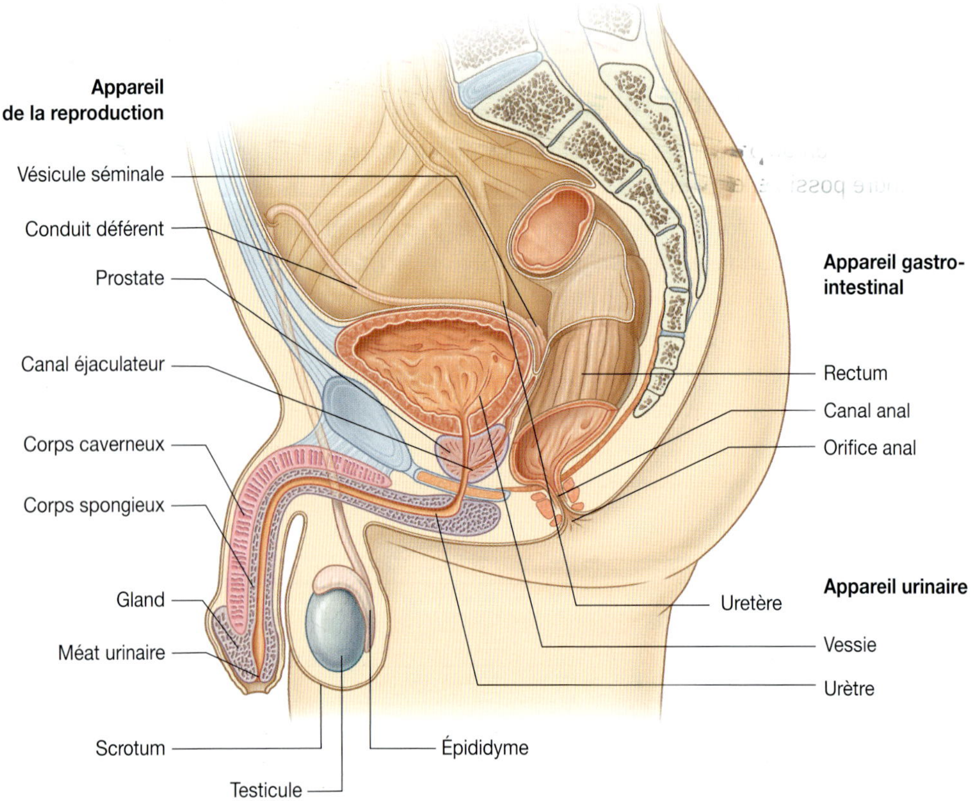

Fig. 8.3. L'appareil génital masculin

Fabrication des spermatozoïdes

Les spermatozoïdes sont fabriqués en continu à partir de la puberté. Cependant, malgré une baisse progressive de leur production avec l'avancée en âge. Certains hommes peuvent devenir père jusqu'à un âge très avancé.

Ce sont des cellules de petite taille dont l'acrosome qui recouvre la tête sécrète une enzyme qui permettra au spermatozoïde de pénétrer dans l'ovule. Ces cellules sont très mobiles grâce à un flagelle qui les propulse dans les différents conduits qu'ils doivent parcourir avant d'atteindre l'ovule.

Synthèse de la testostérone

La testostérone permet le développement des spermatozoïdes, des caractères sexuels secondaires (c'est-à-dire les caractères qui différencient les hommes des femmes) et le maintien des organes de la reproduction. Chez l'homme, les caractères sexuels secondaires sont principalement : la voix grave, des épaules larges et des hanches étroites, une importante masse musculaire.

Les voies génitales

Les voies génitales droite et gauche sont composées d'une série de canaux dont le but est l'acheminement des spermatozoïdes à l'extérieur du corps : l'épididyme, le canal déférent qui rejoint le conduit de la vésicule séminale pour former le canal éjaculateur. Les deux canaux éjaculateurs droit et gauche traversent le corps de la prostate et aboutissent à l'urètre (qui assure l'évacuation du liquide séminal, le sperme, mais aussi l'urine). L'appareil génital masculin présente une particularité par rapport à celui de la femme, puisque chez l'homme, l'urètre assure une double fonction : celle du transport de l'urine en dehors de la vessie et celle du sperme au moment de l'éjaculation.

Le pénis et les corps érectiles

Le pénis est composé de corps érectiles : deux corps caverneux et un corps spongieux qui permettront l'érection.

Le pénis sert pour la fonction sexuelle et reproductrice grâce à l'érection qui permet la copulation. L'érection est provoquée par deux types de stimulations. Des stimulations mécaniques au niveau des régions génitales et des stimulations émotionnelles. Dans les deux cas, l'influx nerveux emprunte les voies nerveuses de la moelle épinière de la région sacrée.

Grâce aux corps érectiles, le pénis permet la pénétration de la femme au cours des rapports sexuels et l'éjaculation qui est l'expulsion forcée du sperme à travers l'urètre, dans le vagin.

Le sperme

Le sperme est un liquide visqueux, blanchâtre, sécrété par les testicules et la prostate. Il contient des spermatozoïdes. Un homme éjacule entre 2 et 5 ml de sperme par éjaculation, ce qui représente environ 50 à 150 millions de spermatozoïdes. Ces derniers survivent de quelques heures à 3 jours maximum. Un seul pénètrera à l'intérieur d'un ovule. Les vésicules séminales déversent leurs sécrétions dans le canal déférent où elles se mélangent avec les spermatozoïdes pour former le sperme, qui sera éjecté par l'urètre lors des rapports sexuels.

L'appareil génital féminin

L'appareil génital féminin a pour fonction de libérer les ovules et de préparer l'utérus à la nidation de l'œuf en cas de fécondation.

Comme pour l'homme, les gonades de la femme sont sous l'influence de deux hormones hypophysaires sécrétées à partir de la puberté : la folliculostimuline et l'hormone lutéinisante.

Ces deux hormones sont elles-mêmes sous la dépendance de l'hypothalamus, qui agit par rétrocontrôle.

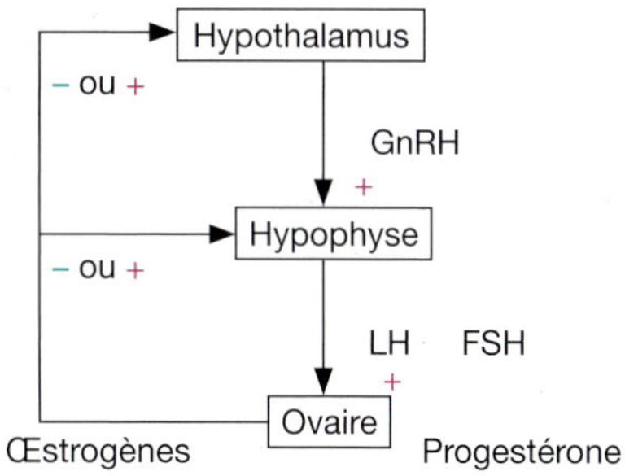

Fig. 8.4. Axe hypothalamo-hypophysaire chez la femme

L'appareil génital féminin se compose de plusieurs organes qui se répartissent en 3 catégories : les organes génitaux externes, internes et les glandes mammaires.

Les organes génitaux externes

Ils comprennent la vulve, elle-même composée des grandes et des petites lèvres et du clitoris.

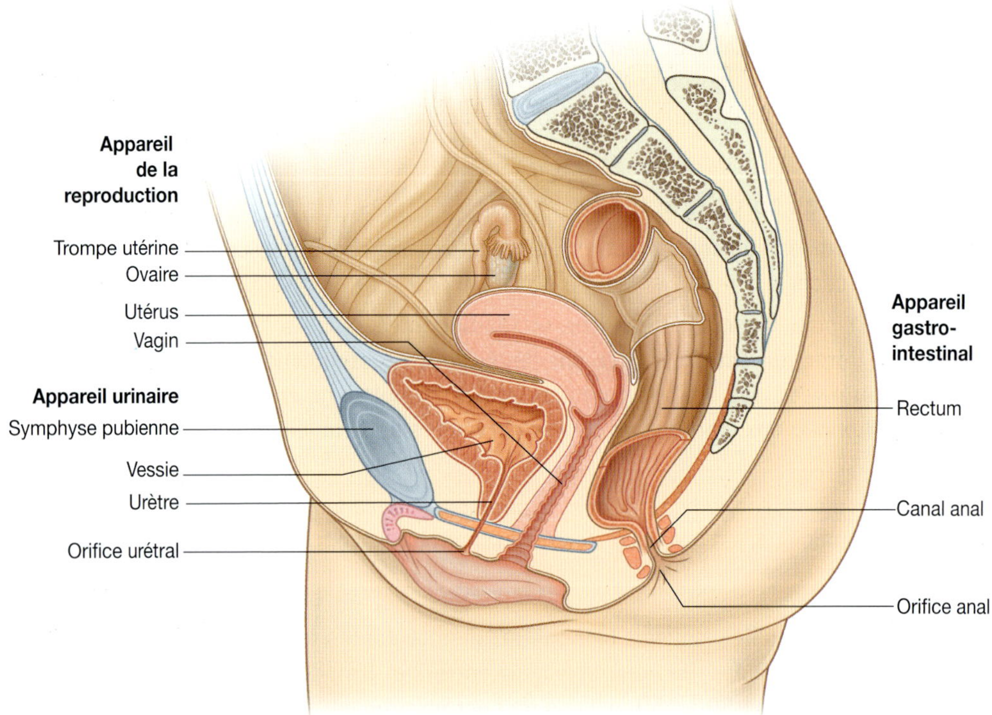

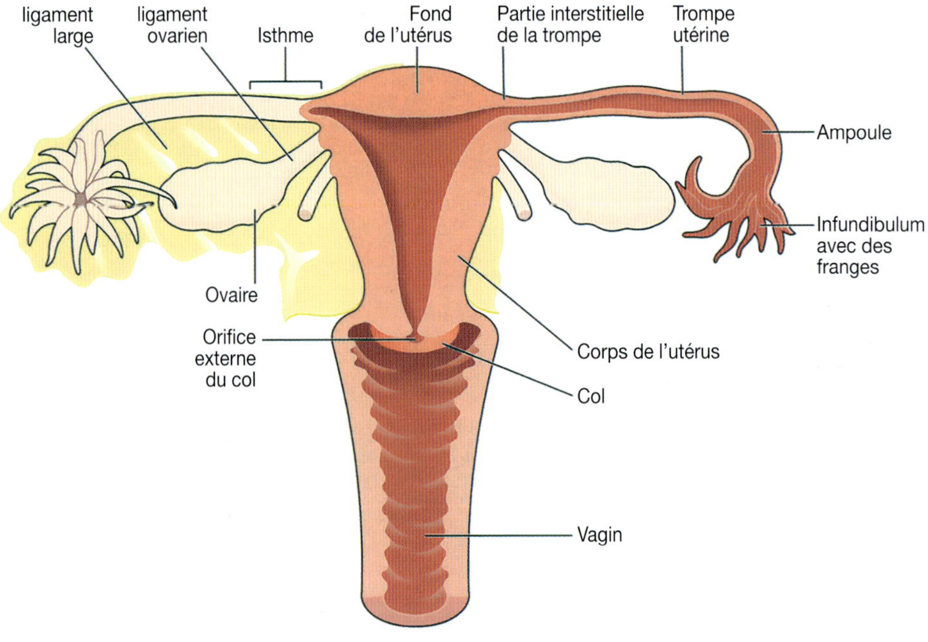

Fig. 8.5. Les organes génitaux féminins. a : coupe sagittale, b : coupe frontale

Les organes génitaux internes

Ils sont composés de deux ovaires, du vagin et de l'utérus.

Les ovaires sont les gonades qui assurent la formation des gamètes femelles, les ovules, et la sécrétion des hormones sexuelles femelles : œstrogène et progestérone. Les ovaires contiennent dès la naissance les ovules potentiels qui, à partir de la puberté, seront libérés après maturation au cours de chacun des cycles menstruels.

En l'absence de fécondation de l'ovule, il se produit une menstruation c'est-à-dire un écoulement sanguin d'origine utérine (couramment appelé règles). Chez la femme, cette fonction se traduit par le cycle menstruel, dont le premier jour correspond au premier jour de la menstruation. Il est habituellement d'une durée de 28 jours séparée en 2 grandes phases.

La première phase correspond à la maturation de l'ovule jusqu'à l'ovulation : c'est la phase folliculaire.

La deuxième phase, phase lutéale, varie selon qu'il y ait ou non fécondation.

- En l'absence de fécondation, l'ovule meurt au bout de 2 ou 3 jours et le corps jaune se désagrège. Les taux d'œstrogène et de progestérone diminuent, l'endomètre dégénère jusqu'à la menstruation (les règles).
- En présence de fécondation, le corps jaune (qui provient de la transformation du follicule) sécrète des hormones (un peu d'œstrogène et beaucoup de progestérone) pour préparer la nidation, à l'intérieur de l'utérus.

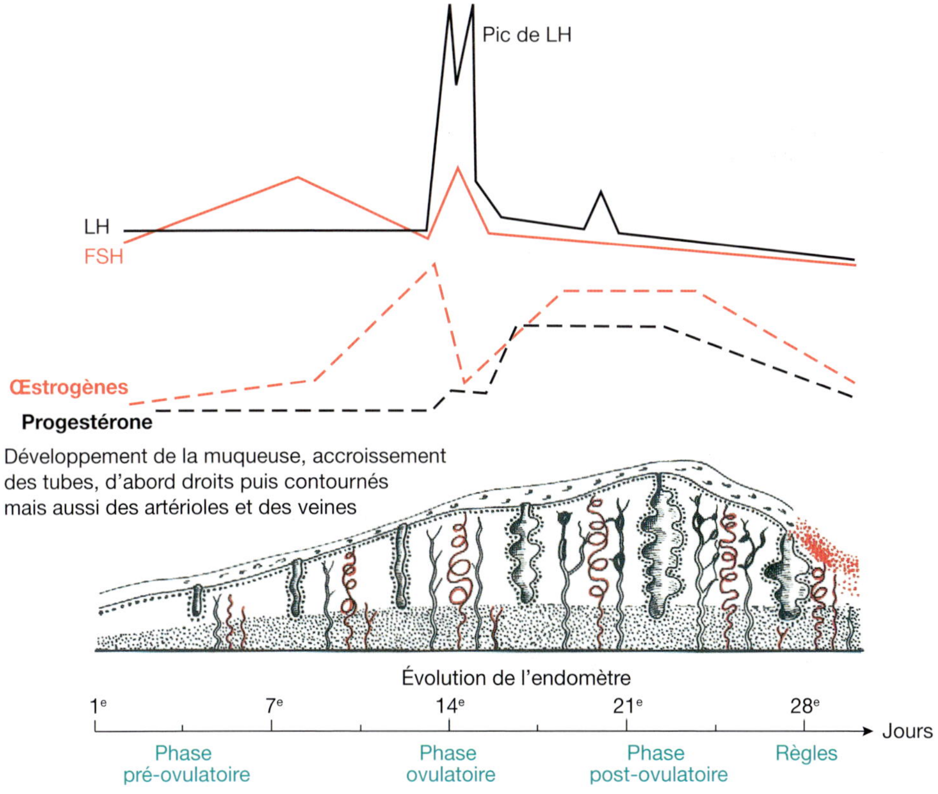

Fig. 8.6. Dynamique du cycle menstruel

Ces deux phases sont caractérisées par une différence de température corporelle. Au cours de la première phase la température est aux environs de 36°5 le matin avant le lever ; au cours de la deuxième phase la température est aux environs de 37°.

En l'absence de fécondation, les cycles se reproduisent environ tous les 28 jours de la puberté à la ménopause, qui correspond à l'arrêt de l'activité hormonale des ovaires.

Le vagin est un tube musculaire d'environ 7 cm de long qui se termine au niveau du col utérin. Il reçoit le pénis au cours des rapports sexuels. La glaire vaginale présente au moment de l'ovulation favorise la montée des spermatozoïdes vers l'utérus.

L'utérus est un muscle qui forme une cavité dans laquelle se développera l'œuf fécondé. Ses dimensions normales sont d'environ 7 cm de long, 4 cm de large et 2 cm d'épaisseur en l'absence de grossesse. Il se compose d'une paroi musculaire assez épaisse, le myomètre, et d'un épithélium interne, l'endomètre. Ce dernier est sujet à des modifications selon les sécrétions hormonales. Il est responsable des menstruations.

Les trompes utérines, ou trompe de Fallope, constituent des tubes qui permettent le passage de l'ovule jusqu'à l'intérieur de l'utérus. Une fois l'ovule expulsé par l'ovaire, il est balayé dans la trompe par un flux liquide péritonéal sécrété par les franges. Son déplacement à l'intérieur de la trompe est lié au balayage des cils et au péristaltisme de la trompe. En effet, l'ovule ne dispose pas d'un mode de déplacement qui lui soit propre, contrairement au spermatozoïde. Il faut environ 5 jours à l'ovule pour atteindre l'utérus.

Les glandes mammaires

Elles sont situées sur la paroi antérieure du thorax. Elles présentent une saillie de forme conique, le mamelon, entouré d'une zone pigmentée, l'aréole. Au niveau des mamelons s'ouvrent par de petits orifices, les canaux galactophores, par lesquels sera drainée la sécrétion lactée après la naissance du bébé. Chaque glande est composée d'environ 10 à 20 lobes glandulaires.

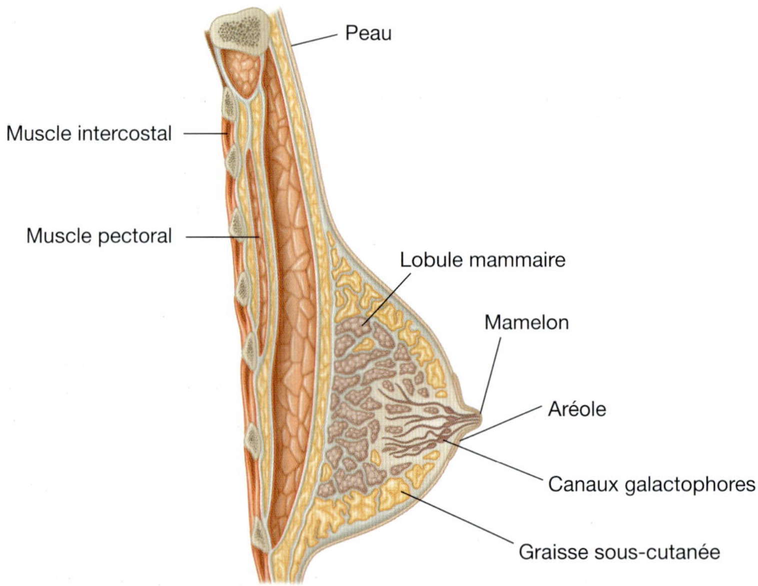

Fig. 8.7. Structure anatomique du sein

La fécondation

La fécondation correspond à l'aboutissement de la fonction, c'est-à-dire à la formation d'un œuf qui deviendra un embryon, puis un fœtus et enfin un nouvel individu à part entière.

Formés dans les testicules, les spermatozoïdes se dirigent dans les voies génitales de la femme après avoir parcouru tous les canaux de l'appareil masculin.

L'ovule est expulsé par l'ovaire au moment de l'ovulation, parfois appelé la ponte ovulaire.

La rencontre avec les spermatozoïdes n'est possible que s'il y a eu des rapports sexuels (en dehors de procréation médicalement assistée) et si la femme est en période d'ovulation. Les spermatozoïdes atteindront l'ovule fraîchement expulsé de l'ovaire et la rencontre aura lieu au niveau du premier tiers externe de la trompe.

Dans le meilleur des cas, un spermatozoïde pénétrera à l'intérieur de l'ovule : c'est la fécondation.

La fécondation est le résultat de l'union de deux cellules haploïdes (c'est-à-dire à n chromosomes) : un spermatozoïde et un ovule qui reconstituent une cellule diploïde (à 2 n chromosomes) appelé zygote, dont les divisions successives donneront naissance à un nouvel individu.

L'œuf ainsi formé ira s'implanter, après une période de vie libre de 4 à 5 jours, dans l'utérus qui aura subi une préparation pour l'accueillir. Cette préparation consiste en une imprégnation hormonale par les œstrogènes et la progestérone.

Un seul spermatozoïde féconde l'ovule. Cependant l'œuf ainsi formé peut parfois se diviser en deux et donner naissance à deux individus identiques dits « monozygotes » puisque issus d'un seul et même œuf. Ainsi leurs caractéristiques seront identiques : même sexe, même morphologie, même groupe sanguin...

Une fois fécondé, l'œuf s'implantera dans l'utérus pour y poursuivre son développement qui durera neuf mois, développement qui aboutira à la naissance d'un nouvel individu.

Quelquefois, deux ovules sont fécondés, il s'agit alors d'individus dizygotes. Leurs caractéristiques seront alors aussi différentes que peuvent l'être celles de deux enfants d'une même famille.

INTERRELATIONS AVEC LES AUTRES FONCTIONS

La fonction de reproduction ne peut fonctionner isolément, elle dépend notamment des systèmes endocrinien et neurologique et entretient de nombreuses relations avec les autres fonctions de l'organisme. Un dysfonctionnement de certaines d'entre elles peut avoir des conséquences sur cette fonction alors même que ces organes sont en capacité de fonctionner.

Fonction de reproduction ↔ fonction cardiovasculaire
La fonction cardiovasculaire permet l'augmentation du débit cardiaque (au niveau de l'organisme mais aussi au niveau du pénis) nécessaire lors des rapports sexuels, puisqu'un orgasme constitue un effort pour l'organisme, de même que le déroulement d'une grossesse. En cas de pathologies angineuses par exemple, l'effort pendant le rapport sexuel peut être rendu impossible, sans parler de la peur du malaise cardiaque de la part des 2 partenaires qui peut entraver de façon significative la sexualité. Une pathologie cardiaque peut aussi constituer une difficulté voire une impossibilité au déroulement d'une grossesse.

Fonction de reproduction ↔ fonction respiratoire
La fonction respiratoire permet, comme la fonction cardiovasculaire, de répondre à l'effort demandé à l'organisme, tant au moment de l'acte sexuel qu'au moment de la gestation. Une pathologie respiratoire importante peut entraîner une incapacité lors de l'acte sexuel mais aussi durant la grossesse qui sollicite fortement la fonction respiratoire.
Fonction de reproduction ↔ fonction neurologique
La fonction neurologique permet l'érection, celle-ci ne peut être efficace si la conduction nerveuse ne se fait pas. Ainsi, une lésion de la moelle épinière sacrée peut entraîner des troubles de l'érection et de l'éjaculation. Les stimulations émotionnelles proviennent des centres nerveux supérieurs, une altération de ces derniers peut aussi avoir un impact sur la sexualité.
Fonction de reproduction ↔ fonction digestive
La fonction digestive permet de répondre à l'ensemble des besoins de l'organisme, y compris lors de la grossesse. Une adaptation de la fonction sera nécessaire en cas de grossesse, puisque les besoins nutritionnels sont augmentés. Relation aussi avec les troubles sympathiques de la grossesse liés à l'imprégnation hormonale. Des carences alimentaires par non absorption ou mal absorption peuvent avoir un retentissement sur la capacité à procréer.
Fonction de reproduction ↔ fonction locomotrice
La fonction locomotrice permet la mobilité nécessaire à l'accouplement, à la grossesse et à l'accouchement. Ainsi, des malformations osseuses peuvent empêcher l'acte sexuel et le déroulement d'une grossesse, un bassin trop étroit des difficultés à accoucher.
Fonction de reproduction ↔ fonction endocrinienne
La fonction endocrinienne permet par l'intermédiaire de l'hypothalamus et l'hypophyse de réguler les sécrétions hormonales des gonades. Une absence ou une insuffisance de sécrétion hormonale d'un de ces deux organes aura des répercussions sur l'activité même des gonades pouvant aller jusqu'à une ménopause précoce chez la femme. D'autre part le diabète, maladie endocrinienne, peut aussi être la cause de troubles de l'érection.
Fonction de reproduction ↔ fonction sensorielle
La fonction sensorielle permet de stimuler la libido, notamment pour les stimulations mécaniques ou émotionnelles. Une altération des sens ou un déficit peut avoir un impact sur la sexualité.

La fonction de reproduction, essentielle pour l'espèce, évolue différemment selon que l'on soit de sexe masculin ou féminin. Alors que les hommes, bien qu'ils voient leur activité sexuelle diminuer, continuent à avoir une sécrétion hormonale, il en va tout autrement pour les femmes. La fonction de reproduction cesse de façon définitive aux environs de 50 ans. Elle correspond à la cessation de l'activité ovarienne et s'accompagne d'une régression des organes sexuels, de bouffées de chaleur et parfois de perturbations psychiques et neuroendocriniennes. Elle se traduit par l'arrêt des règles.

Un jeune couple, M. et Mme A., vient en consultation, dans le service car ils souhaitent avoir un enfant et s'inquiètent car malgré l'arrêt de la contraception orale de Louna depuis 10 mois, aucune grossesse n'est en cours. Ils n'ont jamais consulté auparavant pour ce problème.

Cette situation met en évidence l'inquiétude du couple pour avoir un enfant. Il est nécessaire d'explorer le contexte afin d'identifier si les conditions sont réunies pour permettre la grossesse. Ainsi la consultation visera à mettre en évidence s'il existe :

- une production de spermatozoïdes par l'homme;
- une libération d'ovules par la femme;
- des rapports sexuels aux périodes propices pour permettre la rencontre de l'ovule et des spermatozoïdes, c'est-à-dire au moment de l'ovulation;
- une absence de contraception locale (par de port de préservatifs ou l'emploi de spermicides...);
- une absence de malformation anatomique ou physiologique qui empêcherait l'acheminement des spermatozoïdes jusqu'à l'ovule, ce point pouvant nécessiter des examens complémentaires.

Par ailleurs, il est important de prendre en compte l'aspect psychologique car celui-ci peut être à l'origine de blocages. Il est nécessaire de rassurer le couple dès lors que l'intégrité anatomique et physiologique de leur appareil reproducteur permet cette grossesse qui est un événement naturel.

LA CONTRACEPTION

La contraception concerne en France environ 32 millions d'hommes et de femmes dans la population âgée de 18 à 45 ans. Cela n'a pas été toujours ainsi puisqu'il a fallu attendre la parution de la loi Neuwirth en décembre1967 pour qu'enfin les méthodes contraceptives bénéficient d'une large diffusion. Depuis, la France est le pays où les méthodes nécessitant une prescription médicale est le plus élevé au monde.

Actuellement, seules 5 % des femmes concernées par la contraception n'utilisent aucune méthode contraceptive.

Définition et généralités

Définition

La contraception désigne l'ensemble des moyens employés pour provoquer une infécondité temporaire [hormis la méthode de stérilisation chirurgicale] chez la femme ou chez l'homme; c'est donc l'emploi de méthodes artificielles pour empêcher la survenue d'une grossesse. Il existe plusieurs types de procédés.

Certains agissent en bloquant l'ovulation, d'autres en empêchant la fécondation ou l'implantation de l'œuf fécondé [il s'agit alors de méthodes abortives, c'est-à-dire induisant un avortement]. Certains moyens contraceptifs combinent plusieurs procédés comme modes d'action.

Généralités

La contraception a pour but de permettre aux femmes et aux familles de contrôler les naissances désirées, voire de les planifier. Pour répondre à cet objectif, la contraception doit être efficace, réversible, bien tolérée, peu coûteuse et sans risques majeurs.

Les données du Baromètre santé de l'INPES, publiées en 2005, classent les méthodes contraceptives utilisées en France. Ainsi, la pilule atteint 60,24 %, le dispositif intra-utérin 20,6 % et le préservatif 10,90 %.

Ce constat montre que le développement de la contraception reste très médicalisé en France. Par ailleurs, le taux élevé d'interruption volontaire de grossesse chez des personnes utilisant une méthode contraceptive démontre que la prescription de méthodes n'est pas toujours adaptée au mode de vie des femmes et des couples.

Les principaux moyens de contraception et leur efficacité

L'efficacité d'un moyen de contraception est évaluée par l'indice de Pearl (nombre de grossesses survenues chez 100 femmes exposées pendant 12 cycles exprimées en % année par femme).

Types de contraception	Moyens contraceptifs	Indice de Pearl (% AF) AF : année par femme
Contraception hormonale par œstroprogestatifs	Pilule œstroprogestative Patch Anneau vaginal	0,1
Contraception hormonale par progestatifs seuls	Micro-progestatifs Progestatifs de 3e génération Implant sous-cutané Macro-progestatifs	0,5 0,5 0,1
Contraception par dispositif intra-utérin (DIU)	Stérilet composé de cuivre Stérilet délivrant des progestatifs	0,7 0,7
Contraception locale	Préservatif masculin Diaphragme Spermicide	3 à 12 6 à 18 5 à 18
Méthodes naturelles	Retrait Méthode Ogino Klaus Courbe de température	17 à 25 15 2 à 6
Vasectomie/ligature des trompes	Section et ligature des conduits transportant les gamètes	0

Tableau 8.I. Différents moyens contraceptifs

Les pilules

La pilule est une contraception orale qui se présente sous la forme de comprimés. Elle peut associer les deux hormones que sont les œstrogènes et la progestérone, il s'agit alors d'une pilule combinée. Ou bien elle peut être constituée d'une seule hormone, la progestérone, il s'agit alors d'une pilule progestative.

Elle se présente sous la forme de plaquettes comprenant le plus souvent 21 comprimés ; cependant certaines d'entre elles comprennent 24 ou 28 comprimés et dans ce cas il existe un ordre de prise car tous les comprimés ne sont pas identiques (se référer à la prescription médicale).

Elle est prescrite pour une durée limitée (un an au maximum) et délivrée par périodes de trois mois.

La contraception par œstroprogestatif

C'est l'une des méthodes de première intention en l'absence de contre-indication.

L'association d'œstrogènes et de progestérone peut être combinée sous des dosages variables.

Mode d'action

– Bloque l'ovulation ;

– Modifie la glaire cervicale, ce qui empêche le passage des spermatozoïdes ;

– Amincit la paroi de l'utérus.

Contre-indications

– Grossesse et allaitement ;

– Hyperlipidémies ;

– Hypertension artérielle ;

– Cardiopathie valvulaire et insuffisance cardiaque ;

– Antécédents de thrombose veineuse et artérielle ;

– Diabète insulinodépendant non contrôlé ;

– Hépatopathies sévères ;

– Cancers hormono-dépendants (cancer du sein et de l'endomètre) ;

– Tabagisme.

Mise en place du traitement

– Interrogatoire afin de rechercher les antécédents et informer sur la mise en route du traitement ;

– Examen clinique complet : poids, pression artérielle, examens des seins et examen du col avec un frottis cervico-vaginal ;

– Examens biologiques à réaliser dans les 3 mois : glycémie à jeun, cholestérol total, HDL- cholestérol, triglycérides sanguins ;

– Prise du traitement oral au même moment de la journée dès le 1er jour du cycle pendant 21 jours (le plus souvent) suivis d'une pause de 7 jours avant la reprise d'une nouvelle plaquette ;

– Surveillance clinique et biologique à 3 et 6 mois après la 1re prescription puis tous les ans.

En cas d'oubli de comprimé inférieur à 12 heures, reprendre immédiatement le comprimé et continuer la plaquette à la même heure.
Si l'oubli dépasse 12 heures, continuer la prise en associant un contraceptif local (préservatif) jusqu'à la fin de la plaquette.

La contraception par progestatif seul

Il s'agit le plus souvent d'une pilule micro-progestative. Cette contraception est généralement prescrite dans les situations où les œstroprogestatifs sont contre-indiqués.

Mode d'action

– Modifie la glaire cervicale ;

– Modifie l'endomètre en le rendant impropre à la nidation ;
– Bloque l'ovulation pour les progestatifs de 3e génération, pour les macro-dosés et l'implant.

Contre-indications

– Cancer du sein et de l'endomètre ;
– Pathologies hépatiques sévères.

Mise en place du traitement

– Prise d'un comprimé par jour, *à heure fixe* tous les jours même pendant les règles ;
– En cas d'oubli, les modalités sont les mêmes pour les progestatifs de 3e génération et les macro-dosés, que lors d'une contraception par œstroprogestratifs.

➡ En cas d'oubli d'une contraception micro-progestative et quel que soit le délai, continuer la prise en ajoutant une contraception locale jusqu'à la fin de la plaquette.

Les dispositifs hormonaux

Le timbre hormonal

Définition

Il s'agit d'un timbre qui délivre des hormones par voie transcutanée.

Mise en place

Il s'applique sur la peau lors du premier jour des règles. Le timbre est changé toutes les semaines (toujours le même jour), pendant trois semaines, suivi d'une semaine d'arrêt.

Effets indésirables

– Tension mammaire ;
– Réactions cutanées à l'emplacement du timbre.

L'implant sous-cutané contraceptif

Définition

Il s'agit d'un dispositif qui se présente sous la forme d'un bâtonnet (plus petit qu'une allumette) qui libère progressivement de la progestérone pendant 3 ans.

Mise en place

Il est placé sous la peau de la face interne du bras, après une anesthésie locale.

Mode d'action

– Bloque l'ovulation ;
– Modifie la glaire cervicale, ce qui empêche le passage des spermatozoïdes ;
– Rend l'endomètre impropre à la nidation.

Le dispositif intra-utérin (DUI) et la contraception locale

Le dispositif intra-utérin

Définition

Il s'agit d'un petit objet en métal ou en plastique (= corps étranger), en forme de T inséré dans l'utérus en passant par le vagin. Il est le plus souvent en matière plastique. Il peut être recouvert de fil de cuivre ou délivrer de la progestérone. Il est muni de deux fils à son extrémité qui permettront de vérifier sa présence.

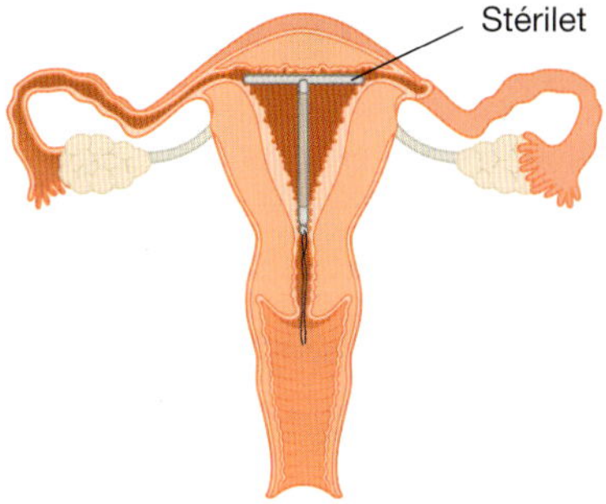

Fig. 8.8. Le stérilet

C'est la deuxième méthode de contraception privilégiée par les femmes ayant eu plusieurs enfants. Cependant, ils ne sont pas réservés aux multipares.

Son efficacité dure de 5 à 10 ans selon les modèles.

Mode d'action

- Modifie l'endomètre avec un effet anti-nidatoire par la réaction inflammatoire locale créée ;
- Altère les spermatozoïdes (présence du cuivre).

Contre-indications

- Grossesse ;
- Infection de l'appareil génital (évolutive ou récente ou salpingite récidivante) ;
- Malformations utérines ;
- Cancers du col de l'utérus ;
- Pathologies de la coagulation, traitements anticoagulants ;
- Antécédents de grossesse extra-utérine.

Inconvénients

Il peut être responsable de ménorragies et/ou de métrorragies favorisées par la réaction inflammatoire qu'il induit. Ces inconvénients sont moindres avec les stérilets contenant un progestatif.

Mise en place

- Informations préalables sur les avantages et les risques (grossesse, grossesse extra-utérine, salpingite, saignements excessifs et expulsion du dispositif) ;
- La pose est obligatoirement réalisée par un médecin, en fin de règles après une hystérométrie (mesure de la cavité utérine) ;
- Surveillance de la position du DIU au bout d'un cycle puis surveillance régulière tous les ans (par un examen au spéculum) ;
- Surveillance par la femme elle-même : elle doit contrôler la présence des fils au niveau du col au moment de la toilette.

La contraception locale

Définition

C'est une contraception qui n'a pas d'action sur la physiologie de la fonction et qui utilise des moyens ayant une action locale pour empêcher les spermatozoïdes d'atteindre les voies génitales femelles.

C'est la contraception de choix pour les adolescents ou les personnes ayant des partenaires occasionnels ou multiples.

Le préservatif masculin

C'est le plus utilisé avant le diaphragme et les spermicides.

C'est un des seuls moyens de prévention contre les infections sexuellement transmissibles (IST).

C'est un moyen de contraception imparfait parce qu'il est souvent mal utilisé.

Mise en place du préservatif masculin

- Ouvrir le préservatif au niveau de l'encoche prévue à cet effet
- Le poser sur le pénis en érection
- Pincer le réservoir et dérouler le préservatif
- Mettre du lubrifiant en cas de sécheresse vaginale
- Le retirer tout de suite après l'éjaculation
- Le nouer et le jeter dans la poubelle

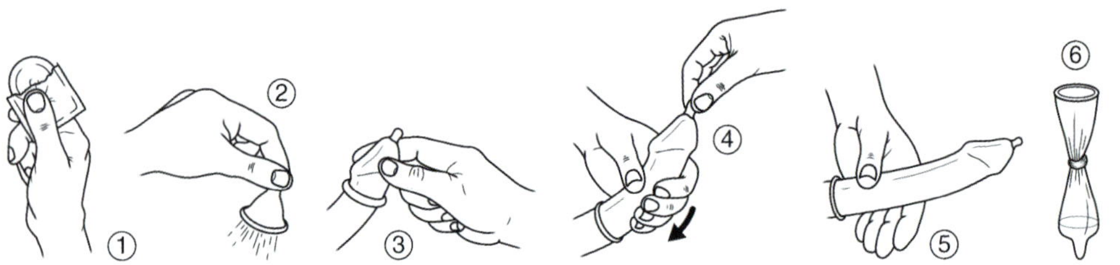

Fig. 8.9. Mise en place du préservatif masculin

Le préservatif féminin

Il se présente sous la forme d'une gaine fermée à une extrémité, de manière à couvrir le col de l'utérus et ouvert de l'autre de façon à tapisser le vagin. Il doit être mis en place avant les rapports sexuels. Le lubrifiant doit être déposé à l'intérieur et non à l'extérieur car cela pourrait le faire glisser.

Avantage : Il peut être mis en place quelques heures avant les rapports et il protège des IST.

Inconvénient : Il existe peu de distributeurs automatiques.

Comme le préservatif masculin, il est à usage unique.

Il est déconseillé d'utiliser en même temps un préservatif féminin et masculin.

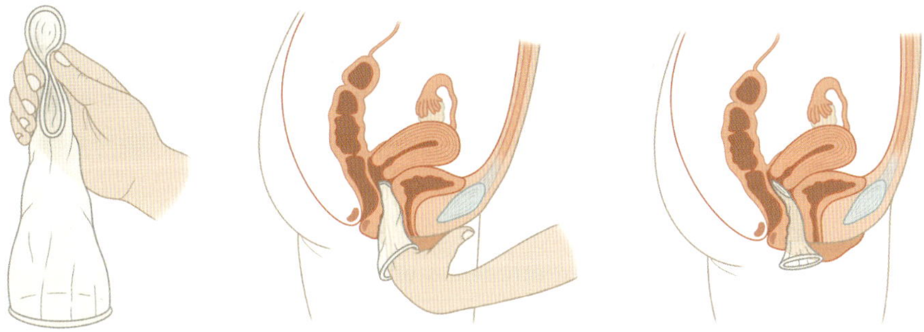

Fig. 8.10. Mise en place du préservatif féminin

Le diaphragme

Peu utilisé en France, il est prescrit par un médecin ou une sage-femme. Il doit être introduit dans le vagin, enduit de crème spermicide 2 heures avant les rapports sexuels et maintenu en place pendant 6 heures avant de le retirer pour être efficace. Il est réutilisable après lavage et séchage soigneux. Sa durée de vie est d'environ 2 ans.

Les ovules et les gels spermicides

Ce sont des produits ayant une action contraceptive locale. Leur efficacité lorsqu'ils sont utilisés seuls étant seulement de 70 % il est recommandé de les utiliser en complément d'une autre méthode contraceptive ou lorsque la fertilité est réduite (pré-ménopause). On les trouve en pharmacie sous différentes formes : gel, crèmes, ovules, comprimés, tampons... Ils agissent en détruisant ou en rendant les spermatozoïdes inactifs.

Se reporter à la notice d'emploi car il existe de grandes variations d'utilisation.

La contraception d'urgence

Définition

Il s'agit d'une pilule d'urgence, appelée abusivement « pilule du lendemain », utilisée après un rapport sexuel non protégé et possiblement fécondant. Méthode à caractère exceptionnel, elle ne devrait pas être considérée comme une méthode contraceptive.

Cette pilule, constituée de progestérone de synthèse (Lévonorgestrel), doit être absorbée dans les 72 heures (3 jours) qui suivent le rapport sexuel, en deux prises à 12 heures d'intervalle.

Elle est en vente libre c'est-à-dire sans ordonnance dans les pharmacies. Elle est gratuite pour les mineures et ne présente aucune contre-indication.

Mode d'action

Elle évite l'ovulation ou l'implantation d'un œuf fécondé.

Mise en place du traitement

– Prise orale d'un comprimé en une seule prise ;
– Prise le plus tôt possible et moins de 72 heures après le rapport à risque ; l'efficacité sera d'autant plus importante que la prise est précoce ;
– Utilisation d'un autre moyen contraceptif jusqu'aux prochaines règles ;

– Surveillance de l'apparition d'un saignement dans les trois semaines qui suivent ; en l'absence de saignement, il est nécessaire de réaliser un test de grossesse ;
– Prévention auprès de la patiente des IST et éducation sur une contraception adaptée à ses besoins.

Les méthodes de stérilisation

Elles concernent les hommes et les femmes. Elles font l'objet d'une demande du couple ou de la personne concernée. Elle peut être liée à une proposition médicale pour apporter une réponse contraceptive appropriée à une situation médicale, sociale ou culturelle particulière.

Elles doivent être présentées comme étant irréversibles et de ce fait, un délai de réflexion de quatre mois doit être respecté entre la demande et le recueil du consentement.

Il s'agit de la ligature des trompes chez la femme et des canaux déférents chez l'homme.

L'interruption volontaire de grossesse (IVG)

Définition

C'est l'expulsion du produit de la conception dont le terme légal est de 12 semaines de grossesse soit 14 semaines d'aménorrhée (SA).

Généralités

L'interruption volontaire de grossesse est légale en France depuis la loi Weil du 17 janvier 1975. Elle peut être demandée par toute femme se trouvant en situation de détresse du fait de sa grossesse.

Malgré de nombreux moyens de contraception, les IVG restent nombreuses en France puisque 220 000 sont réalisées par an dont 6 % concernent des jeunes filles mineures.

L'IVG doit être précédée de deux consultations médicales qui sont obligatoires et d'une consultation psycho-sociale facultative pour les personnes majeures.

L'IVG chez les mineures est possible sans l'accord des parents, sous réserve qu'elles soient accompagnées dans leur démarche par une personne majeure.

Toute IVG fait l'objet d'une déclaration anonyme obligatoire à la DDASS.

Méthodes d'IVG

Il existe deux types d'IVG :

L'IVG chirurgicale

Elle est pratiquée par un médecin dans un établissement hospitalier public ou privé agréé.

Elle concerne les grossesses supérieures à 8 SA.

Elle est réalisée par aspiration endo-utérine sous anesthésie générale ou locale. Elle est suivie d'une vérification de la vacuité utérine sous contrôle échographique.

Le risque d'échec est très faible mais restent les risques inhérents à la chirurgie (perforation, endométrite, synéchie[5]).

5 Adhérence pathologique, cicatricielle de deux tissus, de deux parties d'organes.

Elle est suivie d'une consultation de contrôle à J10, ainsi que d'une méthode contraceptive.

■ L'IVG médicamenteuse

Elle peut être pratiquée par des médecins de ville ayant passé une convention avec un établissement de santé. Dans ce cas, la grossesse doit être inférieure à 7 semaines d'aménorrhée.

Elle consiste en l'association de deux médicaments :

■ RU 486 (Mifégyne®) prise per os en présence d'un médecin ;

■ Prostaglandines (Cytotec®) prise orale 48 heures plus tard en hôpital de jour où la patiente reste pendant au moins 3 heures afin de permettre l'expulsion.

Durant cette période il convient d'évaluer la douleur, les saignements et d'administrer des antalgiques.

Il existe un risque d'échec (entre 15 et 25 %), d'où la nécessité d'un contrôle échographique et des β HCG à J10.

Il est impératif d'envisager une contraception dès le lendemain de l'expulsion.

Quelle que soit la méthode utilisée, il est obligatoire d'injecter des gamma globulines anti-D dans les 48 heures si la patiente est rhésus négatif, pour éviter la survenue d'une incompatibilité maternofoetale lors d'une grossesse ultérieure.

Déroulement légal lors de la demande d'IVG

La première consultation médicale peut se faire auprès de n'importe quel médecin.

■ Le diagnostic de grossesse intra-utérine évolutive est établi par un médecin (β HCG et échographie positives).

■ Les informations sur les méthodes d'IVG, les risques et sur la contraception sont délivrées.

■ Un certificat de 1re consultation avec la demande d'IVG par la patiente est rédigé par le médecin.

■ Les documents concernant l'information et le consentement de la patiente sont donnés.

■ Une consultation obligatoire avec une assistante sociale est prévue, uniquement pour les mineures, une consultation avec un psychologue doit être proposée.

Entre les deux consultations, il est prévu un délai de réflexion de 7 jours incompressible.

La deuxième consultation médicale a lieu dans un centre pratiquant les IVG.

■ La demande d'IVG écrite doit être fournie.

■ Le choix de la méthode est programmé.

■ Le choix de la contraception post-IVG est réalisé.

■ Le bilan préopératoire complet (groupe sanguin, RAI, sérologies…) est réalisé.

■ L'échographie endovaginale pour dater précisément la grossesse est réalisée.

■ La consultation d'anesthésie est effectuée s'il est prévu une méthode chirurgicale.

La patiente mineure nécessite une attention particulière.

■ Toujours proposer la présence parentale sinon la patiente mineure doit être accompagné d'une personne majeure.

■ L'entretien social est obligatoire.

■ L'IVG est gratuite pour les mineures n'ayant pas obtenu l'accord parental.

Oubli ou décalage de la prise par rapport à l'heure habituelle

≤ 3 h si pilule microprogestative
ou [sauf mention spéciale de l'AMM]
≤ 12 h si pilule combinée

↓

Prendre immédiatement le comprimé oublié

↓

Poursuivre le traitement à l'heure habituelle
[même si 2 comprimés doivent être pris le même jour]

> 3 h si pilule microprogestative
ou [sauf mention spéciale de l'AMM]
> 12 h si pilule combinée

↓

Prendre immédiatement le comprimé oublié

↓

Poursuivre le traitement à l'heure habituelle [même si 2 comprimés doivent être pris le même jour]

↓

En cas de rapport sexuel dans les 7 jours suivants **utiliser simultanément** une seconde méthode contraceptive non hormonale [par ex. **préservatifs**]

↓

En cas de *pilule combinée, si la période de sécurité de 7 jours avec préservatifs s'étend au-delà du dernier comprimé actif de la plaquette en cours* **supprimer l'intervalle libre** et démarrer la plaquette suivante le jour suivant la prise du dernier comprimé actif

↓

Par précaution, *si un rapport sexuel a eu lieu dans les 5 jours précédant* l'oubli ou si l'oubli concerne au moins 2 comprimés, utiliser une **méthode de rattrapage** [si le délai d'efficacité de cette méthode n'est pas dépassé] [accord professionnel]

Tableau 9.II. Stratégies de choix des méthodes contraceptives chez la femme

Anaes – Afssaps – Inpes / Service des recommandations professionnelles de l'Anaes / Décembre 2004

AGIR

SITUATION PROFESSIONNELLE

Mme Aber, âgée de 28 ans, vient à la médecine du travail de son entreprise, pour demander conseil à l'IDE parce qu'elle est inquiète. En effet, malgré l'arrêt de sa contraception orale depuis 5 mois, aucune grossesse n'est en cours.

1 IDENTIFIER LES DONNÉES SIGNIFICATIVES

Quelles données relève-t-on ?	Pourquoi sont-elles significatives ?
Nom	Elément important puisqu'il permet d'établir une relation personnalisée avec la patiente.
Âge : 28 ans	L'âge est un élément important à considérer dans la fonction de reproduction.
Arrêt de la contraception orale depuis 5 mois	Cet élément précise le mode de contraception antérieur et la durée de son interruption.
Absence de grossesse	C'est le motif de la visite de Mme Aber.

2 COMPRENDRE ET ÉVALUER LA SITUATION

Que faut-il comprendre ?	Évaluation
Mme A. est en âge de procréer, a priori il ne devrait pas y avoir de problème. SAVOIRS FONDAMENTAUX Fonction de reproduction ; Étapes de la vie	Aucun élément ne justifie l'absence de grossesse
La contraception orale bloque l'ovulation. La durée d'arrêt est suffisante pour que les ovulations aient pu reprendre leur rythme. SAVOIRS FONDAMENTAUX Contraception	Reprise des cycles.

Que faut-il comprendre ?	Évaluation
Une recherche d'information complémentaire est nécessaire pour expliquer l'absence de grossesse. SAVOIRS FONDAMENTAUX Fonction de reproduction ; Psychologie	A priori, une grossesse devrait être possible.

Évaluation : il s'agit d'une jeune femme en âge de procréer qui n'arrive pas à être enceinte malgré une interruption de sa contraception.

3 METTRE EN ŒUVRE LES ACTIONS

Quelles actions met-on en œuvre ?	Pourquoi ?
Conduire un entretien de recueil de données en lien avec le motif de la demande SAVOIR-FAIRE PROFESSIONNELS Démarche clinique IDE ; Soins relationnels ; Fonction de reproduction	Il est nécessaire d'explorer les habitudes du couple en matière de sexualité pour identifier des obstacles à une grossesse.
Mesurer les paramètres suivants : pouls, pression artérielle SAVOIR-FAIRE PROFESSIONNELS Soins infirmiers	Dépister des problèmes de santé latents puisque nous sommes dans le cadre d'une structure de prévention.
Réaliser une analyse d'urines SAVOIR-FAIRE PROFESSIONNELS Soins infirmiers	Dépister d'éventuelles anomalies.
Noter les résultats dans le dossier médical SAVOIR-FAIRE PROFESSIONNELS Soins infirmiers	Le dossier permet d'assurer le suivi de la personne.

4 NOTER ET ANALYSER LES RÉSULTATS OBTENUS

Résultats	Analyse des résultats de la prise en charge
Méconnaissance du cycle menstruel et des périodes fertiles Peu de rapports sexuels dans le couple Rapports non ciblés quant à la période d'ovulation	La fréquence et la période des rapports n'optimisent pas la survenue d'une grossesse.
Pouls : 85 / mn TA : 12/6 cm Hg	Résultats conformes aux normes de santé.
Analyse d'urines Sucre = 0, Sang = +, Acétone = 0	La présence de sang dans les urines est liée à la présence des règles.
Programmation d'un nouvel entretien pour conseiller Mme Aber.	Mme Aber a pris conscience de son manque de connaissance.

S'ENTRAINER

VÉRIFIER SES CONNAISSANCES

1 QROC

1. Complétez les textes lacunaires ci-dessous.

La durée du cycle menstruel est généralement de .... jours mais celui de chaque femme a une durée propre.

Le cycle menstruel comprend 3 phases :

– 1 La phase folliculaire caractérisée par une .... correspond à une phase de prolifération de la muqueuse utérine qui se prépare à la .... Au niveau du col, la glaire cervicale devient .... et .... afin de faciliter ....

– 2 Le point le plus bas de la température correspond à ....

– 3 La troisième phase est caractérisée par une .... de la température de 0,5 à 1 °C.

À la puberté, l'ovaire contient 300 000 à 500 000 follicules primordiaux. Chaque cycle sera marqué par la maturation d'un follicule de De Graff dont la rupture correspond à .... et libère ....

Après sa libération, le follicule se transforme en ....

S'il y a fécondation, celui-ci devient « .... » .... et sécrète .... et .... pendant les 3 premiers mois de la grossesse puis le relais sera pris par le ....

En l'absence de fécondation, il .... et laisse une cicatrice à la surface de l'ovaire.

2. Expliquez en 5 à 10 lignes maximum le processus de la reproduction sexuée.

3. Indiquez cinq conditions de nature différente nécessaires à une reproduction naturelle.

4. Expliquez brièvement la différence entre la mitose et la méiose.

5. Citez les hormones qui participent à la fonction de reproduction chez l'homme et précisez le ou les rôles de chacune d'elles.

6. Énumérez dans l'ordre les principaux canaux empruntés par les spermatozoïdes depuis leur lieu de production, jusqu'à l'extérieur du corps.

7. Citez les hormones qui participent à la fonction de reproduction chez la femme et précisez le ou les rôles de chacune d'elles.

8. Expliquez en quoi consiste la fécondation.

9. Différenciez monozygote et dizygotes.

10. Expliquez en deux lignes maximum l'intérêt de la division cellulaire de type méiose.

11. Citez les hormones intéressant l'appareil génital féminin sécrétées par l'hypophyse et les gonades.

12. Énoncez les différentes phases du cycle menstruel.

13. Annotez les schémas ci-dessous.

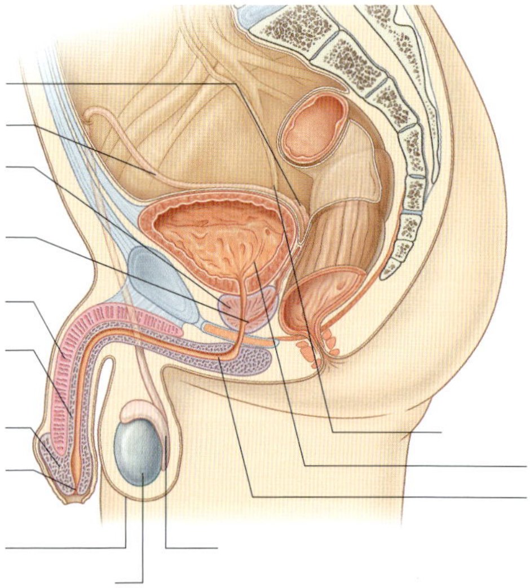

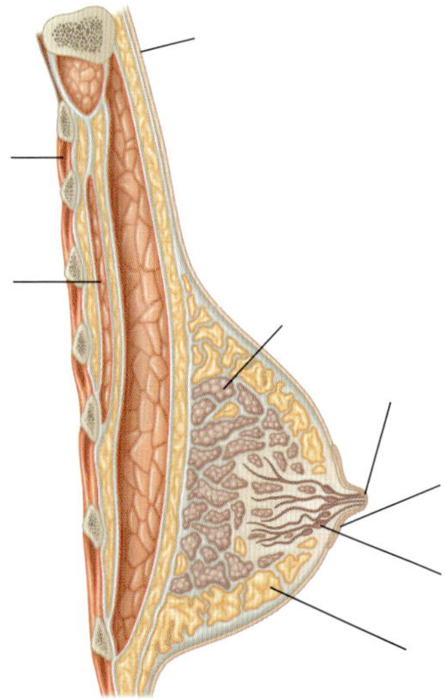

2 Répondez par Vrai ou Faux aux affirmations suivantes

1. L'ovaire sécrète :

a. les œstrogènes

b. l'ocytocine

2. L'ovaire est :

a. une glande exocrine par sa sécrétion d'hormones

b. une glande endocrine par sa production d'ovules

3. L'anatomie du col utérin comprend :

a. l'endocol

b. l'isthme utérin

c. l'exocol

4. Les glandes de Bartholin sécrètent :

a. un liquide de dilution des spermatozoïdes

b. un liquide lubrifiant

c. un liquide séminal

5. L'utérus est composé :

a. d'une tunique séreuse externe

b. d'une tunique fibreuse : l'endomètre

c. d'une tunique vascularisée : le myomètre

6. Le cycle ovarien comprend :

a. la phase folliculaire du 1er au 13e jour

b. la phase lutéale du 18e au 28e jour

CORRIGÉS

VÉRIFIER SES CONNAISSANCES

1 QROC

1. La durée du cycle menstruel est généralement de **28** jours mais celui de chaque femme a une durée propre.

Le cycle menstruel comprend 3 phases :

– 1 La phase folliculaire caractérisée par une **hypothermie** correspond à une phase de prolifération de la muqueuse utérine qui se prépare à la **nidation éventuelle de l'œuf fécondé**. Au niveau du col, la glaire cervicale devient **fluide et abondante** afin de faciliter **l'ascension des spermatozoïdes**.

– 2 Le point le plus bas de la température correspond à **l'ovulation**.

– 3 La troisième phase est caractérisée par une **élévation** de la température de 0,5 à 1 °C.

À la puberté, l'ovaire contient 300 000 à 500 000 follicules primordiaux. Chaque cycle sera marqué par la maturation d'un follicule de De Graff dont la rupture correspond à l'**ovulation** et libère l'**ovocyte**.

Après sa libération, le follicule se transforme en **corps jaune**.

S'il y a fécondation, celui-ci devient **« corps jaune gravidique »** et sécrète **œstrogène** et **progestérone** pendant les 3 premiers mois de la grossesse puis le relai sera pris par le **placenta**.

En l'absence de fécondation, il **s'atrophie** et laisse une cicatrice à la surface de l'ovaire.

2. Le processus de la reproduction sexuée

La reproduction sexuée nécessite pour qu'elle soit possible deux types d'individus, de sexe différent : les hommes et les femmes. Le phénomène fondamental de la reproduction correspond à la fusion de deux gamètes : un gamète mâle, le spermatozoïde, et un gamète femelle, l'ovule, qui donnent naissance à un œuf. Ce processus particulier se nomme la fécondation.

Les gamètes sont produits par des organes spécifiques appelés gonades qui sont les testicules chez l'homme et les ovaires chez la femme.

3. Pour être possible de façon naturelle, la reproduction nécessite :

– que l'appareil génital de l'homme et de la femme soient correctement constitués d'un point de vue anatomique ;

– que ces deux appareils fonctionnent normalement du point de vue physiologique ;

– que les spermatozoïdes soient fabriqués, qu'ils se déplacent et qu'ils soient mis dans les voies génitales femelles ; en effet, le nombre de spermatozoïdes doit être suffisant et ils doivent être de bonne qualité tant dans leur morphologie que dans leur motilité, pour qu'un seul parvienne à pénétrer à l'intérieur de l'ovule ;

– qu'un ovule soit libéré par l'ovaire et qu'il puisse migrer dans les voies génitales femelles ;

– que la « libération » des deux types de gamètes se fasse à la même période pour que la rencontre soit possible et éviter ainsi les rendez-vous manqués ;

– que les autres fonctions intervenant dans la reproduction, notamment la fonction endocrinienne, ne présentent pas d'altération.

4. La différence entre la mitose et la méiose

Chaque cellule du corps humain possède un noyau qui contient 46 chromosomes (soit 23 paires). Dans le cadre général de la multiplication des cellules, une cellule mère donne naissance à deux cellules filles identiques, contenant chacune 46 chromosomes. Cette multiplication correspond à la mitose.

Concernant la reproduction des cellules sexuelles, les cellules germinales (qui donneront naissance aux gamètes après des évolutions successives) se divisent selon un mécanisme différent – la méiose – qui aboutit à la formation des gamètes qui ont la moitié du nombre initial de chromosomes (n chromosomes), afin que l'œuf nouvellement formé dispose de 46 chromosomes (2 n chromosomes), 23 apportés par le spermatozoïde et 23 par l'ovule, ce qui aboutit au final à 46 chromosomes.

5. Les hormones qui participent à la fonction de reproduction chez l'homme sont les hormones hypophysaires FSH (hormone folliculostimulante) et LH (hormone lutéinisante), qui sont sous la dépendance de l'hypothalamus.

La folliculostimuline favorise l'activité des testicules et donc le développement des spermatozoïdes et l'hormone lutéinisante stimule la fabrication de la testostérone.

La testostérone permet le développement des spermatozoïdes, des caractères sexuels secondaires (c'est-à-dire les caractères qui différencient les hommes des femmes) et le maintien des organes de la reproduction.

6. Le trajet suivi par les spermatozoïdes du lieu de production à l'extérieur du corps est le suivant : l'épididyme, le canal déférent, le canal éjaculateur, l'urètre.

7. Les hormones qui participent à la fonction de reproduction chez la femme.

Les gonades de la femme sont sous l'influence de deux hormones hypophysaires sécrétées à partir de la puberté : la folliculostimuline et l'hormone lutéinisante. Ces deux hormones sont elles-mêmes sous la dépendance de l'hypothalamus.

Les ovaires sont les gonades qui assurent la sécrétion des hormones sexuelles femelles : œstrogène et progestérone.

8. La fécondation est le résultat de l'union de deux cellules haploïdes (c'est-à-dire à n chromosomes) : un spermatozoïde et un ovule qui en fusionnant reconstituent une cellule diploïde (à 2 n chromosomes) appelé zygote, dont les divisions successives donneront naissance à un nouvel individu.

La fécondation correspond à la formation d'un œuf qui deviendra un embryon, puis un fœtus et enfin un nouvel individu à part entière.

9. Monozygote et dizygote

Généralement, un seul spermatozoïde féconde l'ovule. Cependant l'œuf ainsi formé peut parfois se diviser en deux et donner naissance à deux individus identiques dits « monozygotes » puisque issus d'un seul et même œuf. Ainsi leurs caractéristiques seront identiques : même sexe, même morphologie, même groupe sanguin...

Quelquefois, deux ovules sont fécondés, il s'agit alors d'individus dizygotes. Leurs caractéristiques seront alors aussi différentes que peuvent l'être celles de deux enfants d'une même famille.

10. La méiose permet la réduction de moitié du nombre de chromosomes des cellules sexuelles et le brassage du matériel génétique.

11. Les hormones sécrétées par l'hypophyse sont : la FSH, la LH, la prolactine, l'ocytocine.

Les hormones sécrétées par les ovaires sont : les œstrogènes et la progestérone.

12. Les 3 phases du cycle menstruel sont :
– la phase préovulatoire ou folliculaire ;
– l'ovulation ;
– la phase post ovulatoire ou folliculoprogestative.

13. Voir figures 8.3 et 8.7

2 Vrai ou Faux

1. L'ovaire sécrète :
a. les œstrogènes. Vrai
b. l'ocytocine. Faux

2. L'ovaire est :
a. une glande exocrine par sa sécrétion d'hormones. Faux
b. une glande endocrine par sa production d'ovules. Faux

3. L'anatomie du col utérin comprend :
a. l'endocol. Vrai
b. l'isthme utérin. Faux
c. l'exocol. Vrai

4. Les glandes de Bartholin sécrètent :
a. un liquide de dilution des spermatozoïdes. Faux
b. un liquide lubrifiant. Vrai
c. un liquide séminal. Faux

5. L'utérus est composé :
a. d'une tunique séreuse externe. Vrai
b. d'une tunique fibreuse : l'endomètre. Faux
c. d'une tunique vascularisée : le myomètre. Faux

6. Le cycle ovarien comprend :
a. la phase folliculaire du 1er au 13e jour. Vrai
b. la phase lutéale du 18e au 28e jour. Faux

9 La fonction endocrinienne

COMPRENDRE

Le système étudié dans ce chapitre est composé d'organes, appelés glandes, répartis dans le corps humain. Il est communément appelé système endocrinien ou système hormonal. En effet, chaque glande endocrine sécrète des substances, appelées hormones. Ces hormones ont des actions spécifiques qui vont contrôler l'ensemble des fonctions de l'organisme.

Le fonctionnement du système endocrinien est étroitement lié à celui du système nerveux autonome ou SNA[1] qui agit sur les muscles et sur certaines glandes comme les médullosurrénales ou l'hypothalamus par exemple.

GÉNÉRALITÉS

Définitions

Le système endocrinien

Il est constitué de glandes appelées glandes endocrines (*endo* : en dedans) qui sont des organes constitués de cellules qui sécrètent leur produit, les hormones, dans le liquide interstitiel. Les sécrétions diffusent ensuite dans les vaisseaux capillaires, et le sang les transporte jusqu'à des cellules cibles disséminées dans l'organisme.

Les principales glandes sont : l'hypothalamus, l'hypophyse, la thyroïde, les parathyroïdes, les glandes surrénales, les gonades (ovaires chez la femme, testicules chez l'homme), les îlots pancréatiques dits îlots de Langerhans, le thymus, la glande pinéale ou épiphyse.

Les hormones

Il existe deux types d'hormones.

- Les hormones sécrétées par une glande endocrine. Elles sont déversées dans le sang et régulent un organe ou un tissu cible situé dans un organe distant. Elles régulent les processus métaboliques de la plupart des cellules et interviennent dans la croissance, la nutrition, l'utilisation d'énergie, la balance hydro-électrolytique, la reproduction et la réponse au stress.

1 Le système nerveux autonome (SNA) est la partie du système nerveux périphérique qui contrôle les fonctions involontaires nécessaires à la régulation de l'homéostasie. La fréquence cardiaque, la pression artérielle, les sécrétions digestives dépendent du SNA. Il fournit l'innervation motrice des muscles lisses involontaires, du myocarde et des glandes.
Le SNA est composé des systèmes sympathique et parasympathique.

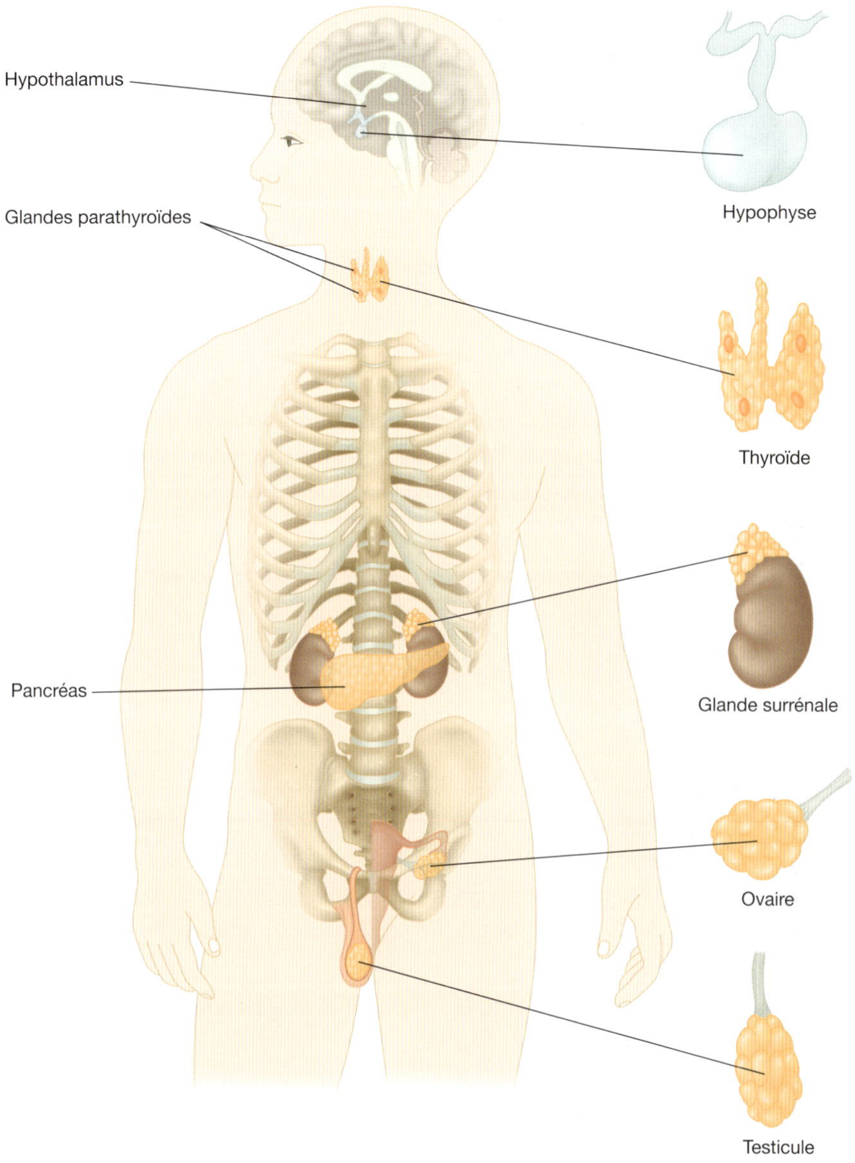

Fig. 9.1. Siège des glandes endocrines

■ Les hormones sécrétées par certains tissus. Elles agissent localement mais n'appartiennent pas au système endocrinien. Ce sont l'histamine, la sérotonine, les prostaglandines et les hormones gastro-intestinales.

- *L'histamine*, sécrétée par les mastocytes et les basophiles, intervient dans le processus inflammatoire, au niveau des bronches et du tractus alimentaire ; elle stimule aussi la sécrétion de suc gastrique.

– *La sérotonine*, présente dans les plaquettes, le cerveau et les parois intestinales, agit au niveau des intestins et de l'homéostasie.

– *Les prostaglandines*, substances lipidiques présentes dans la plupart des tissus, agissent sur la réponse inflammatoire, la pression artérielle, la fièvre, la coagulation sanguine. Elles interviennent également lors de l'accouchement et elles potentialisent la douleur.

– *Les hormones gastro-intestinales* telles que la sécrétine, la gastrine et la cholécystokinine agissent sur la sécrétion du suc gastrique.

L'activité hormonale

Les récepteurs

L'activité des hormones dépend des récepteurs spécifiques des cellules cibles. Les hormones agissent uniquement sur des cellules cibles en se liant chimiquement à des récepteurs spécifiques qui sont des protéines ou des glycoprotéines. Une cellule cible possède plusieurs milliers de récepteurs pour une même hormone. La structure des hormones influence le délai d'action de celles-ci.

Les récepteurs peuvent être :

- membranaires (donc présents à la surface des cellules) ; c'est le cas des *récepteurs de l'insuline* ;
- intracytoplasmatiques (à l'intérieur de la cellule) ; c'est le cas des *récepteurs du cortisol et des hormones sexuelles.*

Les classes

Il existe deux classes d'hormones qui n'exercent pas leur action de la même manière, selon qu'elles sont liposolubles (formées à partir du cholestérol et solubles dans les lipides) ou hydrosolubles (formées à partir de plusieurs acides aminés et solubles dans l'eau).

Le plasma étant un milieu aqueux, les hormones hydrosolubles peuvent circuler sous forme libre, alors que les hormones liposolubles vont devoir se lier à des protéines de transport plasmatique comme l'albumine.

La réponse hormonale dépend à la fois de la cellule cible et de l'hormone, liposoluble ou hydrosoluble.

Les cellules cibles peuvent réagir de différentes façons à une même hormone.

Exemple : l'insuline peut stimuler la synthèse du glycogène dans les cellules du foie et celle des glycérols dans les adipocytes (cellules des tissus graisseux).

- Les hormones liposolubles vont se lier à des récepteurs situés à l'intérieur des cellules cibles. Le complexe hormone-récepteur va stimuler ou inhiber des gènes spécifiques de l'ADN du noyau. La retranscription de l'ADN en ARN messager[2] (ARNm) va permettre la synthèse de nouvelles protéines qui vont modifier l'activité de la cellule et déclencher la réponse physiologique propre à l'hormone.

2 Les doubles brins d'ADN (acide désoxyribonucléique) sont rompus dans le noyau. Un des deux brins va servir de matrice pour la synthèse d'un bras d'ARN (acide ribonucléique) messager dont la séquence sera complémentaire de celle du brin d'ADN transcrit. Puis la molécule d'ARNm synthétisée va être transférée dans le cytoplasme pour y être traduite en protéine.

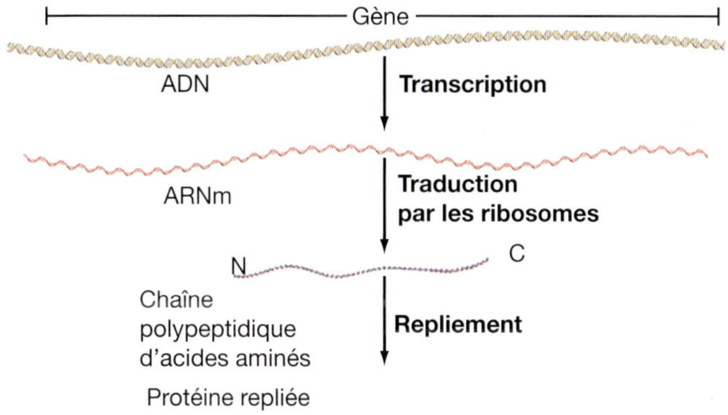

Fig. 9.2. La syntèse des protéines

■ Les hormones hydrosolubles vont, elles, se lier à des récepteurs situés sur la membrane des cellules cibles. La liaison de ces hormones à leurs récepteurs spécifiques fait office de premier messager. Celui-ci va déclencher une réaction cellulaire durant laquelle la cellule cible va fabriquer un second messager. Ce second messager va pouvoir à son tour, activer des enzymes intracellulaires, modifier la perméabilité de la membrane cellulaire ou réguler la transcription des gènes.

Exemple : pour l'hormone mélanotrope ou MSH, les effets de la MSH[3] passent par sa fixation sur un récepteur membranaire spécifique appelé MCR (pour *Melanocortin Receptor*) exprimé normalement par les mélanocytes de la peau. La fixation de la MSH à son récepteur entraîne une voie de signalisation intra-cellulaire impliquant le calcium comme second messager.

Le mode d'action

Le mode d'action des hormones, suivant qu'elles sont liposolubles ou hydrosolubles, permet une grande adaptabilité vitale en terme d'homéostasie.

Ainsi, les hormones hydrosolubles agissent de façon rapide avec des effets immédiats, c'est le cas des catécholamines qui ont une action rapide faisant fonction d'alarme et permettant de donner à l'organisme des conditions optimales pour combattre le stress. À l'inverse, les hormones liposolubles ont des effets retardés de quelques heures à quelques jours ; c'est le cas des glucocorticoïdes impliqués dans la régulation énergétique de la plus grande partie des cellules de l'organisme et qui augmentent la résistance au stress.

L'action d'une hormone peut aussi s'intensifier grâce à la participation conjointe d'une autre hormone : on parle alors d'effet synergique[4].

Exemple : le glucagon pancréatique et le cortisol (glucocorticoïde) sont deux hormones qui augmentent la glycémie.

3 Les effets de la MSH sont décrits plus loin au chapitre B2.

4 Synergie : mise en commun de moyens qui se renforcent pour aboutir à un même but. Ici, ce sont deux hormones qui, si elles agissent ensemble, ont une plus grande efficacité sur l'augmentation de la glycémie.

À l'inverse, l'action d'une hormone peut s'opposer à l'action d'une autre hormone, on parle alors d'effet antagoniste.

Exemple : le glucagon qui a une action hyperglycémiante va s'opposer à l'action de l'insuline qui est une hormone hypoglycémiante.

La régulation de la sécrétion hormonale

L'activité sécrétoire hormonale est régulée par 3 types de stimuli qui sont la présence d'autres hormones, la concentration sanguine en ions et/ou en nutriments et enfin l'action du système nerveux.

Exemples de régulation hormonale pour chacun des stimuli.

- Présence d'autres hormones : c'est le cas de la régulation hormonale intervenant dans l'axe hypothalamo-hypophysaire. Les phases vont s'enchaîner comme suit : la sécrétion d'une hormone par l'hypothalamus va entraîner la sécrétion d'une hormone de l'hypophyse qui va à son tour déclencher la synthèse d'une troisième hormone.
- Concentration des composantes chimiques du sang telles que les ions (Ca^{++}, Na^{+}...) et des nutriments (glucose, acides aminés, acides gras...) : c'est le cas de la régulation hormonale du métabolisme phosphocalcique. La concentration du Ca^{++} régule directement la sécrétion de la parathormone par les glandes parathyroïdes. C'est aussi le cas de la régulation hormonale du métabolisme des glucides : la glycémie va réguler la sécrétion d'insuline par le pancréas.
- En cas de stress, le système nerveux agit dans la régulation des catécholamines, de la façon suivante : des influx nerveux en provenance du système nerveux sympathique aboutissent directement dans la médullosurrénale pour déclencher la sécrétion des catécholamines dans le sang. C'est parce qu'elles sont aussi soumises à l'influence directe du système nerveux que les catécholamines sont appelées des neurotransmetteurs.[5]

La plupart des mécanismes de régulation hormonale fonctionnent par rétro-inhibition ou rétrocontrôle négatif.

La baisse des taux sanguins d'une hormone donnée va stimuler la sécrétion hypothalamique (voir le premier exemple cité plus haut). À l'inverse, l'élévation persistante des taux sanguins de cette même hormone va inhiber la sécrétion hypothalamique.

Il existe quelques mécanismes fondés sur le rétrocontrôle positif ou rétro activation. Ainsi, durant l'accouchement, l'ocytocine va activer les contractions utérines qui vont à leur tour stimuler la libération d'ocytocine.

5 La noradrénaline a la particularité d'être à la fois une hormone et un neurotransmetteur.

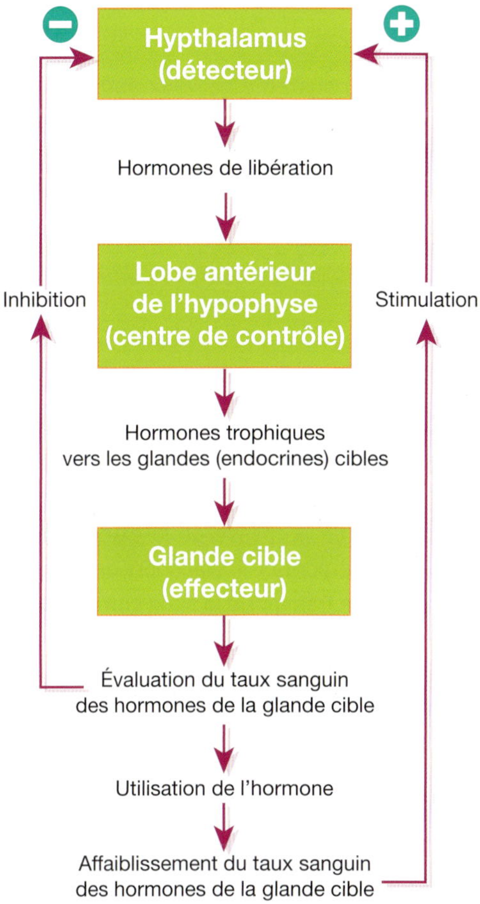

Fig. 9.3. Régulation par rétroaction négative de la sécrétion d'hormones par le lobe antérieur de la glande pituitaire

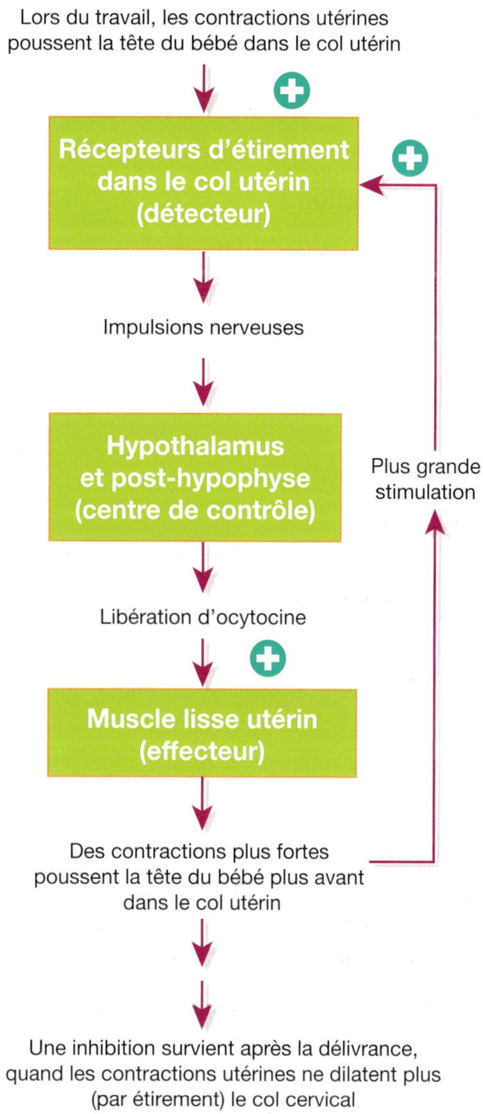

Fig. 9.4. Régulation de la sécrétion d'ocytocine par un mécanisme de rétroaction positive

ANATOMIE ET PHYSIOLOGIE DES GLANDES ENDOCRINES

L'hypothalamus

La glande

Elle est située sous le thalamus, proche du chiasma optique.

L'hypothalamus est vascularisé par les branches collatérales basales de l'artère cérébrale antérieure et par les branches perforantes des artères communicantes postérieures et antérieures (voir figure 9.1).

Les hormones synthétisées

Les cellules neuro-sécrétrices de l'hypothalamus sécrètent cinq hormones de libération (libérine ou *releasing*)[6] qui stimulent la sécrétion des hormones de l'adéno-hypophyse (voir le tableau 9.1).

La régulation

L'hypothalamus reçoit des signaux du système limbique, du système nerveux autonome (sympathique et parasympathique), du thalamus et de la formation réticulaire, de même que des signaux sensoriels de la rétine et des viscères[7]. L'hypothalamus est donc à la fois un centre important de régulation du système nerveux mais aussi une glande endocrine essentielle.

L'hypophyse

La glande

Elle est reliée à l'hypothalamus par une tige : l'infundibulum.

Elle est située dans la selle turcique de l'os sphénoïde et se divise en 2 parties anatomiquement et fonctionnellement distinctes : l'adénohypophyse et la neurohypophyse.

L'adénohypophyse, ou lobe antérieur, constitue environ 75 % de la masse de la glande. Sa vascularisation par le système porte hypothalamo-hypophysaire permet le transport des hormones hypothalamiques jusqu'à l'hypophyse. Ce type de système transporte le sang entre deux réseaux capillaires sans passer par le cœur.

La neurohypophyse contient les axones et les terminaisons axonales de plus de 100 000 neurones dont les corps cellulaires sont situés dans les noyaux supra-optique et paraventriculaire de l'hypothalamus.

Les hormones synthétisées

Par l'adénohypophyse (lobe antérieur)

Les hormones de l'adénohypophyse sont divisées en deux groupes, les stimulines ou hormones contrôlant la sécrétion d'autres glandes, et les hormones ayant un rôle propre.

Les stimulines ou hormones qui contrôlent la sécrétion d'autres glandes sont au nombre de 4.

- *L'ACTH*, ou hormone corticotrope, contrôle la production du cortisol et des androgènes surrénaliens.
- *La TSH*, ou thyréostimuline, contrôle la production des hormones thyroïdiennes T3 et T4 et stimule la croissance.

6 Libérine et *releasing* sont deux suffixes qui, suivant la dénomination française ou anglaise de l'hormone, sont synonymes de libération. Libérine en français pour libération, *releasing* vient du verbe anglais *release* qui veut dire : lâcher, relâcher, détendre.
Exemple : TRH traduite en francais : thyréolibérine et TRH traduite en anglais : *Thyrotropin-Releasing-Hormone*.

7 Se référer au chapitre « le système nerveux » dans lequel est expliqué le rôle de l'hypothalamus dans la régulation du système nerveux.

– *La FSH*, ou hormone folliculostimulante, contrôle la production d'œstrogène et la maturation des ovules et des spermatozoïdes.

– *La LH*, ou hormone lutéinisante, contrôle la production de la progestérone chez la femme et de la testostérone chez l'homme, en association avec la FSH.

Les hormones ayant un rôle propre sont au nombre de 3.

– *L'hGH*, ou hormone de croissance, a une action sur tous les tissus afin d'augmenter la synthèse protéique et glucidique. Chez l'enfant et chez l'adolescent, elle augmente le rythme de croissance du squelette et des muscles squelettiques. Chez l'adulte, elle participe au maintien des masses osseuses et musculaires, favorise la cicatrisation et la réparation des tissus. Elle augmente la lipolyse (libération d'acides gras par le tissu adipeux), diminue la captation cellulaire du glucose et stimule la libération du glucose hépatique dans le sang.

– *La PRL*, ou prolactine, amorce et entretient la lactation.

– *La MSH*, ou hormone mélanotrope, agit notamment sur les mélanocytes de la peau en provoquant la synthèse de mélanine en réponse aux rayons ultraviolets. La mélanine est, parmi les pigments principaux, responsable de la coloration des téguments dans le règne animal. La couleur de la peau, des cheveux et des yeux chez l'homme dépend principalement de son type et de sa concentration. C'est la mélanine qui fait bronzer et protège ainsi l'ADN des cellules de la peau des rayons ultraviolets (surtout UVB) du soleil. Lors d'une exposition prolongée au soleil, le corps fabrique davantage de mélanine, pour mieux être protégé contre les UV. La mélanine agit en les absorbant et en restituant sous forme de chaleur l'énergie reçue.

■ Par la neurohypophyse (lobe postérieur)

La neurohypophyse ne synthétise pas d'hormone mais elle en emmagasine et en libère deux : l'ocytocine et l'ADH (ou hormone antidiurétique ou vasopressine).

Ces deux hormones sont produites dans les corps cellulaires des cellules neurosécrétrices situées dans les noyaux supra-optiques et paraventriculaires de l'hypothalamus. Elles sont acheminées rapidement le long des axones des cellules nerveuses jusqu'à la neurohypophyse.

L'ocytocine, lors de l'accouchement, augmente la force de contraction du muscle utérin. Elle intervient également dans la lactation au niveau de l'éjection du lait des canaux galactophores.

L'hormone antidiurétique (ADH) agit au niveau des reins, des glandes sudoripares et des vaisseaux afin de maintenir l'équilibre hydro-électrolytique.

– Au niveau des reins, elle réduit la diurèse (émission d'urine) et favorise la réabsorption de l'eau afin de maintenir le volume et l'osmolarité sanguine[8].

– Au niveau des glandes sudoripares, elle réduit la perte d'eau par la transpiration cutanée.

– Au niveau des vaisseaux, elle provoque la constriction des artérioles, ce qui entraine une élévation de la pression sanguine artérielle.

8 La membrane cellulaire se comporte comme une membrane semi-perméable. Les mouvements transmembranaires d'eau et d'électrolytes (comme le sodium par exemple) entre les secteurs extra et intra-cellulaires régissent la concentration plasmatique des électrolytes. L'osmolarité sanguine est la concentration moléculaire de toutes les particules osmotiquement actives contenues dans une solution. L'osmolarité s'exprime en osmoles ou milliosmoles par litre. Cette mesure a son importance pour le diagnostic et le traitement des anomalies de l'hydratation.

La régulation

Les hormones de l'adénohypophyse

Le mécanisme de régulation par rétrocontrôle négatif concerne les sécrétions des cellules thyréotropes, gonadotropes et corticotropes.

D'autres facteurs entrent en jeu dans la régulation hypothalamo-hypophysaire.

Le principal régulateur de l'hormone de croissance (GH) est la glycémie. Une hypoglycémie augmentera la production de GH et au contraire, une hyperglycémie la fera diminuer.

La production de l'hormone de croissance est favorisée par le sommeil profond, le stress, le glucagon sécrété par le pancréas, et est inhibée par le sommeil paradoxal (phase du sommeil où les rêves sont présents), la carence affective, l'obésité, des hormones thyroïdiennes basses.

Un taux d'œstrogènes élevé va augmenter la sécrétion de l'hormone hypothalamique PIH ou dopamine et diminuer la sécrétion de la prolactine hypophysaire.

La succion du nourrisson lors de l'allaitement diminue la sécrétion hypothalamique de la dopamine.

Le stress, l'hypoglycémie, les traumatismes, augmentent la production d'ACTH et par voie de conséquence celle des glucocorticoïdes.

La libération de l'ocytocine et de l'hormone anti-diurétique

La libération de ces deux hormones est sous le contrôle d'influx nerveux venant de l'hypothalamus.

Une libération réflexe d'ocytocine survient en réponse à la tétée, ce qui a pour effet d'éjecter davantage de lait, c'est un exemple de rétrocontrôle positif déjà cité précédemment.

La régulation de l'hormone anti-diurétique dépend de la pression osmotique[9] dont l'élévation va stimuler les osmorécepteurs de l'hypothalamus et provoquer la synthèse et la libération de l'hormone anti-diurétique.

Une pression osmotique basse va au contraire inhiber les osmorécepteurs et donc réduire ou stopper la sécrétion de l'hormone anti-diurétique.

La thyroïde

La glande

La thyroïde est un organe en forme de papillon, située à la partie antérieure du cou au niveau des vertèbres C5-D1. Constituée par deux lobes joints par un isthme, elle se trouve en avant et de chaque côté de la trachée et en dessous du larynx.

La thyroïde est très vascularisée, elle reçoit 80 à 100 ml de sang par minute.

Elle est innervée par le nerf récurrent (branche du nerf vague ou nerf X ayant une fonction motrice au niveau de la déglutition et de la phonation).

9 Force requise pour empêcher les mouvements de l'eau à travers la paroi cellulaire.

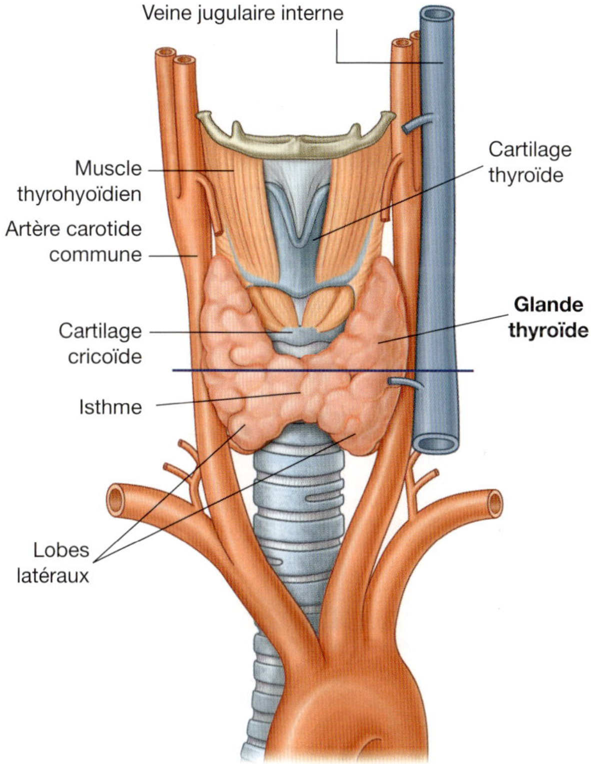

Fig. 9.5. Vue antérieure de la thyroïde

La glande thyroïde est constituée de follicules thyroïdiens qui sécrètent deux hormones :

- la thyroxine, ou tétra-iodothyronine, ou T4, appelée ainsi car elle contient 4 atomes d'iode ;
- la tri-iodothyronine, ou T3, qui porte 3 atomes d'iode ainsi qu'un petit nombre de cellules, les cellules para-folliculaires ou cellules C, qui produisent la calcitonine.

Les hormones synthétisées

La thyroïde est la seule glande endocrine qui emmagasine en grande quantité les produits qu'elle sécrète. Elle a normalement une réserve de 100 jours. Elle sécrète trois hormones.

Les hormones T3 et T4

Les hormones T3 et T4 sont synthétisées par la fixation d'atomes d'iode à un acide aminé, la tyrosine.

Ces deux hormones liposolubles sont stockées. La sécrétion se fait grâce à la diffusion à travers la membrane plasmique, puis passage dans le liquide interstitiel et dans la circulation sanguine.

Le transport de ces hormones se fait à 99 % grâce à la « globuline liant la thyroxine », la TBG ou *Thyroxin-Bending-Globulin*.

La T4 est sécrétée en plus grande quantité, la T3 est plus puissante. Elles agissent sur :

– le métabolisme basal[10] en stimulant l'utilisation de l'oxygène cellulaire afin de produire de l'ATP ; cette production d'ATP produit de la chaleur (effet calorigène) et agit donc sur le maintien de la température corporelle ;

– le métabolisme cellulaire en stimulant la synthèse des protéines et l'utilisation du glucose pour la production de l'ATP, en augmentant la lipolyse et l'excrétion du cholestérol dans la bile, diminuant ainsi le taux de cholestérol dans le sang ;

– le système cardiovasculaire en renforçant les effets des catécholamines sécrétées par les médullosurrénales (augmentation de la fréquence cardiaque, augmentation de la pression artérielle, augmentation du débit sanguin destiné au cœur, au foie, aux muscles squelettiques et aux tissus adipeux) ;

– la croissance du tissu nerveux avec le concours de l'insuline et de l'hormone de croissance.

■ **La calcitonine**

La calcitonine agit dans la régulation phosphocalcique. Elle abaisse le taux sanguin de calcium et de phosphates en inhibant la résorption osseuse par les ostéoclastes, en accélérant leur incorporation dans la matrice osseuse et en augmentant l'excrétion urinaire du calcium et des phosphates.

La régulation

La régulation de la sécrétion des hormones thyroïdiennes se fait :

■ grâce à la thyréostimuline (TRH) au niveau de l'hypothalamus et à la thyrotrophine (TSH) au niveau de l'adénohypophyse qui stimulent la synthèse et la sécrétion thyroïdienne des T3 et T4 ;

■ dans certaines conditions (telles les hypoglycémies, la haute altitude, la grossesse, l'exercice, le stress...)

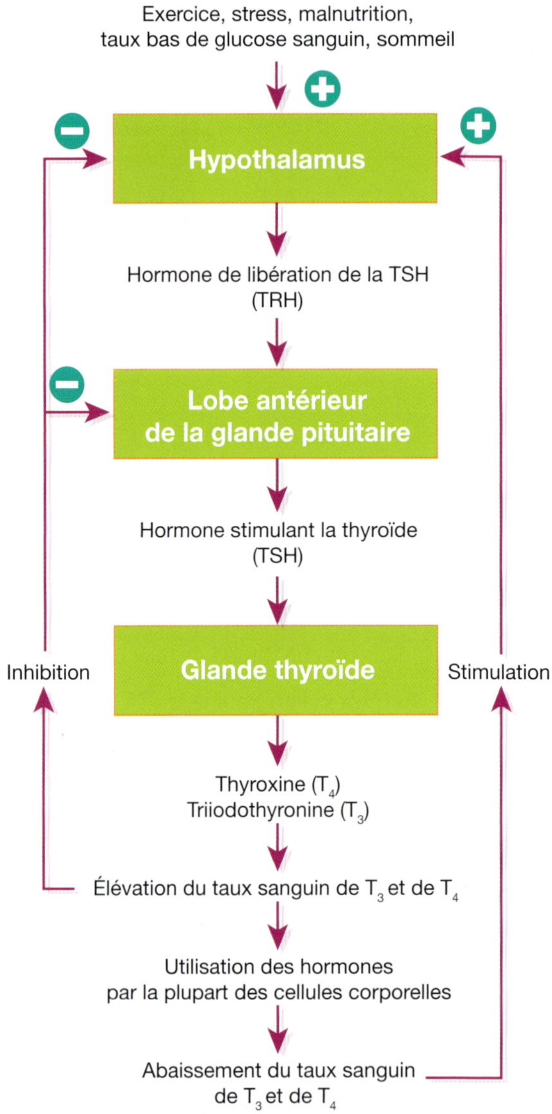

Fig. 9.6. Régulation de la sécrétion de thyroxine et de triiodothyronine par mécanisme de rétroaction négative

10 Métabolisme basal : taux de consommation d'oxygène par les cellules au repos depuis au moins 12 heures et à jeun.

qui provoquent une augmentation de la consommation d'ATP (adénosine triphosphate) et de la sécrétion de ces hormones ;

- par rétrocontrôle négatif lorsque les taux d'hormones sont élevés, il y a alors inhibition de la libération des hormones hypothalamo-hypophysaires.

La libération de la calcitonine dépend directement de l'élévation de la calcémie. La glande thyroïde agit donc à la fois comme récepteur et comme centre de régulation, sans passer par l'hypophyse.

Les parathyroïdes

La glande

Les parathyroïdes sont des petites masses de tissus arrondies fixées à la face postérieure des lobes latéraux de la glande thyroïde. Habituellement, elles sont au nombre de 4, deux glandes sur chaque lobe thyroïdien.

Les hormones synthétisées

L'hormone sécrétée est la parathormone (PTH). Cette hormone maintient les taux de calcium plasmatique dans les limites de l'homéostasie. Elle agit en interaction avec la calcitonine et les métabolites de la vitamine D. Ses principaux organes cibles sont l'os, les reins et le tube digestif.

L'influence de la parathormone dans la régulation phosphocalcique est plus importante que celle de la calcitonine. Elle a une action au niveau du système osseux, du système urinaire et du système digestif.

- Sur le système osseux, la parathormone stimule les ostéoclastes de l'os qui réabsorbent la matrice osseuse en libérant des ions calcium et phosphates dans le sang.
- Sur le système urinaire, les reins, au niveau du tubule rénal, réabsorbent le calcium et excrètent des phosphates. À leur niveau, la parathormone permet la conversion de la vitamine D en une forme active, le calcitriol ou 1-25 dihydroxycholécalciférol.
- Sur le système digestif, le calcitriol agit sur les cellules intestinales en augmentant l'absorption du calcium alimentaire.

La régulation

La libération de la parathormone est stimulée par l'hypocalcémie et inhibée par l'hypercalcémie.

Les surrénales

La glande

Les glandes surrénales sont au nombre de deux, de forme triangulaire, chacune coiffant un rein. Elles sont situées profondément dans l'abdomen, derrière le péritoine. Leur vascularisation est assurée par des branches de l'aorte, des artères rénales et phréniques.

Chaque glande est divisée en deux régions distinctes sur des plans structural et fonctionnel.

On trouve en périphérie un grand cortex surrénal, ou région corticosurrénale, qui forme 80 à 90 % de la masse de la glande. Il est entouré par une capsule et comprend trois couches différentes : la glomérulée, la fasciculée et la réticulée qui produisent chacune des hormones spécifiques.

On trouve au centre une petite zone, la médullo-surrénale.

Les hormones synthétisées

Par le cortex surrénalien

Les hormones produites par le cortex sont des hormones stéroïdiennes dérivées du cholestérol et dénommées corticostéroïdes.

La zone glomérulée contient des groupes de cellules qui sécrètent des hormones appelées minéralocorticoïdes, la principale étant l'aldostérone (95 % de l'activité).

L'aldostérone agit sur l'équilibre hydro-électrolytique en augmentant la réabsorption du sodium au niveau des tubules rénaux qui entraîne de fait celle des ions chlorure (Cl^-), bicarbonates ($HCO3^-$) et des molécules d'eau (H_2O).

Elle favorise la sécrétion du potassium (K^+) et augmente son excrétion dans l'urine.

Elle favorise l'excrétion urinaire des ions hydrogènes (H^+) acides et prévient ainsi l'acidose métabolique en maintenant un pH (concentration des ions hydrogènes) sanguin entre 7,35 et 7,45.

La zone fasciculée (la couche la plus épaisse) est constituée de cellules qui forment de longs cordons droits et qui sécrètent les glucocorticoïdes que sont le cortisol, la corticostérone et la cortisone.

Les glucocorticoïdes sont un groupe d'hormones indispensables à la vie. Ils ont une action importante sur le métabolisme du glucose, sur les systèmes cardiovasculaire, immunitaire et digestif et sur l'équilibre hydro-électrolytique.

Le cortisol, ou hydrocortisone, représente à lui seul 95 % de l'activité des glucocorticoïdes. Ses multiples actions sont les suivantes :

- action sur le métabolisme du glucose pour la production d'énergie : tous ces processus permettent au cerveau d'utiliser cette énergie ;
- accélération de la dégradation des protéines en acides aminés et action au niveau du foie sur le métabolisme du glucose en stimulant la néoglycogenèse[11] et en augmentant le stockage du glucose sous la forme de glycogène ;
- inhibition de l'utilisation du glucose par les muscles[12] et stimulation de la lipolyse ;
- augmentation de la pression artérielle par phénomène de vasoconstriction, en association avec l'adrénaline ;
- suppression de la réponse inflammatoire et allergique, en diminuant la réponse immunitaire[13] ;

11 Conversion en glucose d'une substance ne provenant pas des hydrates de carbone.

12 L'ensemble de ces processus a pour objet d'augmenter le taux de glucose dans le sang. Le cortisol est donc une hormone hyperglycémiante.

13 C'est pour cette raison que les corticoïdes de synthèse sont utilisés comme traitement anti-inflammatoire pour diminuer notamment certaines douleurs. Mais, pris à fortes doses ou sur un temps prolongé, ils vont retarder la cicatrisation et la réparation des tissus conjonctifs en cas de lésions, favoriser l'apparition d'infections.

– action sur l'équilibre hydro-électrolytique : ils favorisent, à des taux élevés, la réabsorption du sodium et de l'eau au niveau du tubule rénal ;

– augmentation des sécrétions gastriques acides et enzymatiques.

La zone réticulée est constituée de cellules qui forment des petits filets et qui sécrètent de petites quantités de glucocorticoïdes et d'androgènes (hormones sexuelles).

Le principal androgène surrénalien est la di-hydro-épiandrostérone (DEHA) qui intervient dans la fabrication des hormones sexuelles mâles et femelles (œstrogène, progestérone, testostérone) et contribue à maintenir la libido chez la femme.

Les androgènes stimulent aussi la croissance des poils axillaires et pubiens et contribuent à l'accélération de la croissance qui précède la puberté.

■ Par la médullosurrénale

La médullosurrénale est composée de cellules endocrines appelées cellules chromaffines (cellules qui se colorent en brun avec les sels de chrome), blotties autour de grands vaisseaux sanguins.

La médullosurrénale synthétise et sécrète deux catécholamines : l'adrénaline est une hormone qui représente 80 % de la production et la noradrénaline qui a la particularité d'être à la fois une hormone et un neurotransmetteur.

Ces hormones sont sympathomimétiques[14] et sont à l'origine des réactions de lutte et de fuite grâce aux processus suivants :

– Action sur le système cardiovasculaire : elles augmentent la fréquence cardiaque et la force de contraction du cœur, ce qui entraîne une élévation de la pression artérielle. Elles augmentent ainsi le débit sanguin destiné au cœur, au foie, aux muscles squelettiques et aux tissus adipeux.

– Action sur le système respiratoire : elles dilatent les bronches et augmentent la fréquence respiratoire.

– Action sur les métabolismes du glucose et des lipides en augmentant la glycémie.

La libération de ces hormones se fait par l'intermédiaire de la stimulation du système sympathique lors des situations de stress, de l'exercice physique, d'une hypoglycémie (baisse du taux de sucre dans le sang).

La régulation

La régulation de l'aldostérone se fait par le système rénine-angiotensine et la kaliémie (concentration d'ions K^+ dans le sang). Le système rénine-angiotensine fonctionne comme suit :

■ 1er temps : les cellules rénales de l'appareil juxta-glomérulaire libèrent une enzyme, la rénine sous l'action combinée du système sympathique, de la réduction du volume sanguin et de la pression sanguine, d'une diminution de la natrémie ou d'une augmentation de la kaliémie ;

■ 2e temps : la rénine transforme une protéine plasmatique, l'angiotensinogène en angiotensine I ;

■ 3e temps : l'enzyme de conversion de l'angiotensine (ECA) transforme l'angiotensine I en angiotensine II qui va stimuler la production d'aldostérone.

14 Leurs effets imitent ceux de la partie sympathique du système nerveux autonome.

Ce système agit en interdépendance avec la stimulation des osmorécepteurs de la neurohypophyse et la sécrétion de l'hormone anti-diurétique.

La régulation des glucocorticoïdes est soumise à un rétrocontrôle négatif classique. C'est le taux de cortisol sanguin (cortisolémie) qui va déclencher la réaction hypothalamo-hypophysaire.

- Une cortisolémie basse stimule la libération de la corticolibérine (CRH) par les cellules neurosécrétrices de l'hypothalamus qui entraine la libération de l'ACTH par l'adénohypophyse ce qui a pour conséquence la sécrétion des glucocorticoïdes par le cortex surrénalien.
- Une cortisolémie normale ou élevée va freiner ou inhiber le processus hypothalamo-hypophysaire.

La régulation des androgènes surrénaliens est mal connue.

Les situations de stress[15], l'exercice physique, l'hypoglycémie vont générer des influx reçus par l'hypothalamus et qui vont être transmis aux neurones sympathiques pré-ganglionnaires qui libèrent un neurotransmetteur : l'acétylcholine. Ce neurotransmetteur va stimuler les cellules endocrines des médullosurrénales qui vont libérer les catécholamines.

L'adaptation à un stress donné met en jeu à la fois le système nerveux autonome par le biais du système nerveux sympathique et le système endocrinien par le biais de la médullo et de la corticosurrénale (catécholamines et glucocorticoïdes). L'objectif final est de maintenir l'homéostasie ou de fuir en cas de danger.

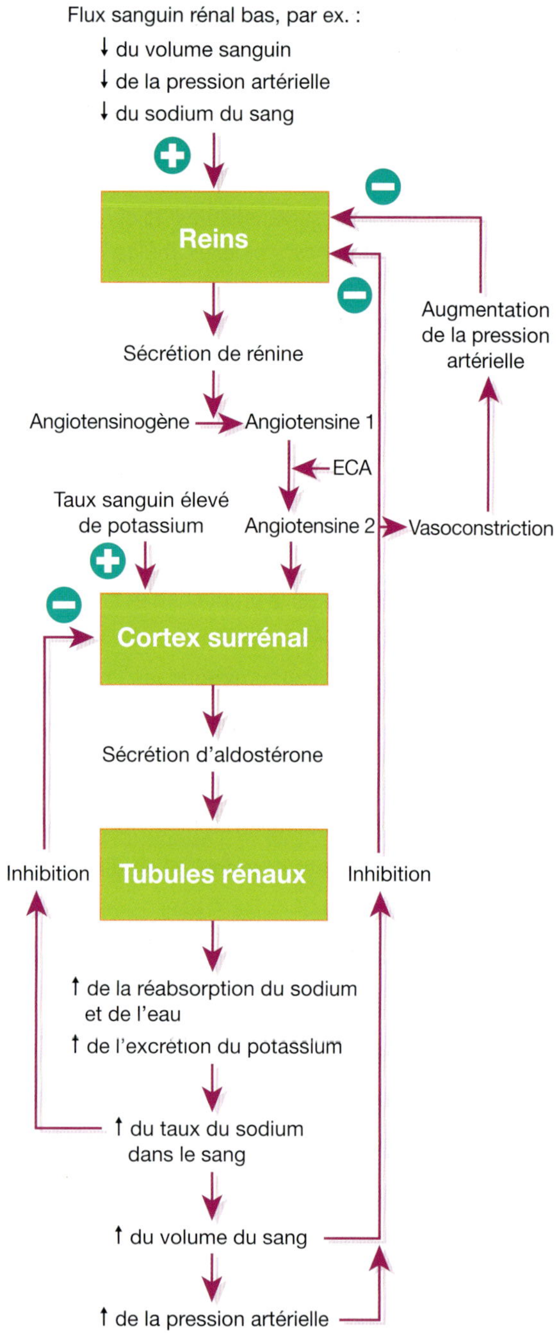

Fig. 9.7. Régulation de la sécrétion d'aldostérone par mécanisme de rétroaction négative

15 Exemples de situations de stress : la peur, la douleur, le froid, le chaud, un traumatisme, une infection, la faim, une intervention chirurgicale...

Le système sympathique et les catécholamines ont un effet rapide mais de courte durée alors que les glucocorticoïdes ont une action plus lente mais sur une durée plus longue.

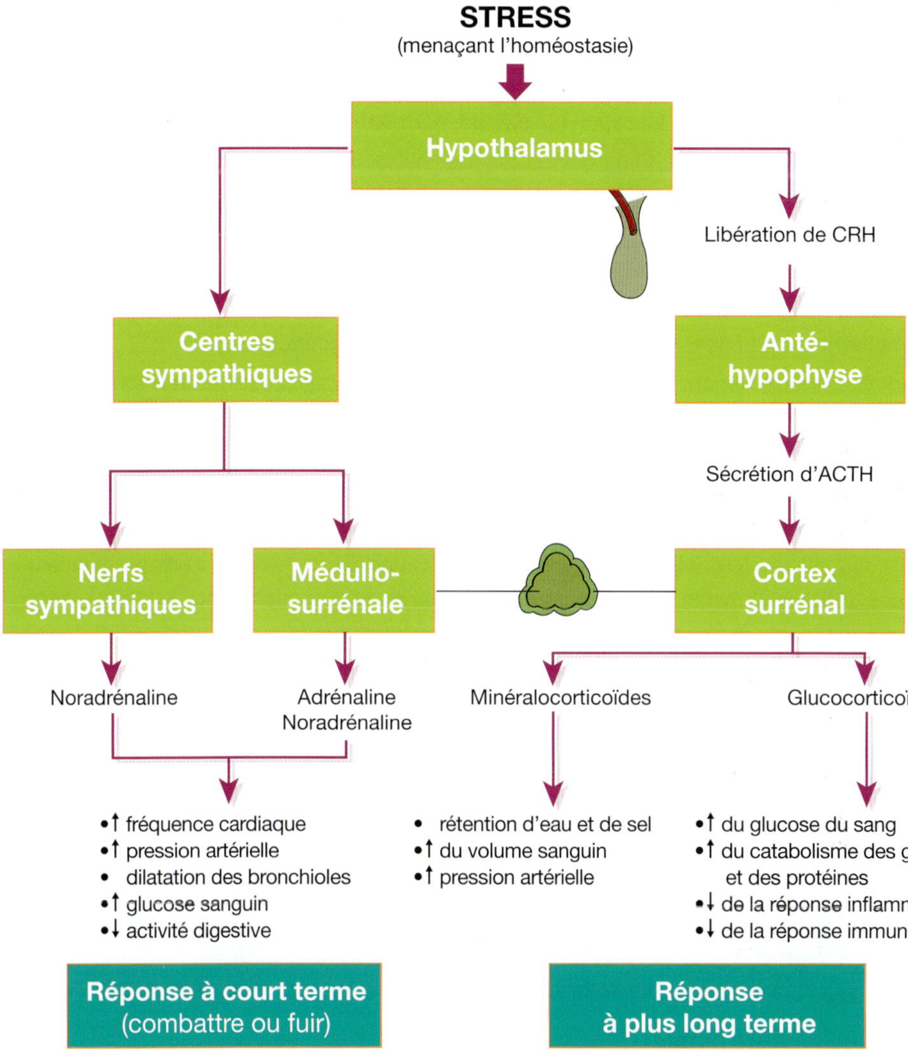

Fig. 9.8. Réponses à des stress menaçant l'homéostasie

Le pancréas

La glande

Le pancréas est une glande située dans la région supérieure gauche de l'abdomen, en arrière de l'estomac. Il est composé de 4 portions : la tête, le col ou l'isthme, le corps et la queue.

C'est une glande mixte formée de deux glandes distinctes : le pancréas exocrine et le pancréas endocrine.

Le pancréas exocrine, partie la plus volumineuse, est formé de cellules acineuses sécrétant des enzymes digestives libérées dans le duodénum par l'intermédiaire des canaux excréteurs ramifiés aboutissant aux canaux pancréatiques principal et accessoire. Nous ne l'étudierons pas dans ce chapitre.

Les hormones synthétisées

Le pancréas endocrine est composé de nombreux nodules ovoïdes qui sont les îlots de Langerhans. Ces îlots, situés en forte densité dans la queue du pancréas, contiennent 3 types de cellules :

- les cellules alpha produisent le glucagon qui est une hormone hyperglycémiante
- les cellules béta produisent l'insuline qui est la seule hormone hypoglycémiante dans l'organisme. Une carence totale ou partielle en insuline sera à l'origine d'un diabète
- les cellules D sécrètent la somatostatine qui inhibe la sécrétion d'insuline et de glucagon.

Le rôle majeur du pancréas endocrine est d'intervenir dans la régulation de l'homéostasie glycémique. C'est ce chapitre qui va être maintenant développé.

Le métabolisme du glucose – régulation de l'homéostasie glycémique

Toutes les cellules de l'organisme utilisent préférentiellement le glucose comme fournisseur d'énergie et de chaleur. Sa combustion cellulaire se nomme la glycolyse.

Le glucose entre dans les cellules soit de manière « libre » pour les tissus non insulinodépendants tels que le cerveau, les reins, les hématies, soit uniquement grâce à l'insuline pour les tissus insulinodépendants tels que le foie, les muscles, le tissu adipeux.

Le glucose nécessaire aux besoins énergétiques des cellules de l'organisme et en premier lieu des cellules cérébrales provient soit de l'alimentation, soit de la dégradation des protéines sanguines et des lipides par le foie et les cellules adipeuses (adipocytes).

La concentration du glucose dans le sang (la glycémie) reste stable entre 0,8 et 1,10 g/L grâce au glucose apporté par l'alimentation en phase de digestion et au glucose produit par le foie en phase de jeûne. Elle est maintenue par un système hormonal qui assure une régulation fine.

Les reins participent aussi à l'homéostasie glycémique. Il existe une limite à la quantité de chaque substance pouvant être réabsorbée dans une unité de temps, c'est cela qui détermine le seuil rénal.

Concernant le glucose, le seuil rénal est de 1,80 g/L. En cas d'hyperglycémie non compensée par l'insuline (comme dans le diabète de type 1 où il existe une carence en insuline), le seuil rénal va être dépassé et le rein va excréter le glucose dans les urines pour tenter de maintenir l'homéostasie glycémique. La présence de sucre dans les urines est appelée glycosurie.

La régulation hormonale

La régulation hormonale dépend de deux systèmes : le système hypoglycémiant et le système hyperglycémiant.

Le système hypoglycémiant

L'insuline est la seule hormone de l'organisme ayant une action hypoglycémiante.

À chaque instant, les cellules béta des îlots de Langerhans ajustent le débit de sécrétion de l'insuline pour maintenir stable le taux glycémique. Ainsi, le débit de l'insuline augmente après un repas glycémique et s'effondre à distance des repas. Entre les repas, il s'adapte en fonction des besoins énergétiques des cellules de l'organisme.

L'insuline a une action hypoglycémiante en se liant à son récepteur, situé sur les membranes cellulaires des tissus insulinodépendants. Elle favorise l'entrée du glucose dans la cellule pour faciliter la glycolyse et permet la synthèse du glucose en glycogène au niveau du foie et des muscles.

L'insuline inhibe la lipolyse (libération d'acide gras par le tissu adipeux), la libération du glucose à partir du glycogène du foie et des muscles et la néoglucogenèse.

Le système hyperglycémiant

La principale hormone antagoniste de l'insuline est le glucagon sécrété par les cellules alpha des îlots de Langerhans pancréatiques. Il favorise la libération du glucose hépatique dans la circulation sanguine lorsque la glycémie est en dessous de la normale.

Il existe d'autres hormones hyperglycémiantes. Il en est ainsi de :

- l'adrénaline sécrétée par les médullosurrénales, sous l'action du système sympathique, qui inhibe l'action de l'insuline ;
- la somatostatine sécrétée par les cellules D pancréatiques ;
- du cortisol sécrété par la zone fasciculée du cortex surrénalien.

Les deux dernières hormones ont une durée d'action prolongée ou retardée, contrairement à la première qui a une action immédiate.

Le thymus

La glande

C'est une glande formée de deux lobes, située dans le médiastin. Il se développe à partir de la dixième semaine du développement fœtal. Il migre dans le médiastin, continue à grossir pendant l'enfance pour atteindre sa taille maximum à la puberté. Il est ensuite progressivement remplacé par du tissu conjonctif.

Les hormones synthétisées

La structure du thymus est identique à celle de la rate et des autres tissus lymphoïdes. Le thymus produit des hormones peptidiques.

La régulation

Il n'existe pas de régulation au niveau de cette glande. Les lymphocytes T quittent la moelle osseuse rouge avant la fin de leur maturation pour la terminer dans le thymus. Ce sont les hormones peptidiques qui stimulent le développement des lymphocytes T.

La glande pinéale ou épiphyse

La glande

La glande pinéale est une petite glande localisée en arrière du mésencéphale et reliée au toit du troisième ventricule.

Les hormones synthétisées

La glande pinéale synthétise la mélatonine. L'augmentation de son taux se fait la nuit et influence la régulation des cycles veille/sommeil en augmentant le sommeil.

La mélatonine retarderait la puberté et aurait une influence sur l'humeur[16].

La régulation

C'est la quantité de lumière qui pénètre dans l'œil qui régule la sécrétion de mélatonine.

16 Certains types de dépression comme la dépression saisonnière semblent plus fréquentes l'hiver lorsque les jours raccourcissent.

S'ENTRAINER

VÉRIFIER SES CONNAISSANCES

1 QCM. Parmi les propositions suivantes, cochez la ou les bonne(s) réponse(s).

1. Les principales glandes endocrines sont :
a. l'hypophyse
b. la glande sébacée
c. le pancréas
d. la glande sudoripare
e. la glande thyroïde

2. Un tissu cible ne répond à une hormone que s'il dispose spécifiquement :
a. d'un acide aminé
b. d'un canal ionique
c. de molécules de liaison
d. d'un récepteur
e. d'un marqueur d'identité cellulaire

3. Les hormones liposolubles sont solubles dans :
a. l'eau
b. les lipides
c. le plasma
d. les urines
e. le liquide céphalo-rachidien

4. L'adénohypophyse sécrète :
a. l'hormone corticotrope ou ACTH
b. l'hormone antidiurétique ou ADH
c. la thyréostimuline ou TSH
d. la parathormone
e. la prolactine

5. Les contractions utérines lors de l'accouchement et l'éjection du lait sont induites par :
a. l'ocytocine
b. la prolactine
c. la progestérone
d. les œstrogènes
e. les prostaglandines

6. La thyroïde sécrète les hormones suivantes :
a. la thyroxine
b. la parathormone
c. la triiodothyronine
d. la calcitonine
e. la thyréostimuline

7. Les glucocorticoïdes sont sécrétés par les cellules surrénaliennes au niveau :
a. de la zone réticulée
b. de la zone fasciculée
c. de la zone glomérulée
d. de la médullosurrénale

8. L'adrénaline et la noradrénaline sont sécrétées par :
a. la corticosurrénale
b. l'hypothalamus
c. la médullosurrénale
d. les reins
e. le pancréas

9. Les hormones sécrétées par le pancréas sont :
a. l'insuline
b. le glucagon
c. l'aldostérone
d. la somatostatine
e. la calcitonine

10. L'insuline est une hormone qui a une action :
a. hypoglycémiante
b. hyperglycémiante
c. hyperlipidémiante
d. hypolipidémiante

11. Le stockage du glucose dans l'organisme se fait au niveau :
a. des cellules nerveuses
b. des cellules hépatiques
c. des cellules musculaires
d. des cellules digestives
e. des cellules rénales

12. Les hormones hyperglycémiantes sont :
a. le glucagon
b. l'adrénaline
c. la mélatonine
d. le cortisol
e. la prolactine

13. Le thymus produit une hormone qui a une action au niveau :
a. du système immunitaire
b. de la croissance osseuse
c. de la régulation de la glycémie
d. de la régulation de la pression artérielle
e. de l'homéostasie

2 QROC

1. Situez sur le schéma les glandes endocrines.

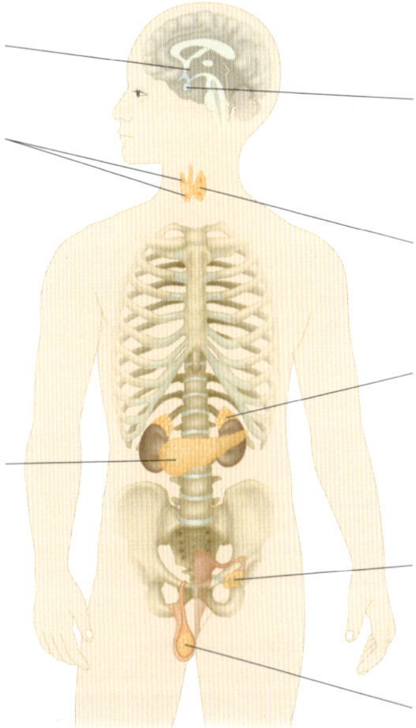

2. Définir la glande endocrine.
3. Situez anatomiquement la thyroïde et décrivez-la.
4. Citez et caractérisez les hormones sécrétées respectivement par les cellules Alpha et Bêta du pancréas.
5. Expliquez le principe de régulation hormonale appelé rétrocontrôle négatif. Illustrez avec un exemple.
6. Décrire le rôle de l'hormone parathyroïdienne dans la régulation phosphocalcique.
7. Décrire le rôle des catécholamines dans le syndrome d'adaptation au stress.
8. Expliquez l'action hypoglycémiante de l'insuline.

9. Complétez le tableau ci-dessous.

HORMONE	GLANDE SÉCRÉTRICE	RÔLE ESSENTIEL	TISSUS SUR LESQUELS L'HORMONE AGIT
....	THYROÏDE	Accélère les « combustions » ou les réactions biochimiques	Tous les tissus
....		Abaisse la calcémie	Os et rein
....	CORTICO SURRÉNALE	Assure le renouvellement des stocks de sucres Lutte contre l'inflammation et contre les agressions	Tous les tissus (foie et muscles +++)
....		Épargne le sel	Rein +++ Glandes salivaires, muscles
....		Rôle dans l'apparition des caractères sexuels secondaires	Peau et phanères, muscles, graisses, organes génitaux, seins
.... Noadrénaline	MÉDULLO SURRÉNALE	Élève la pression artérielle Élève la glycémie	Système nerveux sympathique
Parathormone	PARATHYROÏDES	....	Os, rein, intestin
Insuline	PANCRÉAS ENDOCRINE Cellules	....	Cellules musculaires et graisseuses Cellules hépatiques
....	Cellules	....	Foie et muscle
Somatostatine	Cellules	Suppression des sécrétions	Pancréas et hypophyse

10. Complétez le schéma de la thyroïde et de ses annexes.

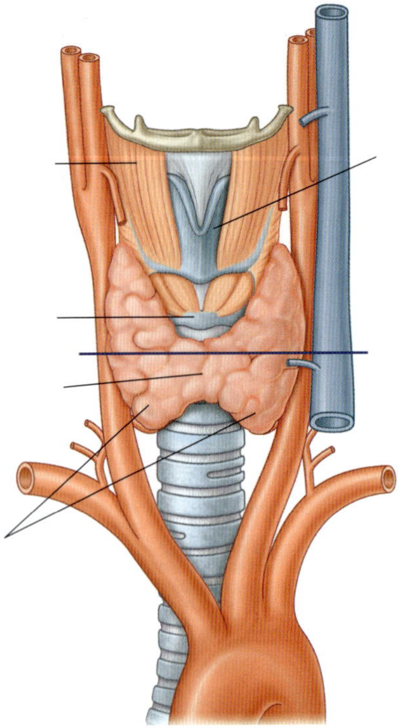

11. Représentez l'organisation hiérarchique du système neuro-endocrinien au moyen d'un schéma simple.

12. Associez les hormones suivantes aux actions :

a. hormone antidiurétique
b hormone de croissance
c hormone lutéinisante
d ocytocine
e prolactine
f thyroxine et triiodothyronine
g hormone mélanotrope

1 Agit directement sur la croissance du squelette et des muscles squelettiques
2 Retient l'eau dans l'organisme et augmente la pression artérielle
3 Régule le métabolisme basal, stimule le métabolisme cellulaire lipidique et protéique
4 Stimule la sécrétion de lait par les glandes mammaires
5 Intervient dans la pigmentation de la peau, protège contre les rayons ultraviolets
6 Déclenche l'ovulation, stimule le développement du corps jaune
7 Stimule les contractions utérines lors de l'accouchement, facilite l'éjection du lait maternel

TRANSFÉRER À D'AUTRES SITUATIONS

Valérie, 18 ans, lycéenne, vit chez ses parents. Elle est en bonne santé.
Elle prépare assidument ses examens et les révisions lui prennent beaucoup de temps. Vers 11 heures Valérie, qui est en cours, indique à sa voisine de table qu'elle ne se sent pas bien. Cette dernière alerte le professeur et Valérie est emmenée à l'infirmerie du lycée. Elle explique à l'infirmière scolaire qu'elle a du mal à se concentrer, a une sensation de fringale avec des crampes d'estomac. Alors qu'elle explique cela à l'IDE, Valérie commence à trembler, a des sueurs et devient pâle.
Données :
Valérie a peu mangé hier soir, elle était fatiguée et a préféré se coucher tôt, elle a mangé 2 petites tomates et a bu un verre de lait. Ce matin elle a pris un petit déjeuner léger : un bol de café et deux petits biscuits

1 Identifier les données significatives

Quelles données relève-t-on ?	Pourquoi sont-elles significatives ?

2 Comprendre et évaluer la situation

Que faut-il comprendre ?	Évaluation

3 Mettre en œuvre les actions

Quelles actions met-on en œuvre ?	Pourquoi ?

4 Noter et analyser les résultats obtenus

Résultats	Analyse des résultats de la prise en charge
Repas du soir frugal Fatigue confirmée Petit-déjeuner insuffisant	
Glycémie capillaire : 0,60 g/l Pouls : 100 Pression artérielle : 10/5 cm Hg	
Dissipation du malaise après ingestion des sucres	

CORRIGÉS

VÉRIFIER SES CONNAISSANCES

1 QCM

1 a, c, e ; 2 d ; 3 b ; 4 a, c, e ; 5 a ; 6 a, c ; 7 b ; 8 c ; 9 a, b, d ; 10 a ; 11 b, c ; 12 a, b ; 13 a

2 QROC

1. Les glandes endocrines du corps humain
(voir figure 9.1)

2. Une glande endocrine est un organe constitué de cellules qui sécrètent une hormone, dans le liquide interstitiel. L'hormone diffuse ensuite dans les vaisseaux capillaires et le sang les transporte jusqu'à des cellules cibles disséminées dans l'organisme.

3. La thyroïde est une glande impaire, médiane, en forme de H, située sur la face antérieure du cou, en dessous des cartilages du larynx, appuyée contre la trachée dont elle recouvre les premiers anneaux. Elle est contenue dans une gaine qui la rend solidaire de la trachée dont elle suit les mouvements lors de la déglutition. Elle mesure environ 6 cm de largeur et 6 cm de hauteur et pèse environ 30 g. Elle est constituée de 2 lobes latéraux réunis l'un à l'autre par une portion rétrécie : l'isthme. Sa consistance est ferme, sa coloration gris rosé.

4. Les cellules Alpha sécrètent le glucagon qui a une action hyperglycémiante.
Les cellules Bêta sécrètent l'insuline qui a une action hypoglycémiante.

5. Le principe de régulation hormonale appelé rétrocontrôle négatif est un mécanisme par lequel la sécrétion hormonale d'une glande diminue ou annule l'effet du stimulus d'origine qui maintient ou restaure l'homéostasie. Une hormone est libérée en réponse à un stimulus spécifique et, généralement, son action inverse ou négative le stimulus par un mécanisme de rétro-action négative, qui peut se faire soit directement par le taux sanguin, soit indirectement par l'axe hypothalamo-hypophysaire. Concernant l'axe hypothalamo-hypophysaire, toute augmentation de l'hormone entraîne un freinage de la sécrétion par l'hypothalamus et l'hypophyse.
– Toute baisse du taux hormonal provoque une hypersécrétion hypothalamo-hypophysaire. Si le taux de thyroxine (hormone thyroïdienne) augmente, le niveau de TRH/TSH va diminuer ce qui entrainera à son tour une baisse de la stimulation de la thyroxine qui reviendra à la normale.
– S'agissant d'une régulation directe, c'est un taux sanguin qui va générer la régulation. Si la glycémie augmente, cela déclenche une sécrétion plus importante d'insuline ; si la glycémie s'abaisse, le taux d'insuline va diminuer.

6. L'hormone parathyroïdienne intervient sur deux systèmes. S'agissant du système osseux : la parathormone stimule les ostéoclastes de l'os qui réabsorbent la matrice osseuse en libérant des ions calcium et phosphates dans le sang.
Concernant le système urinaire, les reins réabsorbent le calcium et excrètent des phosphates. À leur niveau, la parathormone permet la conversion de la vitamine D en une forme active, le calcitriol ou 1-25 dihydroxycholécalciférol, qui agit ensuite sur les cellules intestinales en augmentant l'absorption du calcium alimentaire.

7. Les catécholamines augmentent la fréquence cardiaque et la force de contraction du cœur, ce qui entraîne une augmentation de la pression artérielle. Elles augmentent le débit sanguin destiné au cœur, au foie, aux muscles squelettiques et aux tissus adipeux. Elles dilatent les bronches et augmentent la fréquence respiratoire. Elles augmentent la glycémie. C'est l'ensemble de ces actions qui donnent les moyens à l'organisme de pouvoir réagir en situation de stress, par la fuite ou le combat.

8. L'action hypoglycémiante de l'insuline
L'insuline favorise l'entrée du glucose dans les cellules, ce qui a pour conséquence l'abaissement de la glycémie. Lorsque les apports en glucose dépassent les besoins de l'organisme, l'insuline déclenche leur mise en réserve et permet la synthèse du glucose en glycogène au niveau du foie et des muscles. Par ailleurs, l'insuline inhibe la lipolyse (libération d'acide gras par le tissu adipeux), la libération du glucose à partir du glycogène du foie et des muscles et la néoglucogenèse.

9. Tableau des hormones endocrines : origine, rôle, cibles

HORMONE	GLANDE SÉCRÉTRICE	RÔLE ESSENTIEL	TISSUS SUR LESQUELS L'HORMONE AGIT
Thyroxine Triiodothyroxine	THYROÏDE	Accélère les « combustions » ou les réactions biochimiques	Tous les tissus
Thyrocalcitonine		Abaisse la calcémie	Os et rein
Cortisol (hydrocortisone)	CORTICO-SURRÉNALE	Assure le renouvellement des stocks de sucres Lutte contre l'inflammation et contre les agressions	Tous les tissus (foie et muscles +++)
Aldostérone		Épargne le sel	Rein +++ Glandes salivaires, muscles
Androgènes surrénaliens		Rôle dans l'apparition des caractères sexuels secondaires	Peau et phanères, muscles, graisses, organes génitaux, seins
Adrénaline Noradrénaline	MÉDULLO-SURRÉNALE	Élève la pression artérielle Élève la glycémie	Système nerveux sympathique
Parathormone	PARATHYROÏDES	Calcémie (régulation) phosphorémie	Os, rein, intestin
Insuline	PANCRÉAS ENDOCRINE Cellules β	Pénétration du sucre dans les tissus Consommation et mise en réserve des sucres	Cellules musculaires et graisseuses Cellules hépatiques
Glucagon	Cellules α	Élévation de la glycémie	Foie et muscle
Somatostatine	Cellules δ	Suppression des sécrétions	Pancréas et hypophyse

10. La thyroïde et de ses annexes. Voir figure 9.5

11.

Représentation de l'organisation hiérarchisée du système neuroendocrinien

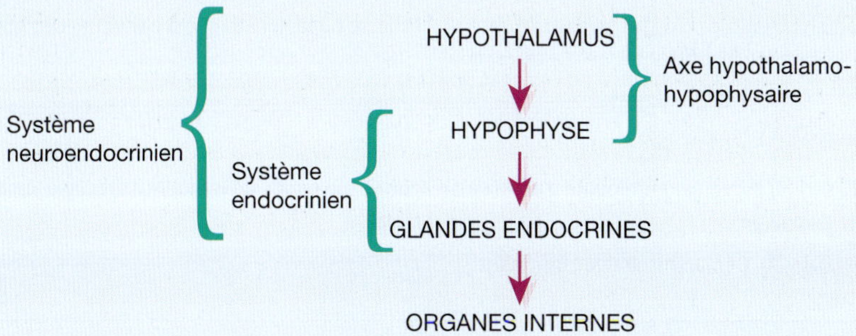

12.
a 2, b 1, c 6, d 7, e 4, f 3, g 5.

TRANSFÉRER À D'AUTRES SITUATIONS

Face à cette situation, l'IDE recherche les éléments pour comprendre et évaluer la situation. Pour y parvenir, elle va procéder par étapes.

La première consiste à identifier les éléments significatifs c'est-à-dire les éléments contenus dans l'énoncé qui peuvent avoir une incidence sur la situation et précisent le contexte dans lequel s'inscrit cette situation.

1 identifier les données significatives

Quelles données relève-t-on ?	Pourquoi sont-elles significatives ?
L'âge : 18 ans	Élément important au regard de l'état de santé des adolescents.
Le sexe	Il s'agit d'une jeune fille et les problèmes alimentaires sont fréquents au moment de l'adolescence
Période d'examen	Cet élément situe le contexte
Difficulté à se concentrer, sensation de fringale, crampes d'estomac Tremblements, sueurs, pâleur	Signes anormaux qui traduisent un problème de santé

L'IDE a retenu ces éléments parce qu'elle a mobilisé les connaissances en lien avec cette situation.

2 Comprendre et évaluer la situation

L'IDE comprend la situation puisqu'elle a identifié pourquoi elle sélectionnait certaines données. Ensuite, elle procède à leur analyse et à l'évaluation de la situation. Pour y parvenir, elle mobilise d'autres savoirs.

Que faut-il comprendre ?	Évaluation
Il s'agit d'une adolescente En général les problèmes de santé sont peu fréquents à cet âge-là, en dehors de problèmes alimentaires passagers. SAVOIRS FONDAMENTAUX Étapes de la vie (fin de l'adolescence-adulte)	Bon état de santé en général
Les jeunes filles s'alimentent souvent peu, surtout le matin ; les signes évoquent un malaise hypoglycémique. Il est nécessaire d'explorer ses habitudes alimentaires SAVOIRS FONDAMENTAUX Santé publique, grandes fonctions, urgences	Hypoglycémie probable
La période d'examen constitue un agent stressant, qui, associé à une alimentation insuffisante, peut majorer la fatigue existante SAVOIRS FONDAMENTAUX Physiologie	Malaise hypoglycémique à traiter rapidement
Ces signes traduisent la survenue imminente d'un malaise qu'il faut prendre en charge SAVOIRS FONDAMENTAUX Démarche clinique infirmière ; Sciences médicales	Les 2 éléments constituent l'étiologie probable du malaise

Évaluation : il s'agit d'une jeune fille en période d'examen qui présente les signes d'un malaise de type hypoglycémique et qui de ce fait nécessite une prise en charge rapide.
L'IDE, à partir de l'évaluation qu'il fait de la situation va mettre en œuvre un certain nombre d'actions.

3 Mettre en œuvre les actions

Quelles actions met-on en œuvre ?	Pourquoi ?
Allonger Valérie et l'installer confortablement (jambes surélevées) SAVOIR-FAIRE PROFESSIONNELS Démarche clinique IDE ; Soins infirmiers	Limiter les conséquences du malaise (risque de chute et de perte de connaissance) et favoriser l'oxygénation cérébrale
Recueillir rapidement les données relatives à la prise des derniers repas : heure et contenu. Est-elle sujette à ce type de malaise ou est-ce la première fois ? SAVOIR-FAIRE PROFESSIONNELS Physiologie ; Démarche clinique IDE	Confirmer si le malaise est d'origine hypoglycémique Identifier si le phénomène est récurrent
Réaliser une glycémie capillaire SAVOIR-FAIRE PROFESSIONNELS Soins infirmiers	Confirmer l'hypoglycémie
Prendre le pouls et la pression artérielle SAVOIR-FAIRE PROFESSIONNELS Soins infirmiers	Identifier d'autres anomalies pouvant être à l'origine du malaise
« Resucrer » (faire boire de l'eau très sucrée immédiatement) Valérie et lui donner à manger du pain ou des biscuits (sucres lents) SAVOIR-FAIRE PROFESSIONNELS Soins infirmiers	Enrayer le malaise par l'apport de sucres rapides d'action immédiate et de sucres lents pour une action prolongée

L'IDE a réalisé des actions, elle analyse les résultats obtenus pour adapter la prise en charge.

4 Noter et analyser les résultats obtenus

Résultats	Analyse des résultats de la prise en charge
Repas du soir frugal Fatigue confirmée Petit déjeuner insuffisant	Alimentation inadaptée aux besoins nutritifs d'une adolescente dans ce contexte
Glycémie capillaire : 0,60 g/L Pouls : 100/min. Pression artérielle : 10/5 cm Hg	Le résultat confirme l'hypoglycémie Le pouls accéléré et la pression artérielle basse traduisent un état de fatigue et sont les conséquences du malaise
Dissipation du malaise après ingestion des sucres	La prise en charge immédiate a été adaptée. Il faut envisager dans un deuxième temps une éducation pour éviter la survenue de nouveaux malaises.

Explications complémentaires

Les symptômes présentés par Valérie ont une fonction d'alarme.

En effet, toutes les cellules de l'organisme ont besoin d'un apport constant de glucose qui leur fournit l'énergie nécessaire pour fonctionner correctement. Pendant la digestion, le glucose est absorbé au niveau intestinal pour être acheminé dans la circulation. En cas de jeûne ou d'apport alimentaire insuffisant, la glycémie commence à baisser parce que le glucose quitte la circulation sanguine pour pénétrer dans les cellules et que le tube digestif n'en fournit plus. Les cellules nerveuses vont être les premières à souffrir de cette carence, entraînant le premier symptôme ressenti à savoir la baisse de concentration.

L'hypoglycémie, vécue comme un stress par l'organisme, va activer les centres nerveux hypothalamiques. L'hypothalamus qui régit le centre de la faim et intègre les activités du SNA provoque la sensation de faim et les crampes d'estomac par contraction du muscle gastrique et les tremblements par contraction fine des muscles de la main.

Ces symptômes d'alarme, chez quelqu'un de conscient, provoquent une action, qui est celle de s'alimenter.

Cependant, dans un premier temps, l'organisme peut répondre lui-même à cette agression en rétablissant l'homéostasie glycémique. Cela n'est possible que parce que le système endocrinien possède plusieurs processus de régulation. Lors d'une hypoglycémie de jeûne (ce qui est le cas de Valérie), il va y avoir une inhibition de l'insuline sous l'action du SNA, une libération du glucose hépatique dans la circulation du sang sous l'action du glucagon et de l'adrénaline.

10 La fonction immunitaire

COMPRENDRE

Notre organisme est soumis à des agressions permanentes et doit pour cela se défendre afin de préserver un équilibre appelé homéostasie. Pour résister aux agressions d'origine interne ou externe, il doit leur opposer une résistance. Celle-ci va, selon l'origine de l'agression, se manifester sous deux formes distinctes : l'une appelée *résistance non spécifique*, l'autre appelée *résistance spécifique* ou *immunité*. Nous avons choisi de traiter la première de ces deux formes dans ce chapitre afin de bien comprendre qu'elle est indispensable à notre survie.

GÉNÉRALITÉS SUR LES DEUX TYPES DE RÉSISTANCE

La résistance non spécifique est naturelle ; elle est formée de deux niveaux de défense. Le premier est constitué de la peau et des muqueuses qui sont les premières barrières que rencontre l'agent agresseur. Le second niveau de défense intervient lorsque l'agent agresseur a réussi à pénétrer à l'intérieur de l'organisme qui dispose de « sentinelles » situées dans tout le corps et de « soldats » capables de combattre l'agresseur. Il s'agit d'anticorps, de globules blancs spécialisés capables ou non de se déplacer dans tout le corps pour absorber l'agresseur, de cellules tueuses chargées de rechercher en permanence des cellules anormales (infectées ou ayant muté), de substances antimicrobiennes naturelles, de phénomènes tels que la fièvre et l'inflammation. L'organisme est donc en permanence aux aguets.

La résistance spécifique, elle, n'est pas spontanée. Elle porte le nom d'immunité. Elle suppose la reconnaissance par l'organisme du *soi* (cellules ou protéines qui appartiennent à l'organisme lui-même) et du *non-soi* (agents étrangers agresseurs). Elle confère à l'organisme une immunité anti-infectieuse et anti-tumorale. Lorsqu'elle est insuffisante ou absente, les agresseurs (infectieux et tumoraux) envahissent l'organisme, entraînant des modifications fonctionnelles des tissus touchés, voire la mort cellulaire des tissus de l'organisme.

LA RÉSISTANCE NON SPÉCIFIQUE

Il s'agit d'une protection immédiate, spontanée, d'action rapide et indépendante de l'agent causal qui peut être de nature chimique, physique, radioactive, microbienne, tumorale. Cette résistance est possible grâce à l'existence de plusieurs niveaux de défense.

Le niveau de défense externe

Il est constitué par les barrières naturelles physico-chimiques de la peau et des muqueuses. La peau est une enveloppe externe, constituée en partie de cellules kératinisées (corne) et recouverte d'un enduit huileux protecteur (sébum), capable de résister totalement ou en partie à l'agent agresseur. Les muqueuses tapissent les cavités corporelles (respiratoire, digestive, urogénitale) et sécrètent un mucus (liquide lubrifiant) permettant de piéger l'agent agresseur. Ces muqueuses sont parfois munies de poils ou de cils qui emprisonnent et arrêtent la progression de l'agent agresseur.

Nous pouvons citer comme moyens de défense : les larmes, la salive, l'urine, les sécrétions vaginales, les sucs digestifs, le mucus respiratoire, etc.

Le niveau de défense interne

Il est utilisé lorsque les barrières constituant le niveau de défense externe sont inefficaces (défaut de sécrétion de mucus, plaie cutanée contaminée...). Il est capable de s'opposer à l'agent agresseur grâce à des cellules et des protéines spécialisées, et à des phénomènes tels que la fièvre et l'inflammation.

Ainsi l'agresseur se trouve-t-il confronté à :

- des protéines anti-microbiennes présentes dans le sang et le liquide interstitiel (liquide extracellulaire comblant les espaces entre les cellules des tissus) ;
- des cellules tueuses naturelles appelées cellules NK (*Natural Killer*) présentes dans le sang et dans des organes lymphoïdes (rate, ganglions et moelle osseuse rouge) ;
- des globules blancs spécialisés dans la phagocytose c'est-à-dire dans l'ingestion de cellules. Il s'agit de granulocytes neutrophiles et de macrophages fixes ou libres de se déplacer dans l'organisme. Il existe d'autres globules blancs qui défendent l'organisme : les lymphocytes, les monocytes, les granulocytes éosinophiles et basophiles (voir La fonction cardiovasculaire) ;
- la fièvre, conséquence de la modification du réglage du thermostat hypothalamique (l'hypothalamus appartient au diencéphale situé entre le tronc cérébral et le cerveau, et participe à la régulation de la température corporelle) qui inhibe la croissance et la division des micro-organismes, et favorise l'activité des phagocytes ;
- l'inflammation ou réaction inflammatoire qui se déroule en trois étapes principales.
  - La vasodilatation et l'augmentation de la perméabilité capillaire pour permettre aux anticorps, aux protéines de la coagulation et aux phagocytes (cités ci-dessus) de se rendre sur le lieu de l'agression. Cette vasodilatation s'accompagne de la libération de substances algogènes (qui provoquent la douleur). Le débit sanguin augmente. Un œdème se constitue en raison de l'augmentation de la perméabilité capillaire.
  - La diapédèse des phagocytes, qui se fait par chimiotactisme (attrait chimique), consiste en un déplacement des phagocytes sur le lieu de l'agression afin d'ingérer, de digérer et de détruire l'agent agresseur. Lorsque les phagocytes meurent, ils forment avec les tissus endommagés un agrégat appelé *pus* qui est ensuite détruit puis absorbé. En cas d'impossibilité pour l'organisme de s'en débarrasser il y a formation d'un abcès.
  - La réparation tissulaire intervient une fois que le lieu de l'agression est débarrassé de l'agent agresseur. La barrière physique agressée peut alors cicatriser.

L'ensemble des phénomènes de la réaction inflammatoire se traduit cliniquement par une rougeur, une chaleur et un œdème (gonflement) locaux liés à une augmentation du débit sanguin ainsi qu'une douleur liée à la libération de substances algogènes.

LA RÉSISTANCE SPÉCIFIQUE OU IMMUNITÉ

Il s'agit d'une protection qui s'oppose en tous points à la précédente car elle est retardée, non spontanée, d'action lente (8 à 10 jours), dépendante de l'agent causal et durable, en principe à vie.

Les antigènes du complexe majeur d'histocompatibilité (CMH)

Ils sont aussi appelés antigènes associés aux leucocytes humains (*Human Leukocyte Antigen* ou HLA). Le terme d'antigènes HLA est souvent utilisé. Cette dénomination vient du fait qu'ils ont été d'abord découverts à la surface des leucocytes avant d'être retrouvés à la surface des cellules nucléées de l'organisme.

Le CMH est un ensemble de marqueurs présents à la surface des cellules des tissus de l'organisme, à l'exception de celle des hématies qui sont dépourvus de noyau. Il représente notre identité et est différent d'un individu à l'autre à l'exception des jumeaux homozygotes ou monozygotes (vrais jumeaux issus d'un seul ovule).

Ces marqueurs sont des antigènes, c'est-à-dire des substances la plupart du temps protéiques, qui, lorsqu'ils appartiennent à l'organisme, sont reconnus comme faisant partie du soi. Ils sont présents sur toutes les cellules des tissus de l'organisme, sauf sur les globules rouges. Lorsqu'ils n'appartiennent pas à l'organisme, celui-ci ne les reconnaît pas comme appartenant au soi car ils font partie du non-soi.

Par exemple il peut s'agir d'une structure bactérienne, d'une toxine, de pollen, de cellules sanguines étrangères transfusées, comme les plaquettes, qui jouent un rôle dans l'hémostase (séquence de réactions qui arrêtent le saignement), d'une greffe de tissus ou d'organes, etc.

Les tissus sont des ensembles de cellules ayant la même origine embryonnaire caractérisées par des fonctions semblables. Il s'agit par exemple du tissu épithélial qui recouvre le corps (c'est-à-dire la peau) greffé sur une personne brûlée, du tissu conjonctif comme le sang transfusé lors d'une hémorragie, etc. Ainsi, les marqueurs situés à la surface des cellules de ces tissus (ici la peau et le sang) constituent-ils des antigènes du non soi et des agents agresseurs pour l'organisme qui les reçoit. Ceci entraîne une réaction de rejet de la part du receveur. En effet, ces antigènes étrangers deviennent des agents agresseurs pour l'organisme et entraînent une réaction de rejet (ou de défense) de la part de celui-ci. Lors d'une greffe d'organe comme le rein, le choix du donneur se fait en fonction de l'histocompatibilité (caractéristiques antigéniques les plus communes entre les cellules des tissus du donneur et celles du receveur) afin de réduire les risques de rejet par le receveur.

Les lymphocytes B et T

L'hématopoïèse est le processus de formation des éléments figurés du sang. Elle est réalisée par la moelle osseuse rouge qui se trouve dans les épiphyses (extrémités) des os longs, les os plats (sternum, côtes et os du crâne), les vertèbres et le bassin. Elle est le lieu de production et de maturation des éléments figurés du sang (érythrocytes, leucocytes et plaquettes). La moelle osseuse produit des cellules souches pluripotentes, c'est-à-dire des cellules indifférenciées, capables de se différencier et de donner naissance aux éléments figurés du sang. Ces cellules souches pluripotentes donnent naissance à deux types de cellules souches : myéloïde et lymphoïde.

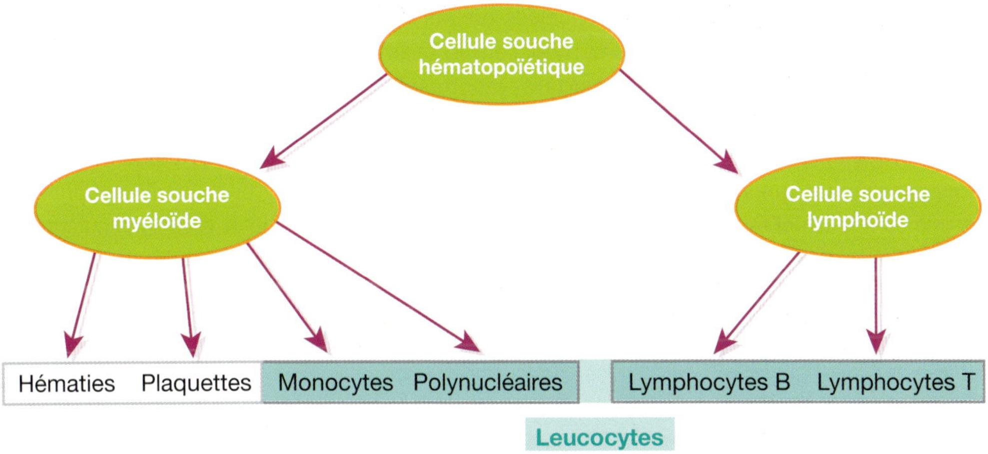

Fig. 10.1. Différenciation des cellules souches

Les cellules souches myéloïdes vont produire les érythrocytes, les plaquettes et les leucocytes (monocytes, granulocytes neutrophiles, granulocytes éosinophiles et granulocytes basophiles).

Les cellules souches lymphoïdes vont produire les lymphocytes B et T dont les lieux de maturation sont différents.

Ainsi, les lymphocytes B deviennent matures et immunocompétents c'est-à-dire capables de provoquer une réaction immunitaire en présence d'un antigène étranger, dans la moelle osseuse rouge.

Les lymphocytes pré-T (précurseurs des lymphocytes T) quittent la moelle osseuse pour le thymus (glande endocrine située derrière le sternum, dans le médiastin, et qui s'atrophie à la puberté) où ils deviennent matures et immunocompétents. Ce sont alors des lymphocytes T qui sont en majeure partie produits avant la puberté.

Ces lymphocytes B et T portent à la surface de leur membrane plasmique des protéines appelées récepteurs d'antigènes, c'est-à-dire capables de reconnaître un antigène spécifique.

Les lymphocytes T se divisent ainsi en deux groupes : les T_8 porteurs du récepteur d'antigène CD_8, et les T_4 porteurs du récepteur d'antigène CD_4. Ils possèdent des rôles différents.

Le système lymphatique

C'est un système composé de vaisseaux, de tissus, de moelle osseuse rouge[1] et de lymphe. La lymphe est le nom donné au liquide interstitiel une fois qu'il est entré dans les vaisseaux lymphatiques. La lymphe contient des macrophages (cellules dérivées des monocytes à haut pouvoir phagocytaire pouvant être fixes ou libres de circuler), des lymphocytes, du liquide interstitiel, des lipides alimentaires et des vitamines liposolubles (A, D, E, K) issus de la digestion. L'absorption des lipides et des vitamines a lieu au niveau de la muqueuse de l'intestin grêle. Celle-ci possède des prolongements appelés villosités qui augmentent la capacité d'absorption des produits de la digestion. La lymphe circule dans tout le corps grâce à des vaisseaux (qui ressemblent

1 Les lymphocytes étant formés dans la moelle osseuse rouge, celle-ci est considérée comme étant un organe lymphoïde

aux veines] et traverse des structures appelées nœuds ou ganglions lymphatiques. Les vaisseaux lymphatiques situés sous la peau [hypoderme] cheminent le long des veines, ceux qui sont situés dans les viscères suivent les artères et forment des plexus [réseaux] autour d'elles. La lymphe est issue du liquide interstitiel non réabsorbé par les capillaires sanguins et renvoyé dans la circulation veineuse [veine sousclavière gauche]. Notre organisme en produit jusqu'à 3 litres par jour. La lymphe s'écoule des espaces tissulaires vers les gros conduits lymphatiques que sont le canal thoracique et le canal lymphatique droit pour se jeter dans la circulation veineuse. Son retour veineux se fait grâce aux pompes musculaire et respiratoire. Grâce aux contractions musculaires, la lymphe est propulsée vers la veine sousclavière gauche. Lors de l'inspiration, la pression abdominale est supérieure à la pression thoracique ; ce qui favorise, le cheminement de la lymphe de l'abdomen vers le thorax.

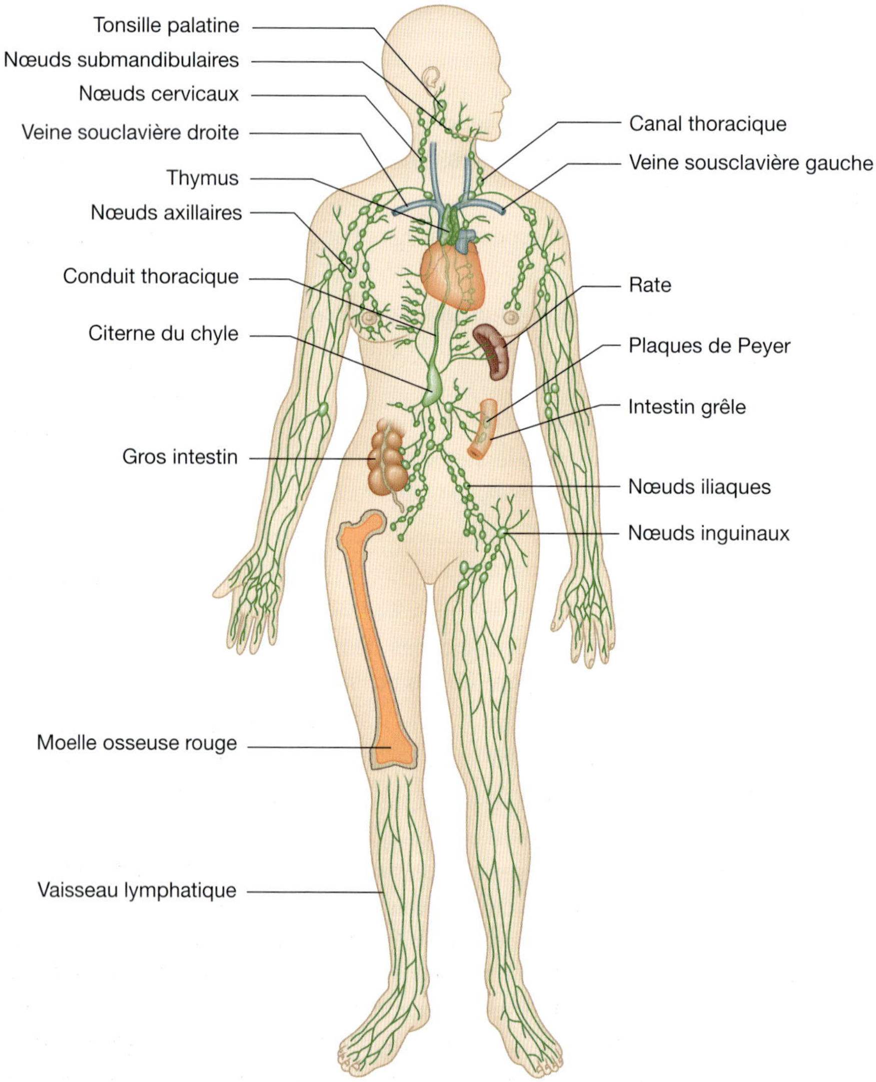

Fig. 10.2. Principales composantes du système lymphatique

Parmi les autres organes et tissus lymphatiques on trouve la moelle osseuse rouge, le thymus, la rate et les tissus lymphoïdes associés aux muqueuses (MALT : *Mucosa Associated Lymphoïd Tissue*). Ces derniers sont composés :

- des amygdales situées dans la paroi postérieure du nasopharynx, de part et d'autre de la cavité orale et à la base de la langue ;
- de follicules ou nodules situés dans l'estomac, dans l'ileum de l'intestin grêle ou iléon (plaques de Peyer) et dans l'appendice vermiforme.

L'immunité proprement dite

Pour comprendre les deux types de réponse immunitaire déclenchés dans l'organisme il est nécessaire de connaître les propriétés des antigènes et leur acheminement dans l'organisme.

Les deux propriétés des antigènes

Les antigènes, étrangers à l'organisme, sont caractérisés par leur « immunogénicité » et leur réactivité.

L'immunogénicité (pouvoir immunogène) est la capacité à provoquer une réponse immunitaire en stimulant la production d'anticorps spécifiques et/ou la prolifération de lymphocytes T spécifiques.

La réactivité est la capacité à réagir spécifiquement avec les anticorps et/ou les cellules immunocompétentes qu'ils ont activés (lymphocytes T spécifiques).

L'acheminement des antigènes dans l'organisme

Après avoir franchi les barrières de la résistance non spécifique (peau, muqueuses), les antigènes étrangers pénètrent dans l'organisme et empruntent en fonction de leur porte d'entrée des voies différentes. Quelles que soient ces voies, les antigènes sont conduits dans le système lymphatique.

S'ils entrent par un vaisseau sanguin lésé, ils sont acheminés par voie sanguine jusqu'à la rate qui les détruit.

S'ils entrent par la peau, ils pénètrent dans les vaisseaux lymphatiques de l'hypoderme et sont emportés par la lymphe jusqu'à un ganglion (ou nœud) lymphatique où ils sont arrêtés et détruits par les lymphocytes T.

S'ils entrent par les muqueuses, ils sont piégés par les MALT.

Pour comprendre le devenir et le traitement de ces antigènes étrangers, il est nécessaire de les classer en deux catégories : exogène et endogène. Les antigènes exogènes proviennent de l'extérieur de l'organisme tandis que les antigènes endogènes naissent ou se développent à l'intérieur des cellules de l'organisme.

Les antigènes exogènes sont présents dans les liquides de l'organisme (lymphe, liquide interstitiel et plasma sanguin). Il s'agit de poussières, de bactéries, de champignons, de pollen, etc. Ces antigènes se heurtent aux défenses présentes dans les liquides de l'organisme : les macrophages et les lymphocytes B qui les phagocytent, les fragmentent et les intègrent dans la membrane plasmique pour les présenter aux lymphocytes T afin de déclencher une réaction immunitaire. On dit que les macrophages et les lymphocytes B sont des cellules présentatrices d'antigènes (CPA).

Les antigènes endogènes sont synthétisés à l'intérieur des cellules de l'organisme. Il peut s'agir de virus qui s'approprient le métabolisme de la cellule ou de protéines synthétisées par les cellules cancéreuses. Ces antigènes « intra-cellulaires » s'associent au complexe majeur d'histocompatibilité et sont exposés à la surface de la membrane plasmique. Ceci permet de repérer la cellule infectée.

Une fois l'acheminement de ces antigènes exogènes et endogènes terminé, l'organisme peut déclencher deux réponses immunitaires de médiations différentes : cellulaire et humorale.

La réponse immunitaire à médiation cellulaire est ainsi appelée car des cellules attaquent d'autres cellules.

La réponse immunitaire à médiation humorale est caractérisée par la production d'anticorps par les plasmocytes (cellules issues des lymphocytes B).

Les deux types de réponse immunitaire

La réponse immunitaire à médiation cellulaire

Comme nous l'avons vu précédemment, cette réponse concerne les antigènes (étrangers) endogènes (cellules cancéreuses, virus, parasites, champignons...) qui résident dans les cellules hôtes. Une fois exposés, ils vont être reconnus par les lymphocytes T. Ceux-ci vont s'activer, c'est-à-dire proliférer et combattre ces antigènes à condition de recevoir une autre stimulation par des agents stimulateurs. Ces agents sont des hormones protéiques sécrétées par les lymphocytes et les cellules présentatrices d'antigènes, appelées cytokines. Ce sont aussi des molécules membranaires formées par le contact de deux molécules situées respectivement à la surface du lymphocyte T et à la surface de la cellule présentatrice d'antigène.

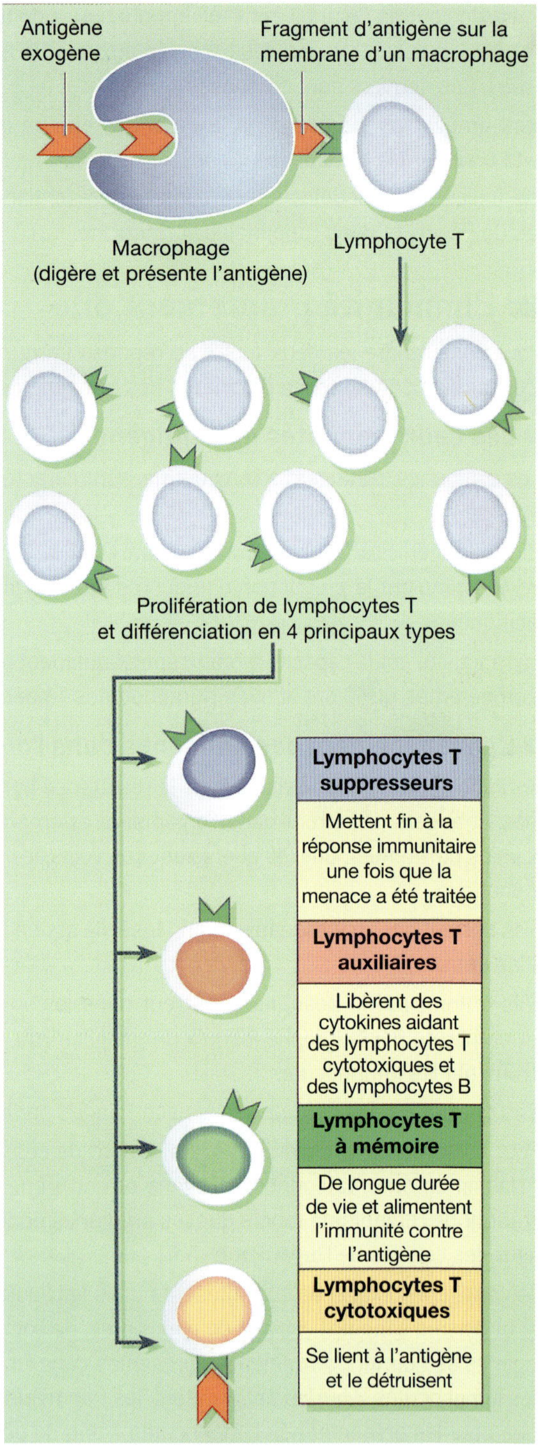

Fig. 10.3. Expansion clonale des lymphocytes T

Une fois activés, les lymphocytes T grossissent, se multiplient par mitoses et se spécialisent (on dit qu'ils se différencient). Ils forment alors un groupe de cellules identiques, appelé clone, capable de combattre le même antigène spécifique.

Les lymphocytes T_4 et T_8 jouent des rôles différents. Les T_4 sont appelés auxiliaires. Ce sont des agents qui facilitent l'activation des lymphocytes T_8 et celle des lymphocytes B. Les T_8 sont des lymphocytes cytotoxiques. Ils sont activés par les cytokines produites par les T_4. Ils éliminent les antigènes tumoraux, issus de tissus cancéreux car ils les considèrent comme étrangers (appartenant au non soi). On parle de surveillance immunitaire. Chaque jour notre organisme élimine ces antigènes indésirables. Il arrive cependant que les lymphocytes T_8 ne reconnaissent pas ces antigènes tumoraux présents à la surface des cellules « infectées ». Ces cellules échappent alors au système de surveillance et de régulation, et se reproduisent de façon anarchique. La maladie cancéreuse se développe et peut alors s'étendre à d'autres cellules avoisinantes, voire distantes (métastases).

La réponse immunitaire à médiation humorale

Cette réponse concerne les antigènes exogènes. Les lymphocytes B présents dans les tissus lymphoïdes, et qui, contrairement aux lymphocytes T ne se déplacent pas, vont s'activer, proliférer et en grande partie se différencier en plasmocytes qui vont sécréter des anticorps spécifiques dirigés contre l'agent exogène agresseur. Ces plasmocytes forment un clone.

Certains lymphocytes B ne vont pas se différencier en plasmocytes mais devenir des lymphocytes B mémoires prêts à réagir en cas de nouvelle infection par le même agent.

Les anticorps sécrétés sont aussi appelés immunoglobulines. Ils se divisent en cinq classes en fonction de leur structure chimique et de leur rôle.

- Les immunoglobulines G (G comme guérison), ou IgG (80 % des anticorps), sont en quantité abondante dans l'organisme. Elles sont présentes dans le sang, la lymphe et les intestins. Ce sont les seules capables de franchir le placenta et de garantir une protection immunitaire importante au nouveau-né.

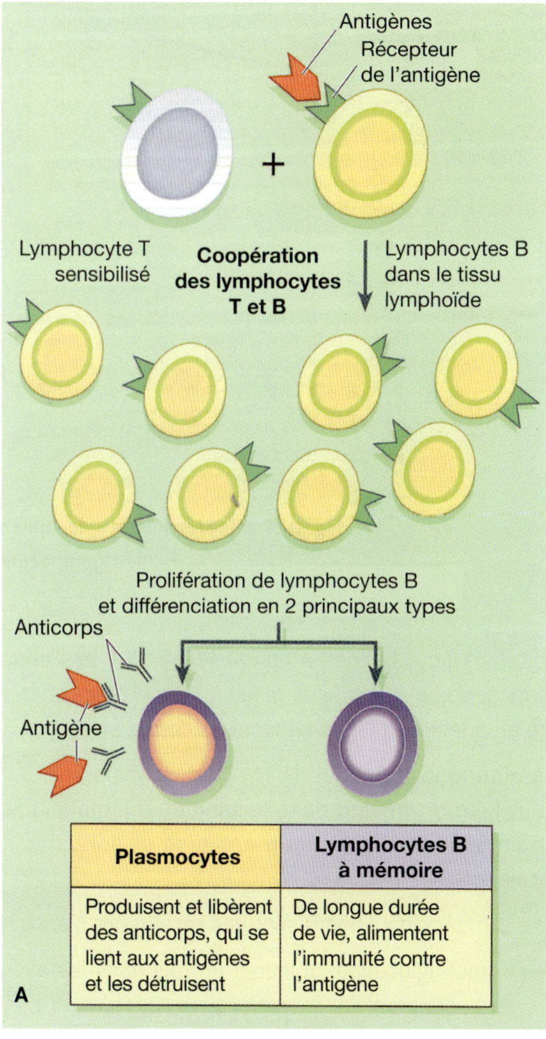

Fig. 10.4. Expansion clonale des lymphocytes B (A)

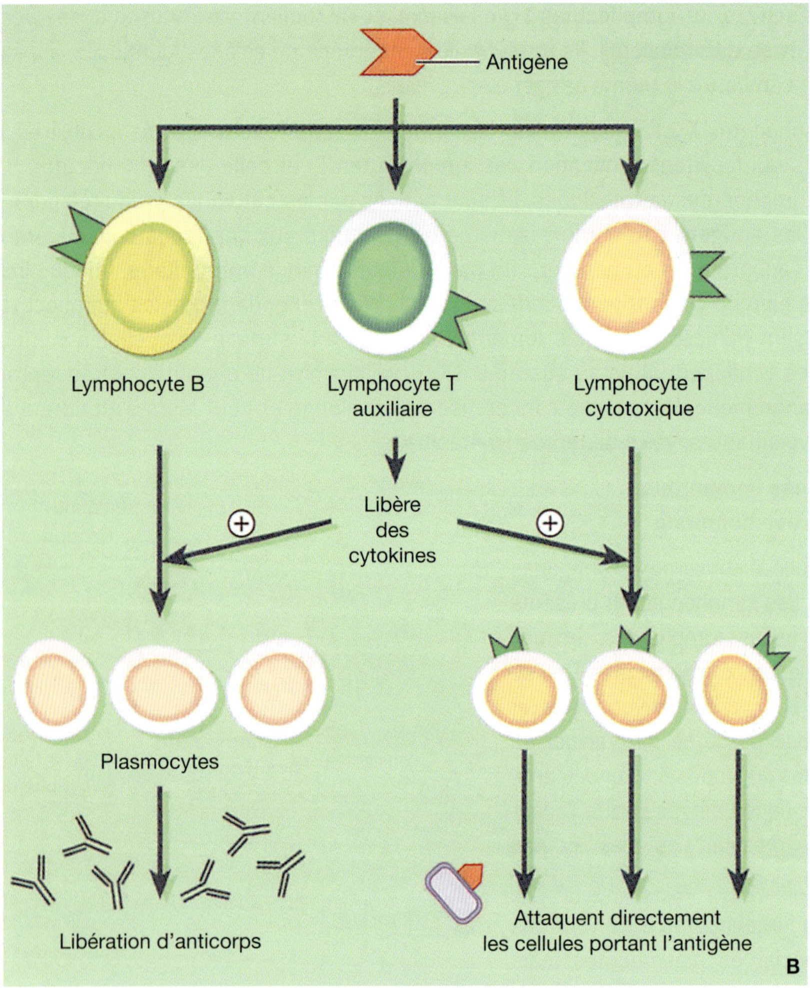

Fig. 10.4. Interdépendance du système des lymphocytes T et du système des lymphocytes B dans la réponse immunitaire (B)

- Les immunoglobulines A ou IgA (10 à 15 % des anticorps) se retrouvent dans la salive, les larmes, la sueur, le mucus, le lait maternel et les sécrétions gastro-intestinales. Elles protègent les muqueuses. Elles diminuent en cas de stress.
- Les immunoglobulines M (M comme maladie), ou IgM (5 à 10 % des anticorps dans le sang), se retrouvent dans le sang et la lymphe. Elles sont produites dès que les lymphocytes sont présentés à un antigène et donc dès l'apparition de la maladie (infectieuse, virale, etc.).
- Les immunoglobulines D sont des récepteurs d'antigènes à la surface des lymphocytes B.
- Les immunoglobulines E jouent un rôle dans les allergies et procurent une protection contre les vers parasites. Par exemple, elles augmentent considérablement chez les personnes allergiques au pollen lorsque le printemps arrive et sont détectables dans le sang.

Les anticorps ont la propriété de se fixer à des antigènes pour les neutraliser, les agglutiner (former des amas), les précipiter pour les rendre plus accessibles aux phagocytes et les empêcher de se répandre dans l'organisme.

La mémoire immunitaire

Notre organisme conserve une mémoire immunitaire grâce aux anticorps présents et aux lymphocytes ayant une durée de vie très longue.

On parle de réaction ou d'immunisation primaire lorsqu'il s'agit pour l'organisme de la première rencontre avec un antigène. La réaction immunitaire est au début très lente et n'est efficace qu'au bout de quelques jours. Les IgM apparaissent suivis des IgG. Leur concentration, appelée aussi « titre », augmente puis chute dans les quinze jours suivant le contact antigénique. Cette réponse suffit à protéger l'organisme.

On parle de réaction ou d'immunisation secondaire lorsqu'il s'agit pour l'organisme de la deuxième rencontre avec ce même antigène. Celle-ci est rapide (deux à quatre semaines) et est dix à cinquante fois plus forte que la précédente. Les lymphocytes mémoires, prêts à se multiplier et se différencier en plasmocytes producteurs d'anticorps (pour les lymphocytes B) ou en lymphocytes cytotoxiques (pour les lymphocytes T), entrent ainsi en action.

Le principe de la vaccination est basé sur ces deux réactions. Lors de la première rencontre avec l'antigène du vaccin (virus, bactérie, micro-organisme…) l'organisme humain réagit lentement en sécrétant des anticorps qui sont d'abord des IgM puis des IgG. Ces titres d'anticorps sont très faibles lors de la première injection puis très élevés lors de la deuxième injection (rappel). Cette immunité est donc acquise artificiellement puisque l'organisme est volontairement confronté à des micro-organismes vivants ou atténués ayant conservé leurs propriétés antigéniques.

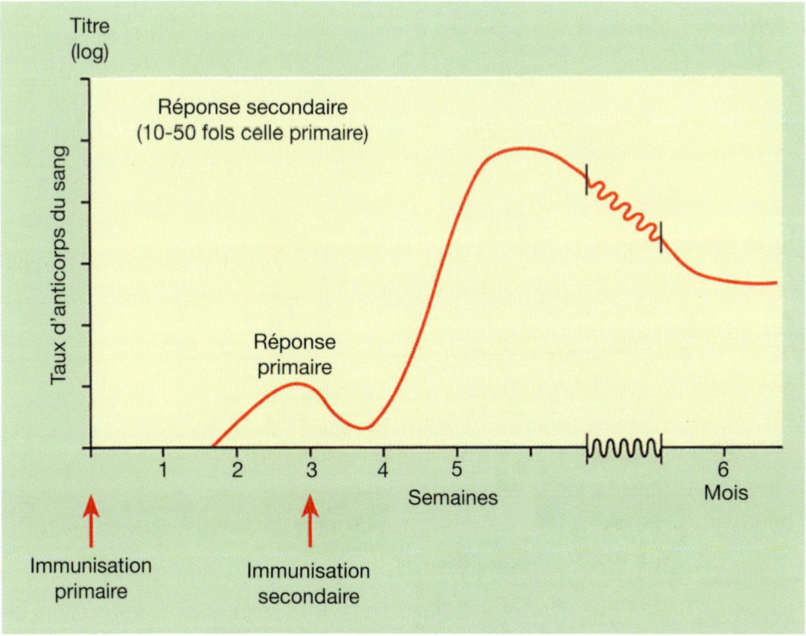

Fig. 10.5. Les réponses anticorps à l'immunisation (vaccination)

Les traitements

En dehors de la vaccination destinée à assurer la prévention des maladies, il existe différents traitements « immunologiques ». Il s'agit des thérapies par cytokines et de la sérothérapie.

Parmi les cytokines on trouve :

- les interférons (produits soit par différents lymphocytes, soit par des monocytes, soit par des macrophages) ;
- le facteur nécrosant des tumeurs produit par les macrophages ;
- la perforine sécrétée par les lymphocytes T cytotoxiques qui perfore la membrane plasmique des cellules cibles entraînant ainsi leur cytolyse, etc.

Les anticorps monoclonaux sont de plus en plus utilisés dans le traitement des cancers.

La sérothérapie, quant à elle, est basée sur l'injection d'anticorps humains ou animaux prêts à l'emploi. Il s'agit par exemple du sérum antitétanique utilisé pour assurer une protection immédiate mais provisoire en cas de fracture ouverte.

AGIR

Mathieu, 12 ans, se présente à l'infirmerie du collège pour une «petite bosse» à l'aine (côté droit) et une douleur au genou droit. L'infirmière scolaire souhaite examiner Mathieu et lui demande d'ôter son pantalon. Elle remarque que la plaie du genou suppure et présente un œdème, et qu'un ganglion d'environ un centimètre de diamètre siège à l'aine droite.

Dans le même temps, elle réalise un recueil d'information. Ainsi, elle apprend que Mathieu est tombé de vélo il y a deux jours sur une route boueuse, qu'il n'a pas prêté attention à sa plaie qui s'est mise à saigner légèrement. Il explique que pendant quelques minutes il a continué de jouer mais très vite la douleur est apparue, accompagnée d'un gonflement et d'une chaleur. Il n'a pas jugé utile d'en parler à ses parents.

1 IDENTIFIER LES DONNÉES SIGNIFICATIVES

Quelles données relève-t-on ?	Pourquoi sont-elles significatives ?
Mathieu, âgé de 12 ans	Il s'agit d'un enfant; la prise en charge et la relation doivent être adaptées à l'enfant. L'enfant est mineur, nécessité de penser à informer les parents.
Petite bosse à l'aine et douleur du genou	Ces signes sont les motifs de la visite et nécessitent une prise en charge IDE.
Plaie du genou suppurée et ganglion augmenté de volume	Ces deux signes évoquent un problème infectieux.
Le contexte de la blessure : chute de vélo, il y a 2 jours, sur une route boueuse	Le contexte fournit des indications sur l'environnement de l'accident.
Parents non informés, pas de désinfection de la plaie le jour de la chute	Cet élément explique que la plaie n'a pas été vue et nettoyée en temps utile.

2 COMPRENDRE ET ÉVALUER LA SITUATION

Que faut-il comprendre ?	Évaluation
Il s'agit d'un enfant de 12 ans, l'infirmier est soumis au respect de la réglementation concernant les mineurs. A priori, à cet âge, aucun problème de santé n'est présumé. SAVOIRS FONDAMENTAUX Santé publique ; Législation	Soins sur mineur
Le motif de la visite est lié à la présence d'une plaie infectée se traduisant par les signes cliniques d'une infection : suppuration, présence d'une adénopathie inguinale. La progression de l'infection est un risque réel. SAVOIRS FONDAMENTAUX Sciences médicales ; Infectiologie ; Démarche clinique IDE	Plaie infectée nécessitant des soins locaux
Le contexte de la blessure explique la situation infectieuse actuelle. Le contact de la plaie avec la boue constitue un risque de tétanos. Le délai avant la réalisation des premiers soins est à prendre en compte dans l'évolution de la plaie. SAVOIRS FONDAMENTAUX Processus traumatique et infectieux	Peu de risque de tétanos car, à cet âge, les enfants sont généralement vaccinés
La non information des parents explique que la plaie n'est pas été traitée et se soit infectée. SAVOIRS FONDAMENTAUX Législation ; Psychologie	Parents non informés de la situation

Évaluation : il s'agit d'un enfant qui présente une infection avec une adénopathie dont l'origine est une plaie du genou consécutive à une chute de vélo. Cette infection doit être prise en charge. Les parents ne sont pas au courant du problème.

3 METTRE EN ŒUVRE LES ACTIONS

Quelles actions met-on en œuvre ?	Pourquoi ?
Nettoyer et désinfecter la plaie, vérifier l'absence de corps étranger, réaliser un pansement SAVOIR-FAIRE PROFESSIONNELS Soins infirmiers	La plaie est infectée, elle doit être nettoyée et désinfectée pour éviter la propagation de l'infection. Un pansement protecteur assure l'isolement de la plaie avec l'extérieur et préserve l'action de la désinfection.
Mesurer la température SAVOIR-FAIRE PROFESSIONNELS Soins infirmiers ; Sciences biomédicales	Évaluer les risques de complications (passage de l'infection locale à des signes généraux) d'autant qu'il existe une adénopathie.
Vérifier les vaccinations dans le document de suivi de l'infirmerie SAVOIR-FAIRE PROFESSIONNELS Infectiologie ; Santé publique	La vérification de la vaccination antitétanique est indispensable en raison de la souillure de la plaie par de la boue. En l'absence de vaccination correcte une consultation médicale sera nécessaire.
Entretien pour explorer pourquoi Mathieu n'en a pas parlé à ses parents SAVOIR-FAIRE PROFESSIONNELS Soins relationnels ; Démarche clinique IDE	S'assurer que derrière le fait d'avoir caché sa chute à ses parents il n'existe pas d'autres problématiques telles que la souffrance, la maltraitance, la rupture familiale…
Prévenir les parents et les informer de ce qui a été fait (pansement) SAVOIR-FAIRE PROFESSIONNELS Législation ; Relation	Les parents sont les représentants légaux, ils doivent être informés des soins, du motif de la visite et peuvent être convoqués en fonction des informations recueillies lors de l'entretien avec Mathieu.
Informer les parents sur les actions et moyens nécessaires pour qu'ils refassent ou fassent refaire le pansement. Indiquer les éléments qui doivent les amener à consulter un médecin SAVOIR-FAIRE PROFESSIONNELS Soins infirmiers	Le pansement doit être refait tous les jours pour assurer la guérison de la plaie et suivre son évolution. Il existe un risque de complication qu'ils doivent identifier pour consulter un médecin.

4 NOTER ET ANALYSER LES RÉSULTATS OBTENUS

Résultats	Analyse des résultats de la prise en charge
La plaie est propre, inflammatoire, douloureuse Absence de corps étrangers dans la plaie	La décontamination de la plaie et la pose d'un pansement avec antiseptique devrait aboutir à une évolution favorable de la plaie en quelques jours.
La prise de la température = 37 °C	L'organisme se défend. Cependant le risque de propagation de l'infection est réel et doit être surveillé.
Absence de problématique familiale décelée. Les parents sont informés de la situation. Des conseils leur ont été donnés quant à la conduite à tenir au regard de la plaie (nettoyage, pansement, éléments qui doivent amener à consulter)	Les parents ont intégré les éléments de surveillance à mettre en place quant à la plaie Ils n'ont pas compris pourquoi Mathieu ne leur avait rien dit.

S'ENTRAINER

VÉRIFIER SES CONNAISSANCES

1 QCM – Cocher la ou les réponse(s) exacte(s).

1. La moelle osseuse rouge se trouve dans :
a. les os courts
b. les os plats
c. les épiphyses des os longs
d. les vertèbres
e. le bassin

2. Les cellules souches myéloïdes produisent :
a. des plaquettes
b. des érythrocytes
c. des granulocytes neutrophiles
d. des lymphocytes B et T
e. des monocytes

3. La maturation et l'immunocompétence s'acquièrent dans :
a. la moelle osseuse rouge pour les lymphocytes B
b. le thymus pour les lymphocytes T
c. la lymphe pour les lymphocytes B
d. le sang pour les lymphocytes B et T

4. Les récepteurs d'antigène sont :
a. des protéines
b. des lipides
c. des phospholipides

5. Les récepteurs d'antigène sont situés :
a. à la surface de la membrane plasmique des lymphocytes B
b. à la surface de la membrane plasmique des lymphocytes T
c. à l'intérieur des lymphocytes B
d. à l'intérieur des lymphocytes T

6. Les récepteurs d'antigène sont capables :
a. de reconnaître un anticorps
b. de reconnaître un antigène étranger
c. les deux réponses sont exactes

7. Les CD_4 et les CD_8 sont présents :
a. à la surface de la membrane plasmique des lymphocytes T
b. à la surface de la membrane plasmique des lymphocytes B
c. à l'intérieur des lymphocytes B
d. à l'intérieur des lymphocytes T

8. Les CD_4 et les CD_8 sont :
a. des antigènes
b. des récepteurs d'antigènes
c. des anticorps

9. Les cellules souches pluripotentes naissent dans :
a. la rate
b. le foie
c. le thymus
d. la moelle osseuse

10. Les organes lymphoïdes sont constitués par :
a. le thymus
b. le foie
c. la rate
d. les amygdales

2 Vrai ou Faux

1. Les cellules souches pluripotentes sont indifférenciées.

2. Les cellules souches pluripotentes sont capables de se différencier.

3. Les macrophages et les lymphocytes B phagocytent les antigènes endogènes étrangers.

4. Les macrophages et les lymphocytes phagocytent les antigènes exogènes étrangers.

5. Les antigènes endogènes étrangers sont présents dans les liquides de l'organisme.

6. Les antigènes endogènes étrangers sont synthétisés à l'intérieur des cellules de l'organisme.

7. Les antigènes endogènes étrangers peuvent s'approprier le métabolisme des cellules de l'organisme.

8. Les antigènes endogènes étrangers sont phagocytés par les macrophages et les lymphocytes B.

9. Les lymphocytes T reconnaissent les antigènes exogènes étrangers.

10. Les lymphocytes T reçoivent une double stimulation pour pouvoir s'activer en cas d'agression de l'organisme par des cellules cancéreuses.

11. Les lymphocytes T se multiplient pour former un clone dans la réponse immunitaire à médiation cellulaire.

12. Les lymphocytes T se différencient en plasmocytes.

13. Le complexe majeur d'histocompatibilité est constitué d'antigènes étrangers.

14. Le complexe majeur d'histocompatibilité s'associe aux antigènes endogènes étrangers pour permettre le repérage de la cellule infectée.

15. Le complexe majeur d'histocompatibilité a pour fonction d'aider les lymphocytes T à reconnaître les antigènes étrangers.

3 QROC

1. Définir les termes suivants : système immunitaire, antigène, vaccination, sérothérapie, sérodiagnostic, immunogénicité.

2. Énoncez les différents types de réactions immunitaires et pour chacun d'entre eux préciser les éléments les constituant.

3. Nommez l'élément fondamental permettant la reconnaissance des antigènes identitaires des cellules de l'organisme.

4. Énoncez les caractéristiques de la résistance non spécifique.

5. Énoncez les caractéristiques de la résistance spécifique ou immunité.

6. Définissez la lymphe et expliquez son cheminement dans l'organisme.

7. Citez les lieux où sont situés les tissus lymphoïdes associés aux muqueuses.

8. Citez les anticorps les plus abondants de l'organisme.

4 CAS CLINIQUE

Mathieu, 12 ans, s'est écorché le genou droit en tombant sur la route boueuse. Il n'a pas fait très attention à sa plaie qui s'est mise à saigner légèrement. Pendant quelques minutes il a continué de jouer mais très vite la douleur est apparue. Son genou est devenu rouge, chaud et légèrement gonflé. Il est rentré chez lui et n'a pas désinfecté la plaie. Il n'en a pas parlé à sa mère...

Deux jours plus tard il se plaint d'une petite bosse dure à l'aine (côté droit).

Expliquer les mécanismes physiologiques déclenchés dans cette situation.

CORRIGÉS

VÉRIFIER SES CONNAISSANCES

1 QCM

2 Vrai ou Faux

1. Les cellules souches pluripotentes sont indifférenciées. Vrai

2. Les cellules souches pluripotentes sont capables de se différencier. Vrai

3. Les macrophages et les lymphocytes B phagocytent les antigènes endogènes étrangers. Faux

4. Les macrophages et les lymphocytes phagocytent les antigènes exogènes étrangers. Vrai

5. Les antigènes endogènes étrangers sont présents dans les liquides de l'organisme. Faux

6. Les antigènes endogènes étrangers sont synthétisés à l'intérieur des cellules de l'organisme. Vrai

7. Les antigènes endogènes étrangers peuvent s'approprier le métabolisme des cellules de l'organisme. Vrai

8. Les antigènes endogènes étrangers sont phagocytés par les macrophages et les lymphocytes B. Faux

9. Les lymphocytes T reconnaissent les antigènes exogènes étrangers. Faux

10. Les lymphocytes T reçoivent une double stimulation pour pouvoir s'activer en cas d'agression de l'organisme par des cellules cancéreuses. Vrai

11. Les lymphocytes T se multiplient pour former un clone dans la réponse immunitaire à médiation cellulaire. Vrai

12. Les lymphocytes T se différencient en plasmocytes. Faux

13. Le complexe majeur d'histocompatibilité est constitué d'antigènes étrangers. Faux

14. Le complexe majeur d'histocompatibilité s'associe aux antigènes endogènes étrangers pour permettre le repérage de la cellule infectée. Vrai

15. Le complexe majeur d'histocompatibilité a pour fonction d'aider les lymphocytes T à reconnaître les antigènes étrangers. Vrai

3 QROC

1. Le système immunitaire est l'ensemble formé par les organes lymphoïdes, les cellules immunocompétentes et les substances actives capables de défendre l'organisme contre tout ce qui lui est étranger.

Un antigène est une substance naturelle ou synthétique, reconnue comme étrangère par le système immunitaire de l'organisme dans lequel elle s'introduit. Un antigène possède deux propriétés qui sont sa capacité à activer le système immunitaire afin de provoquer une réponse, il s'agit de l'immunogénicité et, sa capacité à réagir avec les éléments du système immunitaire qu'il a activé, il s'agit de la réactivité antigénique.

La vaccination anti-infectieuse consiste à introduire chez un individu, une préparation antigénique dérivée de l'agent infectieux, de manière à lui faire produire une réponse immunitaire capable de le protéger contre les aléas de l'infection naturelle ou d'en atténuer les conséquences.

C'est une immunisation active par injection d'antigènes spécifiques contre lesquels l'organisme va sécréter des anticorps ou développer une immunité tissulaire.

La sérothérapie est l'immunisation passive par injection d'anticorps. La protection assurée est rapide mais courte.

Le sérodiagnostic est un examen qui permet la mise en évidence d'anticorps dirigés contre un agent infectieux spécifique. Il permet de réaliser ainsi un diagnostic indirect.

L'immunogénicité est la capacité à provoquer une réponse immunitaire en stimulant la production d'anticorps spécifiques et/ou la prolifération de lymphocytes T spécifiques.

2. Les différents types de réaction immunitaire et les éléments les constituant

Le système immunitaire engendre deux types de réponses lors d'une agression : des réponses immunitaires non spécifiques et des réponses spécifiques.

Les réponses non spécifiques sont :

- les barrières anatomiques qui protègent l'organisme des agressions. Il s'agit de la peau, des poils et des muqueuses ;
- la réaction inflammatoire qui se traduit par une rougeur, un œdème, une augmentation de la chaleur et l'apparition d'une douleur au plan local ;
- les cellules tueuses naturelles NK ;
- les cellules phagocytaires tels les granulocytes neutrophiles présents dans le sang et les macrophages, présents dans les tissus, pouvant être fixes ou libres de se déplacer ;
- la fièvre ;
- des protéines antimicrobiennes.

Les réponses spécifiques sont de 2 types : la réponse immunitaire à médiation humorale et réponse immunitaire à médiation cellulaire.

– La réponse humorale fait intervenir les lymphocytes B qui prolifèrent, se différencient en plasmocytes qui sécrètent les anticorps dirigés contre les antigènes étrangers à l'organisme.

– La réponse cellulaire fait intervenir les lymphocytes T qui agissent directement sur les antigènes résidant dans les cellules-hôtes de l'organisme, en se multipliant grâce à la stimulation de cytokines et en formant un clone. Certains lymphocytes (T8) sont cytotoxiques et d'autres sont des auxiliaires (T4) des lymphocytes T et B.

3. L'élément qui permet de différencier dans l'organisme le soi du non soi est le CMH (complexe majeur d'histocompatibilité) ou système HLA (*Human Leukocyte Antigene*)

4. La résistance non spécifique est une protection immédiate, spontanée, d'action rapide et indépendante de l'agent causal.

5. La résistance spécifique ou immunité est une protection retardée, non spontanée, d'action lente (8 à 10 jours), dépendante de l'agent causal et durable, en principe à vie.

6. La lymphe est issue du liquide interstitiel et a une composition proche de celle du plasma. Elle contient les lipides alimentaires et les vitamines liposolubles (A, D, E, K) issus de la digestion et absorbés au niveau des villosités intestinales. Elle contient aussi des lymphocytes et des macrophages dérivés des monocytes possédant un haut pouvoir phagocytaire ; ce qui lui permet de protéger l'organisme des antigènes étrangers. Elle circule dans tout le corps (le long des veines sous la peau, des artères au niveau des viscères) et traverse des ganglions. Elle est drainée par un réseau de vaisseaux lymphatiques qui se jettent dans des canaux différents selon la partie de l'organisme qu'ils irriguent, pour être ensuite déversée dans la veine sousclavière gauche et emportée dans le flux sanguin. Ce phénomène est rendu possible grâce aux pompes musculaires et respiratoires.

7. Les lieux où sont situés les tissus lymphoïdes associés aux muqueuses sont :

– les amygdales de la paroi postérieure du nasopharynx, de la cavité buccale ;

– les follicules et les nodules de l'estomac, de l'ileum de l'intestin grêle et de l'appendice vermiforme.

8. Les anticorps les plus abondants de l'organisme sont les immunoglobulines G qui persistent après une deuxième exposition de l'organisme à des antigènes spécifiques.

4 CAS CLINIQUE

Cette plaie se traduit par une érosion de la peau (première ligne de défense physique) et ensuite un saignement. Cette plaie peut être contaminée (boue, cailloux, etc.) La ligne de défense externe étant endommagée, l'organisme doit recourir à la ligne de défense interne. À ce moment-là, l'enfant n'a pas très mal au genou. C'est seulement lorsque la réaction inflammatoire débute que la douleur s'installe. Les cellules et substances libérées agissent dès la première heure. Ainsi les protéines antimicrobiennes et les phagocytes se chargent de combattre l'infection liée à la présence de la boue, de cailloux ou autres éléments, les protéines de la coagulation par des réactions en cascade arrêtent le saignement et les substances algogènes entraînent la douleur. Le passage du liquide à partir du sang vers les tissus avoisinants entraîne un gonflement et accentue la douleur.

Mathieu présente deux jours plus tard un ganglion. L'infection s'est propagée à partir de l'hypoderme dans les vaisseaux lymphatiques et a été arrêtée dans un ganglion. Il s'agit d'antigènes exogènes.

Ceux-ci ont été pris en charge par des cellules phagocytaires présentes dans la peau (épiderme et derme).

Ils ont été ingérés, digérés, insérés au CMH du phagocyte dans la membrane plasmique. Ces antigènes ont été emportés dans le flux lymphatique et présentés aux lymphocytes T qui les ont reconnus grâce à leurs récepteurs CD_4 et CD_8. L'activation des lymphocytes T a eu lieu grâce aux cytokines. Les lymphocytes T ont donc proliféré et attaqué les antigènes agresseurs. Il s'agit d'une réponse immunitaire à médiation cellulaire.

Les cycles de la vie

En biologie, une entité est considérée comme vivante si elle présente un ensemble de phénomènes qui apparaissent au moins une fois durant son existence. Parmi ces activités, les plus importantes concernent la croissance, le métabolisme et la reproduction. Ces activités sont identifiables entre la naissance et la mort de cette même entité, sans qu'elles apparaissent nécessairement dans le même temps.

L'organisme humain est l'objet d'un processus de développement, la vie, qui se caractérise par une succession d'étapes.

Un parcours de vie correspond à la période qui s'écoule de la naissance à la mort d'un individu. Ce parcours est composé de différentes étapes de durée variable, avec des caractéristiques qui lui sont propres. Au cours de chacune de ces étapes, surviennent des transformations qui sont liées aux changements physiques et psychologiques mais aussi liées à l'environnement.

Ainsi, plusieurs étapes importantes dans la vie d'un être humain sont identifiées, certaines se composent parfois de plusieurs phases, notamment si cette vie s'inscrit dans la durée. Ces phases et ces étapes se succèdent et nécessitent des transitions qui seront vécues de manière singulière par chaque individu. Parmi les étapes les plus importantes notons le développement embryonnaire, qui correspond à la grossesse, puis la naissance, l'enfance, l'adolescence et l'âge adulte pour terminer par la vieillesse et la mort.

11 La grossesse

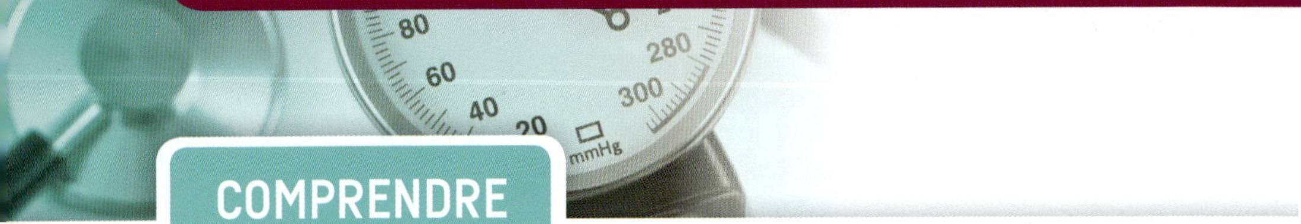

COMPRENDRE

La grossesse est le temps où s'élabore pour les futurs parents « l'enfant imaginaire » c'est-à-dire l'enfant merveilleux qui va venir réaliser tous leurs souhaits secrets et réparer leurs blessures narcissiques.

Étape importante dans la vie d'une femme, la grossesse peut être vécue de façon plus ou moins harmonieuse par la future mère mais aussi par le couple, parce qu'elle va modifier en profondeur la structure de celui-ci.

Pour la mère, elle va entraîner des modifications corporelles, ce qui aura un impact sur l'image du corps et sur ses propres relations avec elle-même. Par ailleurs, la grossesse renvoie la future maman à sa propre histoire, à son enfance, à ses relations avec sa mère et avec ses parents.

Le rôle du père va consister principalement à veiller au bien-être de la mère. Cependant, il peut vivre la grossesse comme une rivalité avec le futur bébé, qui devient la préoccupation majeure de la future maman. Ainsi, il peut se sentir délaissé par sa conjointe alors qu'il était l'objet de toutes les attentions auparavant.

C'est la venue de l'enfant qui fait que le couple devient une famille, que la femme devient mère et que l'homme devient père…

GÉNÉRALITÉS

La grossesse en gestation est l'état de la femme enceinte. Elle commence avec la fécondation et se termine avec l'accouchement. Elle dure 9 mois ou 41 semaines d'aménorrhée (SA).

Le suivi des femmes enceintes est assuré en France par des médecins et des sages-femmes libéraux ou travaillant dans des maternités qui sont classées selon différents niveaux.

Classement des maternités

- **Les maternités de niveau 1** se composent d'unités de soins de courte durée pour les nouveau-nés sans pathologie ou présentant des pathologies sans gravité. Les bébés qui y sont accueillis ont un terme supérieur à 35 semaines d'aménorrhée (SA) et leur poids est supérieur à 2 000 g.
- **Les maternités de niveau 2** sont équipées d'un service de néonatologie. Les bébés accueilllis ont un terme supérieur à 32 SA et un poids supérieur à 1 600 g.

- **Les maternités de niveau 3** comportent une unité de soins intensifs qui permet l'accueil des nouveau-nés dont le terme est inférieur à 32 SA et dont le poids est inférieur ou égal à 1 500 g.

L'IDE appartenant à l'équipe pluridisciplinaire de ces établissements de santé intervient dans la prise en charge des femmes lors de l'accouchement et participe à la mise en œuvre d'actions d'éducation et de prévention en dehors des consultations obstétricales.

Vocabulaire spécifique

L'obstétrique fait référence à un vocabulaire spécifique qu'il convient de connaître.

La science médicale qui s'intéresse à la naissance des êtres humains est l'*obstétrique*. Un médecin qui se spécialise dans la surveillance de la grossesse et de l'accouchement est un *obstétricien*. Les obstétriciens sont des chirurgiens, les seuls qualifiés pour accompagner des naissances pathologiques nécessitant la pose d'actes médicaux.

Les *sages-femmes* sont formées pour des gestes plus courants (épisiotomie), et se réfèrent à l'obstétricien en cas de complication.

Une *parturiente* est une femme qui accouche.

Une femme qui n'a pas eu d'enfant est dite *nullipare*, alors qu'une femme qui a eu plusieurs enfants est dite *multipare*.

Une femme qui est enceinte est dite *primigeste* (gestation) lors de sa première grossesse et *multigeste* si elle a eu plusieurs grossesses.

Une femme peut donc avoir eu plusieurs grossesses et ne pas avoir eu d'enfant. En effet toutes les grossesses n'arrivent pas à terme et n'aboutissent pas à la naissance d'un enfant. Une femme peut donc être multigeste et nullipare.

Un accouchement *eutocique* est un accouchement normal, il est dit *dystocique* en cas de difficultés.

D'un point de vue biologique, la grossesse s'évalue en *semaines d'aménorrhée* (l'aménorrhée étant l'absence de règles ou de menstruation). Les SA se calculent à partir de la date du premier jour des dernières règles.

Un utérus *gravide* est un utérus qui contient un embryon ; une complication *gravidique* est une complication relative à la grossesse.

Le post-partum correspond à la période consécutive à l'accouchement.

Diagnostic de grossesse

Il repose sur un certain nombre de signes cliniques et il est généralement confirmé par des examens biologiques.

Les signes cliniques

- Aménorrhée de plus de 15 jours
- Nausées
- Tension et augmentation du volume mammaire
- Hypersomnie

(Nausées, tension et augmentation du volume mammaire, hypersomnie : } appelés signes sympathiques de grossesse)

- Vulve hyper pigmentée

- Col utérin violacé, à l'examen au spéculum
- Glaire épaissie à l'examen au spéculum
- Utérus augmenté de volume au toucher vaginal

Les examens biologiques et échographique

- Dosage qualitatif[1] positif des β HCG (fraction bêta des hormones chorioniques gonadotrophines) plasmatiques dès le 4e jour de retard de règles.
- Dosage quantitatif positif des β HCG plasmatiques dès le 10e jour après la conception.
- L'échographie obstétricale permet de visualiser la localisation de la grossesse, qui doit normalement être intra-utérine, et l'activité fœtale.

LES GRANDES ÉTAPES DU DÉVELOPPEMENT

Le développement de l'embryon

La détermination du sexe de l'embryon

L'embryon est le produit de la fécondation. Il garde ce nom jusqu'à la 10e semaine de gestation ; au-delà de cette période il prend le nom de fœtus.

Le sexe de l'embryon est déterminé dès la fécondation. Il existe deux chromosomes sexuels X et Y. Les sujets de sexe féminin possède les chromosomes XX et les sujets de sexe masculin les chromosomes XY (voir Fonction de reproduction).

Le sexe de l'embryon dépend du chromosome dont est porteur le spermatozoïde qui pénétrera dans l'ovule. L'ovule étant toujours porteur du chromosome X, c'est donc le chromosome porté par le spermatozoïde qui sera déterminant.

La période embryonnaire

Les caractéristiques

Elle débute au moment de la nidation qui s'effectue au niveau de l'endomètre et s'étend jusqu'à la 10e semaine de gestation (ou 12 SA). Elle correspond à l'organogénèse c'est-à-dire au développement des organes et à la morphogénèse, c'est-à-dire au modelage externe de l'individu.

À partir du 8e jour, l'œuf est inséré au 4/5 dans l'endomètre.

L'œuf nouvellement formé se divise activement…

Au 14e jour, il se trouve constitué de 3 feuillets :

- *l'ectoblaste* qui formera ultérieurement le système nerveux central et périphérique, l'épiderme et ses annexes (glandes sudoripares et organes des sens) ;
- *l'endoblaste* qui formera le revêtement épithélial du tube digestif, de l'arbre respiratoire, le foie, le pancréas, la vessie et l'urètre ;

1 Le dosage qualitatif renseigne sur l'existence ou non d'une grossesse, alors que le dosage quantitatif permet d'obtenir un dosage exact et ainsi de juger de l'évolutivité de la grossesse (grossesse normale intra-utérine, fausse couche ou grossesse extra-utérine). Dans les grossesses normales, le taux augmente de façon exponentielle du 10e jour de gestation, jusqu'à 5 semaines d'aménorrhée.

– *le mésoblaste* qui formera les os, les muscles, le sang et le système lymphatique, le cœur et les gros vaisseaux, les reins et les voies urinaires et tous les éléments conjonctifs de l'organisme.

La circulation fœto-maternelle est établie dès le 21e jour. Elle est caractérisée par la présence de shunts[2] et d'un circuit placentaire extra-embryonnaire. Des modifications en lien avec la mise en place de la respiration pulmonaire auront lieu au moment de la naissance.

Le sang oxygéné venant du placenta est amené au fœtus via la veine ombilicale.

Le placenta et ses grandes fonctions

C'est un organe composé de deux parties, une partie maternelle et une partie fœtale. Il permet les échanges entre la mère et le fœtus. Au terme de la grossesse, il représente une masse de 1/6 du poids de l'enfant et il a un diamètre d'environ 20 cm. Il assure différentes fonctions.

– **Fonction respiratoire :** il transporte l'oxygène vers le fœtus et capte le dioxyde de carbone d'origine fœtale.

– **Fonction hormonale** par sécrétion :
  – des β HCG qui entretiennent le corps jaune gravidique,
  – de l'hormone lactogène placentaire dès la 6e semaine pour stimuler le développement des glandes mammaires,
  – des œstrogènes qui vont permettre la croissance de l'utérus,
  – de la progestérone qui va maintenir la grossesse grâce au relâchement du myomètre (muscle utérin).

– **Fonction nutritive :** le placenta apporte les nutriments nécessaires au bon développement du fœtus (oxygène, eau, électrolytes, glucides, lipides, protéines…).

– **Fonction d'élimination :** des déchets produits par le fœtus ; le gaz carbonique, l'urée et les déchets divers sont rejetés dans la circulation maternelle.

– **Fonction protectrice :** le placenta se comporte comme un filtre qui laisse passer certaines substances de la mère au fœtus (immunoglobulines…) et en bloque d'autres (grosses immunoglobulines, quelques virus…).

Les autres éléments

Les membranes prolongent le placenta en périphérie et contiennent le fœtus qui baigne dans le liquide amniotique.

Le liquide amniotique est un liquide clair et transparent qui atteint un volume d'environ 700 ml au terme de la grossesse. Il permet l'hydratation fœtale, participe au développement du fœtus et le protège des traumatismes et de l'infection.

Le cordon ombilical mesure à terme environ 50 cm et est composé de deux artères et d'une veine. Au moment de la naissance, il sera sectionné après avoir été clampé de part et d'autre afin d'éviter toute hémorragie.

2 Un shunt est une communication « anormale » entre deux parties de l'appareil cardiovasculaire où règne des pressions différentes, sauf durant la période embryonnaire ; au moment de la naissance, ce shunt disparaît.

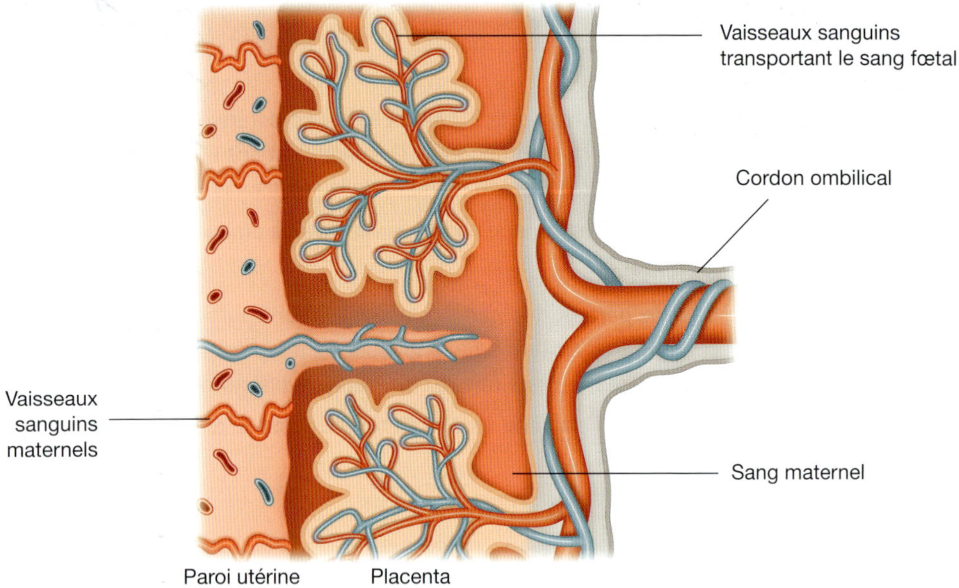

Fig. 11.1. Cordon ombilical et vascularisation du placenta

Le développement du fœtus

La période fœtale s'étend de la 12e SA à la naissance. Elle correspond à la croissance et à la maturation des organes du fœtus.

À 12 SA, la face prend un aspect humain, les yeux et les oreilles sont en place. Les organes génitaux externes sont reconnaissables, il existe un début d'activité musculaire.

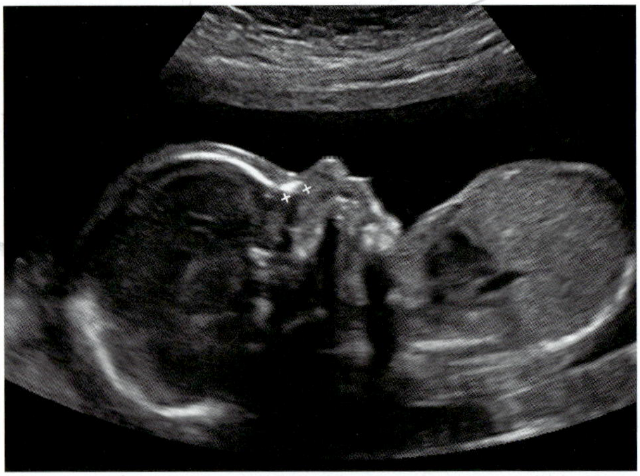

Fig. 11.2. Aspect échographique du fœtus à 22 SA

À 19 SA, le fœtus est couvert de *vernix caseosa*[3] qui protège la peau du liquide amniotique.

3 Il s'agit d'une matière grasse comparée à du saindoux, qui chez beaucoup de nouveau-nés, s'étale en couche plus ou moins épaisse sur la région dorsale, les plis axillaires et inguinaux.

À 20 SA, les cheveux commencent à pousser ; le foie fabrique la bile qui donne la couleur verte du *méconium*[4].

À 25 SA (environ), le fœtus a une viabilité biologique.

À 32 SA la synthèse du *surfactant*[5] par le parenchyme pulmonaire commence.

À 37 SA les poumons sont matures car le surfactant est fabriqué en quantité suffisante.

Le développement en lien avec l'âge gestationnel peut être résumé par le tableau 11.1.

Âge en semaines d'aménorrhée	Longueur cranio-caudale en cm	Poids en grammes
12	8	40
24	23	800
32	30	2100
40	36	3000/3500

Tableau 11.I. Équivalence entre âge, longueur et poids

Tout au long de la grossesse, le ventre de la future maman ne cesse de s'arrondir et l'on est surpris du décalage entre la prééminence de l'abdomen maternel et la taille réelle de l'utérus gravide.

semaines d'aménorrhée (SA)	mois de grossesse	Taille de l'utérus
10 SA	2 mois	« Pamplemousse »
15 SA	3 mois	Entre le pubis et l'ombilic
20 SA	4 mois	Au niveau de l'ombilic
24 SA	5 mois	20 cm
28 SA	6 mois	24 cm
32 SA	7 mois	28 cm
37 SA	8 mois	32 cm
41 SA	9 mois	32/34 cm

Tableau 11.II. Équivalence entre semaine d'aménorrhée/âge gestationnel et taille de l'utérus

Pour le bébé, les deux périodes de la vie prénatale que sont la période embryonnaire et la période fœtale permettent l'entrée en fonction progressive des organes sensoriels dans un ordre commun à tous les vertébrés : le premier concerne le toucher, viennent ensuite l'olfaction-gustation, puis l'audition et enfin la vision.

Une grossesse est considérée à terme lorsqu'elle atteint 41 semaines d'aménorrhée.

4 Le méconium est le nom donné aux matières intestinales visqueuses brunâtres ou verdâtres que le fœtus expulse peu après sa naissance. Il est le plus souvent assimilé à la première selle de l'enfant.

5 Le surfactant forme un film très mince qui tapisse la face interne des alvéoles pulmonaires et les empêche de se collaber.

Modifications physiologiques de la gestante

Dès le début de la grossesse, des modifications physiologiques apparaissent et ce afin d'assurer les besoins du fœtus et de préparer la mère à l'accouchement.

Les modifications cardiovasculaires, respiratoires et hématologiques

Les modifications cardiovasculaires

Elles se manifestent par une augmentation du volume du cœur (cardiomégalie modérée), une augmentation du débit cardiaque, une diminution de la pression artérielle et du retour veineux (par compression de l'utérus), avec pour conséquence l'apparition fréquente d'hémorroïdes.

Les modifications respiratoires

Elles se manifestent par une dyspnée d'effort, surtout au cours du dernier trimestre.

Les modifications hématologiques

Elles consistent en une augmentation de la volémie, une diminution des hématies, de l'hématocrite et de l'hémoglobine, une hyperleucocytose ainsi qu'une augmentation de la vitesse de sédimentation (VS), du fibrinogène et de certains facteurs de la coagulation.

Autres modifications

Les modifications digestives

Elles apparaissent dès le début de la grossesse et sont les plus fréquentes. Il s'agit le plus souvent de nausées, de vomissements, de reflux gastro-œsophagiens et d'une augmentation de l'acidité gastrique.

Les modifications génitales

Les plus marquantes sont l'augmentation progressive du volume utérin et des seins. Il existe aussi des leucorrhées physiologiques et un épaississement de la muqueuse vaginale dont le pH diminue.

Autres signes

On note une asthénie importante en début de grossesse, ainsi qu'une hypersomnie. La formation de vergetures surtout au niveau de l'abdomen, des cuisses et des seins sont fréquentes.

SUIVI MÉDICO-LÉGAL ET DROIT DES PARENTS

Le suivi médicolégal (tableau 11.III)

En France, toute grossesse diagnostiquée fait l'objet d'un suivi médical, celui-ci est réglementé.

Au total, huit consultations sont prévues par la législation : sept consultations prénatales et une post-natale.

La déclaration de grossesse doit être envoyée à la sécurité sociale avant la 15e semaine d'aménorrhée pour qu'elle soit prise en charge à 100 %.

La première consultation

Elle a lieu au cours du 3e mois et comporte :

- un interrogatoire pour dépister les facteurs de risques (antécédents familiaux, gynécologiques, obstétricaux…) ;

- un examen clinique avec prise de la pression artérielle, fréquence cardiaque, poids, température, examen des seins, recherche des bruits du cœur fœtal ;
- des examens biologiques obligatoires : l'identification du groupe sanguin et du Rhésus, la recherche d'agglutinines irrégulières (RAI)[6], les sérologies de la toxoplasmose[7], de la rubéole[8], de la syphilis et de l'hépatite B ;
- des examens biologiques conseillés : les sérologies du virus de l'immunodéficience humaine (VIH) ;
- la délivrance d'informations et de conseils sur le suivi de la grossesse (notamment sur la prévention de la toxoplasmose si la femme n'est pas immunisée, listériose[9], rubéole...) ;
- la déclaration de grossesse.

La sérologie de la *toxoplasmose* vise à vérifier s'il existe une immunité acquise ou non avant la grossesse. Dans le cas d'une sérologie négative, le risque de malformations fœtales est majeur lors d'une séroconversion pendant la grossesse. Il conviendra de prendre toutes les précautions utiles pour éviter toute contamination tout au long de la gestation.

La sérologie de la *rubéole* est obligatoire car si elle est négative, le risque de malformations fœtales est le même que pour la toxoplasmose en cas de séroconversion pendant la durée de la grossesse.

La sérologie de *l'hépatite B* est obligatoire au cours de la grossesse également. En cas de portage maternel, la vaccination de l'enfant à la naissance est préconisée.

La sérologie de la *syphilis* reste obligatoire lors de la déclaration de grossesse car le risque de contamination de l'enfant lors de l'accouchement est toujours possible.

Les autres consultations

Elles sont mensuelles et visent à assurer le suivi de l'état de santé de la mère et à dépister toute anomalie quant au développement de l'enfant. Pour cela, la parturiente est écoutée et des examens cliniques, biologiques et échographiques sont effectués.

La consultation pré-anesthésique est obligatoire aux environs du 8e mois afin d'informer la patiente sur l'analgésie, de rechercher les contre-indications à toutes formes d'anesthésie, de réaliser des examens complémentaires et un examen clinique.

6 Les agglutinines irrégulières sont des anticorps immuns, c'est-à-dire acquis lors d'une stimulation antigénique antérieure. La recherche d'agglutinines irrégulières (RAI) est un examen biologique réalisé systématiquement 72 heures maximum avant chaque transfusion sanguine.

7 La toxoplasmose est une parasitose très fréquente, due à un protozoaire, *Toxoplasma Gondii*, qui ne présente de risques sérieux que pour les sujets immunodéprimés et les femmes enceintes non immunisées qui risquent de contaminer le bébé. Plus la contamination a lieu tôt durant la grossesse, plus les risques de contamination fœtale sont faibles mais plus les conséquences sont graves. Les risques sont la mort fœtale, l'encéphalomyélite congénitale, les atteintes viscérales et oculaires.

8 La rubéole est une maladie infectieuse contagieuse, due à un virus. Quand elle survient chez une femme enceinte non immunisée, elle peut provoquer un avortement ou des malformations du fœtus. Elle peut être prévenue par la vaccination.

9 La listériose est une pathologie due à un bacille, *Listeria monocytogenes*, dont la contamination est d'origine alimentaire ou materno-fœtale. Elle se traduit sous la forme d'une septicémie ou d'une méningo-encéphalite généralement mortelle ou d'infections localisées. Elle est à déclaration obligatoire. Elle peut entraîner un avortement chez la femme enceinte.

Consultations	Période de la grossesse	Examens complémentaires	Echographies	Examen clinique
1re	3e mois	• Groupe Rhésus, phénotype complet • Recherche d'agglutinines irrégulières (RAI) • Sérodiagnostic : rubéole, toxoplasmose, syphilis, HIV • Glycémie à jeun et post prandiale	Datation de la grossesse (12 SA) Mesure de la clarté nucale[10]	Poids Pression artérielle Analyse[11] d'urines à la bandelette Hauteur utérine Toucher vaginal Présentation fœtale
2e	4e mois	• Toxoplasmose si sérologie négative • Triple test d'évaluation du risque de trisomie 21		
3e	5e mois	Toxoplasmose si sérologie négative	Morphologie (20-22 SA)	
4e	6e mois	• Toxoplasmose si sérologie négative • RAI si mère Rhésus négatif et 2e détermination groupe Rhésus • Glycémie à jeun et post prandiale • NFS, sérodiagnostic hépatite B		
5e	7e mois	• Toxoplasmose si sérologie négative • RAI si mère Rhésus négatif • Prélèvement vaginal (streptocoque)	Croissance (30-32 SA)	
6e	8e mois	• Toxoplasmose si sérologie négative • RAI si mère Rhésus négatif • Consultation d'anesthésie		
7e	9e mois	• NFS, TP, TCA, facteurs de coagulation. • Toxoplasmose si sérologie négative • RAI si mère Rhésus négatif	Rythme cardiaque fœtal Radiopelvimétrie	

Tableau 11.III. Périodicité des consultations et suivi de la grossesse

10 La mesure précise de la clarté nucale (espace situé à l'arrière des tissus musculaires cervicaux) est un indice important, une trop forte épaisseur indique un risque élevé de trisomie 21.

11 L'analyse d'urine permet de rechercher des anomalies telles que la présence de glucose qui signe un éventuel diabète et de protéine qui traduit un risque de complication de la grossesse : la prééclampsie.

Le dépistage de la trisomie 21 (T21)

Il se fait à partir des éléments suivants :

- mesure échographique de la clarté nucale à 12 SA ;
- prélèvement sanguin proposé à toutes les patientes (HT21), afin de rechercher le risque de T21. Il consiste dans le dosage de 3 marqueurs (œstradiol, β HCG et Alpha-fœto-protéine) réalisé entre la 15e et 18e SA ;
- la femme est considérée à risque si le taux est supérieur ou égal à 1/250 ;
- amniocentèse (ponction d'une petite quantité de liquide amniotique à l'aiguille en zone extra-placentaire pour permettre de réaliser le caryotype foetal).

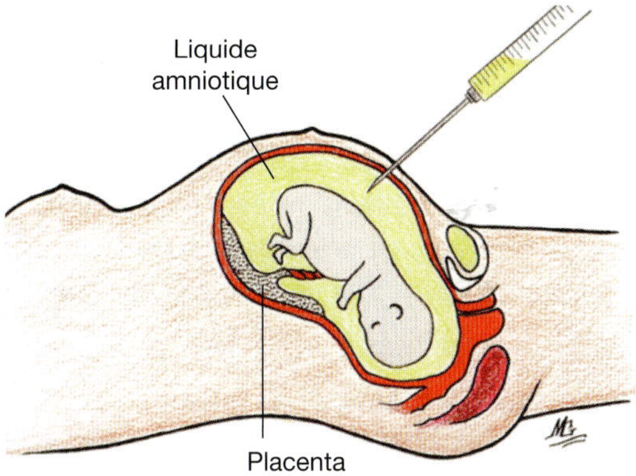

Fig. 11.3. Schéma de l'amniocentèse

Elle est proposée sur signes d'appel échographique et biologique et lorsque la femme a plus de 38 ans ou qu'il existe des antécédents de T21 familiaux.

Le diagnostic de T21 posé, la décision d'une interruption de grossesse appartient aux parents qui seront accompagnés dans leur choix par l'équipe soignante.

Cet examen est susceptible d'entraîner des complications qui sont : la fausse couche spontanée, l'infection ou la fissuration des membranes.

Droits des parents

La législation prévoit un certain nombre de droits liés à la grossesse et à la naissance d'un ou de plusieurs enfants. Les plus importants sont développés ci-après.

Le congé maternité

- 6 semaines avant et 10 semaines après l'accouchement pour les premier et deuxième enfants. Ces semaines sont maintenant modulables selon le choix de la femme, de son état de santé et ce, en accord avec l'employeur.
- 8 semaines avant et 18 semaines après à partir du troisième enfant.
- Possibilité de 2 semaines supplémentaires avant lors d'une grossesse pathologique.

Attention ces règles sont spécifiques aux salariées et ne s'appliquent pas aux femmes « travailleurs indépendants » ou en activité libérale qui relèvent de régimes spécifiques.

Le congé paternité

- Accordé sur demande (écrite à l'employeur) du père, il est d'une durée maximale de 11 jours consécutifs (samedis, dimanches, jours fériés compris) et non fractionnables. Il doit être pris dans un délai de 4 mois suivant la naissance de l'enfant.
- Le père peut aussi prétendre à 3 jours ouvrables pour événements familiaux : « jours de naissance ». Ils doivent être pris dans les 15 jours entourant la naissance.

PRÉPARATION À LA MATERNITÉ ET À LA PARENTALITÉ

Règles hygiéno-diététiques de la femme enceinte

Hygiène alimentaire standard

- La ration énergétique doit être de 2000 à 2200 Kcal par jour.
- L'alimentation doit être saine, équilibrée, diversifiée, riche en calcium et en légumes frais. Elle doit être variée avec de la viande, du poisson, des noix, des céréales, des légumineuses, des laitages, afin de développer ou maintenir une bonne santé.
- Les apports hydriques sont compris entre 1,5 à 2 l d'eau par jour.
- Les fromages pasteurisés et au lait cru, les poissons fumés, les coquillages, le surimi, le tarama et les charcuteries seront exclus de l'alimentation car il existe un risque de listériose.
- L'arrêt impératif de l'alcool et du tabac est indispensable pour éviter toute lésion chez le fœtus.

Hygiène de vie

- Les sports relaxants doivent être privilégiés.
- Le temps de sommeil doit être préservé.
- Le port de charge lourde est proscrit.
- L'automédication est déconseillée ; en cas de problème il convient de consulter le médecin.
- La prise de poids sur l'ensemble de la grossesse doit être de 9 à 12 kg.
- En cas de risque d'IST utiliser systématiquement un préservatif et indiquer comment s'en servir.

Prévention de la toxoplasmose en l'absence d'immunisation

Si la future mère n'est pas immunisée contre la toxoplasmose, des mesures de prévention spécifiques s'imposent.

- Cuire les viandes (bœuf, mouton, porc et cheval) suffisamment pour tuer tous les parasites.
- Laver soigneusement les légumes surtout s'ils sont terreux et s'ils sont consommés crus, lors de la préparation des repas.
- Laver soigneusement les ustensiles et le plan de travail.
- Peler les légumes et les fruits avant de les consommer.
- Éviter les crudités.
- Se laver soigneusement les mains après avoir touché fruits, légumes et viandes crues.
- Ne boire que de l'eau traitée (à l'eau de Javel) ou embouteillée.
- Éviter les contacts directs avec les objets qui pourraient être contaminés par les excréments de chats (litière, terre, sable...) et porter des gants pour manipuler ces objets.
- Éviter le contact direct avec la terre et se laver les mains après avoir jardiné.
- Surveillance sérologique mensuelle.

Préparation à la naissance et à la parentalité

Buts de la préparation

Cette préparation est importante, puisqu'elle prépare à la parentalité, c'est-à-dire à l'ensemble des processus de maturation psychiques propres à la fonction parentale. Ainsi, elle vise à diminuer l'anxiété et l'angoisse des parents vis-à-vis de la grossesse, de l'accouchement et de la capacité à devenir parent. Elle favorise l'expression du vécu différent pour les deux parents du fait de l'impossibilité pour l'homme de porter l'enfant.

Par ailleurs, il est prouvé qu'elle diminue sensiblement le taux d'épisiotomie[12], d'extraction instrumentale et de césarienne.

Déroulement et caractéristiques

Elle se déroule le plus souvent sous la forme d'entretien avec la future maman ou avec le couple, au 4e mois de grossesse.

Par ailleurs, sept séances de préparation à l'accouchement sont proposées par les sages-femmes. Ces séances, prises en charge par la sécurité sociale, proposent différentes approches comme la psychoprophylaxie, la sophrologie, la préparation aquatique, l'haptonomie[13]. Cette préparation à l'accouchement permet de rassurer les femmes en répondant à leurs questions et en leur faisant prendre conscience de ce qui se passe dans leur corps. Elle est d'autant plus proposée pour des femmes qui ne pourront bénéficier d'une péridurale pour convenance personnelle ou pour contre-indication médicale.

ACCOUCHEMENT

La prise en charge en salle de naissance est réalisée par une équipe pluridisciplinaire (sage-femme, infirmier(e), aide-soignant, obstétricien et anesthésiste) travaillant en étroite collaboration pour assurer une prise en charge optimale des parturientes.

Définitions

L'accouchement (également appelé travail, naissance ou parturition) est l'aboutissement de la grossesse, la sortie d'un enfant de l'utérus de sa mère. L'âge d'une personne est défini par rapport à cet événement dans la plupart des cultures.

L'accouchement est l'acte par lequel une femme se délivre ou est délivrée par voie naturelle du produit de la conception (fœtus et annexes), à une période où en principe le fœtus est viable.

L'accouchement à terme s'effectue à 41 SA, le travail qui l'accompagne peut être spontané ou déclenché selon l'indication obstétricale. Il peut durer plusieurs heures.

12 L'épisiotomie est une incision chirurgicale du périnée lorsque celui-ci est distendu par la présentation du bébé. Son indication première est de prévenir la déchirure complète du périnée. Sa réfection est réalisée après la délivrance, les sutures sont réalisées avec des fils résorbables.

13 L'haptonomie est une méthode basée sur la communication verbale et le toucher de l'enfant à travers la paroi abdominale.

Le travail est l'ensemble des phénomènes douloureux liés aux contractions utérines associé aux modifications du col utérin qui va de l'effacement à la dilatation pour permettre la sortie du fœtus.

Les différentes étapes du travail

Le travail se déroule en 3 étapes.

- *La dilatation* du col utérin correspond à l'association de contractions utérines, intermittentes, régulières et douloureuses et de modifications cervicales permettant le passage du fœtus. La dilatation est complète lorsqu'elle atteint 10 cm.
- *L'expulsion* correspond au dégagement de l'enfant grâce aux efforts expulsifs de la maman associés aux contractions utérines. Le plus souvent, l'enfant est en présentation céphalique, cependant il peut se présenter « en siège ».
- *La délivrance* est l'étape ultime correspondant à l'expulsion du placenta. Après l'accouchement, les contractions utérines réapparaissent après une phase de rémission de 10 à 15 minutes pour provoquer le décollement et l'expulsion du placenta. Ce mécanisme permet la formation d'un hématome complétant le clivage du placenta et la rétraction de l'utérus. Il vise à empêcher l'hémorragie de la délivrance.

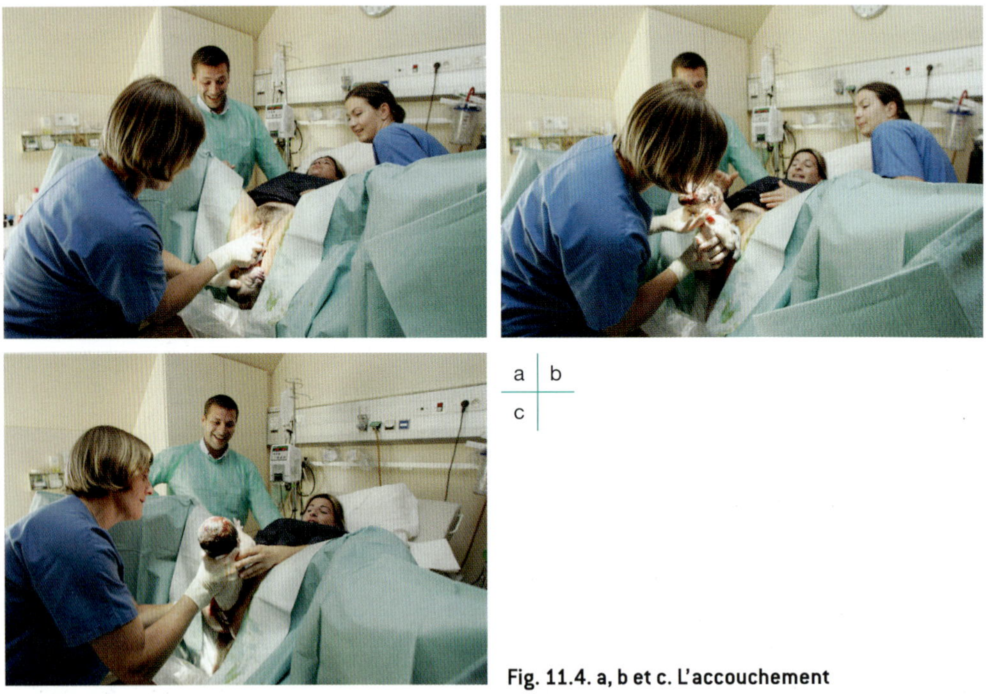

Fig. 11.4. a, b et c. L'accouchement

Après la durée légale de deux heures de surveillance en post-partum immédiat et en l'absence de toutes complications, la parturiente est transférée en suites de couches.

La péridurale

Actuellement, de plus en plus de femmes souhaitent bénéficier d'une péridurale afin d'accoucher de façon moins douloureuse et donc d'être davantage disponible au vécu de cet événement.

L'analgésie péridurale consiste à injecter dans l'espace péridural des anesthésiques locaux qui entraînent une inhibition des messages nociceptifs (douloureux) au niveau des racines nerveuses. Ainsi, les contractions sont davantage supportables par la parturiente.

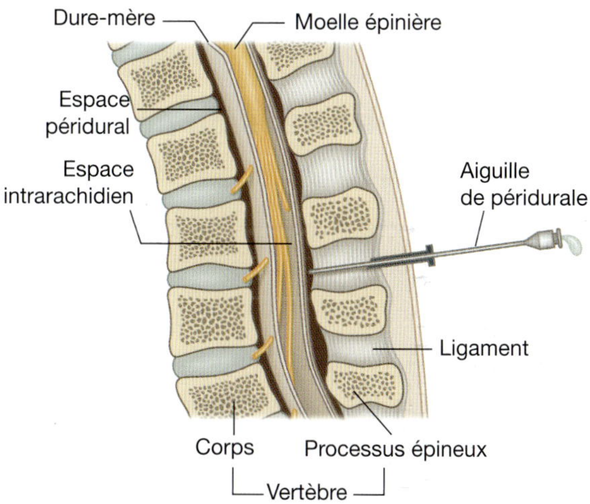

Fig. 11.5. Schéma de l'espace péridural

L'accès se fait par voie lombaire au niveau des espaces L2-L3 ou L3-L4 ou L4-L5, zone dépourvue de moelle épinière. L'accès ne sera jamais au-dessus car il existe un risque de léser la moelle épinière.

Il est habituel de séparer l'accouchement de la naissance, alors même que ces deux événements sont indissociables et se déroulent dans le même temps et dans le même espace. Cependant, pour clarifier l'approche de chacun des deux membres de ce « couple » : la mère et l'enfant, l'enseignement et la prise en charge sont réalisés de façon séparée.

Ainsi, la mère, prise en charge par des sages-femmes et des infirmières sera installée en suites de couches dès la délivrance réalisée, alors que le nouveau-né pris en charge par une infirmière et/ou une puéricultrice entrera dans une période appelée la néonatologie. Le chapitre suivant, relatif à la naissance, se déroule donc en parallèle de la phase décrite ci-dessous.

SUITES DE COUCHES

Définition et caractéristiques

Les suites de couches correspondent à la période qui sépare la fin de l'accouchement du retour des règles.

Durant cette période, l'utérus reprend peu à peu sa taille. Ainsi à J 1, il est en dessous de l'ombilic et à J 14 il retrouve sa situation dans le pelvis. Dans le même temps, le col se ferme et retrouve sa forme et sa longueur. L'endomètre, en phase de régénération, élimine les débris de la zone d'insertion placentaire ce qui se traduit par la présence de lochies[14] sanglantes dans un premier temps puis rosées.

14 Lochies : cellules et débris sanglants, puis rosés provenant de la zone d'insertion placentaire qui s'éliminent progressivement dans les 15 jours qui suivent l'accouchement.

Après l'accouchement, les femmes sont hospitalisées de 3 jours à 5 jours en fonction des modalités de l'accouchement (voie basse simple, forceps, césarienne). Elles bénéficient d'une surveillance puisque des complications peuvent apparaître pendant cette période.

Les complications du post-partum

Les tranchées

Il s'agit de contractions utérines douloureuses déclenchées par les tétées et la sécrétion d'ocytocine. Elles sont plus fréquentes chez la multipare et cèdent volontiers aux traitements antalgiques.

La rétention et l'infection urinaires

La rétention est parfois liée à l'effet de la péridurale, elle peut nécessiter un ou plusieurs sondages évacuateurs.

L'infection urinaire, souvent favorisée par les sondages en salle de travail, doit être recherchée devant tout tableau infectieux. Une analyse d'urine à la bandelette donnera déjà une première indication, elle sera complétée si nécessaire par un examen cytobactériologique des urines (ECBU).

La constipation et la crise hémorroïdaire

La constipation est fréquente et majorée en cas d'épisiotomie ou de crise hémorroïdaire, car l'effort de défécation est douloureux. Il peut être administré des laxatifs peu irritants sur prescription médicale.

En cas de crise hémorroïdaire un traitement adapté doit être prescrit (pommade anti-hémorroïdaire voire anti-inflammatoire).

Les complications infectieuses

L'endométrite, infection de la cavité utérine, est favorisée par des gestes invasifs lors de l'accouchement ou par une rétention placentaire. Elle se traduit le plus souvent par un tableau associant une fièvre à 38-38,5° C, des lochies sales et malodorantes, un utérus mou et douloureux.

L'épisiotomie peut être inflammatoire, infectée et douloureuse.

La cicatrice après une césarienne peut s'infecter.

Les complications hémorragiques

Les hémorragies de la délivrance constituent la principale cause de décès maternel en France. L'hémorragie du post-partum (HPP) se définit par une perte sanguine de plus de 500 ml dans les 24 heures qui suivent la naissance. Elles sont le plus souvent liées à une involution[15] physiologique utérine insuffisante. Elles sont le plus souvent traitées par l'administration d'utérotoniques sur prescription médicale.

La qualité de la surveillance est un élément primordial dans le repérage de la survenue d'une HPP.

Cette surveillance repose sur la quantification des saignements, la hauteur du globe utérin, la prise du pouls et de la pression artérielle.

15 Retour progressif de l'utérus à sa dimension normale après l'accouchement.

Les complications thrombo-emboliques

Elles sont liées à un épisode hémorragique qui entraîne l'activation des facteurs de la coagulation.

Cependant elles peuvent être prévenues par un lever précoce et une incitation à la mobilisation et à la marche le jour même de l'accouchement et par le port de bas de contention.

En cas de césarienne, l'administration d'un traitement anticoagulant est de règle.

Les complications psychologiques du post-partum

Après l'accouchement certaines femmes peuvent vivre un état dépressif, appelé *dépression du post-partum* ou *baby blues*. Il se manifeste dans les 48 heures et n'a aucun rapport avec la façon dont l'accouchement s'est déroulé ni avec la santé du bébé.

Le baby blues serait lié au bouleversement hormonal, à la fatigue et à la montée laiteuse. Pour certains, il serait aussi en lien avec le travail psychique de remise en route et de « réajustement au bébé réel » de la part de la mère.

En présence d'un baby blues, il est important d'expliquer à la personne que cela est fréquent et le plus souvent de courte durée. Il faut l'écouter, lui apporter un soutien moral et l'encourager, et recommander à son entourage de l'aider.

Il est important de distinguer le baby-blues, épisode bref qui se caractérise par des pleurs, une labilité de l'humeur et une irritabilité, de réelles dépressions qui demandent une prise en charge spécialisée.

Le plus souvent, il s'agit de formes atténuées et transitoires, qui ne perturbent pas la qualité de la relation mère-enfant et guérissent spontanément. La « réelle » dépression du post-partum se traduit par des difficultés à prendre en charge l'enfant, une grande fatigue, une grande culpabilité, des troubles du sommeil, une capacité à se concentrer réduite et une perte d'intérêt.

Dans certains cas (rares), cette dépression peut aboutir à une « *psychose puerpérale* » qui doit faire l'objet d'une prise en charge psychiatrique.

ALLAITEMENT

Physiologie de l'allaitement

La lactation correspond à la sécrétion et à l'excrétion du lait. Ce mécanisme se met en place tout au long de la grossesse par le développement des glandes mammaires. Au 9e mois, celles-ci produisent un liquide de couleur jaune, alcalin, riche en albumine, le colostrum, qui annonce la future production de lait. Celle-ci est sous la dépendance de plusieurs hormones.

La montée de lait qui est totalement physiologique se caractérise par des seins tendus, un petit pic fébrile et parfois un écoulement de lait environ 3 à 5 jours après l'accouchement. La lactation est entretenue par la succion du bébé lors des tétées ou par l'extraction du lait au tire-lait. La diminution du nombre de tétées se traduira par une diminution de la quantité de lait.

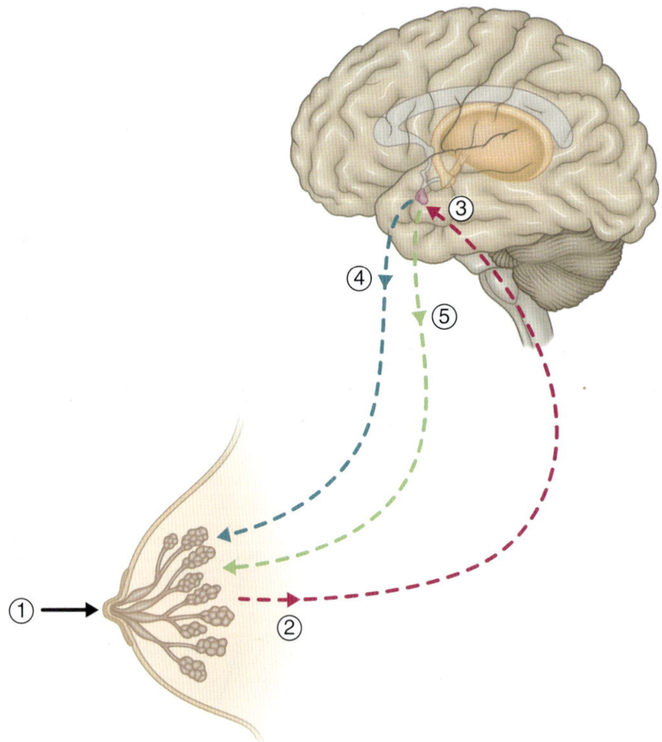

Fig. 11.6. Schéma de la régulation de la montée de lait lors de l'allaitement maternel

Étapes successives :
1 Succion
2 Envoi du message
3 Réception du message par le cerveau
4 Stimulation de prolactine
5 L'ocytocyne déclenche l'éjection du lait

L'accompagnement à l'allaitement

Généralement, les femmes ont besoin d'être accompagnées car la première mise au sein est un moment capital pour la mère comme pour l'enfant. La tétée constitue un moment privilégié, au-delà de l'acte alimentaire, puisqu'il recrée d'une certaine façon la symbiose entre la mère et son bébé. Il est important d'indiquer à la mère les moments et les gestes qui favorisent un bon allaitement.

Ainsi, il est conseillé que la première mise au sein s'effectue le plus tôt possible après l'accouchement car c'est au moment de la naissance que le réflexe de succion est le meilleur. Si le bébé est peu tonique, il devra être stimulé. Toujours s'assurer qu'il n'est pas encombré par des glaires. Si tel est le cas, une désobstruction peut s'avérer nécessaire.

Il est indispensable d'expliquer à la maman l'importance des soins d'hygiène et de l'hygiène de vie à adopter pour faciliter l'allaitement. Concernant l'alimentation, elle devra être variée et équilibrée avec des laitages, de la viande et du poisson. Attention, certains aliments peuvent donner un goût particulier au lait voire être responsables de gaz ou de diarrhées chez le bébé. Il est préférable d'exclure le chou, l'ail…

Les boissons devront être suffisantes, prévoir 1,5 à 2 litres par jour, en évitant tous les excitants, à savoir thé et café. Préférer l'eau, les tisanes, les jus de fruits.

Les complications de l'allaitement et le sevrage

Les complications

- **Les crevasses** sont l'érosion du mamelon liée à une mauvaise technique d'allaitement et à une hygiène locale insuffisante.
- **L'engorgement** se traduit par des seins rouges et très douloureux rendant l'allaitement difficile.
- **La lymphangite mammaire** est une inflammation des vaisseaux lymphatiques du sein sans infection ; elle s'accompagne d'une fièvre à 39 °C.
- **La galactophorite** est l'infection des canaux galactophores liée à la présence de germes ; elle est associée à une fièvre modérée. Dans ce cas l'allaitement doit être suspendu.
- **L'abcès du sein** correspond à la phase suppurée de la galactophorite avec présence d'une masse au niveau d'une zone très inflammatoire et une fièvre à 40 °C. Dans ce cas, l'allaitement doit être arrêté.

Le sevrage

Le sevrage correspond au moment où cesse l'allaitement. Celui-ci peut être progressif, c'est le cas lorsque la mère diminue le nombre de tétées par jour. Cette période correspond souvent à la reprise du travail.

Parfois, il est plus brutal pour des raisons diverses et dans ce cas, une aide médicamenteuse peut être proposé à la maman pour éviter les montées de lait.

Prise en charge de la parturiente en salle d'accouchement (ou de travail)

À l'arrivée en salle d'accouchement

Objectifs poursuivis	Actions de soins à mettre en œuvre	Résultats
	Savoir-faire	
Accueillir la parturiente	• Installer la parturiente dans une salle d'accouchement • Enlever entièrement ses vêtements de ville et lui mettre une casaque ou une chemise • Installer la femme sur un lit d'accouchement protégé au niveau du bassin par une alèse absorbante. Un drap recouvre la parturiente • Vérifier le dossier médical (suivi de grossesse, dossier d'accouchement, dossier du nouveau-né) et le terme de la parturiente	Parturiente prête pour le déroulement du travail Installation confortable Respect de la pudeur et de la confidentialité
Préparer la parturiente à l'accouchement	• Évaluer l'intensité et la fréquence des contractions utérines • Mesurer les paramètres vitaux (pouls, TA, température) et les noter	Mesure des paramètres et analyse des résultats effective

Objectifs poursuivis	Actions de soins à mettre en œuvre	Résultats
Savoir-faire		
Dépister l'apparition de complications	• Réaliser une analyse d'urine à la bandelette (recherche d'albumine, glucose) • Mettre à jour le bilan sanguin (NFS, plaquettes, sérologies à jour, groupe Rhésus, recherche d'agglutinines irrégulières de moins de 72h) • Laisser la patiente à jeun jusqu'à l'accouchement • Poser une perfusion et des ocytocines (utérotoniques) selon la prescription ou le protocole médical • Si la patiente est allergique à l'iode, utiliser un antiseptique sans iode	Présence ou absence de complications Dossier prêt Soins réalisés
Savoir-être		
Dispenser les soins de soutien	• Associer la personne désignée par la parturiente à l'événement, la faire habiller pour assister à l'accouchement, selon les souhaits du couple ou de la parturiente. • Expliquer tout ce que l'on va faire • La tenir au courant de l'évolution du travail • Garantir et respecter son intimité • La complimenter, l'encourager et l'assurer que tout se passe bien • Rassurer et accompagner les futurs parents au cours des différentes étapes du travail • Être disponible et prendre le temps de répondre aux questions	Présence effective de la personne désignée Satisfaction de la parturiente et/ou du couple

Pendant toute la durée du travail

Objectifs poursuivis	Actions de soins à mettre en œuvre	Résultats
Savoir-faire		
Surveiller la patiente et dépister l'apparition de complications	• Surveiller régulièrement les constantes (fréquence cardiaque, pression artérielle et température) • Enregistrer les contractions utérines et le rythme cardiaque fœtal en continu grâce à une tocographie externe • Vérifier les écoulements vaginaux (rupture des membranes, saignements) • Préparer un masque à O_2 en cas de bradycardie fœtale et/ou de malaise maternel • Surveiller l'efficacité des traitements et leurs effets secondaires le cas échéant	Mesure des paramètres et analyse des résultats effectifs ou complications dépistées
Soulager la douleur	• Suggérer à la patiente de changer de position • Encourager l'accompagnant à la masser, à lui tenir la main, lui éponger le visage… • L'encourager à utiliser les techniques de respiration • Évaluer la douleur et préparer le matériel pour la mise en place d'une analgésie péridurale (en fonction du désir de la femme) après s'être assuré de l'absence de contre-indication • Aider la femme à prendre la bonne position pour faciliter la pose stérile du dispositif de péridurale	Absence ou diminution de la douleur
Assurer le confort et l'hygiène	• Proposer le bassin régulièrement (en cas de difficultés mictionnelles le sondage vésical peut être réalisé sur protocole) • Veiller à l'hygiène des lieux et de la personne et nettoyer immédiatement toute éclaboussure	Confort assuré
Savoir-être		
Idem.		

Lors de l'accouchement

Objectifs poursuivis	Actions de soins à mettre en œuvre	Résultats
	Savoir-faire	
Assurer l'accouchement dans de bonnes conditions	• Préparer la table d'accouchement lorsque la femme est à dilatation complète : replier la partie inférieure de la table d'accouchement et installer un bac afin de récupérer les pertes sanguines • Installer la patiente en position gynécologique • Prévoir le nécessaire pour la tonte autour de la vulve en cas d'épisiotomie • Préparer le matériel nécessaire à l'accouchement : trousse d'accouchement stérile, compresses, champs stériles, drap stérile pour bébé, boîte d'instruments avec ciseaux pour épisiotomie. • Prévoir une sonde urinaire évacuatrice • Prévoir également une seringue à gaz du sang pour vérifier le pH artériel fœtal prélevé au cordon ombilical après la naissance • Dès l'expulsion, le bébé est installé sur sa mère pour favoriser le contact peau à peau puis il est recouvert d'un linge chaud • Débuter la mise au sein le plus tôt possible	Confort assuré Matériel prêt Contact mère-enfant établi
	Savoir-être	
Dispenser les soins de soutien	• Encourager l'accompagnant pour qu'il soit une aide efficace, l'informer qu'il peut demander de l'aide si nécessaire • Lui indiquer ce qu'il ne faut pas faire • Guider, encourager et rassurer la patiente lors des efforts expulsifs • Faire participer et soutenir le père ou l'accompagnant le cas échéant	Satisfaction du couple

Après l'accouchement et l'expulsion du placenta

Objectifs poursuivis	Actions de soins à mettre en œuvre	Résultats
Assurer le confort et l'hygiène	• Réinstaller la maman dans un lit propre après avoir évacué le linge souillé • Maintenir une hygiène corporelle et assurer le confort • Réaliser la toilette intime et la toilette périnéale lors d'épisiotomie ou de déchirure	Confort assuré
Surveiller la patiente et dépister les complications	• Vérifier et quantifier les saignements vaginaux afin de dépister et prévenir le risque hémorragique (le saignement physiologique lors d'un accouchement doit être inférieur à 300 mL) • Surveiller la rétraction de l'utérus qui forme un globe de sécurité, nécessaire à l'hémostase des vaisseaux utérins • Surveiller les paramètres vitaux, la coloration, la vigilance, régulièrement pendant 2 heures • Vérifier la perfusion et les traitements utérotoniques en cours, le cas échéant	Mesure des paramètres et analyse des résultats effectifs ou complications dépistées
Débuter l'alimentation rapidement et développer le lien mère-enfant	• Procéder à la 1re mise au sein, si la patiente souhaite allaiter son bébé, sinon proposer un biberon pour privilégier un moment d'échange mère-enfant • Commencer immédiatement l'éducation concernant l'allaitement maternel pour encourager ce choix	Bébé alimenté Absence de problème lien mère/enfant
Vérifier l'absence de complications avant de transférer la patiente en suites de couches	• En l'absence de toute complication, préparer le passage de la parturiente en suites de couches • Mesurer les paramètres vitaux : pouls, TA, température, • Quantifier les saignements • Vérifier la présence d'un globe utérin rétracté et ferme • Retirer la perfusion ainsi que le cathéter de péridurale, le cas échéant • Faire uriner la patiente • S'assurer du retour de la sensibilité des membres inférieurs	Absence de complication ou dépistage réalisé Transfert effectif

Prise en charge d'une parturiente en suites de couches

Conduite à tenir « standard »

Objectifs poursuivis	Actions de soins à mettre en œuvre	Résultats
Savoir-faire		
Assurer le confort de la mère et de l'enfant	• S'assurer du bien-être de la mère et de l'enfant par la réalisation de soins de confort • Veiller à ce que la mère puisse se reposer pour être en forme au moment de la sortie	Satisfaction de la mère
Éduquer et rassurer la maman	• Conseiller et guider la mère notamment si elle allaite pour la première fois • Répondre aux questions de la maman et apaiser ses inquiétudes • Éduquer la maman lors de la réalisation des soins afin que l'apprentissage ne soit pas dispensé intégralement au moment de la sortie	Allaitement correct Connaissances acquises
Dépister des complications	• Réaliser l'examen mammaire afin de déceler d'éventuelles complications • Surveiller l'aspect et les quantités de lochies • Surveiller l'aspect de la cicatrice en cas d'épisiotomie ou de césarienne • Examiner les membres inférieurs et demander à la patiente si elle ressent des douleurs (phlébite) • Surveiller l'état psychique de la mère et le lien mère-enfant, s'assurer que la mère ne pleure pas, qu'elle n'exprime pas de la culpabilité, qu'elle ne manifeste pas de la perte d'intérêt…	Absence ou présence de complications

Conduite à tenir en cas de complication

Complications infectieuses

- Prendre la température et établir une courbe de suivi
- Lors de fièvre et sur prescription médicale, prélever le bilan infectieux (NFS, CRP, hémocultures, ECBU)
- Vérifier l'aspect des lochies et faire une toilette périnéale aseptique
- Mobiliser l'utérus pour évaluer sa taille, sa fermeté et la présence de douleur
- Surveiller l'épisiotomie et réaliser des soins locaux si besoin, le cas échéant
- Refaire le pansement de césarienne et vérifier la cicatrisation, le cas échéant
- Administrer une antibiothérapie sur prescription et surveiller l'efficacité et les effets secondaires du traitement

Complications hémorragiques

- Vérifier la pression artérielle, la fréquence cardiaque, la couleur des téguments et l'état de conscience
- Mobiliser l'utérus pour qu'il devienne ferme et indolore, on parle de globe utérin de sécurité
- Surveiller l'abondance des saignements et leur aspect
- Prélever un bilan pour rechercher une anémie
- Administrer des utérotoniques sur prescription

Complications thromboemboliques

- Lever précoce et inciter à la marche le jour même de l'accouchement
- Poser des bas de contention
- Surveiller l'apparition des signes de phlébite (douleur, chaleur et rougeur du mollet) et embolie pulmonaire (apparition d'une dyspnée, d'une douleur thoracique même passagère)
- Administrer et surveiller le traitement anticoagulant en cas de césarienne

Complications urinaires

- Si difficultés mictionnelles, réaliser un sondage évacuateur pour éviter la formation d'un globe vésical, sur prescription médicale

Constipation

- Inciter à boire beaucoup et à privilégier une alimentation riche en fibres
- Favoriser la marche plusieurs fois par jour
- Administrer des laxatifs légers sur prescription médicale
- Prévenir et traiter l'apparition de crises hémorroïdaires

Complications psychologiques du post-partum (baby-blues)

- Aider, conseiller et encourager la parturiente lors des soins au bébé et lors de la mise au sein
- Prendre l'enfant en charge quelques heures pour permettre à la maman de se reposer
- Faire verbaliser la mère sur les raisons de sa tristesse et de ses craintes
- Si besoin, proposer un soutien psychologique

Mise en œuvre de l'alimentation du nouveau-né

Rappeler les avantages de l'allaitement (effet immunoprotecteur pour l'enfant, relation favorisée entre la mère et l'enfant, diminution du risque de cancer du sein et un moindre coût…).

Si la patiente ne souhaite pas allaiter

Objectifs poursuivis	Actions de soins à mettre en œuvre	Résultats
Éduquer la mère si nécessaire sur l'alimentation artificielle	• Conseiller sur le choix des laits maternisés • Indiquer la façon de procéder lors de la préparation des biberons et lors de la tétée • Informer sur les techniques d'entretien des biberons dont l'hygiène doit être rigoureuse	Respect du choix maternel Connaissances acquises
Arrêter la montée de lait	• Administrer le traitement pour prévenir la montée de lait sur prescription : Bromocriptine (Parlodel®) dès J 1 et pendant 20 jours • Surveiller l'efficacité et les effets secondaires de la thérapeutique	Absence de montée laiteuse Présence ou absence d'effets secondaires

Si la femme désire allaiter

Savoir-faire		
Éduquer la mère sur l'allaitement si nécessaire	• Expliquer les principes et les techniques de base de l'allaitement. La première mise au sein doit être précoce (dès la salle de naissance pour privilégier le contact mère-enfant) • Accompagner les premières mises au sein pour aider, conseiller, soutenir la maman • L'allaitement doit être exclusif et à la demande, en moyenne 7 à 8 tétées par jour • Enseigner les bonnes postures pour la mère et l'enfant (face à face) • Indiquer les gestes adéquats pour un allaitement réussi Prise satisfaisante du sein : introduction dans la bouche de l'enfant du mamelon mais également de l'aréole afin de prévenir les crevasses • Encourager l'allaitement au moins 3 mois • Expliquer l'intérêt d'une bonne hygiène des seins pour éviter les complications infectieuses ; pour cela, nettoyer au sérum physiologique et sécher après chaque tétée	Satisfaction de la mère et du bébé après l'allaitement Prise de poids du bébé Absence de complications au niveau des seins

	Savoir-faire	
	• Expliquer les risques de complications et les moyens de les prévenir (voir Conduite à tenir en cas de complication) • Conseiller en matière d'alimentation et d'hygiène de vie : se nourrir de façon équilibrée, variée et adaptée aux besoins spécifiques d'une femme allaitante. L'alimentation et l'hydratation doivent être suffisantes pour pourvoir aux besoins nutritionnels de la mère et de l'enfant afin de favoriser la sécrétion d'un lait de qualité et en quantité suffisante. • Prévoir des temps de repos pour faciliter la montée de lait • Éviter toute automédication et prise de toxiques (alcool, tabac, autres drogues) • Suspendre l'allaitement et demander un avis médical, en cas de fièvre maternelle.	
	Savoir-être	
	• Être à l'écoute de la maman et être disponible pour lui montrer la façon de procéder • Rassurer, si nécessaire • Encourager la patiente à poser des questions • Féliciter et aider en cas de difficultés • Respecter l'intimité de la personne	Satisfaction de la personne

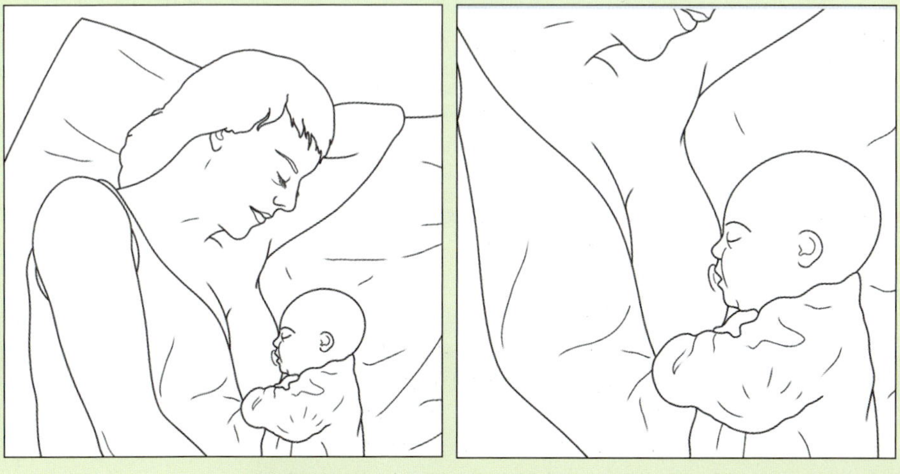

Fig. 11.7. a et b. Allaitement. Positions de la mère (a) et de l'enfant (b)

Conduite à tenir en cas de complication

Présence de crevasses

- Nettoyer et sécher les mamelons après chaque tétée
- Appliquer des crèmes grasses
- Laisser les seins à l'air
- Laisser les seins au repos pendant 6 à 12 heures en faisant téter l'enfant sur l'autre sein et en vidant le sein atteint par massage manuel
- Utiliser un « bout de sein artificiel » en silicone le temps de la cicatrisation

Présence d'un engorgement

- Poser des cataplasmes tièdes (Osmogel)
- Effectuer un massage mammaire
- Pratiquer des douches chaudes pour faciliter l'éjection du lait
- Maintenir les tétées ou utiliser un tire-lait
- Administrer des antalgiques sur prescription

Présence d'une lymphangite

- Poser des cataplasmes humides et chauds
- Vidanger le ou les sein(s) au maximum après la tétée par massage manuel ou à l'aide d'un tire-lait
- Administrer la prescription d'ocytocine (Syntocinon®) IM 2 fois/jour et d'antibiotique si les troubles ne disparaissent pas en 24 heures, selon prescription médicale
- Arrêt temporaire de l'allaitement après avis médical

Présence d'une galactophorite

- **Arrêt de l'allaitement**
- Mettre la patiente en restriction hydrique pour limiter la montée de lait
- Effectuer les prélèvements bactériologiques pour identifier le germe
- Appliquer les prescriptions d'antibiotique et/ou d'anti-inflammatoire

Présence d'un abcès de sein

- **Arrêt de l'allaitement**
- Tirer le lait et le jeter
- Traiter par antibiotique et anti-inflammatoire (selon PM), si l'abcès n'est pas collecté
- Traiter chirurgicalement avec incision de l'abcès si présence d'un abcès collecté

Préparation de la sortie de la patiente

Objectifs poursuivis	Actions de soins à mettre en œuvre	Résultats
Rendre la mère autonome pour la sortie	• Rappeler les grands principes d'un allaitement artificiel ou maternel réussi • Prévoir une prescription de contraception orale dès la sortie (les microprogestatifs sont indiqués en cas d'allaitement) • Poursuivre les soins du périnée en cas d'épisiotomie • Informer la parturiente que la reprise des rapports sexuels peut débuter dès la cicatrisation du périnée • Expliquer l'intérêt d'une rééducation abdominale et périnéale qui peut commencer après la visite post-natale • Rappeler à la personne l'intérêt de la vaccination contre la rubéole si elle n'est pas immunisée	Parturiente éduquée Ordonnance remise lors de la sortie (contraception, soins, vaccination…)
Assurer le suivi de la personne	• Expliquer l'intérêt du suivi médical après l'accouchement • Programmer la visite obligatoire post-natale deux mois après	Ne pourra être validé qu'ultérieurement = visite effective

La sortie de la maternité signifie que tout va bien pour la mère et pour l'enfant qui va continuer à se développer. Ils bénéficieront tous deux d'un suivi médical pour s'assurer qu'aucune complication n'apparaît.

AGIR

LA SITUATION

M. et Mme Astier viennent en consultation dans le service d'obstétrique, parce que Mme Astier, âgée de 28 ans est enceinte de son premier enfant. Cela lui a été confirmé par le test de grossesse acheté à la pharmacie. Mme Astier consulte car elle se sent fatiguée et se plaint de nausées. Une infirmière accueille M. et Mme Astier à la consultation.

1 IDENTIFIER LES DONNÉES SIGNIFICATIVES

Quelles données relève-t-on ?	Pourquoi sont-elles significatives ?
L'âge : 28 ans	L'âge est un élément important pour évaluer la probabilité et les facteurs de risque d'une grossesse
Le nom	Le nom permet d'identifier la personne, d'établir une relation personnalisée
Le diagnostic de grossesse est posé à partir d'un test réalisé à domicile	Cette information démontre des démarches déjà entreprises par Mme Astier
Fatigue et des nausées	Ces deux signes sont en faveur d'une grossesse
Mme Astier est enceinte de son premier enfant	Situation nouvelle pour le couple ce qui nécessite d'obtenir des précisions
Présence du conjoint	Elle traduit *a priori* la disponibilité de l'époux et l'existence d'un projet partagé

2 COMPRENDRE ET ÉVALUER LA SITUATION

Que faut-il comprendre ?	Évaluation
L'âge de Mme Astier ne laisse pas présumer l'apparition de facteurs de risque Cependant cet indicateur ne permet pas d'évincer complètement des complications liées à la grossesse Les risques de complications quant au déroulement de la grossesse sont majorés au-delà de 35 ans Le risque de trisomie 21 est plus fréquent au-delà de 38 ans SAVOIRS FONDAMENTAUX Étapes de la vie : grossesse	Cette grossesse ne présente pas de facteurs de risque, *a priori*, elle est présumée avoir un déroulement normal
Un test réalisé à domicile n'est pas toujours fiable : il existe des risques de faux positifs, qui peuvent être en lien avec le test lui-même (péremption, mauvais stockage...), les modalités de réalisation et/ou d'interprétation La confirmation de la grossesse nécessite de rechercher d'autres éléments tels que : • la date des dernières règles pour identifier une aménorrhée de plus de 15 jours ; • les modifications physiologiques de la gestante ; • les signes biologiques : β HCG positif SAVOIRS FONDAMENTAUX Cycles de la vie Grossesse : diagnostic et facteurs de risque	Probabilité de grossesse à confirmer
L'annonce d'une première grossesse doit tout de même faire rechercher l'existence de grossesses antérieures qui n'auraient pas été menées à terme. Si la personne est primipare, il s'agit d'un événement important pour le couple, il convient d'identifier leurs réactions face à cet événement Enfin, il faut rechercher les connaissances du couple sur les modalités du suivi médico-légal de la grossesse et sur l'hygiène de vie en général	Absence ou peu de connaissances en lien avec cette situation.

Que faut-il comprendre ?	Évaluation
La primiparité évoquée laisse présupposer que M. et Mme Astier sont dans une situation nouvelle et que de ce fait, le déroulement d'une grossesse, les démarches légales sont à expliquer. Il convient également de chercher des informations sur l'activité professionnelle de Mme Astier, de l'informer des congés légaux éventuellement et des droits du travail relatifs à la femme enceinte SAVOIRS FONDAMENTAUX Aspects législatifs de la grossesse et la protection des travailleurs	Absence ou peu de connaissances en lien avec cette situation
La grossesse serait un élément qui confirmerait le projet du couple Si cette hypothèse est vérifiée, la présence du conjoint est un élément important qui doit être pris en compte lors de la gestation car la parturiente est supposée être épaulée, soutenue tout au long de la grossesse SAVOIRS FONDAMENTAUX Soins relationnels ; Aspects psychosociologiques de la grossesse	Attendre la confirmation médicale de la grossesse

Synthèse de l'évaluation : il s'agit d'infirmer ou de confirmer un diagnostic de grossesse.

3 METTRE EN ŒUVRE LES ACTIONS

Quelles actions met-on en œuvre ?	Pourquoi ?
Conduire un entretien de recueil de données complémentaires SAVOIR-FAIRE PROFESSIONNELS Soins relationnels ; Étapes de la vie : grossesse	L'entretien réalisé par l'IDE vise à rechercher les éléments manquants qui permettent de confirmer le diagnostic : date des dernières règles, présence ou absence d'autres signes existence de grossesses antérieures....

Quelles actions met-on en œuvre ?	Pourquoi ?
Organiser la consultation avec le médecin et ouvrir un dossier patient SAVOIR-FAIRE PROFESSIONNELS Inter-professionnalité	L'IDE inscrit la personne à la consultation pour faire confirmer ou infirmer le diagnostic par un médecin et renseigne le dossier avec les éléments recueillis L'ouverture du dossier est justifiée car pour tout patient qui consulte, un dossier doit être ouvert afin d'assurer la traçabilité des soins réalisés Si la personne est enceinte, elle sera suivie en consultation dans le service et les éléments consignés dans son dossier seront utilisés jusqu'à l'accouchement
Mesurer la TA, la température, le poids et la taille Réaliser une analyse d'urine SAVOIR-FAIRE PROFESSIONNELS Démarche clinique IDE ; Techniques de soins	L'IDE sait que quel que soit le résultat (grossesse ou non) le médecin va demander les paramètres suivants : pression artérielle et température car ils constitueront un élément de référence en cas de grossesse et un acte de prévention en l'absence de grossesse La pression artérielle est un élément de référence tout au long de la grossesse, elle est mesurée à chaque consultation, pour détecter le risque de pré-éclampsie La prise de la température élimine toute contamination infectieuse Le poids et la taille sont des éléments de référence en début de grossesse voire avant la grossesse. Ils permettent d'évaluer le risque de diabète gestationnel majoré lorsque la prise de poids est excessive L'analyse d'urine (à la bandelette) dépiste la présence : • d'une protéinurie[16], qui devient positive en cas de pré-éclampsie[17] ; • d'une glycosurie en cas de diabète méconnu.

16 Présence de protéine dans les urines.

17 Pré éclampsie ou toxémie gravidique se traduit par une hypertension artérielle et une protéinurie, elle peut avoir des conséquences graves pour la mère et pour l'enfant.

Quelles actions met-on en œuvre ?	Pourquoi ?
Noter les résultats dans le dossier	L'inscription des résultats permet d'assurer la surveillance de la grossesse et la traçabilité des soins
S'informer du résultat à l'issue de la consultation	Il est important que l'IDE soit informé du résultat pour adapter son attitude vis-à-vis du couple et de sa situation. Si la grossesse est confirmée, féliciter le couple et répondre à ses questions. En l'absence de grossesse être empathique, écouter le couple et identifier leurs attentes

4 NOTER ET ANALYSER LES RÉSULTATS OBTENUS

Résultats	Évaluation des résultats de la prise en charge
Confirmation du diagnostic de grossesse par le médecin	La date présumée d'accouchement est calculée ainsi que les dates des congés pré- et postnataux
TA 12/6 cm Hg,température : 37°2 Poids 60 kg et taille 1,60 m Absence de protéine et de glucose dans les urines	Les paramètres mesurés sont conformes aux normes en vigueur, sauf le rapport poids/taille puisqu'il existe une surcharge pondérale, qu'il faut prendre en compte
Couple heureux Pas de questions Prochaine consultation programmée	Le suivi de la grossesse est expliqué et programmé

S'ENTRAINER

VÉRIFIER SES CONNAISSANCES

1

1. Définir les termes suivants :
– Aménorrhée
– Amniocentèse
– Annexes
– Dystocie
– Épisiotomie
– Lochies
– Embryon
– Fœtus

2. Énoncez les signes cliniques permettant le diagnostic de grossesse.

3. Énoncez les fonctions du liquide amniotique.

4. Énoncez les fonctions du placenta.

5. Citez les différentes étapes de l'accouchement.

6. Énoncez les hormones intervenant dans la lactation et précisez leur rôle.

7. Définissez la toxoplasmose et énoncez les risques encourus, en cas de contamination, par une femme enceinte de 2 mois et demi, non immunisée contre la toxoplasmose.

8. Énoncez les 4 principaux avantages de l'allaitement maternel.

9. Citez et justifiez les sérologies *obligatoires* et *conseillées* au cours de la grossesse.

10. Définissez et justifiez l'intérêt du dosage d'HT21.

11. Énoncez les principales complications consécutives à l'accouchement et indiquez les éléments de prise en charge.

2

Une patiente primipare, deuxième geste de 29 ans, est enceinte de 41 semaines d'aménorrhées et 3 jours. Elle se présente aux urgences pour des contractions utérines régulières toutes les 6 minutes depuis 30 minutes. Les contractions sont douloureuses et la poche des eaux s'est rompue depuis 10 minutes.
À l'examen clinique :
– TA = 132/85 mm Hg
– Pouls = 83 battements/min
– Température = 37°2 C
– Toucher vaginal = col dilaté à 5 cm
– La présentation fœtale est céphalique appliquée

1. Définissez les termes : primipare et deuxième geste.

2. Citez 2 signes qui permettent d'affirmer que la parturiente est en travail.

3. Énoncez et justifiez deux complications possibles liées à ce terme de grossesse.

4. Énoncez les actions infirmières lorsque la parturiente arrive en salle d'accouchement.
La patiente accouche par voie basse en occipito-pubien après épisiotomie. Elle donne naissance à un garçon pesant 4 520 g, dont le score d'Apgar est 10/10. Elle désire allaiter.

5. L'enfant est-il eutrophe ? Justifiez votre réponse.

TRANSFÉRER À D'AUTRES SITUATIONS

3

Mme Fanot, âgée de 36 ans, se présente le 26 janvier 2009 à 9 heures au service des urgences pour des douleurs pelviennes intermittentes siégeant à droite et persistant depuis 3 jours.
Mme Fanot est mariée, elle est suivie dans le service de gynécologie depuis 4 ans pour infertilité.
Au cours de l'entretien d'accueil elle signale un retard de règles de 15 jours environ et précise présenter des pertes de sang foncé.
Complétez les tableaux ci-dessous.

Données cliniques :

1 Identifier les données significatives

Quelles données relève-t-on ?	Pourquoi sont-elles significatives ?

2 Comprendre et évaluer la situation

Que faut-il comprendre ?	Évaluation

Synthèse de l'évaluation :

3 Mettre en œuvre les actions

Quelles actions met-on en œuvre ?	Pourquoi ?

4 Noter et analyser les résultats obtenus

Résultats	Évaluation des résultats de la prise en charge
Pression artérielle = 110/60 mm Hg Fréquence cardiaque : 94 pulsations par minute Température = 37,3 °C	

CORRIGÉS

VÉRIFIER SES CONNAISSANCES

1

1. Définitions

– Aménorrhée : absence de flux menstruel, en dehors de l'état de grossesse, chez une femme en période d'activité génitale. On distingue l'aménorrhée primaire qui correspond à l'absence de règles chez une jeune fille ayant dépassé l'âge de la puberté, de l'aménorrhée secondaire qui correspond à l'absence de règles pendant plus de 3 mois chez une femme jusque-là normalement réglée.

– Amniocentèse : ponction d'une petite quantité de liquide amniotique en zone extra-placentaire de l'utérus gravide, par voie supra-symphysaire.

– Annexes : organes rattachés à un organe principal. En gynécologie, les annexes de l'utérus sont les trompes de Fallope et les ovaires. En obstétrique, les annexes correspondent à l'ensemble comportant les membranes de l'œuf, le liquide amniotique et le placenta.

– Dystocie : accouchement difficile quelle qu'en soit l'origine.

– Épisiotomie : incision chirurgicale du périnée pendant l'accouchement afin de faciliter le passage de l'enfant dans la phase d'expulsion et d'éviter la rupture traumatique du périnée.

– Lochies : écoulement sanguinolent, d'origine utérine qui succède à l'accouchement et dure de 15 jours à un mois.

– Embryon : nom donné au produit de la conception humaine durant les 3 premiers mois de son développement.

– Fœtus : produit de la conception, après le 3e mois de la vie utérine, période où il commence à présenter les caractères distinctifs de l'espèce humaine.

2. Les signes cliniques permettant le diagnostic de grossesse sont :

– Aménorrhée de plus de 15 jours,
– Nausées,
– Tension et augmentation du volume mammaire,
– Hypersomnie,
– Vulve hyper pigmentée,
– Col utérin violacé, à l'examen au spéculum,
– Glaire épaissie à l'examen au spéculum,
– Utérus augmenté de volume au toucher vaginal.

3. Le liquide amniotique :

– permet l'hydratation fœtale,
– participe au développement du fœtus,
– protège le fœtus des traumatismes avec absorption des chocs, gestion des écarts de température et de l'infection.

4. Le placenta a un rôle sécréteur et un rôle d'échange entre le sang maternel et le sang fœtal.

– *Fonction respiratoire* : il transporte l'oxygène vers le fœtus et capte le dioxyde de carbone d'origine fœtale.

– *Fonction hormonale*, le placenta sécrète :

- les β HCG qui entretiennent le corps jaune gravidique,
- l'hormone lactogène placentaire dès la 6e semaine pour stimuler le développement des glandes mammaires,
- les œstrogènes qui vont permettre la croissance de l'utérus,
- la progestérone qui va maintenir la grossesse grâce au relâchement du myomètre (muscle utérin).

– *Fonction nutritive* : le placenta apporte les nutriments nécessaires au bon développement du fœtus (oxygène, eau, électrolytes, glucides, lipides, protéines...).

– *Fonction d'élimination* des déchets produits par le fœtus. Le gaz carbonique, l'urée et les déchets divers sont rejetés dans la circulation maternelle.

– *Fonction protectrice* : le placenta se comporte comme un filtre qui laisse passer certaines substances de la mère au fœtus (immunoglobulines, virus et certains médicaments...) et en bloque d'autres (grosses immunoglobulines, quelques virus...).

5. L'accouchement se compose de trois étapes.

– La dilatation du col utérin qui correspond à l'association de contractions utérines, intermittentes, régulières et douloureuses et de modifications cervicales permettant le passage du fœtus.

– L'expulsion correspond au dégagement de l'enfant grâce aux efforts expulsifs de la maman associés aux contractions utérines.

– La délivrance est l'étape ultime correspondant à l'expulsion du placenta et des annexes. Après l'accouchement, les contractions utérines réapparaissent après une phase de rémission de 10 à 15 minutes pour provoquer le décollement et l'expulsion du placenta. Ce mécanisme permet la formation d'un hématome complétant le clivage du placenta et la rétraction de l'utérus. Il vise à empêcher l'hémorragie de la délivrance.

6. La lactation est sous la dépendance de 2 hormones qui sont :

– la prolactine : hormone hypophysaire, elle est responsable de la production du lait au niveau des acini des glandes mammaires ;

– l'ocytocine : hormone hypothalamique stockée au niveau de l'hypophyse, elle est responsable des contractions utérines au moment de l'accouchement et de la contraction des cellules des acini, ce qui va permettre l'éjection du lait dans les canaux lactifères, après l'accouchement.

7. Toxoplasmose et risque encouru

La toxoplasmose est une parasitose très fréquente, due à un protozoaire, Toxoplasma Gondii, qui ne présente de risques sérieux que pour les sujets immunodéprimés et les femmes enceintes non immunisées.

Le risque est celui de toxoplasmose congénitale pour le bébé (plus la primo-infestation a lieu tôt durant la grossesse et plus les risques de contamination fœtale sont faibles mais plus les conséquences sont graves). Les autres risques sont la mort fœtale, l'encéphalomyélite congénitale, les atteintes viscérales et oculaires. Les atteintes oculaires sont les plus fréquentes, il s'agit de la choriorétinite.

8. Les avantages de l'allaitement maternel sont :

– la prévention de certaines maladies infectieuses du nouveau-né car le lait maternel et le colostrum sont riches en anticorps.

– la prévention des maladies allergiques ;

– le développement de la relation mère-enfant ;

– une meilleure assimilation du lait (lait à la demande, sans excès) ;

– l'aspect pratique incontestable : lait toujours prêt, à la bonne température, lors de la demande du bébé et un moindre coût financier.

9. Les sérologies obligatoires en début de grossesse sont celles relatives à la toxoplasmose, la rubéole, la syphilis et l'hépatite B.

– La sérologie de la toxoplasmose vise à vérifier s'il existe une immunité acquise ou non avant la grossesse. Dans le cas d'une sérologie négative, le risque de malformations fœtales est majeur lors d'une séroconversion pendant la grossesse. Il conviendra de prendre toutes les précautions utiles pour éviter toute contamination tout au long de la gestation.

– La sérologie de la rubéole est obligatoire car si elle est négative, le risque de malformations fœtales est le même que pour la toxoplasmose en cas de séroconversion pendant la durée de la grossesse.

– La sérologie de l'hépatite B est obligatoire au cours de la grossesse également. En cas de portage maternel, la vaccination de l'enfant à la naissance est préconisée.

– La sérologie de la syphilis reste obligatoire lors de la déclaration de grossesse car le risque de contamination de l'enfant lors de l'accouchement est toujours possible.

Les sérologies H.I.V. et de l'hépatite C doivent être proposées, car elles sont fortement conseillées.

– Lors d'une sérologie H.I.V positive, le risque de transmission materno-fœtale est important, un traitement anti-viral est administré à la mère pendant la grossesse et à l'enfant dès la naissance.

– La recherche de l'hépatite C permet de mettre en place des mesures préventives pour le personnel soignant ; la transmission materno-fœtale est rare.

10. L'HT21 est le dosage de 3 marqueurs sériques (œstradiol, β HCG et alpha-fœto-protéine) permettant d'évaluer le risque de trisomie 21 entre 14 et 19 semaines d'aménorrhée.

Cet examen est souvent proposé à toutes les patientes à ce terme de la gestation.

Il est demandé si l'échographie montre une clarté nucale épaisse et supérieure à la normale, faisant craindre un risque de trisomie 21.

11. Les 3 complications pouvant survenir dans les 48 heures en suites de couches sont :

– L'hémorragie liée à l'atonie utérine ou à la rétention placentaire après l'accouchement. Les éléments de prise en charge IDE sont :

• prise des paramètres vitaux afin de détecter toute chute de la pression artérielle, une tachycardie et l'apparition de sueurs,

• évaluation des saignements vaginaux (abondance),

• observation de la coloration des téguments (pâleur),

• surveillance du globe utérin qui est à ce moment-là haut et mou.

– Les complications infectieuses qui peuvent survenir au niveau de l'épisiotomie, de l'utérus (endométrite avec présence de lochies abondantes et nauséabondes), des urines. Les éléments de prise en charge IDE sont :

• prise de la température,

• surveillance de l'apparition brutale de douleurs abdominales et/ou localisées au niveau de l'épisiotomie,

• évolution de la cicatrisation au niveau de l'épisiotomie lors de la toilette périnéale qui sera réalisée plusieurs fois par jour,

• évaluation des pertes vaginales : couleur, odeur, aspect,

• dépistage d'une infection urinaire en recherchant des brûlures mictionnelles, un aspect trouble des urines. Si tel est le cas pratiquer une analyse à l'aide d'une bandelette urinaire.

– Les complications thrombo-emboliques.

Les éléments de prise en charge sont :

– le lever précoce et l'incitation à la marche,

– la pose de bas de contention,

– la surveillance des signes de phlébite et de l'embolie pulmonaire : douleur, rougeur, chaleur du mollet, dyspnée, douleur thoracique, pouls, pression artérielle, température,

– administration du traitement anticoagulant le cas échéant.

2

1. Définitions

– Primipare signifie que la patiente va accoucher de son 1er enfant.

– Deuxième geste correspond à la deuxième grossesse de la patiente.

2. Les 2 signes qui permettent d'affirmer que la patiente est en travail sont :

– Les modifications cervicales : le col est dilaté à 5 cm.

– Les contractions utérines sont douloureuses et rapprochées.

3. Les deux complications possibles liées à ce terme de grossesse sont :

– Le placenta vieillit, le fœtus n'est pas bien alimenté ce qui peut entraîner un risque de souffrance fœtale voire de mort fœtale.

– Le placenta continue à bien nourrir le fœtus qui peut entraîner une macrosomie chez le bébé et un excès de liquide amniotique. Dans ce cas, les complications sont mécaniques au moment de l'accouchement.

4. Les actions infirmières lorsque la parturiente arrive en salle d'accouchement sont :

– accueillir la patiente en salle de naissance ;

– revêtir la patiente d'une blouse propre et l'installer sur le lit ;

– prendre les constantes dès l'arrivée : pouls, tension artérielle et température ;

– préparer et poser une voie périphérique selon le protocole ou la prescription.

5. Non, l'enfant n'est pas eutrophe, il est macrosome car son poids est supérieur à la normale.

TRANSFÉRER À D'AUTRES SITUATIONS

3

1 Identifier les données significatives

Quelles données relève-t-on ?	Pourquoi sont-elles significatives ?
L'âge de la personne	L'âge est un élément important pour évaluer la probabilité d'une grossesse et les facteurs de risque d'une grossesse
Le nom	Le nom permet d'identifier la personne, d'établir une relation personnalisée et de sortir de l'anonymat, notamment aux urgences
Traitement pour infertilité Retard de règles de 15 jours environ	Ces deux signes sont en faveur d'une grossesse
Douleurs pelviennes intermittentes depuis 3 jours Pertes de sang foncé	Ces deux signes ne sont pas liés au déroulement d'une grossesse normale Ils justifient la venue aux urgences et une prise en charge

2 Comprendre et évaluer la situation

Que faut-il comprendre ?	Évaluation
L'âge est compatible avec une grossesse mais les risques de complications quant au déroulement de la grossesse sont majorés au-delà de 35 ans, ce qui est le cas pour Mme Fanot SAVOIRS FONDAMENTAUX Cycles de la vie ; Grossesse	Existence de facteurs de risque
Traitement pour infertilité est un élément qui explique l'âge tardif pour débuter une grossesse. Cette information doit attirer l'attention de l'infirmier sur le vécu psychologique de la personne SAVOIRS FONDAMENTAUX Cycles de la vie ; Grossesse	Conditions de grossesse délicates
Les signes anormaux traduisent la présence de complications si la grossesse est confirmée. Enfin, les risques du traitement pour infertilité doivent faire craindre une probable grossesse avec une anomalie de nidation SAVOIRS FONDAMENTAUX Cycles de la vie ; Grossesse	Suspicion de GEU (grossesse extra-utérine)

Synthèse de l'évaluation : les signes présentés par Mme Fanot sont compatibles soit avec un début de règles douloureux, soit avec une grossesse à problème.

3 Mettre en œuvre les actions

Quelles actions met-on en œuvre ?	Pourquoi ?
Installer la patiente dans un lit SAVOIR-FAIRE PROFESSIONNELS Cycles de la vie ; Grossesse	Il s'agit d'assurer le confort et l'examen clinique de la patiente dans de bonnes conditions
Prise des paramètres : pouls, pression artérielle, température SAVOIR-FAIRE PROFESSIONNELS Techniques de soins	Compte tenu de la symptomatologie, la pression artérielle et le pouls vont constituer des éléments de référence tout au long de la surveillance immédiate à mener. En cas de saignement majeur, la TA diminuera et le pouls sera filant, la prise de la température élimine toute contamination infectieuse
Noter les résultats dans le dossier de soins	L'ouverture du dossier de soins est une obligation Le relevé des résultats et des actions assure la continuité des soins et le suivi de la personne

4 Noter et analyser les résultats obtenus

Résultats	Évaluation des résultats de la prise en charge
Pression artérielle = 110/60 mmHg Fréquence cardiaque : 94 pulsations par minute Température = 37,3 °C	Pas de complication hémodynamique décelée et absence de problème infectieux

12 La naissance

COMPRENDRE

La maîtrise de la contraception a fondamentalement changé le rapport à la naissance. La grossesse étant le plus souvent désirée par un couple, le désir d'enfant est généralement la première étape avant la conception... Il correspond à la conscience éclairée de vouloir un enfant, encore faut-il que l'enfant soit le projet du couple, un projet d'avenir, l'accomplissement d'un projet à deux.

Ainsi, l'enfant naît du désir d'un homme et d'une femme qui ont formé des attentes à son égard. Son histoire a donc commencé avant sa naissance. Et par ailleurs, il a déjà eu tout au long de la gestation des expériences sensorielles dans l'utérus maternel qui ont laissé en lui des empreintes...

Lorsque l'enfant paraît, une partie de son histoire est déjà inscrite dans celle des générations précédentes et les héritages transgénérationnels (souvenirs familiaux, regrets, secrets, exigences et rêves...) vont peser sur son existence toute fraîche. Néanmoins, la construction de son identité et de sa personnalité unique s'élaborera à partir de son bagage génétique et social et s'ancrera dans ses expériences singulières tant d'un point de vue affectif qu'intellectuel.

La naissance d'un enfant représente une étape importante dans la vie de la mère, du père mais aussi dans la vie du couple et constitue un moment de remaniement et de fragilité psychique pour les deux parents. En effet, chaque futur parent est renvoyé à son enfance et aux relations qu'il a vécues avec ses parents respectifs. Au moment de la naissance, il devient nécessaire pour les parents de faire le deuil de l'enfant imaginaire pour accueillir l'enfant réel...

LA NAISSANCE : EN ROUTE POUR LE VOYAGE DE LA VIE

Pour l'enfant, la naissance constitue un premier traumatisme, puisqu'il correspond à la première expérience de la souffrance et de l'angoisse. La transition entre le milieu intérieur et le milieu extérieur constitue en elle-même un traumatisme par la violence du passage dans le détroit périnéal, de l'expulsion, voire de l'extraction. Ainsi, le nouveau-né passe d'un milieu protecteur, le milieu utérin où tous ses besoins physiologiques et de protection sont satisfaits à un milieu extérieur où il découvre de nouveaux éléments : l'air et le froid. Ce nouvel environnement qui ne lui permet plus de répondre de la même façon à ses besoins va nécessiter des ajustements majeurs.

Angoisse aussi, parce que pour la première fois, l'enfant est séparé de sa mère.

Cet événement exceptionnel, parce que c'est bien de cela dont il s'agit, marquera à jamais l'individu, même s'il n'en a pas toujours conscience.

Pour limiter le traumatisme de la naissance, il convient en tant que soignant d'être particulièrement attentif au confort et au bien-être de la mère et de l'enfant et de veiller à diminuer autant que possible les traumatismes liés aux actes de soins indispensables. Les accouchements se déroulent le plus souvent dans des maternités ; cependant, il n'est pas exclu d'accoucher à domicile, voire dans des lieux inadaptés dans le cas d'accouchements inopinés.

La période consécutive à la naissance est appelée suite de couches pour la mère et période néonatale pour l'enfant. Elle correspond aux premiers jours de la vie du nouveau-né, et plus précisément à la période qui s'écoule entre la naissance et le 28e jour de vie. Au-delà, le nouveau-né deviendra un nourrisson et ce jusqu'à l'âge de deux ans.

ADAPTATION À LA VIE EXTRA-UTÉRINE

Après la naissance, le nouveau-né va devoir vivre par lui-même et agir pour satisfaire ses besoins – besoins dont la satisfaction se faisait de façon passive auparavant. Il s'agit maintenant pour lui de vivre dans un monde nouveau, ce qui va nécessiter plusieurs types d'adaptation.

Adaptation de la fonction respiratoire

Pendant le passage dans la filière pelvienne, le thorax du fœtus est comprimé, ce qui favorise l'expulsion du liquide alvéolaire contenu dans les voies respiratoires (40 ml). Après le dégagement (c'est-à-dire l'expulsion du fœtus), le thorax va créer une dépression qui permettra l'entrée d'air dans l'arbre respiratoire. Cette adaptation n'est possible que grâce à la maturité pulmonaire et notamment à la présence de surfactant à la surface des alvéoles. Le surfactant, fabriqué à partir de 35 semaines d'aménorrhée, forme un film très mince qui tapisse la face interne des alvéoles pulmonaires et les empêche de se collaber.

Le premier mouvement respiratoire survient dans les 20 secondes qui suivent la naissance ce qui provoque le déplissement alvéolaire.

Le premier cri correspond à la première expiration et sa survenue atteste :

- de la distribution d'air dans tout le poumon ;
- de la résorption du liquide pulmonaire ;
- de la mise en route de la ventilation.

Adaptation de la fonction circulatoire

La circulation fœtale, différente de celle d'un adulte, se caractérise par :

- le canal d'Arantius qui permet le passage direct du sang oxygéné de la veine ombilicale à la veine cave inférieure en court-circuitant le foie en grande partie ;
- le trou de Botal ou foramen ovale qui permet au sang provenant de la veine cave inférieure de passer directement de l'oreillette droite à l'oreillette gauche ;
- le canal artériel qui est une communication entre l'artère pulmonaire et l'aorte ;
- un débit sanguin pulmonaire très faible et des pressions identiques dans les ventricules droit et gauche.

Au moment de la naissance :

- le sang afflue aux poumons, ce qui provoque une augmentation de la pression dans l'oreillette gauche, avec pour conséquence la fermeture du trou de Botal ;

- le débit sanguin augmente dans le ventricule gauche et dans l'aorte ce qui entraîne une augmentation de la pression artérielle avec pour conséquence une inversion du courant sanguin dans le canal artériel qui se ferme à son tour ;
- la section du cordon ombilical entraîne l'obturation de la veine et des deux artères ombilicales avec pour conséquence la fermeture du canal d'Arantius.

Au total, l'ensemble de toutes ces modifications aboutit à la formation de la circulation adulte : la grande circulation (systémique) et la petite circulation (pulmonaire).

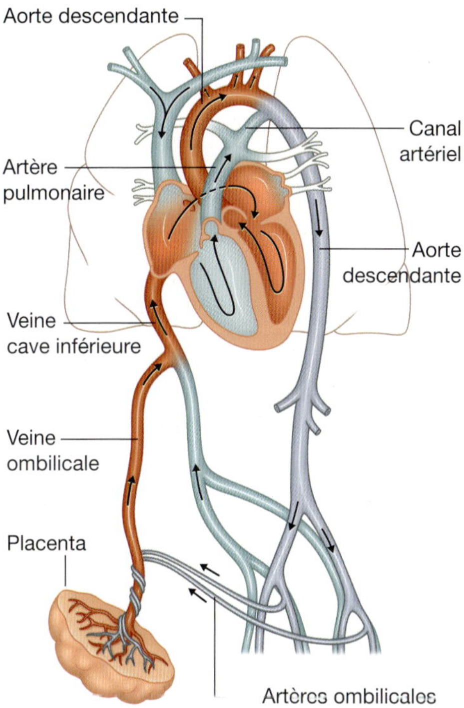

Fig. 12.1. Schéma de la circulation fœtale

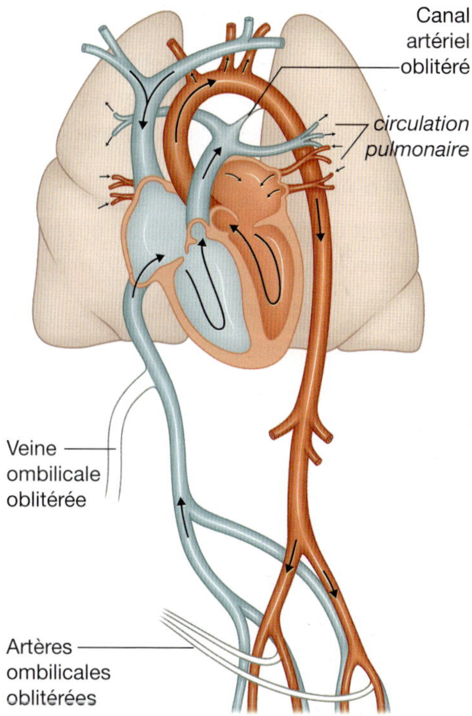

Fig. 12.2. Schéma de la circulation post accouchement

Adaptation à la température de l'environnement

Le nouveau-né, qui vient d'un milieu protégé et protecteur, va devoir lutter contre le froid.

En effet, il passe d'une température de 37 °C (température intra-utérine) à 23 °C, ce qui est la température moyenne d'une salle de naissance. D'autre part, il baignait dans le liquide amniotique, il est donc mouillé et il dispose d'un faible pannicule adipeux (tissu sous-cutané).

Pour lutter contre ces deux effets, une vasoconstriction périphérique intense va se mettre en place pour limiter les déperditions de chaleur.

C'est seulement dans un deuxième temps que le nouveau-né produira lui-même sa propre chaleur. Ce mécanisme correspond à la thermogénèse c'est-à-dire la capacité à produire de la chaleur de façon continue et régulière. Celle-ci est obtenue à partir :

■ de la néo glycogénèse qui correspond à la transformation du glycogène en glucose grâce au glucagon ;

■ du lactose (lait) ;

■ de la lipolyse qui correspond à la transformation de « certaines » graisses en glucose grâce à l'adrénaline, hormone libérée en cas d'exposition au froid.

EXAMEN DU NOUVEAU-NÉ

Examen clinique

À la naissance, un nouveau-né est examiné afin de s'assurer qu'il est en bonne santé et qu'il ne présente pas de malformation. Cet examen consiste à mesurer différents scores et paramètres, apprécier les réflexes et à rechercher des malformations.

Score d'Apgar

Ce score est une cotation de 1 à 10 qui évalue l'adaptation du nouveau-né à la vie extra-utérine. Il est effectué à 1 et/ou 5 et/ou 10 minutes de vie.

Les critères pris en compte sont :

■ la fréquence cardiaque ;

■ la respiration ;

■ la coloration de la peau ;

■ le tonus musculaire ;

■ la réaction à l'excitation des téguments.

Un total de 10 indique un excellent état, un score inférieur à 7 indique un état anormal. Un score compris entre 7 et 10 est considéré comme normal.

Chaque critère reçoit une note de 0, 1 ou 2 ; la somme de chacune des notes permet d'obtenir le score.

	COTATION			
CRITÈRES OU PARAMÈTRES	0	1	2	SCORE
Fréquence cardiaque	Absente	< 100/mn	> 100/mn	
Mouvements respiratoires	Absents	Irréguliers ou faibles	Efficaces et vigoureux	
Tonus musculaire	Hypotonie généralisée	Hypotonie légère : légère flexion des membres, des extrémités	Hypertonie normale : tonus en flexion de tout le corps, mouvements actifs	
Réactivité à la stimulation	Absente	Grimaces	Mouvements vigoureux des 4 membres, cris	
Coloration cutanée	Pâleur ou cyanose	Cyanose des extrémités	Rose	

Indice de Silverman

L'indice de Silverman permet d'évaluer une détresse respiratoire ; de ce fait, il n'est pas réalisé de façon systématique. Il comporte 5 critères cotés chacun 0, 1 ou 2.

Un score supérieur ou égal à 6-7 signe une détresse respiratoire nécessitant une intubation.

	COTATION			
CRITÈRES OU PARAMÈTRES	**0**	**1**	**2**	**SCORE**
Balancement thoraco-abdominal à l'inspiration	Absent, signifie une bonne synchronisation	Thorax immobile	Respiration paradoxale	
Tirage	Absent	Intercostal discret	Intercostal sus et sous-sternal	
Entonnoir xiphoïdien	Absent	Modéré	Intense	
Battement des ailes du nez	Absent	Modéré	Intense	
Geignement expiratoire	Absent	Audible au stéthoscope	Audible à l'oreille sans stéthoscope	

Examen neurologique et mesure des paramètres

L'examen neurologique

Il permet d'apprécier les réflexes normaux du bébé. Parmi ces réflexes, les principaux sont les suivants :

– le réflexe de fouissement : quand on place l'enfant sur le ventre de sa mère, il se dirige spontanément vers le sein ;

– le réflexe de succion : quand le nouveau-né a le mamelon ou la tétine dans la bouche, il se met à téter ;

– le réflexe de Moro : si on fait tomber l'enfant sur le dos, la chute de la tête en arrière est accompagnée de l'extension des bras en croix et de l'ouverture des mains avec embrassement ;

– le réflexe d'agrippement ou grasping : lorsque l'on donne un doigt au nouveau-né, celui-ci le saisit et le garde dans sa main ;

– le réflexe de la marche automatique, quand on supporte le bébé sous les aisselles, il fait des pas ;

– le réflexe d'allongement croisé : la stimulation d'un pied en extension du bébé, entraîne l'extension de l'autre pied avec une adduction vers le pied stimulé et une mise en éventail des orteils.

La mesure des paramètres

Les paramètres mesurés au moment de la naissance sont : le poids, la taille et les périmètres crânien et thoracique. Ils permettent d'apprécier l'état du nouveau-né et serviront de référence pour le suivi staturo-pondéral de l'enfant lors des visites médicales ultérieures.

Recherche de malformations

Elle vise à identifier la présence de malformations qui peuvent être :

– soit liées à un traumatisme obstétrical, elles se présentent sous la forme de coupures, de bosses séro-sanguines, d'œdème palpébral, de traumatismes d'un ou des membres...

– soit extérieures et visibles, il en est ainsi des fentes, des atrophies des membres, des oreilles ou autres, organes génitaux...
– soit non visibles, aussi sont-elles systématiquement recherchées.

Parmi les malformations les plus recherchées figurent :
– l'atrésie[1] des choanes[2],
– l'atrésie de l'œsophage,
– l'imperforation anale,
– la recherche du signe du ressaut (malformation luxante de la hanche) ou signe d'Ortolari.

Test de Guthrie

Parmi les autres examens réalisés afin de déceler d'éventuelles anomalies ou maladies pouvant faire l'objet d'actions préventives, le principal est le test de Guthrie.

C'est un examen obligatoire de dépistage en maternité, il est réalisé à compter du 3e jour d'alimentation. Il s'effectue sur un papier buvard et permet de rechercher cinq pathologies.

- La phénylcétonurie est une maladie autosomique récessive, due à un défaut de métabolisme de la phénylalanine[3] (AA), entraînant une arriération mentale. Elle peut être prévenue par l'application d'un traitement qui consiste en un régime strict en phénylalanine.
- L'hypothyroïdie est une maladie endocrinienne due à un défaut de sécrétion de thyroxine, entraînant une déficience mentale et un nanisme. Le traitement consiste en l'administration d'hormones thyroïdiennes quotidiennement.
- L'hyperplasie congénitale des surrénales est une maladie endocrinienne entraînant un défaut de sécrétion d'aldostérone, de cortisol et un excès d'androgène.
- La drépanocytose est une maladie de l'hémoglobine provoquant des crises vaso-occlusives avec pour conséquences une anémie, des infections et des crises douloureuses. Seuls les enfants à risque sont dépistés. Il s'agit d'enfants d'origine noire ou africaine ou du pourtour méditerranéen.
- La mucoviscidose (ou maladie fibrokystique du pancréas) est une maladie autosomique récessive. Le mucus secrété est anormalement épais et obstrue les canaux pancréatiques et les bronches. Les conséquences sont des diarrhées chroniques, des troubles respiratoires et des infections.

Si le test est négatif, le service préleveur en est informé mais pas les parents.

Si le test est positif, le service et les parents en sont informés. Il est alors nécessaire de refaire l'examen dans les 6 mois qui suivent car il existe des faux positifs.

1 L'atrésie est l'occlusion complète ou incomplète, congénitale ou acquise d'un orifice ou d'un conduit naturel.

2 Choane : orifice postérieur des fosses nasales (ou cavité nasale) qu'il fait communiquer avec le nasopharynx.

3 La phénylalanine hydroxylase est une enzyme qui permet la transformation d'un acide aminé issu de l'alimentation, la phénylalanine, en un autre composé : la tyrosine. Si cette enzyme est inactive la phénylalanine s'accumule dans le sang, or ce composé est toxique pour les neurones et entraîne l'apparition d'une maladie : la phénylcétonurie, responsable d'une arriération mentale.

CARACTÉRISTIQUES DU NOUVEAU-NÉ

Mensurations

Les mensurations habituelles du nouveau-né à la naissance sont les suivantes :

- Poids = 3 300 g (+/– 700 g)
- Taille = 50 cm (+/– 3 cm)
- Périmètre crânien = 35 cm (+/– 3 cm)
- Périmètre thoracique = 33 cm (+/– 2 cm)

Il existe des courbes de croissance qui permettent aux parents et aux médecins d'évaluer le développement du nouveau-né en fonction de son âge. Ces courbes sont incluses dans le carnet de santé du bébé. (voir chapitre Enfance).

Sommeil et éveil

Un nouveau-né dort environ de 18 à 20 heures par jour. Il doit être installé dans un lit de taille adaptée à plat dos, sans oreiller, sans couverture ou couette, de façon à prévenir les risques de mort subite. Il sera installé dans une « turbulette » ou une gigoteuse adaptée à sa taille. La température de la chambre sera de 18 à 19 °C.

Quand il est réveillé, le nouveau-né est actif, a un cri vif et une mobilité spontanée, il est important de prévenir les chutes.

Coloration

La coloration de la peau du nouveau-né doit être rosée, elle est le témoin d'une bonne oxygénation.

La présence d'une pâleur ou d'une cyanose évoque un problème cardiaque et/ou respiratoire.

Une coloration jaune évoque un ictère, il faut savoir qu'il existe un ictère « physiologique » du nouveau-né.

Alimentation

Le nouveau-né doit apprendre à s'alimenter. Pour cela, il doit être capable de téter, de déglutir, de digérer et d'éliminer les déchets. Pour pouvoir s'alimenter, la succion et la déglutition doivent être coordonnées, sinon il existe un risque de fausse route.

Une perte physiologique d'environ 10 % du poids de naissance dans les 3 ou 4 jours qui suivent la naissance avec récupération du poids de naissance vers le 10e jour de vie est normale.

- En cas d'allaitement maternel, l'alimentation se fait à la demande.
- En cas d'allaitement artificiel, les prises alimentaires ont lieu environ toutes les 3 heures. Une mesure de lait arasée est complétée avec 30 ml d'eau. Si le pédiatre prescrit un biberon de 60 ml de lait, il convient de mettre 2 mesures de lait.

La prise alimentaire est évaluée à travers le comportement et la courbe de poids du bébé.

Les régurgitations sont fréquentes chez le nouveau-né, du fait de l'existence d'une béance du cardia (voir chapitre Fonction digestive), et ce d'autant que l'alimentation est artificielle.

Un apport de vitamine D est administré tous les jours : 1 000 à 1 200 UI dans le cadre de l'allaitement maternel, et 600 à 800 UI dans le cas d'une alimentation avec du lait maternisé.

Excrétas

Selles

Les premières selles, appelées méconium, sont de couleur brunâtre ou verdâtre. Visqueuses et collantes, elles correspondent à l'élimination du liquide amniotique digéré.

Les véritables selles apparaissent dans les 48 premières heures. Leur absence au-delà de ce délai peut être un indice de malformation digestive congénitale.

Pour le nouveau-né allaité, les selles sont semi-liquides, pâteuses, de couleur jaune-or et elles verdissent à l'air. Leur fréquence est de 5 à 6/jour.

Pour le nouveau-né nourri au lait artificiel, les selles sont moulées, grumeleuses, jaunâtres. Leur fréquence est de 2 à 4 par jour, cependant, 1 à 2 selles par jour ne doit pas être considéré comme anormal.

Urines

Elles apparaissent dans les 24 premières heures. Leur présence est constatée lors de chaque change.

DÉCLARATION DE NAISSANCE ET EXAMEN DE SORTIE

La déclaration de naissance

En droit français, la naissance doit pouvoir être prouvée par une déclaration de naissance délivrée par un officier d'état civil de la mairie du lieu de l'accouchement. Cette déclaration doit être réalisée dans les trois jours qui suivent la naissance. Elle peut être réalisée par le père, ou, à défaut, par toute autre personne ayant assisté à l'accouchement[4].

L'obligation de déclarer la naissance n'est pas imposée à la mère, et la déclaration de naissance peut émaner d'autres personnes que celles énumérées dans l'article 56. Ainsi, la mère elle-même peut effectuer cette déclaration, notamment lorsque l'accouchement a eu lieu sans témoins ou lorsque les personnes visées par l'article 56 sont dans l'impossibilité de la faire.

La déclaration de naissance doit comporter (art. 57 du Code civil français) :

- le jour, l'heure et le lieu de la naissance ;
- le sexe de l'enfant ;
- les prénoms qui lui seront donnés ;
- le nom de famille (qui, depuis le 1er janvier 2005, peut être choisi par les parents) ;
- les prénoms, noms, âges, professions et domiciles des père et mère et, s'il y a lieu, ceux du déclarant.

4 Article 56 du Code civil français qui énonce ainsi : « *les docteurs en médecine ou en chirurgie, sages-femmes, officiers de santé, [...] et, lorsque la mère sera accouchée hors de son domicile, par la personne chez qui elle sera accouchée.* »

L'examen de sortie

Il comprend l'examen clinique du nouveau-né et consiste en outre en un examen auditif (perception des sons) et ophtalmologique (taille des globes oculaires, transparence de la cornée, pupille normale) afin de dépister des anomalies sensorielles.

Il donne lieu à un certificat de santé obligatoire. Selon le régime de protection sociale, les différents volets sont à adresser aux organismes indiqués sur le document. Le plus souvent, un volet est à adresser au médecin coordinateur de la PMI du département, et un volet est adressé à la caisse des allocations familiales.

Ce certificat permet :

- de signaler toute anomalie de l'enfant et éventuellement d'aider les parents ;
- d'établir des statistiques ;
- de prévoir les besoins en infrastructures.

Rôle infirmier à la naissance

La naissance constituant un traumatisme en soi, il est important de ne pas créer d'agressions supplémentaires. La prise en charge vise tout d'abord à assurer le confort de la mère et de l'enfant et à leur assurer les premiers soins.

Objectifs poursuivis	Actions de soins à mettre en œuvre	Résultats
Assurer le confort de l'enfant et réaliser les soins immédiats	• Poser le bébé sur le ventre de la maman et le recouvrir d'un linge stérile chaud (pour éviter les déperditions de chaleur). • Prévoir un clamp de Barr pour clamper le cordon ombilical. • Si la mère est Rhésus négatif, une prise de sang est effectuée au niveau du cordon du bébé au moment de sa section : – si le bébé est Rhésus négatif, il n'existe pas de risque particulier, donc aucune action à entreprendre ; – si le bébé est Rhésus positif, il sera nécessaire d'injecter des gammaglobulines à la mère dans les 72 h qui suivent l'accouchement afin de prévenir une allo-immunisation. • Désinfecter la zone coupée du cordon ombilical. • Emmener l'enfant (toujours enveloppé dans le linge) jusqu'à la couveuse (préalablement chauffée). • Faire participer le père (s'il est présent et s'il le souhaite) à toute la prise en charge qui va suivre. • Sécher l'enfant doucement avec un linge chaud en le tamponnant, puis l'envelopper.	Satisfaction de la mère Soins réalisés

Objectifs poursuivis	Actions de soins à mettre en œuvre	Résultats
Rechercher les malformations	Vérifier l'absence ou la présence de l'atrésie des choanes et de l'œsophage et l'imperforation de l'anus. • La perméabilité des choanes est recherchée par une aspiration douce du nez. • La perméabilité de l'œsophage est recherchée par une aspiration douce après introduction d'une sonde jusque dans l'estomac, celle-ci permet en outre de vider l'estomac des sécrétions, le cas échéant. • L'imperforation anale est recherchée par l'introduction d'une sonde dans l'anus ou par la prise de la température. En cas de dépistage d'une malformation, il convient de prévenir le médecin.	Absence ou présence de malformation

Objectifs poursuivis	Actions de soins à mettre en œuvre	Résultats
Assurer la prise en charge du bébé	• Effectuer les prélèvements bactériologiques, sur prescription médicale ou sur protocole, notamment en cas d'infection de la filière génitale de la mère ou d'infection fœto-maternelle... • Réaliser les soins du cordon ombilical : – Vérifier l'obturation des vaisseaux ombilicaux : 2 artères, 1 veine ; – Désinfecter la zone coupée et le pourtour avec un antiseptique ; – Enrouler le clamp de Barr d'une compresse stérile sèche ; – Poser une compresse sèche sur le tout ; – Mettre un filet autour de l'abdomen afin de maintenir les compresses bien en place. • Réaliser les soins des yeux avec la mise de gouttes oculaires, notamment en cas d'infection à gonocoque ou à chlamydiae, une goutte de *Rifamycine* (rifamycine) ou de *Néomycine* (néomycine) dans chaque œil. • Administrer de 1 à 2 mg de vitamine K1 (5 gouttes) per os pour prévenir la maladie hémorragique du nouveau-né.	Soins réalisés

Objectifs poursuivis	Actions de soins à mettre en œuvre	Résultats
	• Peser et toiser. • Mesurer les périmètres crânien et thoracique. • Consigner ces éléments dans le dossier et le carnet de santé de l'enfant. • Aider le médecin lors de la réalisation du score d'Apgar[5] et de l'examen clinique.	Mensurations et score notés dans le dossier
Identifier l'enfant	Poser un ou de deux bracelets d'identification à la main et/ou au pied. Sur ces bracelets sont inscrits les nom, prénom, date et heure de naissance.	Identification de l'enfant/bracelet effective
Favoriser le contact mère-enfant	• Poser l'enfant dès la naissance sur le ventre de sa mère. • Habiller l'enfant dès que les soins sont finis, avec ses vêtements personnels (bonnet, chaussons pour limiter les pertes de chaleur) et le ramener immédiatement à sa maman. • Effectuer la première mise au sein le plus précocement possible car la mise au sein : – favorise le contact mère-enfant et donc le lien mère-enfant, – favorise la montée laiteuse, – évite les hypoglycémies du nouveau-né, – favorise la lutte contre le froid.	Contact effectif et de qualité

5 L'IDE participe à l'appréciation des différents paramètres permettant de vérifier l'état de santé de l'enfant, cependant, elle n'effectue pas les cotations du score d'Apgar et de Indice de Silverman (si nécessaire).
La pose des bracelets garantit l'identité du bébé et l'impossibilité d'un échange entre nouveau-nés. Ils sont portés jusqu'à la sortie de la maternité.

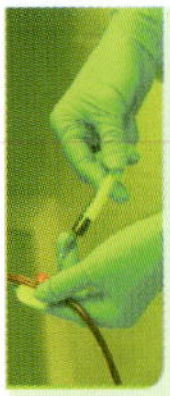

Rôle infirmier pendant le séjour à la maternité

Objectifs poursuivis	Actions de soins à mettre en œuvre	Résultats
Dépister les complications post natales	Mesurer et surveiller régulièrement les constantes biologiques suivantes : • la fréquence respiratoire, les résultats normaux sont de 40-50 mouvements/mn ; • le pouls, les résultats normaux sont de 120-130 pulsations/mn ; • la température, elle est prise tous les jours, voire plusieurs fois si nécessaire (car elle est instable chez le nouveau-né) ; • le poids, tous les jours, avant le bain (signaler toute perte de poids supérieure à la perte physiologique ; • la coloration de la peau qui doit être rosée et signaler toute anomalie (pâleur, cyanose) ; • les selles : aspect et quantité ; • les urines : présence d'urines dans les couches lors des changes ; • la cicatrisation du cordon ombilical ; • l'alimentation : vérifier la qualité de la succion et l'absence de fausses routes ; • le comportement du nouveau-né : il est observé à travers l'éveil et l'activité mais aussi lors du sommeil.	Absence de complications ou complications dépistées
Réaliser les soins	• Réaliser les soins quotidiens du cordon avec de l'alcool puis de l'éosine, mettre une compresse sèche pour protéger et ensuite un filet autour de l'abdomen, ces soins sont effectués jusqu'à la cicatrisation et la chute du cordon, qui a lieu aux environs du 10ᵉ jour. • Observer et noter l'évolution de la cicatrisation. Parfois, un suintement peut persister ; dans ce cas, il convient de poursuivre les soins. Il est alors indispensable d'éduquer la mère afin qu'elle puisse réaliser le soin au domicile. • Les soins d'hygiène : le bain est généralement réalisé à compter du deuxième jour, les changes sont effectués plusieurs fois par jour, notamment dès l'émission de selles.	Soins effectués ou absence de complication

Objectifs poursuivis	Actions de soins à mettre en œuvre	Résultats
	• Évaluer la prise alimentaire à travers le comportement et la courbe de poids (ne pas peser l'enfant avant et après la prise). • En présence d'étouffement avec toux et cyanose, il convient de s'assurer qu'il n'existe pas d'atrésie de l'œsophage, il faut arrêter l'alimentation et réaliser une aspiration trachéo-bronchique. • Administrer l'apport de vitamine D tous les jours selon la prescription. • Répondre aux demandes d'aide ou de conseil de la maman.	Prise de poids Absence (ou présence) de problème
Préparer l'examen de sortie	Organiser la visite du pédiatre et de la sage-femme ou de l'obstétricien.	1er certificat obligatoire établi et remis à la mère

S'ENTRAINER

VÉRIFIER SES CONNAISSANCES

1 QCM

Reportez la ou les lettres correspondant aux réponses correctes.

1. La période néonatale s'étend de :
a. De la 20e semaine de grossesse jusqu'à l'accouchement
b. De la naissance jusqu'au 28e jour de vie
c. De la naissance jusqu'au 8e jour de vie
d. De la naissance jusqu'au 16e jour de vie

2. Le score d'Apgar permet d'évaluer :
a. L'adaptation à la vie extra-utérine de l'enfant
b. L'état clinique de l'enfant à sa sortie de la maternité
c. Les réflexes archaïques
d. La capacité respiratoire à la naissance
e. Toutes les réponses sont exactes

3. Les critères qui permettent de calculer le score d'Apgar sont :
a. Respiration, coloration, tonicité, motricité, réactivité
b. Respiration, température, coloration, motricité, réactivité
c. Respiration, coloration, réactivité, température, grasping
d. Aucune de ces réponses n'est exacte

4. Le méconium doit s'éliminer :
a. Dans la première semaine de vie de l'enfant
b. Dans les premières 24 heures de vie de l'enfant
c. Dans les premières 48 heures de vie de l'enfant
d. Dans l'heure qui suit sa naissance

5. Les premières urines du nouveau-né sont émises :
a. Dans les 24 premières heures de vie
b. Au-delà des 24 premières heures de vie
c. Dès sa naissance
d. Dans les 48 premières heures de sa vie

6. L'outil utilisé pour évaluer la détresse respiratoire en pédiatrie néonatale est :
a. Le score de Silverman
b. Le score d'Apgar
c. Le Neonatal Facial Coding System (NFCS)
d. Le débitmètre de pointe (peak flow)
e. Toutes les propositions sont inexactes

2 QROC (Questions à réponses ouvertes courtes)

1. Décrivez le mécanisme physiologique qui s'installe au niveau des cavités cardiaques et des gros vaisseaux à la naissance et précisez sa finalité.

2. a. Définissez le test de Guthrie et indiquez le moment où il doit être pratiqué.
b. Citez les 5 pathologies recherchées et préciser celle d'entre elles qui n'est recherchée que dans certaines populations à risque en précisant de quelles populations il s'agit.

CORRIGÉS

VÉRIFIER SES CONNAISSANCES

1 QCM

1 b	2 a	3 d	4 c	5 a	6 a

2 QROC

1. À la naissance, l'interruption de la circulation ombilicale a pour conséquence l'ouverture du lit vasculaire pulmonaire ce qui provoque une augmentation des pressions systémiques et une diminution des pressions pulmonaires. Ces deux dernières modifications entraînent la fermeture du foramen ovale et du canal artériel, ce qui a pour conséquence la mise en place du fonctionnement de la petite circulation ou circulation fonctionnelle pulmonaire et de la grande circulation ou circulation systémique.

2. a. Le test de Guthrie est un examen obligatoire pour dépister certaines pathologies, il consiste en un prélèvement sanguin systématique à chaque nouveau-né. Il est prélevé en période néonatale dans les 3 jours qui suivent le début de l'alimentation.

b. Les pathologies recherchées sont : la mucoviscidose, l'hyperplasie congénitale des surrénales, la phénylcétonurie, l'hypothyroïdie et la drépanocytose.

La drépanocytose est uniquement recherchée dans les populations du pourtour méditerranéen, d'Afrique noire, des Antilles et d'Asie.

13 L'enfance

COMPRENDRE

L'enfance est le stade de développement humain qui précède l'adolescence. Elle se compose de plusieurs stades :

- la période néonatale qui entoure la naissance, jusqu'au 28e jour, pour le nouveau-né ;
- la période qui s'étend du 29e jour au 24e mois pour le nourrisson ;
- la petite enfance qui va : soit de la naissance à l'âge de 3 ans (âge de l'entrée à l'école maternelle en France), soit de la naissance à l'âge de 6 ans (âge de l'entrée obligatoire à l'école en France).

L'enfant est donc un être humain dont le développement se situe entre la naissance et la puberté.

L'enfant est le produit d'une transmission génétique qui exerce des contraintes sur son développement ; cependant, celui-ci n'est pas exclusivement déterminé par ses gènes ou par la société. Il est aussi acteur de son évolution, de son développement, qui correspond à l'ensemble des progrès qu'il accomplit sur le plan moteur, sensoriel, intellectuel, affectif et social.

Pour parvenir à son plein développement, du temps lui sera nécessaire. Il va devoir grandir et se construire et cela se fera le plus souvent en passant par des étapes marquées par des crises maturatives.

Des grandes lignes de développement ont été dégagées afin de nous donner des repères sur les acquisitions enfantines en fonction des âges. Bien qu'il existe un certain aspect normatif à tout cela, il importe de ne pas prendre cette norme à la lettre afin de ne pas gommer la singularité du sujet humain. Celui-ci se développe à un rythme qui lui est propre en privilégiant parfois certains domaines d'acquisition sur d'autres. La différence entre les enfants va dépendre de leur équipement génétique et de leur histoire. Tous n'avancent donc pas au même rythme, sans que cela présente pour autant un caractère de gravité particulier. Et même si certaines bases de la personnalité sont posées dans l'enfance, rappelons que l'être humain dispose de toute une vie pour se construire et que le psychisme est avant tout du vivant…

LES GRANDES ÉTAPES DU DÉVELOPPEMENT DE L'ENFANT

Envisageons étape après étape le développement moteur, affectif et intellectuel de l'enfant. Ces trois éléments sont indissociables dans les faits et ils ne seront dissociés ici que pour des raisons didactiques. En effet, la construction psychologique s'étaye sur la maturation motrice dont elle dépend. Ainsi, la maturation neurologique et musculaire qui permet de nouvelles acquisitions, au fur et à mesure que l'enfant grandit, favorise cette construction. Cependant, il est important de distinguer le développement moteur de la croissance, qui fera l'objet d'un traitement à part dans ce chapitre.

Le développement moteur procède d'un processus maturatif, qui dépend d'une part de conditions exogènes c'est-à-dire du milieu dans lequel l'enfant vit, et d'autre part de facteurs endogènes qui sont les capacités propres du sujet à effectuer sa maturation neurologique.

Par ailleurs, il faut bien comprendre que le développement affectif et intellectuel de l'enfant participe à sa construction psychologique. Les deux sont étroitement intriqués puisque l'affectivité est essentielle au développement de l'intelligence. L'enfant se nourrit d'amour, et les échanges qui passent par le regard, le sourire, le jeu ou les émotions diverses sont déterminants pour que puisse émerger la pensée. L'être psychologique se développe à partir des potentialités que donne le corps tout autant qu'à partir de l'environnement relationnel rencontré par le petit homme.

L'enfant de 0 à 1 an

Développement neurologique et moteur : des réflexes au mouvement[1]

Le développement moteur dépend étroitement de l'évolution neurologique. La construction du cerveau et la mise en place du système neuronal débutent pendant la grossesse et continuent après la naissance. Ce système neuronal peut être comparé à un câblage électrique permettant de véhiculer les informations échangées dans le cerveau et servant alors de substrat à l'élaboration de la pensée. La différenciation de ce câblage se ferait tout au long de la vie tout en culminant au cours de la première année, s'essoufflant à la puberté et comportant encore des développements positifs pendant le troisième âge.

De 0 à 6 mois

La vie psychique n'est pas encore différenciée de celle du corps. Elle est étroitement liée au mouvement, qui est un mouvement impulsif, lié à la décharge des tensions. Décharges musculaires, rictus et grimaces, mais aussi cris et pleurs constituent une réaction aux besoins organiques de bébé. Par le mouvement, l'enfant entreprend de différencier sa personne du monde qui l'entoure. La motricité, qui est la capacité pour l'enfant à faire des mouvements et à les contrôler, est faite de réflexes initiaux qui vont céder la place à une coordination progressive des gestes. Le sourire qui avait valeur de décharge réflexe va progressivement prendre celle de communication : vers 1 mois, l'enfant répond au sourire de sa mère et commence ainsi à se différencier d'elle.

– **À 2 mois**

  – *Couché sur le ventre* : le bébé lève la tête avec effort et conviction. Il arrive à la maintenir à 45° par rapport au plan du lit. Ses mouvements sont saccadés. En revanche, sa position au repos se détend : sa main s'ouvre de plus en plus... Ses jambes s'allongent.

  – *En position assise* : le bébé relève la tête par à-coups et est capable de la maintenir, bien que chancelante, au moins pendant 5 secondes.

1 Rédigé par Christine Keribin, paru initialement dans la revue *Métiers de la petite enfance*, 2006.

- *En position debout* : les réflexes archaïques diminuent progressivement d'intensité et ne peuvent plus être évoqués de manière systématique. La diminution du réflexe dit « de la marche automatique » est un élément capital du bon développement du système nerveux du bébé.
- *Le sommeil* : le bébé s'éveille encore une fois le soir ou en début de nuit. Durant la journée, il lui arrive de rester éveillé durant une ou deux heures, le matin et l'après-midi.

– **À 3 mois**

- *Couché sur le ventre* : le bébé relève la tête et peut la maintenir pendant une minute. Il s'exerce donc plusieurs fois par jour à ce petit exercice.
- *En position assise* : le tonus de son cou s'améliore mais les muscles antérieurs sont encore faibles et il n'arrive pas à tenir la tête droite plus de 30 secondes. Maintenu en position assise, le bébé a le dos rond et les jambes fléchies, écartées, étalées sur le plan de la table.
- *En position debout* : le réflexe de marche automatique a disparu. Si on met le nourrisson en position verticale, les pieds sur un plan dur, il plie les jambes.

– **À 4 mois**

- *En position assise* : si le bébé est couché sur le dos et qu'on le tire pour le mettre en position assise, il se tend, de la nuque aux fesses, et maintient sa tête droite dans le prolongement du dos.
- *En position couchée* : il lui arrive de relever tête et bras tout en tendant les jambes, mais rien n'est coordonné.

– **À 5 mois**

- *Couché sur le ventre* : le bébé gesticule et arrive à se retourner, il passe de la position à plat ventre à la position sur le dos. Ce mouvement, passif au début, va être de mieux en mieux maîtrisé, et devenir finalement un mouvement parfaitement actif et décidé... dans 1 ou 2 mois.
- *En position debout* : le bébé tend les jambes et porte son corps.

De 6 mois à 1 an

Le bébé progresse dans cette différenciation par le mouvement : il se confond de moins en moins avec le corps de l'adulte, il explore son corps, joue avec ses pieds, ses mains, et se constitue un début de schéma corporel (représentation des contours de son corps).

Ses acquisitions motrices passent par la station assise, puis il apprend à ramper avant de marcher à quatre pattes.

– **À 6 mois**

- *En position assise* : le tronc doit encore être soutenu mais la tête est d'une stabilité à toute épreuve.
- *Couché sur le ventre* : le bébé se redresse en prenant appui sur ses deux mains et le tronc se décolle bien du plan du sol ou du lit sur lequel il est couché.

– **À 8 mois**

- *En position assise* : l'acquisition de la position assise est importante parce qu'elle permet au bébé d'être assis à table avec les grands ou les adultes, de jouer plus librement.

Cependant, cette position n'est pas suffisamment acquise et il a souvent besoin de s'appuyer sur une main pour garder son équilibre.

- *En position couchée* : le bébé gigote, se retourne du dos sur le ventre et du ventre sur le dos. Dès qu'on lui tend les bras, il s'agrippe et se relève quasiment sans difficulté en position assise.

– **À 10 mois**

- *En position assise* : le bébé maîtrise très bien la position assise en maintenant son dos bien droit, et il peut même s'asseoir seul au départ d'une position couchée sur le ventre.
- *En position debout* : bien campé sur la plante des pieds, le bébé peut tenir quelques instants en se tenant aux pieds de chaises ou de tables. Il essaie de se mettre ou de se remettre debout tout seul à partir d'une position assise. Pour cela, il se hisse avec ses bras le long des barreaux de son lit ou de son parc.

– **À 11 mois**

- *En position debout* : le bébé reste debout en se tenant d'une main et ébauche ses premiers pas sur le côté, d'abord le long d'une table ou de son parc, puis vers l'avant lorsqu'on le tient à deux mains.

– **Entre 12 et 18 mois**

- Généralement, il sait marcher.

Développement affectif : de la fusion à l'opposition

L'affectivité, constituée par l'ensemble des phénomènes qui « touche » l'être humain, fera que le désir anime le sujet et le pousse à être ou à faire. Le désir qui anime donc le bébé la première année de sa vie est essentiellement celui d'être avec sa mère, puis de se mettre en mouvement pour aller à la découverte du monde.

De 0 à 6 mois

Le bébé vit dans une phase de dépendance passive. Il est en fusion avec son environnement, principalement avec sa mère (ou ce qui lui tient lieu de mère) qui tient une place essentielle pendant toute cette période. Pour Freud, c'est la phase orale passive, elle se traduit par la succion. Le bébé entre en relation avec les objets en les incorporant : c'est-à-dire qu'il apprend à connaître le monde environnant en mettant tout à la bouche, et en mettant « à l'intérieur de lui » de la nourriture autant que des perceptions et de l'amour. Il amorce donc la construction de son identité en mettant en lui « des choses de l'autre ». Il ne sait pas encore distinguer ce qui est lui de ce qui est l'autre : il est le sein qu'il tète ou les bras qui le portent, et il confond ses perceptions propres avec celles qui lui sont transmises par l'autre. Son système nerveux immature ne possède pas encore les « amortisseurs » qui lui permettront d'absorber les stimuli trop forts du monde qui l'entoure et le corps du parent remplit le rôle d'amortisseur contre le choc. La mère n'est pas encore vue comme une personne totale, mais elle est perçue tour à tour comme bonne ou mauvaise selon qu'elle gratifie ou frustre le bébé.

De 6 mois à 1 an

Le bébé va peu à peu apprendre à unifier ses perceptions : il fait des expériences sensorielles (toucher sa main, toucher celle de l'autre…) et prend conscience qu'il est une personne totale, distincte de l'autre. De même il se rend compte qu'il aime ou déteste la même personne selon qu'elle le satisfait ou le frustre. On parle de stade sadique oral, stade marqué par l'ambivalence des sentiments (« je t'aime, je te hais ») et l'agressivité : les dents ont poussé et le bébé apprend à mordre. Il prend ainsi conscience que l'autre existe et est différent, mais aussi qu'il a un certain pouvoir sur lui. Il se rebelle ainsi contre la dépendance. Vers 9 mois, l'angoisse de l'étranger qui le fait pleurer dès qu'il est confronté à un visage nouveau marque cette prise de conscience de l'existence de l'autre, tout autre qui n'est pas la mère et qui rappelle donc au bébé son absence. Il acquiert alors ce que l'on nomme le sentiment de « la permanence de l'objet » : il peut désormais se représenter la mère en son absence. Parallèlement, il parvient à acquérir le sentiment de sa propre « continuité d'exister », même en l'absence de celle-ci. Les bases de la construction de son identité sont posées.

Développement intellectuel : de la perception à la représentation

En référence aux théories de Piaget, qui a théorisé les grandes étapes du développement intellectuel de l'enfant, c'est la période de l'intelligence sensori-motrice. Il s'agit d'une intelligence pratique qui se développe à partir des expériences sensorielles du bébé et qui a pour but de résoudre des problèmes d'action (par exemple, atteindre des objets éloignés, cachés...). Le bébé cherche à comprendre le monde qui l'entoure : il met en relation les choses entre elles, établit des correspondances entre ses perceptions, ses mouvements et un événement qui en découle. C'est vers 4-5 mois qu'il découvre par hasard les effets que produisent ses mouvements (le bruit d'un cube qui tombe par exemple) et tente de les reproduire en procédant par essais-erreurs. Les premiers actes intentionnels ne surviennent qu'aux alentours de 8-9 mois (écarter un jouet pour en attraper un autre par exemple) et ce n'est pas avant 15 à 16 mois qu'il pourra penser, se représenter un mouvement sans l'exécuter et commencer à anticiper les conséquences de ses actes. Cette forme d'intelligence va perdurer jusqu'à environ 18 mois et correspond à une période antérieure au langage où le bébé ne peut pas encore penser les personnes et les objets en leur absence.

Rappelons que chaque enfant a son propre rythme de développement. Les différences entre les enfants sont considérables et ne doivent pas inquiéter à partir du moment où l'on observe que l'enfant évolue bien par rapport à lui-même. Le développement d'une personne est complexe et global : un enfant grandit, grossit, développe sa motricité, son affectivité, son intelligence, son langage et ses relations sociales en même temps. Tous ces domaines sont liés les uns aux autres par des relations étroites. Il faut noter qu'une progression est rarement régulière. En observant un enfant on peut avoir l'impression qu'il n'évolue plus et se rendre compte quelques jours plus tard qu'il a en quelque sorte « brûlé des étapes »... S'il existe des stades de développement qui se succèdent dans un ordre fixe, la durée de chacun de ces stades varie en fonction des personnes.

L'enfant de 2 à 3 ans

Développement moteur : ce que permet la marche...

Cette période est marquée par la maturation du système nerveux, musculaire et osseux, avec notamment la maîtrise progressive des sphincters et l'acquisition de la station debout ainsi qu'un meilleur équilibre. L'enfant ne peut acquérir ce nouveau contrôle des sphincters que lorsque les nerfs qui les commandent sont myélinisés et peuvent ainsi conduire les informations sensitives et motrices. Pour la plupart des enfants, cette maturation nerveuse se fait entre 18 et 30 mois. Quelques repères essentiels nous permettent d'évaluer si l'enfant est prêt pour acquérir la propreté : il doit avoir déjà acquis la marche autonome et posséder un bon équilibre, savoir monter et descendre quelques marches d'escaliers et avoir commencé à sauter, et enfin avoir acquis une préhension manuelle fine et précise.

Ces progrès vont permettre l'élaboration de nouveaux désirs sur le plan affectif et de nouvelles acquisitions intellectuelles.

Développement affectif : en marche vers l'autonomie

L'enfant devient de plus en plus autonome dans la prise en charge de ses besoins essentiels : il sait maintenant ce dont il a besoin et commence à pouvoir le demander puisque vers 2 ans, la maîtrise du langage constitue une des plus grandes acquisitions. La phrase se construit et le vocabulaire s'enrichit.

La deuxième année pourrait se caractériser par le désir d'aller à la découverte du monde de manière de plus en plus autonome : apprendre à marcher, à être propre, à parler, à s'emparer sans maladresse des objets, à conserver son équilibre, à élargir son périmètre d'action et à s'affirmer par l'opposition à l'adulte. Ceci lui permet d'éprouver sa différence fraîchement acquise : dire non systématiquement reste encore le plus sûr moyen de se dire oui à lui-même et de se construire son identité sans risquer que ses désirs soient confondus avec les attentes de la mère.

Le « je » prononcé dans la troisième année est l'aboutissement de tout ce processus d'opposition. On parle des 2-3 ans comme de la première adolescence. Cette troisième année est donc marquée par la découverte de soi et de son pouvoir d'agir et de s'exprimer. L'enfant atteint le sentiment de sa totalité face à l'adulte. Le principe de réalité s'élabore peu à peu avec les leçons tirées de l'expérience du danger ainsi qu'avec l'éprouvé des frustrations imposées par l'environnement.

Les 2-3 ans correspondent à l'entrée dans le « stade anal ». Selon Freud, ce stade pendant lequel la zone du corps qui procure le plus d'excitation (plaisir lié à l'émission et à la rétention des urines et des selles) et qui donc concentre l'énergie psychique est la zone anale. C'est la période bien connue où les préoccupations tournent autour du « pot » et du fameux « caca-boudin »... L'enfant se rend compte que son corps émet des substances qu'il peut à loisir lâcher ou retenir, donner à l'autre pour lui faire plaisir ou lui refuser. Il sait désormais qu'il peut avoir du pouvoir sur lui-même et sur l'autre. En acquérant la maîtrise de ses sphincters, il acquiert la maîtrise de lui-même et développe la pulsion d'emprise sur l'autre. Il sort alors de la dépendance dans laquelle il se trouvait jusqu'alors. Il sent aussi que cette acquisition a une signification sociale et qu'elle permet en particulier l'accès à l'école maternelle. Cette période est cruciale et délicate et il faut savoir accompagner la découverte de l'enfant de manière respectueuse de son rythme : ni faire du dressage qui force des progrès et peut occasionner des rechutes risquant de faire perdre à l'enfant une confiance en lui-même fraîchement acquise ; ni tenter de le maintenir dans un état de bébé en ne lui faisant pas confiance pour y arriver. Il s'agit là de l'acquisition d'une fonction physiologique qui suscite beaucoup de passions dans la relation parents-enfant et il faut absolument éviter de fixer le conflit...

C'est aussi pendant cette période que commencent à être intériorisées certaines règles et interdits. L'enfant s'oppose, certes, mais les limites que lui opposent les adultes lui permettent de renoncer progressivement à sa toute-puissance. En effet, pour ne pas perdre l'amour des parents, l'enfant s'identifie à leur « non » en le faisant sien. On dit qu'il intériorise l'interdit et que naît ainsi la conscience morale : l'enfant peut désormais penser en termes de bon ou de mauvais et juger ses actes. La conscience de la différence avec l'autre étant maintenant bien établie, l'enfant apprécie la compagnie d'enfants de son âge avec lesquels il joue et qu'il observe et imite. Il passe de l'égocentrisme à l'ouverture aux autres, même si les relations sont tout de même encore très marquées par des comportements agressifs.

En effet, les enfants n'ont pas toujours intégré les conséquences de leur agressivité et ont encore du mal à se maîtriser d'autant plus qu'ils hésitent entre grandir et rester petit...

Développement intellectuel : l'accès à la pensée symbolique

Entre 9 et 18 mois, c'est le début du langage parlé qui va permettre que le « langage sorte du corps ». Désormais l'enfant va pouvoir dire ce qu'il ressent avec des mots et non plus seulement au travers de pleurs et du développement de symptômes. Nous sommes, pour Piaget, rentrés dans la période de l'intelligence représentative qui offre la possibilité d'évoquer grâce à la fonction symbolique du langage, des objets ou des événements en leur absence. L'enfant, en nommant les objets, peut en effet se les représenter et va enfin pouvoir rentrer dans le monde de la communication avec les autres. Cette maîtrise nouvelle est extraordinaire pour lui : il peut demander ce qu'il veut, dire ce qu'il ressent... Il veut tout savoir et pose moult questions. Il sait se nommer, d'abord par son prénom puis vers 3 ans maîtrise le « moi » et le « je ». Il peut analyser ce qu'il ressent et comprendre ce qu'on attend de lui. Il commence à établir des liens de cause à effet.

L'enfant jusqu'à 6-7 ans

Développement moteur : l'âge d'or du jeu

Le mouvement se contrôle et se coordonne de mieux en mieux : l'enfant est moins maladroit, il sait enfiler des perles, marcher sur la pointe des pieds... Toute son activité motrice s'oriente alors vers le jeu. Il y exprime son imaginaire et découvre ses capacités. Il est capable, grâce à la fonction symbolique qu'il développe de faire semblant. L'imitation prend une place essentielle dans ses jeux (dînette, poupée, papa-maman...) Le dessin prend une place de plus en plus importante. Les éléments essentiels du schéma corporel sont acquis vers 2 ans et demi (il peut nommer des parties du corps : nez, yeux, genoux...) À 3 ans, il peut dessiner un bonhomme « têtard », puis vers 4 ans, il l'enrichit par des détails (nez, bouche, cheveux...) Souvent, les membres ne sont pas véritablement articulés avant 5 ans.

Développement affectif : l'entrée dans le complexe d'Œdipe

C'est une période d'ouverture où l'enfant commence à sortir de son milieu (ou du milieu très protégé de la crèche) en entrant à l'école maternelle : de plus en plus il aura besoin de l'autre pour jouer. Le schéma corporel s'affine avec la prise de conscience de son identité sexuée. Celle-ci commence vers 2-3 ans, mais s'affine jusqu'à la résolution du complexe d'Œdipe vers 6-7 ans où les identifications sexuelles masculines ou féminines se font.

À partir de 3-4 ans, l'enfant entre dans le stade dit « phallique » (Freud). La zone du corps qui est ressentie le plus vivement et suscite beaucoup d'interrogations est la zone génitale. Le petit garçon et la petite fille se rendent compte qu'ils n'ont pas le même sexe et cela suscite de nombreuses questions. La différence suscite beaucoup de comparaisons, et psychologiquement cette période est marquée par le désir d'être le plus fort, la rivalité et la compétition. C'est l'époque où toute une interrogation sur les origines se met en place, époque d'une intensité affective particulière, faite de conflits intérieurs déchirants et où il n'est pas rare de voir l'enfant faire des cauchemars.

Puis, la différence des sexes est intégrée, comme la différence des générations ; l'enfant va s'identifier à son parent du même sexe dans l'espoir de devenir aussi grand et fort que lui plus tard et reportera ses désirs amoureux sur quelqu'un de sa génération. Il entre dans la phase dite « de latence », avec « l'âge de raison ». Les conflits intérieurs désexualisés sont mis en veilleuse pendant cette phase de latence et ne réapparaîtront qu'à l'adolescence, en l'état où ils ont été laissés, sous l'impulsion de la puberté.

En attendant, les règles sont intégrées et l'énergie psychique est libre pour s'investir sur les acquisitions scolaires et la socialisation.

Développement intellectuel : sur le chemin de la pensée symbolique

L'enfant progresse dans sa symbolisation des choses et l'élaboration de sa pensée, fortement aidé par sa capacité à métaboliser ses conflits affectifs. Il établit petit à petit certaines relations de cause à effet, bien qu'encore très partiellement : la pensée reste encore très syncrétique, c'est-à-dire qu'il ne sait pas encore hiérarchiser ses connaissances, ni établir de chronologie entre les choses… La conscience de l'écoulement du temps n'est pas encore acquise. Les capacités d'abstraction sont encore limitées et le réel se mélange encore souvent à l'imaginaire, d'où l'importance fondamentale du jeu. Il est donc bien long pour un petit d'homme de grandir et la maturation d'une personnalité se fait pas à pas, en franchissant des étapes et en traversant des crises intimes et relationnelles qu'il faut arriver à dépasser pour se construire…

LA CROISSANCE ET LE SUIVI MÉDICAL

La croissance

Définition et paramètres

La croissance est la période pendant laquelle se fait l'augmentation de la taille d'un individu. C'est aussi l'augmentation des dimensions de l'ensemble du corps ou de l'une de ses parties. Elle constitue un phénomène objectif mesurable à travers de nombreux paramètres.

Chez l'enfant, les paramètres les plus souvent observés et mesurés sont : la taille, le poids et les périmètres thoracique et crânien, ces deux derniers étant surtout mesurés dans la prime enfance.

En cas d'anomalies, d'autres mesures peuvent être réalisées, notamment la mesure de l'âge osseux à l'aide de la radiographie.

La surveillance de la croissance du nourrisson et de l'enfant est réalisée à partir des courbes de taille, de poids et de périmètre crânien que le médecin ou l'infirmière mesurent lors des consultations et inscrivent dans le carnet de santé. Ces courbes permettent aux parents et au médecin d'assurer un suivi de l'enfant.

Il est recommandé de peser et de mesurer les enfants tous les mois, de la naissance jusqu'à l'âge de deux ans. Ensuite, le suivi peut être espacé, cependant il est conseillé de prendre les mesures au minimum tous les six mois jusqu'à l'âge de six ans et tous les ans jusqu'à la puberté.

La surveillance du poids et de la taille est particulièrement importante lors des premières années. Ces courbes servent à détecter précocement des anomalies révélées par un poids et/ou une taille insuffisants ou trop élevés par rapport à l'âge. Pour détecter de façon précoce les risques d'obésité de l'enfant, on utilise aussi depuis peu les courbes de corpulence (à partir de l'indice de masse corporelle) qu'on trouve dans le carnet de santé.

La courbe de poids de 0 à 3 ans

Le couloir de couleur correspond à la zone « normale », c'est-à-dire les limites entre lesquelles se situent la plupart des enfants français. Dans certains pays on appelle cette zone « le chemin de la santé », ce qui signifie que l'enfant qui se trouve à l'intérieur de ces limites grandit sans problèmes.

Le poids est un paramètre important dans la surveillance de l'état de santé d'un enfant parce qu'il est le reflet d'une alimentation adaptée.

Une « cassure » dans la courbe de poids, un poids qui stagne ou qui diminue, doivent être considérés comme un signe d'alerte. Dans ce cas, il sera nécessaire de faire appel à un médecin pour réaliser un bilan afin de rechercher une situation pathologique qui devra être prise en compte.

L'observation portera davantage sur la progression de la courbe de l'enfant et non pas sur son poids à un moment donné.

Le poids moyen de naissance d'un bébé est d'environ 3,3 kg et la croissance pondérale est rapide durant la première année.

L'enfant double son poids de naissance à 5 mois, le triple à un an et le quadruple à deux ans.

Si le poids de l'enfant se situe en-dessous de la ligne inférieure, on parle alors de poids insuffisant ou de retard pondéral. Dans ce cas, il faut en rechercher la cause, tout d'abord en regardant l'évolution du poids de l'enfant lors des semaines ou des mois précédents. La prise de poids doit être régulière et se situer sur une ligne parallèle aux courbes dessinées.

Si le poids de l'enfant se situe au-dessus de la ligne supérieure, on parle de surcharge pondérale. Cependant si la courbe du poids de l'enfant est bien parallèle à celle du schéma, il ne s'agit pas nécessairement d'un problème. Il faut alors considérer la taille et l'indice de corpulence pour porter un diagnostic. Dans ce cas aussi, ce qui est prépondérant est l'allure de la courbe. Même en restant dans les limites de la zone normale, si la courbe de l'enfant progresse trop vite et passe rapidement au couloir supérieur, cela peut signer un début d'obésité.

La courbe de taille de 0 à 3 ans

Le couloir de couleur correspond à la zone « normale », c'est-à-dire les limites entre lesquelles se situent la plupart des enfants français.

La taille moyenne d'un nouveau-né se situe aux alentours de 50 cm. La progression est rapide au début ; la courbe de croissance s'infléchit au 3e mois.

Entre 10 et 11 mois, l'enfant ne grandit plus que d'un « petit » cm et parfois encore moins. La taille moyenne est, à 11 mois, de 74 cm pour les garçons (70 à 79 cm sont des tailles strictement normales) et de 73 cm moyenne pour les filles (68 à 78 cm).

À partir de l'âge de 4 ans environ, les filles grandissent plus vite que les garçons, et ce jusqu'à la puberté. Vers 17 ans, elles arrêtent de grandir alors que les garçons peuvent continuer leur croissance jusqu'à l'âge de 19/20 ans.

Si la taille de l'enfant se situe en-dessous de la courbe inférieure, on parle de retard de croissance ou de retard statural. L'étude de la courbe permet d'observer la progression de la courbe de taille et de rechercher une cassure voire une stagnation de la croissance. Cependant pour caractériser un retard de croissance, d'autres paramètres seront pris en compte tels que la taille de l'enfant à la naissance et la taille des parents. Éventuellement une radiographie des cartilages des poignets sera prescrite afin d'établir « l'âge osseux » de l'enfant.

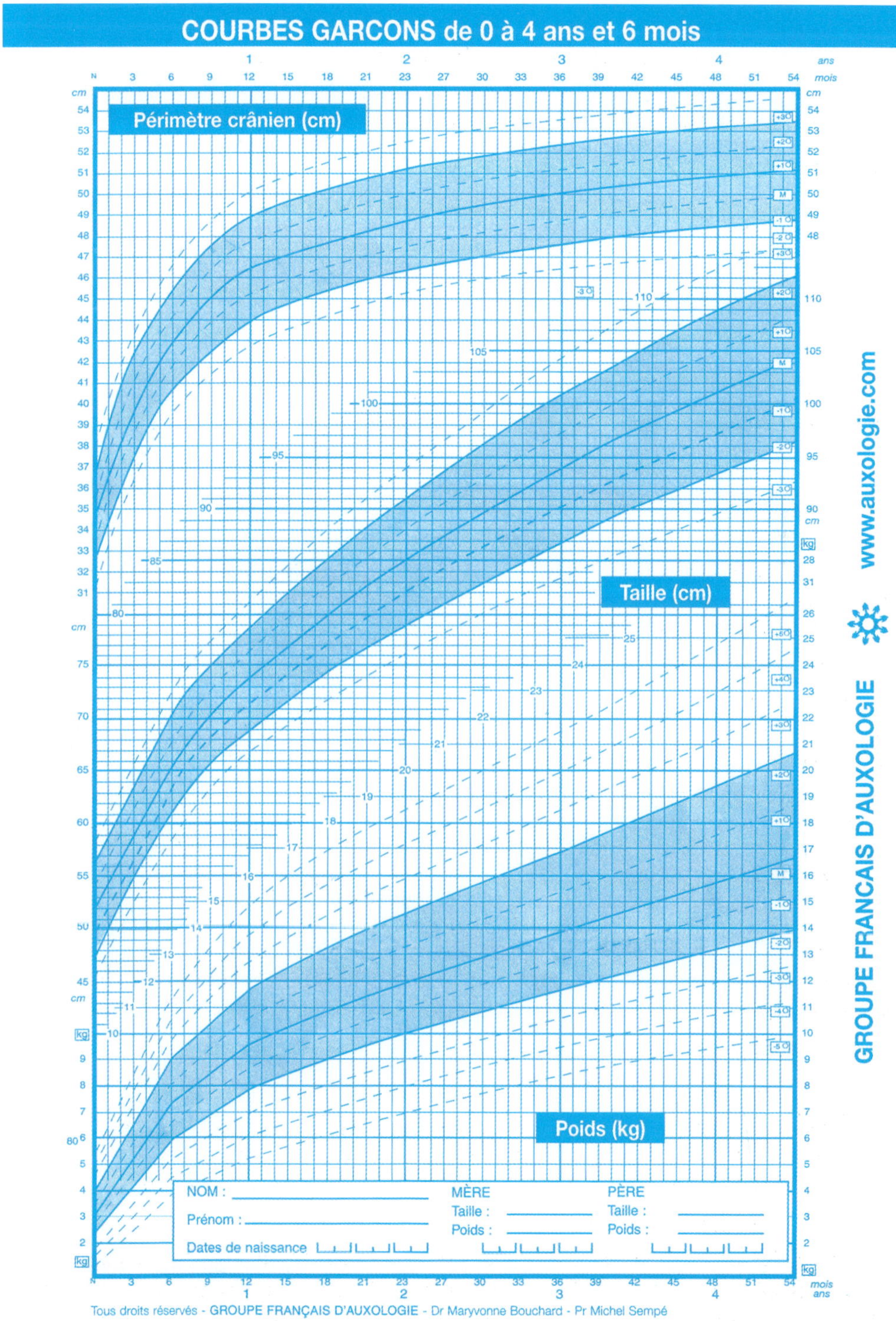

Fig. 13.1. Courbes de poids, de taille et de périmètre crânien

FILLES : Segments supérieur et inférieur

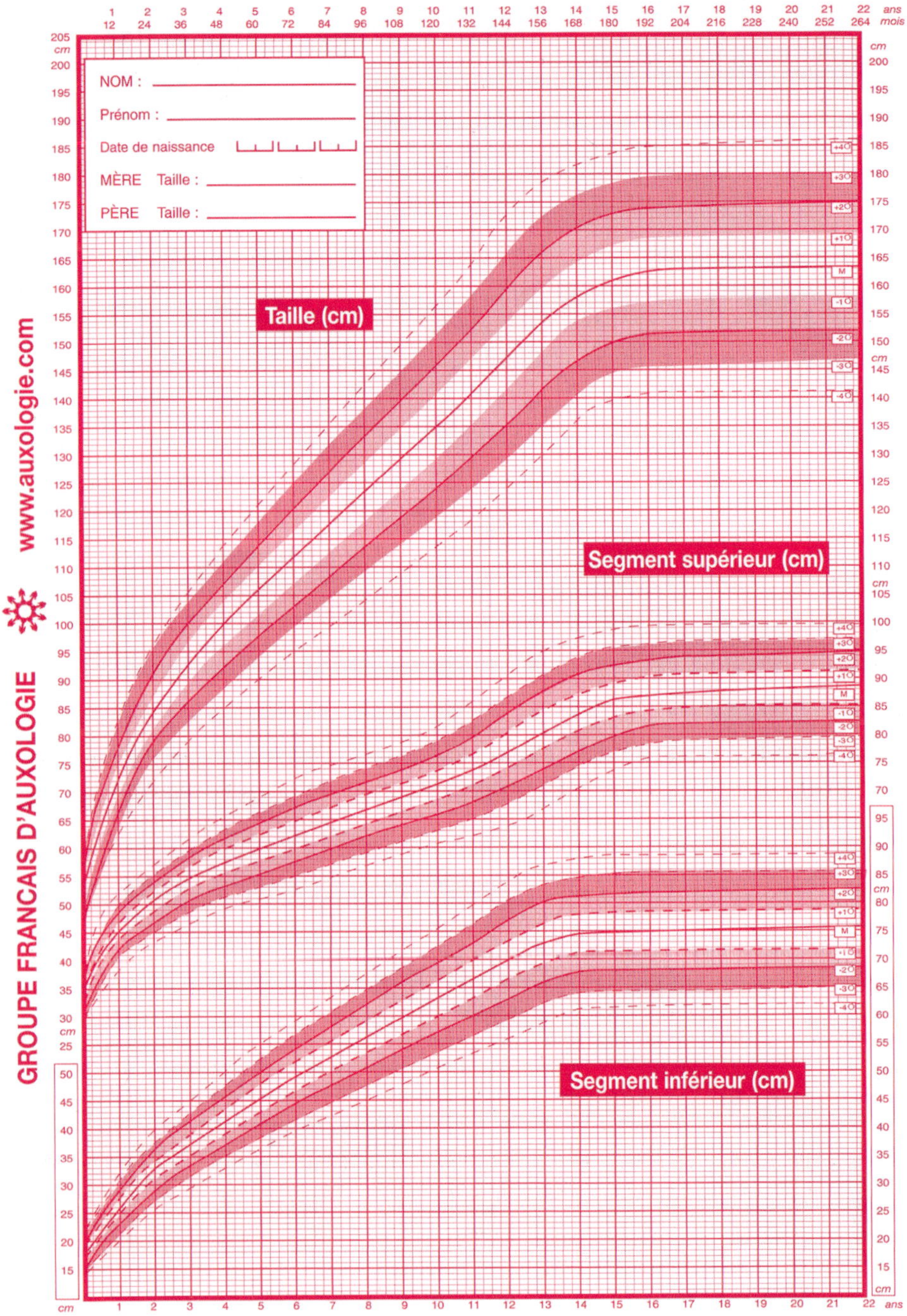

Un enfant « normal » se situe entre le 3e et le 97e percentile, c'est-à-dire que ses mensurations sont celles de 94 % de la population.

- S'il est au-delà du 97e percentile, il s'agit d'un enfant macrosome[2].
- En dessous du 3e percentile, on parle de bébé hypotrophe[3]. C'est le signe d'un retard de croissance intra-utérin. Le tout est de déterminer si ce retard est *harmonieux* ou *dysharmonieux* :
  - si ce retard est harmonieux, cela signifie que le poids, la taille et le périmètre crânien se situent dans des valeurs inférieures à la normale, cela constitue un mauvais pronostic par rapport à la maturation cérébrale ;
  - si ce retard est dysharmonieux avec le poids et/ou la taille inférieurs aux normes, mais avec le périmètre crânien dans les normes, c'est de bon pronostic pour l'enfant, puisque c'est la preuve d'un bon développement cérébral.

La courbe du périmètre crânien de 0 à 3 ans

Le périmètre crânien correspond à la mesure du « tour de tête ». Cette courbe sert à surveiller la croissance du cerveau, qui est extrêmement rapide lors des premières années. La mesure du périmètre crânien effectuée par le médecin est particulièrement importante au cours de la première année car elle permet de détecter précocement des anomalies du développement du système nerveux. Le couloir de couleur correspond à la zone « normale », c'est-à-dire aux limites entre lesquelles se situent la plupart des enfants français.

Moyennes à 11 mois : 45,5 cm pour une fille (de 43 à 48 cm) et 46,5 cm pour un garçon (de 44,5 à 48,5 cm).

Le périmètre abdominal

La mesure du périmètre abdominal présente un grand intérêt dans la surveillance du fœtus (par échographie), mais à la naissance, cette mesure ne reste utile que dans la surveillance de certaines pathologies : malnutrition ou gêne respiratoire importante, voire tumeurs abdominales.

Le suivi médical

Il peut être assuré par un pédiatre ou par un médecin généraliste, dans le cadre de la médecine libérale ou de la protection maternelle et infantile (PMI).

Généralités

Le suivi médical permet :

- de s'assurer que l'enfant va bien et qu'il évolue normalement ;
- de mettre en place des actions de prévention par la réalisation des vaccinations et la dispensation de conseils éducatifs notamment en matière d'alimentation ;
- de dépister l'apparition de maladie ou de handicap.

2 Un macrosome est défini au cours de l'échographie anténatale par une biométrie supérieure au 97e percentile selon des tables de référence qui devraient idéalement tenir compte du sexe et de la population étudiés. Seul 10 % des macrosomes ont une mère diabétique.

3 Vient du terme hypotrophie qui signifie la diminution du volume ou du poids d'un tissu, d'un organe. Ici, il s'agit d'un bébé de petit poids.

Ce suivi s'appuie notamment sur l'examen clinique de l'enfant, le développement psychomoteur et sur l'interprétation des courbes de poids, taille et périmètres thoracique et crânien.

Un certain nombre de visites médicales sont obligatoires et font l'objet d'un certificat qui permet aux parents d'obtenir les primes à l'enfance.

Les vaccinations

Le principe de la vaccination consiste à mettre en contact l'organisme avec de très faibles doses de virus ou de bactéries de manière à lui faire produire une réponse immunitaire pour le protéger contre toute attaque future de ces agents pathogènes ou d'en atténuer les conséquences. Ainsi, le BCG vise à protéger l'individu de la tuberculose.

Le calendrier vaccinal étant sujet à modification, il convient de se référer aux sites officiels notamment celui du ministère de la Santé. Néanmoins, il existe des vaccinations obligatoires et des vaccinations conseillées.

- Les vaccins obligatoires sont : diphtérie, tétanos, polio, coqueluche.
- Les vaccins conseillés sont : rougeole, oreillons et rubéole (ROR), hæmophilus influenzæ B.

Chez le nourrisson, le calendrier vaccinal, en l'absence de problème particulier, est le suivant.

LE CALENDRIER VACCINAL	
1 mois	BCG/Tuberculose (recommandé pour les enfants à risque)
2 mois	Diphtérie, tétanos, polio, coqueluche, hæmophilus influenzæ B (pentavalent, 3 injections à 1 mois d'intervalle) Méningite à pneumocoque (3 injections à 1 mois d'intervalle)
3 mois	Diphtérie, tétanos, polio, coqueluche, hæmophilus influenzæ B (pentavalent, 2e dose) Méningite à pneumocoque (2e injection)
4 mois	Diphtérie, tétanos, polio, coqueluche, hæmophilus influenzæ B (pentavalent, 3e dose) Méningite à pneumocoque (3e injection)
5 mois	Hépatite B (2 injections à 1 mois d'intervalle, la 3e injection à 16 mois)
6 mois	Hépatite B (2e injection)
12 mois	Méningite à pneumocoque (rappel) Rougeole, oreillons, rubéole (2 injections pour tout enfant avant l'âge de 2 ans)
16 mois	Diphtérie, tétanos, polio, coqueluche, hæmophilus influenzæ B (pentavalent, 1er rappel) Hépatite B (3e injection)
2 ans	Rougeole, oreillons, rubéole (2e dose)
6 ans	Diphtérie, tétanos, polio (2e rappel)

Fig. 13.4. Calendrier vaccinal

AGIR

LA SITUATION

Ivan, 3 mois, premier enfant de Mme Dubois, consulte le pédiatre de la PMI ce jour car sa maman doit reprendre son travail dans 2 semaines. Elle vient d'obtenir une place en crèche collective.

Sevré il y a 10 jours, Ivan est actuellement nourri par un lait pour nourrisson. Il boit 5 biberons de 180 mL par jour.

1 IDENTIFIER LES DONNÉES SIGNIFICATIVES

Quelles données relève-t-on ?	Pourquoi sont-elles significatives ?
Le prénom	Il permet d'établir une relation adaptée avec l'enfant
Premier enfant	Accès à la parentalité : situation nouvelle pour la mère
L'âge : 3 mois	Élément important car il sera à mettre en lien avec le développement staturo-pondéral et psychomoteur de l'enfant
Sevrage depuis 10 jours Prise de 5 biberons de 180 mL/jour	Éléments précisant le mode alimentaire

2 COMPRENDRE ET ÉVALUER LA SITUATION

Que faut-il comprendre ?	Évaluation
Premier enfant, l'accès à la parentalité peut signifier l'apparition de problème ou de perturbations qui ne sont pas nécessairement perçus par les parents, en l'occurrence la mère La consultation en PMI relève soit du suivi régulier de l'enfant ou est motivée par une demande qu'il convient d'identifier SAVOIRS FONDAMENTAUX Démarche clinique infirmière. Psychosociologie	Visite probable de contrôle

Que faut-il comprendre ?	Évaluation
L'âge : 3 mois. Un bébé est une personne vulnérable, il est nécessaire d'être très attentif à toutes modifications anormales des paramètres et/ou des constantes biologiques. SAVOIRS FONDAMENTAUX Enfance (développement du nourrisson)	Vigilance relative au bon développement et à l'état de santé du bébé
Le passage au lait artificiel peut avoir une incidence sur l'alimentation et donc sur le développement de l'enfant. Le nombre de biberons par jour atteste d'une alimentation normale pour un bébé de cet âge Il est nécessaire de vérifier avec la maman comment s'est effectué le passage au biberon et comment se passe la digestion (régurgitations ?) et comment réagit Ivan à ce changement SAVOIRS FONDAMENTAUX Enfance. Biologie. Sciences humaines	Alimentation conforme à celle d'un enfant de 3 mois

Synthèse de la situation : consultation de Mme Dubois avec son fils Ivan, en PMI avant la fin du congé maternité.

3 METTRE EN ŒUVRE LES ACTIONS

Quelles actions met-on en œuvre ?	Pourquoi ?
Consulter le carnet de santé SAVOIR-FAIRE PROFESSIONNELS Enfance. Législation de la petite enfance	L'IDE doit s'assurer du suivi de l'enfant : commentaires lors des consultations, observation des courbes staturo-pondérales, vaccinations...
Mesurer les paramètres suivants : poids, taille SAVOIR-FAIRE PROFESSIONNELS Technique de soins. Soins infirmiers	Les poids et la taille sont deux éléments essentiels du suivi de l'enfant (le médecin mesure généralement le périmètre crânien et thoracique)

Quelles actions met-on en œuvre ?	Pourquoi ?
Observer le bébé sur les plans physique et psychomoteur SAVOIR-FAIRE PROFESSIONNELS Soins infirmiers	L'observation donne des informations aux professionnels sur l'état de santé des individus
Interroger la maman sur le comportement d'Ivan SAVOIR-FAIRE PROFESSIONNELS Raisonnement clinique	La reprise du travail, le sevrage peuvent induire un stress de la mère qui est transmis à l'enfant Le sevrage est également une période difficile, il faut s'assurer qu'Ivan supporte ce changement alimentaire
Noter les résultats dans le carnet de santé SAVOIR-FAIRE PROFESSIONNELS Législation sanitaire et professionnelle	La notation des résultats permet d'assurer la surveillance et la traçabilité des soins

4 NOTER ET ANALYSER LES RÉSULTATS OBTENUS

Résultats	Évaluation des résultats de la prise en charge
Taille 60 cm Poids 4 kg	Évolution de la taille : normale La courbe de poids (*cf.* courbes du carnet de santé, ci-dessous) montre une cassure depuis le sevrage
Enfant chaud (donnée devant être objectivée)	Il faut mesurer la température corporelle pour vérifier s'il a ou non de la fièvre
Présence de lésions cutanées au niveau du siège et écoulement nasal jaunâtre et un peu épais Enfant grognon	C'est un événement assez fréquent chez un bébé, mais dont il faut impérativement rechercher la cause et la traiter
Absence de vaccinations dans le carnet de santé	Certaines vaccinations sont obligatoires notamment lors de l'entrée en collectivité. Il va falloir établir le calendrier des vaccinations et éduquer la maman en ce sens. En l'absence de vaccination l'enfant ne pourra pas être admis en crèche

LA NOUVELLE SITUATION

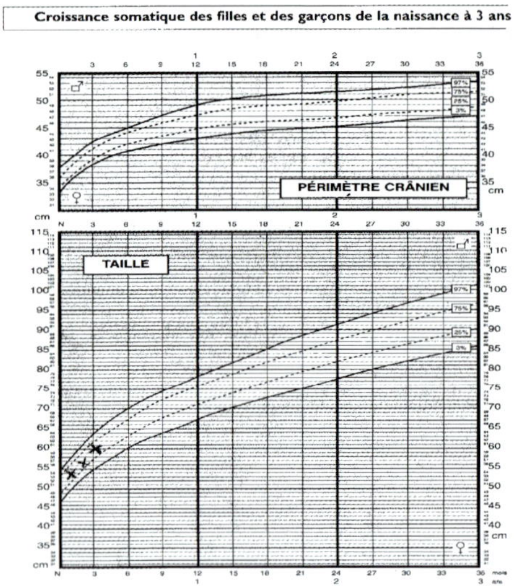

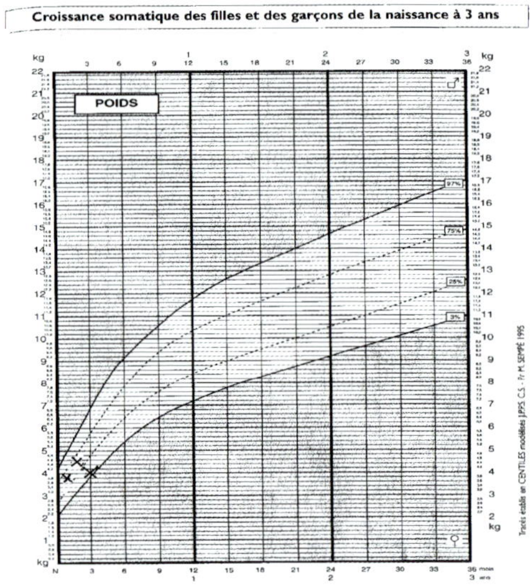

Fig. 13.5. Les courbes de croissance de taille et de poids d'Ivan

La prise de température confirme un fébricule puisqu'Ivan a 38°3.

1 IDENTIFIER LES DONNÉES SIGNIFICATIVES

Quelles données relève-t-on ?	Pourquoi sont-elles significatives ?
Température : 38°3	Ivan présente un fébricule
Lésions cutanées au niveau du siège Écoulement nasal jaunâtre et un peu épais Enfant grognon	Ces différentes données sont indicatrices d'un état qui perturbe Ivan et peuvent expliquer le fébricule. Il convient de les explorer.
Cassure dans la courbe de poids qui correspond au sevrage	Cause de la perte de poids non objectivée

2 COMPRENDRE ET ÉVALUER LA SITUATION

Que faut-il comprendre ?	Évaluation
Il faut rechercher la cause du fébricule car il existe un risque de complications toujours possible, notamment les convulsions La fièvre peut augmenter et se compliquer Éducation de la mère quant à la conduite à tenir à envisager SAVOIRS FONDAMENTAUX Normes des constantes physiologiques	Risque d'hyperthermie avec complication
L'écoulement nasal jaunâtre et un peu épais est le signe d'un problème ORL en lien probable avec l'élévation de la température SAVOIRS FONDAMENTAUX Sciences médicales	Suspicion d'infection de la sphère ORL
La perturbation du comportement d'Ivan est le résultat de tous les signes pathologiques présentés et traduit son mal-être SAVOIRS FONDAMENTAUX Psychologie	
Les lésions cutanées au niveau du siège sont anormales et traduisent un problème de santé ou un problème de soins locaux. Il faut rechercher la cause de ces lésions SAVOIRS FONDAMENTAUX Anatomie physiologie de la peau	Érythème fessier
La cassure dans la courbe de poids alerte. Il faut comprendre la situation car actuellement aucun élément objectif ne permet d'évaluer la situation en dehors du constat de la perte de poids SAVOIRS FONDAMENTAUX Développement staturo-pondéral de l'enfant	Développement pondéral perturbé

Synthèse de l'évaluation : il s'agit d'un bébé qui présente un problème ORL à type d'écoulement nasal associé à un fébricule et une cassure dans la courbe de poids. Il présente par ailleurs un érythème fessier.

3 METTRE EN ŒUVRE LES ACTIONS

Quelles actions met-on en œuvre ?	Pourquoi ?
Mener un entretien pour rechercher les informations complémentaires sur la prise des biberons et la digestion (quantité réellement absorbée, régurgitations) auprès de la mère SAVOIR-FAIRE PROFESSIONNELS Psychosociologie. Démarche clinique IDE	Il est indispensable d'avoir des informations pour comprendre la situation et proposer au plus vite des actions de réajustement car la santé d'Ivan est en jeu
Éduquer la maman sur le lavage de nez et les soins de siège SAVOIR-FAIRE PROFESSIONNELS Démarche éducative. IDE. Soins infirmiers	La situation peut être traitée par des actions simples qui peuvent être assurées par la mère, d'où la nécessité de les lui enseigner

4 NOTER ET ANALYSER LES RÉSULTATS OBTENUS

Résultats	Évaluation des résultats de la prise en charge
Ivan n'ingère que la moitié de ses biberons depuis le sevrage Sa maman pensait que ce n'était pas grave puisqu'il était assez tonique Présence de régurgitations importantes depuis son problème ORL	Maman insuffisamment formée à la parentalité, n'a pas identifié les risques liés à une alimentation insuffisante… La perte de poids est en lien avec une alimentation insuffisante qui doit être réajustée Cela nécessite de prévoir une éducation et un suivi régulier jusqu'au retour normal de la courbe pondérale
Information délivrée (sur le lavage de nez et soin de siège) La mère a vu comment procéder pour les soins	La maman a compris l'intérêt des soins et s'est approprié mentalement le savoir-faire
Aucune vaccination ce jour	Absence de vaccination suite au problème ORL d'Ivan Cela implique d'assurer un suivi pour réaliser les vaccins dès l'amélioration de l'état de santé d'Ivan

S'ENTRAINER

VÉRIFIER SES CONNAISSANCES

1 QCM

Reportez la ou les lettres correspondant aux réponses correctes.

1. À 4 mois, un bébé boit, par 24 heures :
a. 6 à 7 biberons
b. 5 à 6 biberons
c. 4 à 5 biberons
d. 3 à 4 biberons

2. de 3 à 6 mois, un bébé grossit par jour de :
a. 30 g
b. 25 g
c. 20 g
d. 15 g

3. À 1 an, un enfant pèse en moyenne :
a. 6 kg
b. 7 kg
c. 8 kg
d. 9 kg

4. À 4 ans, un enfant mesure en moyenne :
a. 80 cm
b. 1 m
c. 1,20 m
d. 1,30 m

5. La préhension des objets est volontaire vers :
a. 3 mois
b. 4 mois
c. 6 mois
d. 7 mois

6. Le bébé se tourne du dos sur le ventre vers :
a. 1 mois
b. 2 mois
c. 5 mois
d. 6 mois

7. Le bébé tient sa tête vers :
a. 2 mois
b. 4 mois
c. 6 mois
d. 8 mois

8. Un enfant monte et descend seul l'escalier en alternant pied droit/pied gauche à :
a. 1 an
b. 18 mois
c. 2 ans
d. 3 ans

9. Le BCG est un vaccin contre :
a. Le typhus
b. La typhoïde
c. Le tétanos
d. La tuberculose

10. L'association vaccinale appelée ROR signifie :
a. Roséole, oreillons, rubéole
b. Rubéole, oreillons, rotavirus
c. Roséole, orthopovirus, rubéole
d. Rougeole, oreillons, rubéole

2 QROC (Questions à réponses ouvertes courtes)

1. Citez 6 acquisitions psychomotrices d'un enfant de 9 mois.

2. Décrivez le développement psychomoteur d'un enfant de 18 mois.

3. Énoncez et développez en quelques lignes les éléments qui permettent le contrôle des sphincters en lien avec la fonction d'élimination.

4. Énoncez les éléments qui permettent de juger de la bonne évolution d'un nouveau-né.

TRANSFÉRER À D'AUTRES SITUATIONS

1. Vous recevez en pouponnière un nourrisson de type européen dont vous ignorez la date de naissance. Les parents adoptifs se présentent aujourd'hui à la visite. En observant l'enfant, vous constatez qu'il :
– dit « areu »
– regarde ses mains
– tient sa tête
– attrape le hochet que vous lui tendez

a. Au regard de son développement psychomoteur, déduisez l'âge approximatif de cet enfant.

b. Citez les moyens pouvant permettre de déterminer son âge réel.

2. La maman de Noa, qui a accouché il y a 2 jours, est très contrariée : sa fille, qui pesait 3,500 kg à la naissance, a aujourd'hui un poids de 3,250 kg.

a. Argumentez les éléments de réponse que vous donnerez à la maman à partir des données concernant Noa et de vos connaissances.

b. Préciser l'évolution normale attendue dans les jours suivants.

3. Vous exercez en tant que baby-sitter et vous vous occupez de Lucas et de Julie. Ces enfants sont âgés respectivement de neuf et de trente-huit mois.

a. Parmi les acquisitions psychomotrices suivantes, recherchez celle(s) susceptible (s) d'être identifiée(s) chez Lucas :
– Tient assis sans appui
– Fait des gribouillages à l'aide d'un crayon
– Rampe sur le tapis
– Saute maintenu sous les bras
– Monte les escaliers tenu par la main
– Tient une cuillère
– Tape avec son pied dans un ballon
– Répète deux mots complets

b. Déclinez 4 jeux d'intérêt différent que vous pouvez proposer à Julie en précisant, pour chacun d'eux, son intérêt.

4. En stage en crèche, vous organisez une animation qui consiste à raconter une histoire. Le choix de votre public se porte sur un groupe de trois enfants de 3 ans.

a. Justifiez le choix de cette activité au regard des compétences dont disposent les enfants à cet âge sur les plans moteur, cognitif et social.

b. Formulez les objectifs pour cette activité.

5. Mathilde, 12 mois, est une enfant née à terme avec un poids de 3,100 kg et une taille de 49 cm. Dans son carnet de santé apparaissent son poids, 12 kg, et les vaccinations qui ont été réalisées et qui sont indiquées dans le tableau ci-dessous :

Vaccins	Dates d'injection
Monovax (vaccin tuberculeux atténué)	Août 2008
Pentavac (vaccin diphtérique, tétanique, pertussique acellulaire, poliomyélitique inactivé adsorbé et vaccin hæmophilus influenzæ type B conjugué)	Septembre, novembre et décembre 2008
Méningitec (vaccin de la méningite à méningocoque)	Septembre, novembre et décembre 2008
Prévenar (vaccin de la méningite à pneumocoque)	Janvier et février 2009
Vaccin Genhevac B Pasteur (vaccin de l'hépatite B recombinant)	Septembre, novembre 2008 et mai 2009

a. Au regard des vaccinations effectuées chez Mathilde, différenciez celles qui sont obligatoires des non-obligatoires.

b. Au regard de son âge, déduisez le ou les vaccins (obligatoire ou non) qu'il est nécessaire ou conseillé de pratiquer.

c. Le poids de Mathilde est-il normal ? Argumentez votre réponse.

CORRIGÉS

VÉRIFIER SES CONNAISSANCES

1 QCM

1 c	2 c	3 d	4 b	5 b	6 c	7 b	8 d
9 d	10 d						

2 QROC

1. Sur le plan moteur, à 9 mois, les acquisitions d'un enfant peuvent être :
– tient assis sans appui
– rampe sur le tapis
– acquiert la préhension fine pouce-index
– porte tous les objets à sa bouche
Sur le plan psychologique, à 9 mois, les acquisitions d'un enfant peuvent être :
– apparition du premier mot : syllabes
– réagit de façon adéquate à certains mots simples (« Donne », « Viens »...)
– reconnaît son prénom et celui de personnes familières
– émet des syllabes simples : papapa, mamama....
– fait un sourire-réponse
– imite le « Non »

2. Développement psychomoteur à 18 mois.
Sur le plan postural :
– monte l'escalier main tenue
– court (mais chutes fréquentes)
– grimpe
– commence à sauter sur ses 2 pieds
– s'accroupit pour ramasser quelque chose et se relève facilement
– peut « tirer » un jouet derrière lui en marchant
– peut marcher « à reculons »
Sur le plan de la préhension :
– peut lancer une balle
– peut « shooter » dans un ballon
– peut retirer ses vêtements (si pas de boutons, ni de fermeture Éclair), ses chaussures (si pas de lacets)
– peut manger seul
Sur le plan de la compréhension :
– sait désigner 1 à 2 images
– sait nommer 1 à 2 objets
– sait désigner 2 à 3 parties de son corps
– comprend 1 à 2 ordres et les exécute
– empile 3 cubes
– propreté irrégulière
Sur le plan du langage :
– langage global significatif (idem 15 mois) : « Papa pati », « Bébé bobo »
– peut dire 8 mots, souvent déformés, ce qui entraîne des difficultés de compréhension
– sait dire « Non »
Sur le plan du développement social :
– range
– explore l'environnement
– joue seul
– notion de propriété : « À moi ».

3. La maturation des systèmes nerveux, musculaire et osseux est nécessaire à la maîtrise progressive des sphincters. L'enfant ne peut acquérir ce nouveau contrôle que lorsque les nerfs qui les commandent sont myélinisés et peuvent ainsi conduire les informations sensitives et motrices. Pour la plupart des enfants, cette maturation nerveuse se fait entre 18 et 30 mois. Quelques repères nous permettent d'évaluer si l'enfant est prêt pour acquérir la propreté : il doit avoir déjà acquis la marche autonome et posséder un bon équilibre, savoir monter et descendre quelques marches d'escaliers, avoir commencé à sauter, et enfin avoir acquis une préhension manuelle fine et précise.

4. Les éléments qui permettent de juger de la bonne évolution d'un nouveau-né sont :
– la disparition progressive des réflexes archaïques notamment celui de la marche automatique
– l'augmentation du périmètre crânien
– la prise de poids
– l'augmentation de la taille

TRANSFÉRER À D'AUTRES SITUATIONS

1. a. L'âge approximatif de cet enfant est de 3 à 4 mois.
b. Les moyens qui permettent de déterminer l'âge réel d'un enfant sont :
– la radiographie de la main et du poignet qui détermine l'âge osseux
– le rapport poids-taille au regard des courbes staturo-pondérales
– l'observation dentaire (absence de dent pour ce nourrisson)
– l'évolution des fontanelles (non fermées pour ce nourrisson)

2. Il est tout à fait normal qu'un bébé de 2 jours pèse moins qu'à sa naissance, de ce fait la maman ne doit pas s'inquiéter. En effet, Noa élimine le liquide amniotique contenu dans son tube digestif et donc « maigrit ».

Il s'agit d'une perte physiologique qui dure 3 à 4 jours et qui peut aller jusqu'à 10 % du poids de naissance.
Pesant 3,500 kg, elle peut donc perdre jusqu'à 350 g.
À ce jour, elle n'a perdu que 250 g, ce qui signifie qu'elle peut encore perdre un peu de poids dans les 2 jours qui suivent soit environ 100 g. Noa récupérera son poids de naissance au bout de 10 jours environ.

3. a. À 9 mois, Lucas peut :
– tenir assis
– ramper
– sauter en étant maintenu sous les bras
– tenir une cuillère

b. Julie a 38 mois. Elle peut participer à des jeux :
– moteurs : jeu de culbutes, ballon
– d'intelligence : encastrement, construction, puzzle, lecture d'images
– sonores : tambour, piano musical
– d'imagination : marionnette, poupée, dînette

4. a. À 3 ans on peut choisir comme activité, en crèche, la lecture d'une histoire car :
– sur le plan moteur : l'enfant a acquis une dextérité fine ; il peut tourner les pages du livre et préciser avec les doigts les détails sur les pages du livre. Sa mobilisation est sûre ; il peut courir, monter et descendre d'une chaise et donc s'installer autour d'une table de façon autonome ;
– sur le plan cognitif : l'enfant peut soutenir son attention pendant 15 minutes ; son champ visuel est complet ; il reconnaît les formes, 3 couleurs ; il imite le cri de certains animaux ; son imaginaire est développé. Il est capable de s'exprimer, de dire quelques mots ;
– sur le plan social : l'enfant commence à participer à des jeux collectifs, à prêter ses jouets, à s'intéresser à l'autre. Sa relation n'est plus égocentrique. Il va écouter les réflexions des autres enfants, les respecter et les préciser.

b. Raconter une histoire à un petit groupe d'enfants de 3 ans a plusieurs objectifs :
– susciter, stimuler l'imagination des enfants en s'identifiant aux personnages et évacuer des émotions internes ;
– enrichir le vocabulaire des enfants en les faisant participer oralement ;
– favoriser les échanges, apprendre à parler en groupe en permettant de s'écouter, de respecter la réflexion de l'autre.

5.

Vaccins	Dates d'injection	Obligatoire
Monovax (vaccin tuberculeux atténué)	Août 2008	Non
Pentavac	Septembre, novembre et décembre 2008	
vaccin diphtérique		Oui
tétanique		Oui
pertussique acellulaire		Non
poliomyélitique inactivé adsorbé		Oui
hæmophilus influenzæ type B conjugué		Non
Méningitec Vaccin de la méningite à méningocoque		Non
Prévenar Vaccin de la méningite à pneumocoque	Janvier et février 2009	Non
Vaccin Genhevac B Pasteur Vaccin de l'hépatite B recombinant	Septembre, novembre 2008 et mai 2009	Non

Il manque comme vaccin pour Mathilde :
– ROR Vax (vaccin à virus vivant atténué contre la rougeole, les oreillons et la rubéole) qui est un vaccin conseillé à 9 mois avec un rappel entre 12 et 15 mois ;
– Méningitec (vaccin de la méningite à méningocoque) : 1 injection à cet âge non obligatoire.

À un an un enfant doit, en moyenne avoir multiplié son poids de naissance par 3. Mathilde pesait 3,100 kg à la naissance. Elle devrait donc peser environ 9,300 kg à un an. Elle présente donc une surcharge pondérale.

14 L'adolescence

COMPRENDRE

L'adolescence[1] est la période qui succède à l'enfance et qui précède l'âge adulte. Elle commence généralement avec les premiers signes de la puberté[2] et se termine lorsque l'identité et le comportement adultes sont acceptés. Elle s'étend de l'âge de 10-12 ans, chez la fille et de 13-14 ans chez le garçon, jusqu'à 18-20 ans bien que, de plus en plus souvent, cette limite soit dépassée. Plus simplement, elle démarre lors de l'entrée en sixième et se termine vers la fin des années lycée, voire après l'université.

Historiquement, l'adolescence est une création récente puisque, jusqu'au 19e siècle, les individus passaient de l'enfance à l'âge adulte, et les comportements caractéristiques de l'adolescent décrits aujourd'hui semblent ne pas avoir existé. Cette « création » s'explique par plusieurs facteurs, notamment par le développement de la scolarisation et donc l'entrée plus tardive dans le monde du travail, les progrès de la médecine et du niveau de vie en général, qui ont modifié le rapport au travail, et particulièrement celui des enfants.

GÉNÉRALITÉS

L'adolescence : une étape de transition

L'adolescence représente une étape de vie considérable puisqu'elle dure environ une dizaine d'années. Elle nécessite une prise en compte à part entière parce qu'elle s'inscrit dans la durée et parce qu'elle concerne un nombre considérable d'individus. Elle peut être séparée en plusieurs phases : la pré-adolescence, l'adolescence et enfin « l'adulescence »[3] qui en serait l'étape ultime.

L'adolescence, qui constitue une période de transition entre l'enfance et l'âge adulte, est marquée par un bouleversement sur les plans biologique, psychologique, social et comportemental. Ces bouleversements se traduisent par des transformations importantes, à la fois physiques, affectives, intellectuelles et sociales. Les caractéristiques de l'adolescence dépendent essentiellement de la manière dont les facteurs biologiques, physiques et sociaux s'associent pour façonner les schémas de maturation. Cependant, malgré des différences entre les individus et les facteurs environnementaux, certains de ses aspects sont communs à toutes les cultures.

L'évolution se fait par paliers, en fonction de l'âge et du sexe, notamment au moment de la puberté.

1 L'adolescence vient du latin *adulscere* qui désigne celui qui est en train de grandir alors que l'adulte *adultus* désigne celui qui a achevé sa croissance.

2 Au sens littéral, l'enfant pubère est « celui qui a des poils » (apparition de poils sur le pubis, sous les bras et sur les joues pour les garçons).

3 Selon le psychanalyste Tony Anatrella.

Adolescence et puberté

Puberté et adolescence sont deux phénomènes différents mais fondamentalement liés. Le début de la puberté vient rompre le processus linéaire de croissance de l'enfant et marque l'entrée dans l'adolescence dont elle contribue à l'apparition de la plupart des aspects. Ainsi, le grand enfant non encore pubère a toutes les chances, indépendamment de son âge chronologique, de ne pas se sentir adolescent. À contrario, l'enfant engagé dans la puberté subit sa transformation et se retrouve projeté dans l'adolescence. De ce fait, il est difficile d'imaginer l'adolescence en l'absence de puberté.

Si les pré-adolescents d'aujourd'hui sont de plus en plus nombreux à vouloir ressembler à des « ados » dans leur apparence vestimentaire, leurs attitudes, leur langage, etc., il ne s'agit en fait que d'un artifice socialement construit, indépendant de la maturation pubertaire. Il importe de rappeler ici, que c'est précisément l'avènement de la sexualité qui confère à l'adolescence – en tant que problématique de passage – son caractère universel.

La fin de la puberté est loin de signer la fin de l'adolescence. En effet, l'acquisition plus tardive du statut d'adulte constitue une étape intermédiaire paradoxale de plus en plus étirée dans le temps et que certains appellent *l'adulescence*.

Ce nouveau concept, apparu depuis quelques années, bien que non encore stabilisé d'un point de vue théorique, représente une période de vie où des jeunes gens en âge d'être adulte, conservent des comportements proches de ceux des adolescents. Ainsi, l'adulescent conserve un pied dans l'adolescence malgré un âge de plus en plus avancé, et l'adulescence correspond au prolongement de l'adolescence en dépit de l'entrée « théorique » dans l'âge adulte. Elle commence vers 18 ans et se termine généralement autour de 25 ans.

> Le cliché type de l'adulescent est le jeune homme Tanguy, jouant dans le film éponyme. Incapable de se sortir tout seul de son enfance et aimant à outrance ses parents et le confort qu'ils lui donnent, ces derniers doivent ruser pour qu'enfin il quitte le domicile familial.

LES CARACTÉRISTIQUES DE L'ADOLESCENCE

La puberté, qui constitue un élément majeur de l'adolescence, est une étape du développement humain marquant la transition de l'enfance à l'adolescence. Elle représente une période clé pour le jeune dans sa trajectoire de croissance.

Ainsi, la puberté s'accompagne de modifications physiques, psychologiques et sociales profondes.

Transformations physiques

Les caractéristiques de la puberté

Les caractères sexuels apparaissent dans 95 % des cas entre 8 et 13 ans (moyenne 11,5 ans) chez la fille et entre 9 et 14 ans (moyenne 12,5 ans) chez le garçon.

Les effets les plus remarquables sont l'accélération de la vitesse de croissance staturale, le développement des organes génitaux et des caractères sexuels secondaires et l'augmentation de la masse corporelle générale. Sous l'effet des hormones gonadiques, la métamorphose pubertaire projette l'enfant en quelques années dans un corps d'adulte sexué apte à la procréation.

Le processus pubertaire constitue l'événement fondamental de cette période : la puberté se caractérise par une mise en route de l'activité ovarienne chez la fille, et testiculaire chez le garçon. Cette activité hormonale, sous la dépendance de l'hypophyse, est responsable de la majeure partie des changements observés.

Les transformations engendrées par la puberté se caractérisent par :

- une forte poussée de croissance staturo-pondérale, à peu près vers 11-12 ans chez les filles et vers 13-14 ans pour les garçons ;
- l'apparition des règles chez les filles ;
- les premières éjaculations chez les garçons.

L'appréciation de la puberté est effectuée lors de l'examen clinique. Elle se traduit par le développement des caractères sexuels ainsi que par l'évolution des courbes de taille, de poids et de périmètre crânien.

Les deux tableaux suivants présentent une synthèse des caractéristiques physiques de la puberté selon les sexes et selon les individus.

Caractéristiques	Garçon	Fille
Démarrage	Débute le plus souvent vers 14 ans Âge médian sur le critère de l'apparition des poils pubiens : 12 ans	Débute le plus souvent vers 11 ans Apparition des poils pubiens entre 10 et 16 ans
Durée	Très variable, difficile d'indiquer un nombre d'année précis	Habituellement 3 ans
Croissance/Taille	10 cm/an au cours de la phase V (voir tableau 3.2) À 14 ans, existence d'un pic de vitesse de croissance de 10 à 15 cm À 18 ans : croissance staturale ≤ 1 cm La masse musculaire atteint 44 % du poids corporel (contre 27 % à 10 ans)	8 cm/an entre les phases II et IV alors qu'elle était de 5 à 6 cm/an avant À 12 ans existence d'un pic de vitesse de 8 à 12 cm À 16 ans, atteinte de l'aspect physique adulte, la croissance est pratiquement terminée
Traits principaux	Développement du pénis et augmentation du volume des testicules Vers 16 ans : apparition de la pilosité faciale : barbe, moustache ; de la pilosité corporelle et du pubis Saillie du cartilage thyroïde Élargissement des épaules	Développement des seins : bourgeon mammaire et agrandissement de l'aréole, Développement de la vulve Augmentation de la taille de l'utérus et des ovaires Apparition de la pilosité corporelle au pubis et aux aisselles Apparition des premières règles (menstruations) Bassin plus large
Mue	La voix devient plus grave en moyenne d'une octave	La voix devient plus grave en moyenne d'une tierce

Tableau 14.I. Caractéristiques physiques de la puberté selon les sexes[4]

4 À partir de http://fr.wikipedia.org

Les caractéristiques sexuelles de la puberté

Les évolutions morphologiques de la puberté s'étendent sur plusieurs années et sont variables selon les individus. Cependant une classification a été élaborée et sert toujours de référence bien qu'elle soit contestée par certains.

Le développement des caractères sexuels secondaires est coté de I à V selon la classification de Marschall et Tanner, le stade I correspondant à l'aspect pré-pubère et le stade V au développement adulte.

Stade	Pilosité pubienne homme	Pilosité pubienne femme	Testicules et pénis chez l'homme	Développement des seins chez la femme
I	Absence de pilosité pubienne ; un fin duvet couvre la zone génitale.	Absence de pilosité pubienne.	Testicules, scrotum et pénis de taille pré-pubère.	Pas de seins, élévation éventuelle du mamelon et aréole petite et plate.
II	Quelques poils légèrement pigmentés, droits, allongés, en général à la base du pénis.	Quelques poils longs pigmentés apparaissent sur le pourtour des grandes lèvres.	Croissance du scrotum et des testicules ; peau scrotale plus rouge et augmentation du volume du pénis.	Apparition du bourgeon mammaire. Le mamelon et l'aréole augmentent de diamètre et sont légèrement bombés.
III	Poils pubiens bien visibles, pigmentés, bouclés, étalés latéralement.	Augmentation de la pigmentation des poils pubiens, qui commencent à friser et n'occupent qu'une petite partie du pubis.	Croissance du pénis en longueur. Allongement du scrotum et augmentation du volume testiculaire.	Les bourgeons mammaires et l'aréole continuent de s'élargir. Le contour des seins ne se dessine pas encore.
IV	Pilosité de type adulte, plus drue.	Les poils pubiens continuent de friser et deviennent plus drus ; pilosité plus dense.	Le volume testiculaire et le scrotum continuent d'augmenter ; pigmentation plus marquée du scrotum ; le pénis continue de grandir et le contour du gland devient visible.	Projection antérieure de l'aréole et du mamelon pour former une seconde protubérance.

V	Pilosité adulte qui s'étend sur la surface interne des cuisses.	Pilosité de type adulte en triangle qui s'étend sur la surface interne des cuisses.	Les testicules, le scrotum et le pénis atteignent leur taille et leur forme adultes.	La protubérance aréolaire a disparu, le mamelon continue de saillir, anatomie de type adulte.

Tableau 14.II. Développement des caractères sexuels selon les stades

En partie génétiquement déterminée, et survenant en moyenne plus tôt chez les filles, la puberté survient à un âge variable selon les individus.

Cependant, il existe des pubertés précoces et des pubertés tardives qui ne sont pas pathologiques. Les pubertés précoces, définies par le développement des caractères sexuels, apparaissent avant l'âge de 8-9 ans chez la fille et avant 10 ans chez le garçon. Les pubertés tardives ou retard pubertaire sont définies par l'absence de développement des caractères sexuels secondaires au-delà de l'âge de 13 ans chez la fille et de 14 ans chez le garçon.

Sans être pathologiques, elles ont un impact sur le comportement de ces jeunes gens, notamment pour le positionnement à l'intérieur du groupe. Le plus souvent, le positionnement sera lié au morphotype et à l'âge pubertaire davantage qu'à l'âge chronologique.

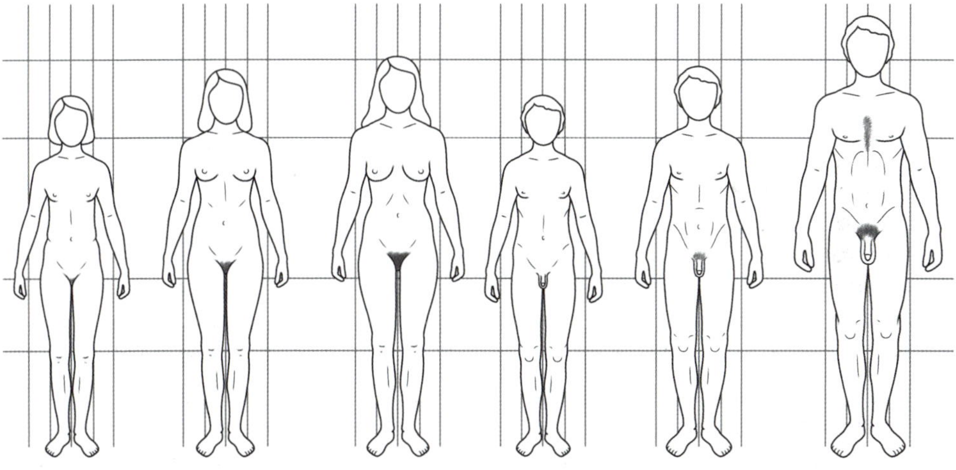

Fig. 14.1. Variations de la chronologie pubertaire

Comparaison proposée par Tanner (*Growin up, Scientific America*, 1973) permettant de saisir l'effet de dispersion maturative et morphologique lié aux variations de la chronologie pubertaire entre filles et garçons et entre individus de chaque sexe. Les trois filles ont 12 ans ; les trois garçons ont 14 ans

L'adolescence se caractérise par une forte croissance de l'individu et l'acquisition des fonctions de reproduction. Ces deux fonctions consommatrices d'énergie ont pour conséquence une grande sensation de fatigue d'origine biologique qui ne doit pas être perçue comme de la paresse ou uniquement liée au mode de vie du jeune.

Cette évolution du schéma corporel constitue un moment difficile de l'histoire des adolescents, évolution qui ne se retrouvera, et de façon très atténuée, qu'au moment de la première grossesse chez la fille et au moment de la vieillesse chez l'homme et chez la femme.

La rapidité de la croissance remet en cause un schéma corporel bien intégré avec pour conséquences des difficultés d'adaptation. Pour l'adolescent, les gestes, les manières d'être sont remises en question trop rapidement pour permettre leur intégration, d'où une certaine angoisse qui se traduit entre autres par des gestes maladroits.

Transformations psychosociales

Parallèlement à ces transformations physiques, le monde affectif de l'adolescent est bouleversé. Cela se traduit par une déstabilisation de l'équilibre de l'enfance et des conséquences sur tout le champ de sa personnalité. Sa confiance en lui-même est perdue. Il passe facilement d'un extrême à l'autre et a plutôt tendance à se dévaloriser. Il ne sait pas ce qu'il va devenir et l'avenir réel lui paraît inaccessible. Tous ces éléments font de l'adolescence une période difficile, qui se traduit par des changements dans de nombreux domaines.

Les caractéristiques psychoaffectives et intellectuelles

Sur le plan affectif, on observe des modifications de la vie relationnelle et une redéfinition des rapports aux parents et plus largement une réorientation des investissements sociaux. L'amenuisement progressif de l'attachement aux parents et à la famille a pour corollaire le développement de relations étroites avec des camarades de son âge.

Par ailleurs, l'adolescent doit apprendre à devenir autonome et la séparation d'avec les parents s'accompagne souvent de comportements contradictoires où le besoin de revendiquer son indépendance alterne avec une quête d'amour et de protection qui déconcerte les parents. Ainsi, les adolescents irritent souvent les adultes en se comportant d'une manière enfantine alors qu'ils semblaient être parvenus à un niveau de maturité satisfaisant.

Sur le plan psychique, l'adolescent se cherche, il s'appuie sur des modèles ou des contre-modèles. Il tente de se constituer une identité propre et d'acquérir progressivement de l'autonomie. Pour y parvenir, il passe par différentes phases notamment par celle de l'opposition aux interdits imposés, du rejet des modèles établis et celle des contradictions. Enfin il est à la recherche d'un équilibre et d'une autonomie.

Sur le plan intellectuel, l'adolescent acquiert une autre compréhension de la vie et de sa vie. Au cours de cette période, il prend goût aux discussions interminables, aux raisonnements dans l'absolu. Ce bouillonnement intellectuel s'accompagne de périodes de « rêverie ». C'est l'âge des « conduites imaginaires » qui servent d'échappatoire au réel.

Les caractéristiques corporelles

Sur le plan corporel, au moment des transformations pubertaires, l'angoisse liée aux changements corporels passe par la peur du regard de l'autre et en premier lieu par celui des parents. Ainsi, chez de nombreux adolescents, existent la dysmorphophobie ou la peur d'être déformé.

L'adolescent doit intégrer ses modifications corporelles, apprendre à vivre avec ses « nouvelles dimensions », et s'habituer à cette nouvelle « image » de lui-même dont il n'est pas toujours satisfait. Il doit apprendre à s'aimer dans ce « nouveau corps » d'où l'intérêt qu'il se porte à lui-même et les heures qu'il passe devant la glace.

Sur le plan sexuel, la reprise du développement psychosexuel en relation avec le développement physiologique conduit l'adolescent à la maturité sexuelle physique. Le jeune homme ou la jeune femme va se concentrer sur des sentiments, des idées et des préoccupations génitales, du fait qu'il n'est pas véritablement admis socialement d'avoir des relations sexuelles pendant l'adolescence. C'est le temps des premiers flirts, du premier baiser.

Les caractéristiques sociales

Sur le plan social, dans les pays occidentaux, les adolescents s'organisent en une classe d'âge avec des rites, des habitudes, des choix, des langages et des valeurs.

Cette phase se traduit souvent par des relations conflictuelles avec les parents et la fréquentation de groupes de « copains » élaborant une culture commune. Ainsi, la musique, les loisirs, et les sports sont souvent identiques pour un même groupe. La tenue vestimentaire est aussi le reflet du groupe d'appartenance, avec une « standardisation » de la tenue et de la façon de la porter alors même qu'il existe un rejet des modèles établis.

Alors que certains s'enflamment pour la spiritualité, l'amour, l'expérience de la sexualité ou une moralité absolue, le plus souvent, l'adolescent se marginalise, et s'isole par rapport à sa famille. Cette attitude traduit la révolte pubertaire contre les parents, et plus généralement contre l'autorité ou ses substituts symboliques.

Les jeunes rejettent les « images parentales » et recherchent leur propre identité. Pour cela, il leur faut trouver de nouveaux modèles auxquels ils pourront s'identifier. Pour affirmer leur personnalité, ils s'opposeront à l'entourage familial, adopteront des attitudes de défi et de provocation, développeront le goût du risque, et l'attirance pour les interdits (prise de drogue, d'alcool...), c'est ce que l'on appelle communément les conduites à risque.

Les conduites à risque

L'adolescence est une période pendant laquelle le jeune fait des expériences parfois extrêmes, cherchant à dépasser les limites connues. Ainsi, certains s'adonnent à des sports extrêmes, ou adoptent une conduite dangereuse, avec une vitesse excessive ; certains fuguent dans des zones à risque. Ces comportements traduisent le plus souvent une sous-estimation des risques pour eux-mêmes mais aussi pour les autres.

Certaines jeunes filles développent des troubles du comportement alimentaire tels que l'anorexie. Ce trouble se traduit par un déni de la faim, une volonté de maigrir et un peur de l'obésité.

D'autres s'adonnent à la prise de substances ayant une action psychique (tabac, alcool, voire drogues douces et dures), d'où un développement des addictions lors de cette période de vie. Enfin un petit nombre peut être tenté par des formes de criminalité.

Parfois un même adolescent touche à toutes ces formes de découvertes.

En ce qui concerne la sexualité, certains ont des conduites sexuelles non protégées, le plus souvent parce qu'il existe un déni du danger vis-à-vis du SIDA, des infections sexuellement transmissibles et du risque de grossesse pour les jeunes adolescentes. Ce déni correspond au type de raisonnement suivant : « C'est pour les autres, cela ne peut pas m'arriver ».

C'est au cours de cette période de vulnérabilité que peuvent se mettre en place des *mécanismes d'échec*.

Par exemple, au moment du baccalauréat, l'adolescent comprend que c'est bientôt la fin du cursus scolaire, qu'il va être responsable de ses choix pour son avenir. S'il redouble, il pense qu'il a encore une année. Mais s'il a redoublé, c'est qu'il est en difficulté scolaire et donc il va douter de ses capacités, ce qui va renforcer sa problématique d'échec.

Durant l'adolescence, il est important de ne pas sous-estimer les risques encourus par les adolescents notamment les tentatives de suicide qui traduisent un mal-être majeur. Parmi les facteurs de risque de suicide, les plus fréquents sont les suivants :

- les antécédents personnels de troubles psychiatriques ;
- les antécédents familiaux psychiatriques, avec tentative de suicide et suicide ;
- la communication à autrui d'une intention suicidaire ;
- les difficultés sociales, financières familiales ;
- les familles monoparentales, notamment avec une perte parentale précoce ;
- les difficultés scolaires ;
- les événements de vie négatifs « sévères ».

Afin d'identifier toutes ces difficultés et surtout les plus graves d'entre elles, le suivi sanitaire et une bonne hygiène de vie ont toute leur importance.

SUIVI SANITAIRE ET HYGIÈNE DE VIE

Suivi sanitaire

Il vise à assurer le bon déroulement de la puberté et permet ainsi de dépister les pubertés précoces ou les retards pubertaires qui sont un motif fréquent de consultation. Si beaucoup de ces situations ne sont que le reflet de la dispersion statistique naturelle, certaines sont vraiment pathologiques et relèvent d'un traitement spécifique. C'est en particulier le cas dans les précocités pubertaires du garçon et les retards pubertaires de la fille.

Les autres situations permettant ce suivi sont les visites scolaires ou celles sollicitées dans le cadre d'inscription sportive ou de vaccination. Ces visites doivent être l'occasion d'un examen clinique qui vérifie l'état de santé de l'adolescent et dépiste de manière systématique les troubles ou maladies mais aussi les conduites à risque, les problèmes d'addiction ou de maltraitance.

Au cours de ces visites, l'éducation de l'adolescent portera notamment sur la sexualité et la contraception afin de limiter les risques de contamination par les infections sexuellement transmissibles et de grossesse non désirée.

Le suivi vaccinal sera adapté aux vaccinations antérieures, et aux recommandations en vigueur notamment pour le vaccin contre l'hépatite B et celui relatif à la prévention du cancer de l'utérus.

À partir de	Vaccinations
11 à 13 ans	3e rappel DTP 2e rappel coqueluche Hépatite B si la vaccination n'a pas été faite durant l'enfance ROR : vaccination de rattrapage pour les enfants n'ayant pas été vaccinés plus tôt
14 ans	Pour les adolescentes, vaccin contre le papillomavirus (cancer du col de l'utérus) avant qu'elles ne soient exposées au risque d'infection HPV
13 à 25 ans	ROR : 1re dose pour les personnes n'ayant pas été vaccinées contre la rougeole auparavant
15 à 23 ans	Vaccin de rattrapage contre le papillomavirus pour les jeunes femmes n'ayant pas eu de rapports sexuels, ou au plus tard dans l'année suivant le début de la vie sexuelle
16 à 18 ans	4e rappel DTP Rubéole

Tableau 14.III. Calendrier vaccinal chez l'adolescent

Hygiène de vie

L'hygiène de vie peut être abordée au cours d'une consultation médicale mais aussi lors de l'enseignement scolaire par les infirmiers des établissements.

Dans ce cadre, il est important d'aborder les thématiques suivantes :

- L'alimentation doit, pour favoriser le meilleur développement physique et intellectuel, respecter quantité, qualité et régularité. Les informations délivrées doivent prendre en compte le public visé. Ainsi, il faudra veiller à présenter l'information de façon adaptée sans être normatif.
- Le sommeil est souvent l'objet de peu d'attention de la part des adolescents. Rappeler que refaire le monde lors de discussions interminables, lors des nuitées doit plutôt être réservé aux périodes de vacances plutôt qu'aux périodes scolaires. Les échanges porteront sur les principes de base à connaître pour favoriser un bon sommeil et une bonne récupération physique et psychologique. Les bons réflexes consistent à réduire les excitants, prendre un repas du soir équilibré, éviter les écrans en tout genre et la pratique d'un sport en soirée.
- La sédentarité, qui se traduit le plus souvent par l'installation longue et répétée devant la télévision ou devant l'ordinateur, doit être combattue car elle est néfaste pour la santé. Il importe d'identifier avec les jeunes les moyens de la réduire.
- La pratique d'un sport est à conseiller, qu'elle soit individuelle ou collective pour redonner le tonus qui manque quelquefois à l'adolescent, pour améliorer le fonctionnement de son corps, lui permettre de s'épanouir, lui donner envie de prendre soin de lui.

CONCLUSION

L'adolescence, passage obligé pour tout individu, constitue une étape de transition entre l'enfance et l'âge adulte où l'adolescent doit en même temps maîtriser les pulsions qui se réveillent en lui, s'adapter à son nouveau corps, trouver sa place au sein de la famille et du groupe social. Ce travail d'adaptation exige de lui un investissement psychologique majeur qui le mènera à la phase suivante, celle de la maturité.

Sortir de l'adolescence, c'est accepter de se responsabiliser dans la vie, d'être autonome dans ses choix. Ainsi, les adolescents doivent trouver leur propre identité, leur autonomie, en cherchant à harmoniser dans leur vie les différents plans psychoaffectif, sexuel, économique et social pour enfin devenir adulte.

AGIR

LA SITUATION

Elodie, une jeune fille de 15 ans, élève au lycée en classe de seconde vient pour la troisième fois en 15 jours à l'infirmerie de l'établissement pour avoir un cachet. Aujourd'hui, comme les fois précédentes elle se plaint de vagues maux de tête à l'infirmière, sans pouvoir les caractériser. Celle-ci a remarqué lors de ses précédentes consultations sa stature fine et longiligne sans formes, qui lui donne un aspect fragile.

1 IDENTIFIER LES DONNÉES SIGNIFICATIVES

Quelles données relève-t-on ?	Pourquoi sont-elles significatives ?
Le prénom	Il permet d'établir une relation de confiance avec la jeune fille
L'âge : 15 ans	C'est un élément important au regard de l'état de santé et des risques sanitaires
Vient pour la troisième fois en peu de temps	Le fait de venir à plusieurs reprises interpelle l'IDE, qui se demande quelle est la « véritable » raison des venues d'Elodie
Vagues maux de tête	Contexte de la venue à l'infirmerie
Stature fine, longiligne, sans formes	L'aspect physique correspond peu à la période de vie de l'adolescente : puberté
Aspect fragile	Elément subjectif qu'il faudrait objectiver

2 COMPRENDRE ET ÉVALUER LA SITUATION

Que faut-il comprendre ?	Évaluation
L'âge d'Elodie correspond à l'adolescence qui est souvent une période difficile, période où les jeunes sont fragiles et où il existe des risques de troubles du comportement pouvant aller jusqu'au suicide. SAVOIRS FONDAMENTAUX Étapes de la vie, adolescence	Vigilance, adolescente présentant des facteurs prédisposants.
Vient pour la troisième fois en peu de temps pour de vagues maux de tête. L'impossibilité d'Elodie à préciser les caractéristiques de ses céphalées est un signe que cela n'est probablement pas le réel motif de sa venue. SAVOIRS FONDAMENTAUX Psychosociologie	Probable que sa venue soit en lien avec une demande implicite (c'est-à-dire non formulée).
Stature fine, longiligne, sans formes. Traduit le fait qu'Elodie ne soit pas encore pubère, ce qui peut la gêner dans son rapport aux autres adolescents et dans l'acceptation de son image corporelle. SAVOIRS FONDAMENTAUX Puberté psychosociologie L'aspect fragile traduit probablement une difficulté à s'affirmer, et un mal-être en lien avec sa morphologie. Cet aspect subjectif devra être exploré. SAVOIRS FONDAMENTAUX Psychologie	Probables difficultés d'intégration dans le groupe classe et dans ses relations avec les autres adolescents pouvant engendrer un risque d'isolement.

Synthèse de l'évaluation : il s'agit d'une adolescente de 15 ans probablement non pubère qui a une demande à faire ou qui veut exprimer ses difficultés mais qui n'arrive pas à les formuler et qui vient à l'infirmerie sous un prétexte de céphalées.

3 METTRE EN ŒUVRE LES ACTIONS

Quelles actions met-on en œuvre ?	Pourquoi ?
Conduire un entretien exploratoire. SAVOIR-FAIRE PROFESSIONNELS Démarche clinique IDE	L'entretien réalisé par l'IDE vise à faire s'exprimer Elodie pour mieux comprendre la situation et rechercher les éléments manquants afin de confirmer l'évaluation.
Réaliser les soins suivants : prise de la pression artérielle et de la fréquence cardiaque. SAVOIR-FAIRE PROFESSIONNELS Démarche clinique IDE ; Technique de soins	Pour s'assurer qu'il n'existe pas de problème somatique pouvant expliquer les céphalées.
Noter les résultats dans le dossier. SAVOIR-FAIRE PROFESSIONNELS Constantes biologiques ; Législation professionnelle	L'inscription de la venue et des résultats permet d'assurer le suivi et la traçabilité des soins.

4 NOTER ET ANALYSER LES RÉSULTATS OBTENUS

Résultats	Évaluation des résultats de la prise en charge
Elodie a exprimé ses inquiétudes : • elle n'est pas pubère et de ce fait elle ne se sent pas comme les autres filles de son âge qui la considèrent comme un « bébé » ; • l'absence de poitrine la gêne et de ce fait elle ne veut pas aller à la piscine avec les autres ; • elle n'est pas vraiment intégrée dans le groupe de jeunes. Un nouveau rendez-vous pour un entretien est programmé la semaine suivante.	Elodie a pu exprimer ses difficultés et souhaite un nouvel entretien avec l'IDE. Il s'agit probablement d'un retard pubertaire non pathologique, il convient cependant de conseiller à Elodie de consulter son médecin traitant pour s'en assurer.
TA 12/6 mm Hg, pulsations : 80/mn	Les paramètres mesurés sont conformes aux normes en vigueur.

S'ENTRAINER

VÉRIFIER SES CONNAISSANCES

1

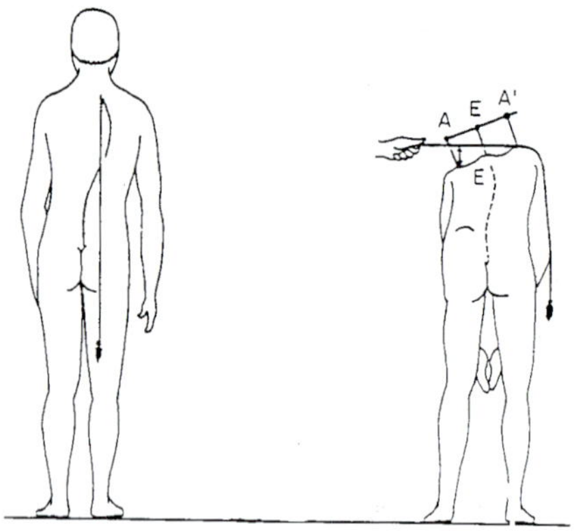

Schéma 1. **Schéma 2**

1. Vous êtes infirmière scolaire et l'observation d'un adolescent de 14 ans que vous recevez est reproduite sur les schémas ci-dessus. Caractérisez cette observation et justifiez les arguments que vous donnerez aux parents afin qu'ils consultent un médecin.

2. Définir l'adolescence et précisez l'âge de début pour les deux sexes.

3. Expliquez pourquoi l'adolescence constitue une étape de transition.

4. Citez l'étape du développement qui caractérise l'adolescence.

5. Énoncez les caractéristiques de la puberté de chacun des sexes.

6. Expliquez les raisons qui font que de nombreux adolescents sont mal à l'aise dans leur corps.

7. Développez en quelques lignes les caractéristiques psychoaffectives de l'adolescent.

8. Énoncez les principales conduites à risque retrouvées durant l'adolescence et indiquez à quoi elles correspondent.

9. Énoncez les principaux facteurs de risque de suicide.

10. Énoncez 3 éléments importants dans l'hygiène de vie d'un adolescent.

CORRIGÉS

VÉRIFIER SES CONNAISSANCES

1

1. Sur les schémas, on constate la présence d'une déviation latérale de la colonne vertébrale sur le premier schéma et d'une gibbosité sur l'enfant penché en avant sur le second schéma.

Ces signes devront être confirmés par un examen clinique plus approfondi par le médecin (mesure des angles de courbure, test du fil à plomb) et peuvent être ceux d'une scoliose. Un traitement peut être proposé pour limiter l'évolution de ces déviations, il est important de consulter.

2. L'adolescence est la période qui succède à l'enfance et qui précède l'âge adulte, elle commence généralement avec les premiers signes de la puberté.

Elle commence vers l'âge de 10-12 ans chez la fille, et de 13-14 ans chez le garçon.

3. L'adolescence constitue une étape de transition puisqu'elle est le passage obligé entre l'enfance et l'âge adulte. Elle est l'objet de modifications sur les plans physiques, psychologiques et sociaux qui s'inscrivent dans la durée et qui contribuent à l'acquisition du statut d'adulte.

4. La puberté.

5.

Sexe masculin	Sexe féminin
Accélération de la vitesse de croissance staturo-pondérale	Accélération de la vitesse de croissance staturo-pondérale
Apparition des caractères sexuels secondaires	Apparition des caractères sexuels secondaires
Développement des organes génitaux : pénis et testicules	Développement des organes génitaux : vulve, utérus et ovaires Développement des seins : bourgeon mammaire et agrandissement de l'aréole
Premières éjaculations	Apparition des règles
Apparition de la pilosité faciale : barbe, moustache ; de la pilosité corporelle et du pubis	Apparition de la pilosité corporelle au pubis et aux aisselles

6. L'adolescence se caractérise par une forte croissance de l'individu et l'acquisition des fonctions de reproduction. Cette évolution du schéma corporel constitue un moment difficile pour les adolescents. En effet, la rapidité de la croissance remet en cause un schéma corporel bien intégré avec pour conséquences des difficultés d'adaptation. Pour l'adolescent, les gestes, les manières d'être sont remises en question trop rapidement pour permettre leur intégration, ce qui se traduit, entre autres, par des gestes maladroits. L'adolescent doit apprendre à vivre avec ses « nouvelles dimensions », et s'habituer à cette nouvelle « image » de lui-même dont il n'est pas toujours satisfait. Par ailleurs, les poussées d'acné au niveau du corps mais aussi du visage ne sont pas rares et contribuent à ce sentiment de malaise.

7. Les caractéristiques psychoaffectives de l'adolescent se traduisent par des modifications de la vie relationnelle avec les adultes et une redéfinition des rapports avec les parents. L'adolescent se détache de ses parents et de sa famille qui ne constituent plus ses références. Il développe de relations étroites avec des camarades de son âge qui prennent une grande importance dans sa vie.

Il se cherche et s'appuie sur des nouveaux modèles ou des contre-modèles afin de se constituer une identité propre et acquérir progressivement de l'autonomie. Pour y parvenir, il passe par différentes phases notamment par celle de l'opposition aux interdits imposés, du rejet des modèles établis et celle des contradictions.

8. Principales conduites à risque retrouvées durant l'adolescence :

- pratique des sports extrêmes ;
- conduite dangereuse, avec une vitesse excessive ;
- fugues dans des zones à risque ;
- consommation de substances ayant une action psychique (tabac, alcool, voire drogues douces et dures) ;
- conduites sexuelles non protégées.

Ces conduites, qui traduisent des attitudes de défis, montrent que le plus souvent il existe un déni du danger. Déni lié au fait que l'adolescent pense que le danger concerne les autres et que cela ne peut pas lui arriver.

9. Principaux facteurs de risque de suicide :
– les antécédents personnels de trouble psychiatrique ;
– les antécédents familiaux psychiatriques, avec tentative de suicide et suicide ;
– la communication à autrui d'une intention suicidaire ;
– les difficultés socio-financières familiales ;
– les familles monoparentales, notamment avec une perte parentale précoce ;
– les difficultés scolaires ;
– les événements de vie négatifs « sévères « .

10. Éléments importants dans l'hygiène de vie d'un adolescent :
– l'alimentation ;
– le sommeil ;
– la lutte contre la sédentarité : la pratique d'un sport est à conseiller.

15 L'âge adulte

COMPRENDRE

L'âge adulte[1] se définit physiologiquement par la fin de la croissance et psychologiquement par la fin de l'adolescence ou de « l'adulescence ». Ce passage est acquis lorsque l'adolescent a (enfin) atteint sa maturité.

L'âge adulte est un état apparent de maturité et de stabilités physique, intellectuelle et affective. Dans un sens plus général, un adulte est en biologie un individu qui, ayant acquis sa maturité sexuelle, est susceptible de se reproduire.

L'adulte est quelqu'un de responsable de lui-même et de ses actes, c'est aussi une personne qui est autonome sur le plan économique. Cette autonomie financière, acquise de façon relativement tardive dans nos sociétés occidentales, en raison de la prolongation de la scolarité, lui permet entre autres d'accéder le plus souvent à un travail plus intéressant et plus valorisant. L'individu adulte a aussi trouvé sa place dans les divers groupes sociaux auxquels il appartient.

Sur le plan psychologique, un adulte a intégré le principe de réalité et il a appris à perdre ses illusions, ce qui ne l'empêche pas de mener à bien de nombreux projets. Il a une bonne connaissance de lui-même ce qui facilite la gestion de ses émotions et de ses affects.

Bien que l'état d'adulte se définisse par une apparente stabilité, l'adulte n'échappe pas à la traversée de passages difficiles et cette étape de la vie, qui est finalement la plus longue, est loin d'être un long fleuve tranquille.

On considère généralement que le développement d'un individu se fait sur trois plans : le plan physique, le plan des émotions et le plan de l'intellect.

LES GRANDES ÉTAPES DE L'ÂGE ADULTE

L'âge adulte, qui s'étend sur environ quatre décennies, est traversé par des événements majeurs sur les plans affectif, social et physique qui seront plus ou moins bien vécus selon la personnalité de chacun. Néanmoins, tous auront des conséquences dans la vie de l'individu, conséquences qui pourront être vécues de façon positive ou négative. Dans les faits, l'ensemble de ces événements ne sont pas dissociables, ils le seront ici uniquement pour des aspects purement didactiques.

1 Il est important de noter qu'il n'existe pas de terme pour qualifier cette période de la vie.

Les événements majeurs sur le plan affectif

Parmi les étapes les plus importantes, notons le choix du conjoint ou le mariage, la séparation ou le divorce (un couple sur trois divorce en France aujourd'hui), la parentalité et la ou les différentes crises identitaires.

Le mariage ou le choix du conjoint

On ne peut pas à proprement parler de véritable choix puisqu'il est statistiquement prouvé que les expériences vécues dans la famille, les relations, l'éducation reçue, et le groupe social d'appartenance, déterminent fortement les critères selon lesquels le ou la partenaire sera élu(e).

Le « choix » étant fait, les premiers temps de la vie du couple sont marqués par l'idéalisation du partenaire. L'état de « grâce » dure environ une année. Durant cette période, les éléments gênants sont projetés sur des personnes extérieures, tout semble « être merveilleux ».

C'est au-delà de cette durée que la vie à deux devient plus difficile, voire conflictuelle. Ce revirement qui repositionne le partenaire à la bonne place signe une évolution dans le couple, évolution qui traduit une certaine maturité des partenaires. Cependant, un tiers des couples n'y parviendront pas et évolueront vers la rupture.

La séparation et le divorce

Très fréquente de nos jours, la séparation, légale ou non, peut être provoquée par un rythme d'évolution ou de maturation différente pour les deux partenaires. Elle est toujours vécue comme un échec et laisse souvent des traces tout au long de la vie, même si avec le temps les choses s'amenuisent.

L'issue d'un conflit dans un couple est fonction de la capacité de chacun à communiquer, à opérer un changement dans ses manières de fonctionner, à accepter une désillusion sans se sentir anéanti, à reconnaître que l'autre n'est insupportable que par ce qu'il réveille en nous.

La parentalité

Concevoir un enfant renvoie chacun des futurs parents à sa propre enfance et remet en question son potentiel à devenir parent à son tour. De nos jours, la contraception donne la possibilité aux couples de choisir de concevoir ou non un enfant ; néanmoins ce choix doit répondre au désir de chacun des membres du couple. Ce désir n'est pas indépendant de la façon dont chaque partenaire a été désiré et accueilli par ses propres parents.

Cependant, ce choix relève tout autant de motivations conscientes que de motivations inconscientes. Ainsi, le désir d'enfant peut devenir le projet d'un couple pour des raisons diverses et variées. Certaines d'entre elles peuvent avoir des conséquences lourdes pour le futur bébé.

Les motivations les plus fréquemment retrouvées sont un peu différentes selon qu'il s'agit d'un couple non marié ou marié. Pour les premiers, avoir un enfant représente avant tout la joie, la gaieté dans la maison, pour les seconds, il s'agit davantage de correspondre à la « norme » sociale et de perpétuer la famille. Les exemples présentés ci-dessous illustrent ce qui peut guider des futurs parents à vouloir un enfant.

Selon les cas, il peut s'agir :

- de combler un manque affectif, une solitude, un vide ;
- de donner un sens à la vie et de « se prolonger » ;

- d'élargir la relation du couple et de construire une vie à trois avec un bébé ;
- d'avoir quelqu'un à aimer et d'attendre qu'il vous aime en retour ;
- d'attirer l'attention, l'intérêt de ses proches.

Le désir d'enfant dépassé, la maternité et la paternité provoquent une maturation de l'homme et de la femme en les mettant face à des responsabilités nouvelles. Si la présence de l'enfant apporte le plus souvent au couple une nouvelle raison d'être et resserre leurs liens, il n'en est pas toujours ainsi. L'arrivée d'un bébé peut aussi poser des problèmes, majorer des difficultés déjà existantes, réactiver des problématiques personnelles ou de couple non réglées.

En effet, l'intégration d'un enfant, notamment s'il s'agit du premier, au sein d'un couple est source de contraintes. La présence indispensable d'un adulte auprès de l'enfant, les soins à dispenser (allaitement, préparation des biberons, soins d'hygiène et de confort, entretien du linge…) voire les soucis financiers (dépenses pour l'enfant, nécessité de se reloger ou de réaliser des aménagements, voire l'achat d'un nouveau véhicule) entraînent souvent un renoncement à une partie de sa liberté. Un temps d'adaptation sera alors nécessaire au couple pour intégrer ce bébé dans la vie de tous les jours.

La venue d'un enfant est l'occasion d'une modification des rapports dans le couple. Certaines mères négligent leur rôle d'épouse, certains pères ressentent de la jalousie vis-à-vis de l'enfant qui accapare leur femme. Les parents doivent donc savoir s'adapter à leur nouveau rôle pour continuer à exister en même temps comme couple et comme parents.

Devenir parent, c'est aussi s'inscrire dans un processus généalogique : c'est franchir une génération.

Une crise identitaire

Les passages successifs des 30, 40 et 50 ans sont l'occasion tant pour l'homme que pour la femme de réaliser un bilan de la vie écoulée. Ces bilans peuvent provoquer une remise en question des choix faits précédemment, susciter des nouvelles orientations à prendre, envisager l'ébauche de nouveaux projets. Ces crises identitaires peuvent chez certains entraîner un changement radical de vie, de travail, comme si ces tranches d'âge étaient des caps à passer.

Les 50 ans s'accompagnent souvent du départ des enfants du domicile, et dans ce cas il existe une majoration de la crise de la cinquantaine. En effet, le couple se retrouve seul et cela peut générer des difficultés en son sein. Les causes de ces difficultés sont souvent dues à la survalorisation du rôle de parent par un ou les deux membres du couple. Le couple doit alors se recentrer sur lui, élaborer des projets communs, pratiquer des activités ensemble… Quand quelquefois le couple « allait mal », cela était compensé, voire gommé par la présence des enfants qui étaient l'objet d'un grand investissement et d'une attention incessante. Leur départ met le couple face à ses difficultés et il doit alors en tirer les conséquences.

Les événements majeurs sur le plan social

Au plan social, l'adulte s'est intégré dans différents groupes où il se plaît. Il peut s'agir du groupe de travail, de loisirs, de sports… ou autres. Il est capable de faire des choix et de les assumer. Ses choix sont réalisés en fonction de ses goûts, de ses possibilités physiques, financières… À tout moment, ces derniers peuvent évoluer, et bien que stabilisés, les choix ne sont jamais figés ; ils peuvent se modifier, évoluer et changer. Parmi les éléments majeurs qui marqueront fortement la vie de l'adulte se trouvent : l'emploi, le chômage (le cas échéant) et la cessation de l'activité professionnelle.

L'emploi

L'entrée dans la vie active s'effectue de plus en plus tard pour des raisons économiques (chômage) et/ou sociales (allongement des études). Le fait d'accéder à un emploi ou d'obtenir une promotion, avec les contraintes et les responsabilités afférentes, peut être source d'angoisse et déstabiliser un sujet, jusque-là équilibré, mais incapable de s'adapter à cette modification de son environnement.

Le chômage

Le chômage, surtout de longue durée, constitue une période de grande fragilité. L'individu se sent inutile, dévalorisé, non reconnu. Dans une société qui vante le travail et la réussite sociale, il a le sentiment de ne plus être capable d'assumer ses responsabilités, notamment ses responsabilités familiales.

L'organisation psychique du sujet et ses expériences antérieures seront déterminantes. Elles favoriseront ou non la mise en œuvre de moyens adéquats pour faire face ou sortir de cette situation. S'il ne trouve pas en lui et/ou autour de lui, des appuis, des ressources suffisamment solides, la personne peut se sentir rejetée et être incapable de réagir, avec les conséquences que l'on connaît notamment en matière de santé.

La retraite

Elle correspond à la cessation de l'activité professionnelle. Sa survenue est abordée avec une sérénité variable selon l'investissement du sujet dans son image sociale et dans son travail. La modification des rythmes de vie, la diminution des contacts professionnels peuvent révéler une grande dépendance aux relations avec le monde du travail et, parallèlement, une pauvreté de la vie intérieure et sociale.

Un deuil est à faire par rapport à l'entreprise, aux relations de travail et aux années de jeunesse. Pour que la transition ne soit pas un passage douloureux et mal vécu, l'individu doit s'y préparer. Mettre en place des activités plaisantes pour lui, se trouver de nouveaux sujets d'investissements affectifs et sociaux facilitera le passage de cette étape, le plus souvent désirée pendant de nombreuses années.

Les événements majeurs sur le plan physique

Sur le plan physique, après avoir atteint la plénitude, les organismes commencent à montrer des signes de fatigue sur les plans physique et parfois psychologique. Les capacités s'amoindrissent notamment en matière de récupération. La réalisation des choses nécessite davantage de temps et la réactivité est moins vive. Parfois la maladie fait irruption.

La ménopause et l'andropause

Les transformations physiques, liées à la ménopause pour la femme et à l'andropause pour l'homme s'accompagnent de modifications morphologiques importantes, souvent mal vécues. Ainsi, la cinquantaine s'accompagne d'une prise de poids, d'un stockage des graisses sur certaines parties du corps, notamment au niveau de l'abdomen, d'un affaissement du revêtement cutané au niveau du visage.

L'andropause a été décrite pour la première fois en 1940, mais son diagnostic est encore récent. Par analogie à la ménopause, c'est l'ensemble des manifestations organiques et psychiques survenant chez l'homme entre 50 et 70 ans. Elle est due principalement à la baisse du taux de testostérone qui se fait de façon très progressive sur plusieurs décennies et se traduit par des symptômes relativement vagues tels que des troubles de l'érection, baisse de la libido, perte de la masse musculaire, irritabilité et manque de concentration.

La ménopause, d'apparition assez brutale, met fin à la capacité de reproduction de la femme et apparaît généralement vers cinquante ans. Elle est précédée de la péri-ménopause qui se traduit par des cycles menstruels irréguliers et par des troubles vasomoteurs liées à la baisse des hormones. Elle est responsable de modifications corporelles telles qu'une prise de poids, une modification du stockage des graisses, une irritabilité, une modification de la peau qui devient fine et sèche et de ce fait beaucoup plus fragile.

Ces modifications généralement peu appréciées sont l'objet de recherches et de nombreux produits visent à les limiter, à défaut de les supprimer.

Cependant, cette tranche d'âge présente des aspects positifs, les parents ayant terminé l'éducation des enfants disposent de davantage de temps libre pour (enfin) s'occuper d'eux. Par ailleurs, à cet âge-là, la carrière professionnelle est généralement aboutie, le patrimoine constitué et en l'absence de pathologie, « les quinquas » disposent de nombreux atouts pour mener à bien une vie agréable dont ils entendent bien profiter en attendant l'arrivée de la vieillesse qui sera la dernière étape de la vie.

La maladie

Si la notion de maladie est définie comme étant un état affectant le corps, il ne faut pas la réduire à une atteinte uniquement organique ou somatique. En effet, la notion de « santé » et de « bonne santé » s'identifient à des valeurs et à des normes, qui évoluent constamment, dans toutes sociétés.

La maladie, qui est une altération de l'état de santé, se traduit par un ensemble de ruptures d'ordre physique, mental et/ou social et se manifeste par des symptômes objectifs et subjectifs. Selon les représentations de la vie, de la santé, de la mort et des ressources de chaque individu, cette altération peut être vécue comme une agression, une diminution de l'autonomie ou une expérience constructive.

Si le plus souvent, la maladie est vécue comme une expérience négative, du fait des répercussions comme la perte de prise sur sa vie, la vulnérabilité qu'elle engendre et l'impossibilité d'entrevoir son avenir, elle peut aussi avoir des conséquences bénéfiques.

En effet, la maladie peut aussi être le moyen inconscient de se dégager de ses responsabilités familiales et professionnelles. Elle peut être l'occasion de réclamer une attention accrue de son entourage, d'enclencher un processus de changement dans ses habitudes et conditions de vie.

On le sait, les réactions face à la maladie sont étroitement liées à la personne et à ce qu'elle est. Cependant, son impact sera différent selon la typologie de la pathologie. Ainsi, une maladie aiguë, qui évolue vers la guérison aura un impact différent d'une maladie chronique qui génèrera handicap, invalidité et modifications importantes dans le mode de vie. Les maladies mettant en jeu le pronostic vital auront quant à elles des répercussions bien plus grandes puisqu'elles interrogeront l'individu dans ce qu'il a de plus profond.

Le rôle de soignant prend ici toute son importance puisqu'il s'agira ici de comprendre, de décoder et de répondre aux besoins des patients.

CONCLUSION

À l'âge adulte, l'individu qui est devenu autonome et en pleine possession de ses moyens a appris à gérer et à mener à bien de nombreux projets. Pour autant, cette période correspond aussi pour certains à des crises majeures qui nécessitent de nombreuses adaptations. Celles-ci sont fonction de ce qu'est la personne, au sens de « l'être » et des ressources personnelles dont elle dispose.

Enfin, l'adulte est aussi un être en devenir, capable d'adaptation et d'évolution, à qui la maturité apporte la sérénité et l'envie de continuer à élaborer de nouveaux projets.

S'ENTRAINER

VÉRIFIER SES CONNAISSANCES

1 QROC (Questions à réponses ouvertes courtes)

1. Définissez l'âge adulte et caractérisez-le.

2. Énoncez les événements marquants de l'âge adulte.

3. Énumérez des motivations possibles dans le désir d'enfant.

4. Développez en quelques lignes les difficultés qu'un couple peut rencontrer suite à la naissance d'un bébé.

5. De nombreux couples traversent des difficultés au moment de la cinquantaine, justifiez-en deux.

6. De nombreux couples s'épanouissent au moment de la cinquantaine, développez deux raisons possibles à cet état de fait.

7. Indiquez les répercussions possibles du chômage sur un individu.

8. Justifiez en quelques lignes pourquoi la retraite peut être vécue de façon opposée selon les individus.

CORRIGÉS

VÉRIFIER SES CONNAISSANCES

1 QROC

1. L'âge adulte se définit physiologiquement par la fin de la croissance et psychologiquement par la fin l'adolescence ou de « l'adulescence ».
Il se caractérise par une stabilisation de l'apparence physique, par une stabilité affective et émotionnelle et par l'acquisition d'un statut social liée à une autonomie financière.
Sur le plan psychologique, l'adulte a intégré le principe de réalité ; il a acquis une certaine connaissance de lui-même.

2. Événements marquants de l'âge adulte :
– le mariage ou le choix du conjoint ;
– la séparation et le divorce ;
– l'accès à la parentalité ;
– l'entrée dans le monde du travail ;
– les crises identitaires liées à l'âge notamment au moment de la cinquantaine.

3. Motivations possibles dans le désir d'enfant :
– avoir de la joie à travers la vie de l'enfant ;
– vivre dans une ambiance de gaieté liée à la présence et à la vitalité des enfants dans une maison ;
– correspondre à la « norme » sociale ;
– perpétuer sa famille ;
– combler un manque affectif, une solitude, un vide ;
– donner un sens à sa vie et « se prolonger » ;
– élargir la relation du couple et construire une vie à trois avec un bébé ;
– désir d'aimer quelqu'un et attendre qu'il vous aime en retour.

4. Difficultés qu'un couple peut rencontrer suite à la naissance d'un bébé :
– difficultés liées aux contraintes spatio-temporelles : la présence d'un adulte est indispensable auprès de l'enfant 24 h/24, l'espace de l'habitat peut être insuffisant pour accueillir un bébé, dans ce cas la promiscuité est source d'irritabilité ;
– difficultés à dispenser les soins au nouveau-né : en effet, l'allaitement, la préparation des biberons, les soins d'hygiène et de confort, l'entretien du linge sont autant d'activités supplémentaires qui peuvent occasionner de la fatigue et du stress si les parents ont le sentiment de ne pouvoir y répondre convenablement ;
– difficultés liées aux finances : les dépenses pour l'enfant, nécessité de se reloger ou de réaliser des aménagements, voire l'achat d'un nouveau véhicule ;
– difficultés liées au renoncement de sa liberté, les parents ne peuvent plus gérer leur temps comme ils le souhaitent, la présence d'un enfant créant des contraintes ;
– difficultés à s'adapter, passer d'un couple à un trio n'est pas aisée, la venue d'un bébé modifie les relations au sein du couple. La mère peut négliger son rôle d'épouse, ce qui peut entrainer de la jalousie de la part du père vis-à-vis de l'enfant.

5. Le départ des enfants du domicile est parfois mal vécu, notamment quand les parents ou l'un des parents a surinvesti ce rôle.
Le vieillissement corporel qui traduit l'avancée en âge avec l'apparition d'une baisse des capacités physiques peut être source de difficultés, notamment pour les femmes au moment de la ménopause.

6. Le départ des enfants du domicile est l'occasion d'avoir davantage de temps pour soi et permettre ainsi aux membres du couple de réaliser des activités de loisirs. En effet, le départ des enfants se traduit par la diminution du temps passé à la réalisation des corvées ménagères.
Le patrimoine est le plus souvent constitué et la part financière pouvant être consacrée aux loisirs est plus importante.
Passer au statut de grands-parents peut réjouir certains couples qui profitent du bon côté de la présence des enfants sans en avoir les inconvénients.

7. Les répercussions consécutives au chômage sont :
– l'installation d'une grande fragilité psychique et ce d'autant que la période est plus longue ;
– des conséquences physiques avec une altération de l'état de santé physique et psychique ;
– le sentiment d'inutilité, de dévalorisation, de non-reconnaissance qui se traduit par le fait de ne plus être capable d'assumer ses responsabilités sociales et familiales.

8. La retraite qui correspond à la cessation de l'activité professionnelle peut être vécue de manières très différentes selon les personnes.
Elle sera vécue avec sérénité par les personnes qui espèrent profiter de ce temps pour réaliser enfin tout ce qu'ils n'ont pu faire durant leur activité professionnelle et qui effectivement utiliseront le temps ainsi libéré pour s'adonner à leur passion ou à des activités plaisantes.
Pour cela, il est nécessaire de s'y préparer car une rupture trop radicale peut déstabiliser l'individu. En effet, un temps d'adaptation au nouveau rythme est nécessaire.
Pour d'autres, la retraite est mal vécue, notamment pour les personnes qui ont surinvesti leur image sociale, leur emploi ou leur travail. La diminution des contacts professionnels peut révéler une grande dépendance aux relations aux autres et, parallèlement, une pauvreté de la vie intérieure et sociale.
Un travail de deuil est à faire par rapport au travail et aux représentations qui l'accompagnent, aux relations de travail et aux années de jeunesse.

16 La vieillesse et la mort

COMPRENDRE

La vieillesse, dernière étape de la vie en l'absence de mort prématurée, constitue aujourd'hui une période de vie de plus en plus longue compte tenu de l'allongement de la durée de la vie.

Espérance de vie à la naissance	2000	2001	2002	2003	2004	2005	2006
Hommes	75.3	75.5	75.8	75.9	76.8	76.8	77.2
Femmes	82.8	82.9	83.0	82.9	83.9	83.8	84.1

Tableau 16.I. Espérance de vie à la naissance

Souvent associée à la détérioration de l'organisme physique et psychique, il est important de signaler qu'aujourd'hui, de nombreux « seniors »[1] jouissent d'une bonne santé et vivent pleinement cette période qui leur donne l'opportunité de se réaliser à travers des activités auxquelles ils n'ont pu s'adonner du temps de leur activité professionnelle.

À contrario, il est nécessaire de ne pas gommer les différences avec l'âge adulte si l'on veut identifier et répondre aux besoins spécifiques des personnes âgées. Les caractéristiques de notre population montrent un accroissement du nombre des personnes de plus de 60 ans, de plus de 80 ans, ainsi que du nombre de centenaires. Une adaptation sociale est donc nécessaire si l'on veut collectivement et dignement répondre aux défis qui s'annoncent. De ce fait, il est indispensable de sensibiliser les jeunes générations et surtout les futurs professionnels de santé.

En effet, quelles que soient les diminutions fonctionnelles de la personne âgée, il est important d'adopter une attitude professionnelle non infantilisante. Il s'agit d'agir avec respect, sans jamais oublier qu'avant d'être vieille, la personne a été un(e) adulte responsable, et qu'en aucun cas, elle ne doit être traitée autrement. Il convient de prendre en considération ses difficultés afin de l'aider, tout en favorisant son autonomie tant physique que mentale, sans jamais la mettre en situation d'échec. En effet, il est suffisamment difficile, d'un point de vue psychologique, de se voir perdre ses capacités et de se retrouver dépendant(e) d'autrui.

1 Au 1er janvier 2007, le nombre des plus de 65 ans est de 10 111 093 répartis de la façon suivante : 5 946 066 pour les femmes et 4 165 027 pour les hommes. Ces chiffres montrent que les femmes sont beaucoup plus nombreuses que les hommes.

Une prise en charge optimale n'est possible qu'avec des professionnel(le)s ayant des connaissances solides sur la vieillesse et le vieillissement, afin d'appréhender la personne âgée selon une démarche adaptée et réfléchie.

GÉNÉRALITÉS

L'être humain, tout au long de sa vie subit des transformations physiologiques, en fonction de son âge. Autant le bébé puis l'enfant acquièrent peu à peu les capacités nécessaires à l'adaptation et à la vie dans notre milieu, autant la personne vieillissante perd peu à peu ces mêmes capacités d'adaptation à l'environnement, en raison du vieillissement de son organisme.

La vieillesse

La vieillesse, étape ultime de l'être humain qui succède à l'âge adulte, est aussi appelée par euphémisme le « troisième âge » ; suivie du quatrième âge qui correspond le plus souvent à un affaiblissement plus important encore de ses capacités.

Elle est en général perçue dans la sixième décennie de la vie, et c'est à cette période que la conscience du vieillissement est souvent la plus aiguë. Il n'existe pas réellement d'âge biologique de la vieillesse, cependant c'est souvent l'arrêt de l'activité professionnelle qui en marque l'entrée.

Des tendances sociales se dégagent et des institutions comme l'Organisation mondiale de la santé (OMS) proposent des définitions.

Ainsi l'OMS définit la vieillesse comme débutant à partir de 65 ans et plus. Ceci étant, la norme sociale correspond davantage à l'âge de la cessation d'activité, qui correspond à 60 ans actuellement, même si l'activité professionnelle peut se poursuivre au-delà. Si l'on considère la période où la personne est la plus fragile et la plus exposée aux risques de perte d'autonomie, l'âge de 75 ans est le plus pertinent. En effet, les conséquences les plus importantes du vieillissement s'accélèrent brusquement après 75 ans et se font davantage sentir au quatrième âge. Toutefois, elles dépendent beaucoup du niveau culturel, intellectuel et de l'état de santé antérieur de la personne.

Au contact des personnes âgées, on constate que la notion de vieillesse est très subjective et différente d'une personne à une autre. Ainsi, on verra des personnes très âgées se sentir plus jeunes que des personnes moins âgées. On remarque également que le processus physiologique du vieillissement est variable selon les individus même si des caractéristiques communes peuvent être identifiées tant sur le plan physique que sur le plan psychologique.

Le vieillissement

Le vieillissement est l'ensemble des modifications physiques et psychologiques qui interviennent sur l'organisme. Ces modifications entraînent des perturbations liées à la réduction des capacités fonctionnelles, mais également aux éventuelles séquelles des diverses maladies dont la personne a pu souffrir tout au long de sa vie.

Le vieillissement, quels que soient les antécédents de la personne, impacte progressivement sur les différentes fonctions de l'organisme. Son évolution dépend de la « programmation génétique », mais aussi de l'environnement et des nuisances auxquelles l'organisme est soumis tout au long de la vie. Ses stigmates apparaissent lorsque l'organisme a perdu sa capacité à s'adapter aux situations d'agression ; ces dernières étant celles qui demandent la plus grande adaptabilité à la personne.

Enfin, le vieillissement conduit à la phase terminale de la vie. En effet, même si ce processus évolue différemment d'un individu à l'autre, la vieillesse aboutit inexorablement à la mort.

Les pistes pour ralentir le vieillissement

Les personnes âgées, et donc le vieillissement, sont l'objet d'étude compte tenu des évolutions démographiques et d'une forte demande sociale en ce sens. Le but est non seulement de prolonger la vie mais surtout d'en améliorer la qualité et de réduire la morbidité. Il s'agit ainsi de développer à la fois l'espérance de vie et des années de vie sans incapacité.

Même si le vieillissement est une étape inéluctable de la vie, des recherches scientifiques ont mis en évidence des stratégies permettant de ralentir son évolution. Elles s'orientent selon trois axes principaux :

- une restriction diététique adaptée, consistant en la réduction de la ration calorique par rapport à l'âge adulte ;
- la pratique d'une activité physique régulière qui concourt à :
  - maintenir au maximum le capital musculaire,
  - réduire le risque de chute,
  - limiter la prise de poids et de masse graisseuse et par voie de conséquence réduire les problèmes métaboliques,
  - aider à maintenir une fonction cardio-vasculaire et respiratoire de qualité. La pratique d'une activité physique à un âge déjà avancé, en l'absence d'activité sportive antérieure, apporte néanmoins de nombreux bénéfices sanitaires ;
- un traitement hormonal substitutif, sur prescription médicale, et en l'absence de contre-indication est préconisé pour les femmes. Il ralentit le vieillissement de la peau, de la muqueuse vaginale et de la fonction urinaire, et protège de la perte de la masse osseuse.

Pour autant, cette mise en œuvre ne dispense pas de prendre des précautions lors de l'entrée dans la vieillesse.

Le vocabulaire spécifique

La connaissance du vocabulaire spécifique à la vieillesse est nécessaire pour faciliter la compréhension du présent chapitre. Différents termes sont employés lorsque l'on s'intéresse aux personnes âgées.

Tout d'abord, la *gérontologie* correspond à l'étude du vieillissement humain. Elle s'intéresse à tous les aspects qui peuvent venir influencer le processus physiologique de vieillissement.

La *gériatrie,* quant à elle, est la spécialité médicale qui étudie les personnes âgées. Le gériatre est un médecin spécialisé en gérontologie.

La *sénescence* correspond au vieillissement et à l'affaiblissement de l'organisme déterminé par l'âge.

La *sénilité* est l'affaiblissement progressif des facultés mentales chez le vieillard.

La *mort*, quant à elle, est définie comme l'arrêt des fonctions vitales de l'organisme et de la vie. Elle intervient à un âge variable et individuel en fonction de l'état de vieillissement de la personne et/ou des pathologies dont le sujet est atteint.

LES EFFETS DU VIEILLISSEMENT ET LEURS CONSÉQUENCES

Avec l'âge, la sénescence touche progressivement tous les systèmes de l'organisme. Cependant, si certains sont évidents comme l'apparition des rides et des cheveux blancs, d'autres ne sont pas visibles. Il en est ainsi de la baisse de la fonction rénale, de la diminution de la masse osseuse... qui auront des répercussions sur l'ensemble de l'organisme à plus ou moins long terme.

Le vieillissement physiologique du corps induit donc progressivement la réduction des capacités fonctionnelles de l'organisme qui peuvent décliner de manière isolée ou de façon cumulative. Pour chacune des fonctions, des modifications spécifiques ainsi que leurs conséquences sont identifiables.

Les effets du vieillissement sur la fonction cellulaire

Ils sont liés à la baisse de l'activité globale de la cellule et se traduisent principalement par le ralentissement du processus de cicatrisation cutanée et du remaniement osseux.

> Ainsi, une fracture chez un vieillard demandera un temps de consolidation plus long que chez une personne jeune, une plaie cutanée davantage de temps pour cicatriser.

Les effets du vieillissement sur la fonction neurologique

Ils sont liés aux changements physiques du cerveau qui diminue de taille et de poids du fait de la perte cellulaire, notamment au niveau du cortex, avec une diminution du nombre de synapses et des neurotransmetteurs. D'autre part, les modifications du système cardiovasculaire entraînent une baisse de la vascularisation qui va aggraver la dégénérescence neurologique et majorer les risques d'accident vasculaire cérébraux.

Ces changements se traduisent par :

- une augmentation des temps de traitement de l'information et donc du temps de réaction, avec un ralentissement des gestes, ce qui nécessitera d'intégrer ce rythme nouveau de la personne lors des activités, même si celui-ci paraît lent ;
- une diminution modérée des performances mnésiques, c'est-à-dire de la mémoire, surtout pour l'acquisition de nouvelles informations et des événements récents. Ainsi, en vieillissant, la mémoire pourra commencer à faillir, sans même que l'on évoque une pathologie ;
- une réduction de la sensibilité proprioceptive (sensibilité au niveau des muscles, des ligaments et des os) liée à l'allongement des temps de conduction au niveau des nerfs périphériques, qui conduit à une instabilité de la posture majorant ainsi le risque de chute. En raison de cette diminution de la sensibilité, il conviendra de veiller à la libération des espaces de cir-

culation. En effet, en cas d'obstacle, la personne âgée aura du mal à l'éviter et à réajuster ses mouvements, elle risque davantage de chuter ;

- une déstructuration des cycles circadiens avec un rythme veille/sommeil modifié et un besoin de sommeil moins important. Les nuits deviennent généralement plus courtes lorsque la vieillesse s'installe et sont parfois compensées par des siestes l'après-midi. Cependant, la vigilance s'impose quant au risque d'inversion du sommeil nocturne et diurne ;
- une diminution de la sensation de soif en raison d'une altération des récepteurs déclenchant l'envie de boire, ce qui majore le risque de déshydratation, notamment en cas de canicule. La stimulation de la personne âgée sera indispensable lors des soins : les boissons proposées seront adaptées en fonction des goûts personnels de chaque patient.

Les effets du vieillissement sur la fonction endocrinienne

Ils sont liés aux affections du pancréas, de la thyroïde et de l'axe hypothalamo-hypophysaire et se traduisent par :

- une modification du métabolisme du glucose, qui entraîne une diminution de la tolérance à la charge glucosique. De ce fait, même en l'absence de diabète sucré ou de facteurs de risque comme l'obésité, l'organisme développe une certaine résistance à l'insuline, ce qui induit de plus grandes variations du taux de sucre dans le sang (glycémie) ;
- une diminution des hormones thyroïdiennes avec pour conséquence des signes d'hypothyroïdie : ralentissement de l'activité, constipation...
- une diminution des hormones sexuelles aboutissant à une ostéoporose et ses conséquences sur le système locomoteur.

Les effets du vieillissement sur la fonction sensorielle

Ils sont spécifiques à chacun des organes des sens, et leurs impacts sont d'autant plus importants qu'ils se cumulent. Les plus fréquents concernent la vue, l'audition, les téguments.

Concernant la vue, cela se traduit par :

- une diminution de l'accommodation (presbytie) qui rend la vision de près de plus en plus difficile ; les bras semblent devenir « trop courts » pour permettre la lecture. Elle débute aux environ de 45 ans et nécessite le port de lunettes ;
- une opacification du cristallin est souvent évoquée par la personne âgée avec l'impression d'avoir un voile devant les yeux. Cette modification se nomme la cataracte et elle évolue dans le temps jusqu'à la cécité en l'absence de traitement. Elle est généralement traitée par une intervention chirurgicale qui redonne une vision suffisante à la personne pour réaliser ses activités habituelles.

Concernant l'audition, cela se traduit par une baisse progressive de l'audition (presbyacousie) par atteinte de l'appareil cochléaire situé dans l'oreille. Elle est surtout marquée par des difficultés à percevoir les sons aigus.

Concernant les téguments, cela se traduit par :

- une altération du tissu cutané, avec une baisse de l'élasticité de la peau et un épaississement du derme ;

- un ralentissement de l'activité des glandes sudoripares et sébacées qui induit une sécheresse cutanée.

> Ainsi, la peau est plus fragile, se lèse au moindre choc ou à la moindre tension. Il est donc primordial de « manipuler » la personne âgée avec beaucoup de douceur et de délicatesse pour ne pas la blesser.

Il est aussi évoqué une perturbation du goût et parfois de l'odorat, mais qui est plus variable. La personne âgée ressent souvent de façon majorée les saveurs acides et amères. Parfois, seules les saveurs sucrées sont conservées. Ces symptômes ont souvent pour conséquence une perte de l'appétit et peuvent aboutir à une cachexie.

Les effets du vieillissement sur la fonction cardiovasculaire

Le cœur vieillit de façon très variable selon les individus, notamment en fonction de l'hérédité mais aussi des facteurs environnementaux et de l'hygiène de vie adoptée. Cela se traduit par :

- une augmentation de la masse cardiaque, avec une diminution de la masse musculaire et de la force de contraction ;
- une atteinte du tissu nodal avec des troubles du rythme ou de la conduction.

Le vieillissement du cœur s'accompagne aussi d'une diminution de la vasomotricité de la paroi artérielle qui se manifeste par une augmentation de la pression artérielle systolique.

> Ainsi, la personne âgée éprouve des difficultés à satisfaire les besoins de l'organisme notamment lors de la mobilisation ou d'efforts physiques.

Les effets du vieillissement sur la fonction respiratoire

Ils sont liés à la perte d'élasticité du tractus respiratoire, à une rigidité thoracique et à une altération des muscles respiratoires. Cela se traduit par :

- un affaiblissement de la force musculaire ;
- une réduction de la capacité respiratoire provoquée par l'altération de la compliance pulmonaire et thoracique. De ce fait, les mouvements respiratoires sont moins amples et donc moins efficaces ;
- un rétrécissement du diamètre des bronches distales aboutissant à la réduction des échanges gazeux ;
- une diminution progressive des échanges au niveau des alvéoles pulmonaires. Ce phénomène concourt à renforcer l'essoufflement évoqué ci-dessus.

> Ainsi, les personnes âgées s'essoufflent plus rapidement et voient leur capacité à l'effort s'amoindrir avec l'âge.

Les effets du vieillissement sur la fonction digestive

Ils consistent en une altération de l'état bucco-dentaire, qui s'opère avec le temps, mais qui est aussi fonction des soins et de l'hygiène dentaires apportés tout au long de la vie. Cela se traduit par :

- des modifications sécrétoires et la réduction des capacités de mastication et de déglutition, qui empêchent la personne âgée de manger des aliments consistants, ce qui va entraîner des difficultés à s'alimenter avec les conséquences que l'on connaît ;
- une altération des fonctions hépatiques par diminution de la masse et du débit sanguin, et par une surconsommation de médicaments. Le foie joue un rôle important dans la digestion, qui peut alors être perturbée ;
- un ralentissement du transit intestinal qui est généré par une diminution du péristaltisme intestinal. Celui-ci conduit à la constipation, constipation qui peut être renforcée par une réduction de la mobilité générale, une hydratation insuffisante et une consommation d'aliments pauvres en fibres.

Les effets du vieillissement sur la fonction locomotrice

Ils commencent aux environs de 40 ans et se traduisent par :

- une diminution de la masse musculaire liée à l'altération de la qualité et de la densité des fibres et par voie de conséquence de la force musculaire ce qui a un impact sur la stabilité posturale. En effet, les mouvements sont possibles grâce aux muscles et avec une musculature amoindrie, même s'ils restent possibles, le maintien des postures et des gestes en est fragilisé.

Ainsi, la personne présente un aspect penché en avant, bossu (cyphose), une tendance à courber les hanches et les genoux.

- une réduction de la solidité osseuse causée par une diminution de la densité minérale de l'os, ayant pour conséquence un affaiblissement de la solidité du tissu osseux. La trame osseuse, avec l'avancée en âge, devient moins dense et donc moins résistante.

Ainsi, cela se traduit par une diminution de la taille et une diminution du diamètre thoracique (calcification des cartilages costaux).

- une déshydratation des cartilages ainsi qu'une modification de leurs composants qui génèrent un amincissement de celui-ci. Ils sont alors plus secs et plus minces et deviennent beaucoup plus fragiles. Ils perdent leurs fonctions d'amortissement et de glissement dans le fonctionnement de l'articulation.

Ainsi cela est caractérisé par des articulations ankylosées qui limitent les mouvements des membres.

Les effets du vieillissement sur la fonction de reproduction

L'influence du vieillissement est variable d'une personne à l'autre sur la fonction sexuelle, notamment chez les hommes. L'arrivée de la ménopause pour la femme et de l'andropause pour l'homme entraîne des conséquences irréversibles.

Chez la femme, la ménopause intervient avec l'arrêt de la sécrétion ovarienne, elle se traduit par la disparition des cycles menstruels, ainsi qu'une involution des glandes mammaires et de l'utérus. Elle met fin à la capacité de reproduction. L'absence d'hormones active le processus de vieillissement du tissu osseux et cutané et de la fonction urinaire.

Chez l'homme, la diminution progressive de la production de testostérone et des spermatozoïdes débute dès l'âge de 20 ans. Généralement, elle ne prive pas l'homme de sa capacité à procréer en raison d'une spermatogenèse (production de spermatozoïdes) souvent maintenue et pour un petit nombre (< 10 %) jusqu'à un âge très avancé. L'andropause s'accompagne d'une baisse progressive du désir sexuel (libido) avec une diminution des érections, notamment nocturnes. Comme pour la femme, d'autres fonctions sont touchées notamment la fonction locomotrice avec perte de la masse musculaire.

Les effets du vieillissement sur la fonction d'élimination

Ils sont liés à la baisse du nombre de néphrons, ce qui a pour conséquence une diminution des capacités de filtration du rein d'où la nécessité d'absorber une quantité d'eau supérieure pour éliminer la même quantité de déchets.

Chez l'homme, l'hypertrophie (augmentation du volume) de la prostate est fréquente et entraîne des difficultés voire une obstruction à l'élimination des urines.

Chez la femme, l'atteinte des muscles du plancher pelvien lors des grossesses ou des accouchements est responsable de fuites urinaires pouvant avoir un grave retentissement social.

Les effets du vieillissement sur la fonction immunitaire

On note une diminution des défenses immunitaires notamment celles qui mettent en jeu les lymphocytes T.

On observe également une involution du thymus dès l'âge de 15 ans qui implique une diminution des hormones thymiques circulantes. Cependant on ne décèle aucun déficit majeur chez le sujet âgé.

Autres conséquences

La polymédication

Le vieillissement des différents systèmes de l'organisme conduit à l'accumulation de dysfonctionnements voire de pathologies liés à l'âge. Pour y remédier, la personne âgée est conduite à consommer de plus en plus de médicaments, médicaments prescrits le plus souvent par plusieurs médecins. De ce fait, s'ajoutent aux problèmes initiaux ceux de la polymédication avec tous les effets secondaires que cela peut générer. D'autre part, les modifications de l'absorption orale et du métabolisme des médicaments et la diminution de l'élimination rénale (notamment des substances médicamenteuses), agissent en majorant davantage les effets délétères des substances absorbées.

La dévalorisation de l'image corporelle

Par ailleurs le vieillissement peut s'accompagner d'une dévalorisation de l'image de soi, et ce, en lien direct avec les modifications physiques et esthétiques. Tout cela permet de comprendre la complexité de la prise en charge des personnes âgées par les professionnels de santé.

LES GRANDES ÉTAPES DE LA VIEILLESSE

Au regard de l'espérance de vie, la vieillesse représente par sa durée une étape qui peut être séparée en plusieurs phases qui sont le troisième âge, le quatrième âge et la fin de vie. Chacune de ces phases correspond à des caractéristiques particulières : telles que la dépendance, qu'elle soit modérée ou totale et la mort, étape terminale de la vie.

Le troisième et le quatrième âge

La vieillesse débute par l'entrée dans le troisième âge, suivi du quatrième âge avec sa cohorte de troubles et de pathologies.

Le troisième âge concerne les personnes âgées de 60 à 75 ans. Il correspond à des individus devant accepter la perte de l'activité professionnelle et ce qu'elle sous-tend en termes de sentiment d'inutilité et de perte de place dans la société. C'est *a priori* une période où l'autonomie est conservée, et où les troubles et les maladies de la vieillesse sont encore peu présents. Tout l'enjeu réside dans la capacité à s'adapter à la vie de retraité, en quittant l'activité professionnelle et en réinvestissant le temps ainsi rendu disponible. Il s'agit de donner du sens à cette « nouvelle vie » et ne pas sombrer dans l'ennui et la dépression.

Le quatrième âge s'intéresse aux plus de 75 ans. À ce stade, les problèmes entraînant la dépendance commencent à apparaître. Il s'agit le plus souvent des pathologies cardio-vasculaires et ostéo-articulaires..., du déclin des facultés intellectuelles avec perte de mémoire, voire entrée dans des pathologies de type démence... D'un point de vue psychologique, la personne se voit vieillir, perdre progressivement la santé et/ou son autonomie, et se rapprocher de la mort. C'est une période qui est vécue différemment d'une personne à l'autre, selon l'évolution de sa santé, l'éventuelle installation de la dépendance, mais aussi la place occupée par la personne âgée au sein de la famille et de la société.

Le vieillissement, qui rappelons-le, se fait de manière progressive et différente selon chaque individu, induit la perte des capacités fonctionnelles qui aboutissent peu à peu à la perte d'autonomie et la dépendance.

La dépendance

Les causes

La dépendance se traduit par une incapacité partielle ou totale de la personne à réaliser sans aide les actes de la vie courante comme se laver, se déplacer, s'alimenter, s'habiller et s'adapter à son environnement. Elle apparaît à l'occasion de certains événements.

Un traumatisme physique

Il peut s'agir d'une fracture du col du fémur, d'un épisode de fonte musculaire lié à des douleurs articulaires ou toute autre pathologie nécessitant de garder le lit qui encourage la personne à réduire son activité physique. Plus l'immobilisation ou la réduction de l'activité physique est courte, plus les chances de recouvrer son autonomie sont importantes. Il est à noter que la personne âgée a une capacité de récupération d'autonomie plus faible que celle d'une personne plus jeune, c'est pourquoi, la priorité est d'en limiter la perte.

Un traumatisme d'ordre psychologique ou mental

Ainsi, le deuil d'un proche (conjoint, enfant, ami...) ou plus simplement une hospitalisation peuvent entraîner chez la personne âgée une dépression ou la perte de l'élan vital. L'individu va se laisser aller et entrer dans la dépendance. Plus la personne est âgée, plus les deuils sont fréquents dans son entourage, notamment dans le cercle social, ce qui a deux conséquences : l'émotion et l'affectation par le deuil en lui-même mais aussi par le rappel fréquent que la personne se rapproche de la fin de sa vie.

Un événement social

Une sortie d'hospitalisation insuffisamment organisée peut aussi être responsable de graves difficultés. Ainsi, un retour à domicile inadapté ou insuffisamment préparé se révèlera être un échec. La personne âgée, mise face à ses incapacités, sera généralement ré-hospitalisée, ce qui provoquera un nouvel événement à risque.

Les conséquences

Les conséquences de la dépendance sont inéluctables et ont une forte influence sur la vie de la personne, voire de son entourage.

La vie quotidienne

Elle devient difficile : ainsi, faire les repas, aller faire les courses devient impossible et peut aboutir à l'intervention d'une tierce personne au domicile. L'arrivée d'une personne étrangère est souvent mal vécue, et mal acceptée. À l'inverse, lorsqu'un membre de la famille assure ce rôle, la situation est davantage ressentie comme un rapprochement familial.

Cependant, dans tous les cas, l'acceptation du besoin d'un tiers pour assumer les gestes de la vie quotidienne est toujours difficile à vivre.

L'abandon du domicile

Il est la conséquence directe des difficultés à satisfaire seul ses besoins et se traduit par l'entrée en institution. Le cadre de vie, souvent constitué depuis de nombreuses décennies, et en particulier le domicile, se trouve chamboulé. Ce bouleversement, car c'est bien de cela dont il s'agit, entraîne une perte de repères temporaux et affectifs et s'accompagne de tristesse et de la perte de l'élan vital. Ainsi, la personne doit quitter son environnement, reflet de sa vie passée, pour devoir intégrer un milieu inconnu parfois choisi par dépit. Ce constat fréquent nécessite une préparation à l'accueil en institution tant pour la personne concernée que pour son entourage qui lui aussi peut être très affecté de cette décision.

La vie affective

L'installation d'une dépendance aux autres est vécue comme infantilisante et dévalorisante. Dans la vie de couple, elle bouscule la relation d'égalité sur laquelle vient se greffer une relation de soin.

Les relations familiales

Elles évoluent avec l'entrée dans la dépendance. Le regard que l'on porte sur un proche âgé, s'en trouve modifié ; ainsi, la personne, jusqu'alors parent, pilier de la famille, devient pour les enfants quelqu'un à assumer, avec une inversion des rôles parents-enfants. Par ailleurs, cette nouvelle situation provoque un sentiment de rapprochement de la mort.

Les outils d'évaluation

Différents outils existent pour évaluer le taux de dépendance d'une personne âgée. Parmi les différentes grilles existantes, nous retiendrons la grille AGGIR car elle permet notamment l'obtention de l'aide personnalisée à l'autonomie (APA).

Cette grille est une aide à l'évaluation de l'autonomie de la personne âgée et au regroupement des malades âgés en six Groupes iso-ressources ou GIR. Ils sont classés de 1 à 6 en allant du plus dépendant au plus autonome. Cet outil s'appuie sur les variables présentées dans le Tableau 16.2.

Variables discriminantes	
Cohérence	Converser et/ou se comporter de façon sensée
Orientation	Repérer dans le temps, les moments de la journée et dans les lieux
Toilette	Assurer l'hygiène corporelle
Habillage	S'habiller, se déshabiller, se présenter
Alimentation	Manger des aliments préparés
Élimination	Assumer l'hygiène et l'élimination urinaire et fécale
Transferts	Se lever, se coucher, s'asseoir
Déplacement à l'intérieur	Se déplacer avec ou sans canne, déambulateur, fauteuil roulant…
Déplacement à l'extérieur	Se déplacer à partie de la porte d'entrée sans moyen de transport
Communication à distance	Utiliser les moyens de communication, téléphone, sonnette, alarme…
Variables illustratives de la dépendance domestique et sociale	
Gestion	Gérer ses propres affaires, son budget, ses biens
Cuisine	Préparer ses repas et les conditionner pour être servis
Ménage	Effectuer l'ensemble des travaux ménagers
Transport	Prendre et/ou commander un moyen de transport
Achats	Réaliser des acquisitions directes ou par correspondance
Suivi de traitement	Se conformer à l'ordonnance du médecin
Activités de temps libre	Pratiquer des activités sportives, culturelles, sociales, de loisirs ou de passe-temps

Tableau 16.II. Variables pour l'évaluation de la dépendance selon la grille AGGIR

L'identification du groupe d'appartenance ou groupes iso-ressources (GIR) est réalisée à partir du remplissage de la grille. Seuls les quatre premiers groupes ouvrent droit à l'APA. Ils sont décrits dans le tableau suivant.

GIR 1	• personnes âgées confinées au lit • fonctions mentales gravement altérées • présence continue et indispensable d'intervenants • personnes en fin de vie
GIR 2	• personnes confinées au lit ou au fauteuil • fonctions mentales pas totalement altérées • prise en charge pour la plupart des activités
	• personnes dont les fonctions mentales sont altérées • capacités à se déplacer conservées
GIR 3	• personnes âgées ayant conservé leur autonomie mentale • maintien partiel de l'autonomie locomotrice • nécessité quotidienne de plusieurs aides pour l'autonomie corporelle • n'assument pas toujours l'hygiène urinaire et fécale
GIR 4	• personnes qui n'assument pas leurs transferts seules • une fois levées, elles se déplacent seules à l'intérieur du logement • s'alimentent seules pour la plupart • doivent parfois être aidées pour l'habillage et la toilette
	• personnes n'ayant pas de problèmes locomoteurs • devant être aidées pour les activités corporelles et les repas
GIR 5	• personnes âgées se déplaçant seules dans leur logement • s'habillent et s'alimentent seules • ont besoin d'une aide à la toilette, la préparation des repas et le ménage
GIR 6	• personnes sans perte d'autonomie pour les actes discriminants de la vie courante tels que la toilette, se faire à manger

Tableau 16.III - Descriptif synthétique des groupes iso-ressources

L'entrée dans la dépendance requiert une prise en charge adaptée aux besoins des personnes âgées. Afin de rendre celle-ci efficace, différentes solutions sont possibles grâce aux multiples aides existantes.

LES AXES DE LA PRISE EN CHARGE

Les axes de la prise en charge sont multiples et variés et doivent répondre de façon adaptée à un grand nombre de cas. Le plus souvent ils sont combinés et font appel à la famille et/ou l'entourage mais aussi à de multiples professionnels du secteur sanitaire et social.

Chaque situation étant singulière, seule l'évaluation du contexte individuel et familial de la personne peut apporter une solution adaptée parmi les possibilités plurielles existantes.

Néanmoins, à mesure que la dépendance prend une place grandissante, les réponses doivent être réinterrogées, voire réajustées pour accompagner au mieux la personne vers l'ultime étape de sa vie.

Les aides humaines

L'aidant naturel

L'aidant dit naturel est une personne de la famille ou un proche, qui s'occupe au quotidien de l'aide à apporter à la personne âgée. Cette prise en charge « familiale » de la personne âgée présente néanmoins des contraintes et a des conséquences tant pour l'aidant que pour l'aidé.

Pour l'aidant, tout d'abord, une réorganisation de la vie personnelle et professionnelle, autour de l'aidé, peut être nécessaire pour plus de disponibilité. Dans le cas d'une diminution ou d'une interruption de l'activité professionnelle, une perte de revenu est possible.

De plus, dans ces situations qui s'avèrent génératrices de stress et de fatigue, vient s'ajouter une charge mentale au poids physique que requiert un tel rôle. Des difficultés relationnelles peuvent apparaître avec la fratrie et/ou les autres membres de la famille, qui font souvent preuve d'exigences ou de jugements pouvant être blessants pour l'aidant.

L'exercice de ce rôle d'aidant naturel étant très prenant, il existe un risque de dépression de l'aidant et de maltraitance de l'aidé. En effet, cette fonction ne laisse que très peu de disponibilité pour la propre vie privée de l'aidant. Ce dernier, toujours soucieux d'assumer son rôle va peu à peu s'épuiser et risquer de devenir maltraitant envers le proche qu'il prend en charge.

Enfin, la reprise d'une vie « normale » lorsque la personne aidée disparaît est extrêmement difficile.

Pour la personne aidée, il peut exister un sentiment de culpabilité devant la charge imposée à l'aidant ainsi qu'un sentiment d'inutilité si elle est consciente de son état. Selon les capacités de l'aidant à assumer son rôle, la personne âgée est exposée à un risque de maltraitance et de spoliation.

Des pistes de solutions existent pour s'assurer qu'un équilibre satisfaisant règne dans la relation aidant-personne âgée. Elles consistent en un accompagnement de l'aidant en termes de soutien social et de valorisation de sa fonction. De plus, une information quant à la pathologie et la prise en charge de la personne à aider favorise la prise de recul de l'aidant.

Enfin, une évaluation fine de la charge supportée par l'aidant est indispensable. La grille du fardeau de Zarit[2] est un de ces outils. Il évalue la tolérance au rôle et prévient les complications telles que la dépression, le passage à des comportements maltraitants, voire au décès de l'aidant notamment lorsque celui-ci est le conjoint, tout aussi âgé.

Les professionnels

En l'absence de famille en capacité d'aider la personne devenue dépendante, différentes prises en charge par des professionnels sont possibles au domicile. En cas d'interventions multiples, les Clic (Centre local d'information et de coordination) évaluent les besoins, déterminent les aides à apporter et assurent la coordination de l'ensemble des acteurs.

Ainsi, il est possible de faire appel à des professionnels : une infirmière, une aide-soignante, un masseur-kinésithérapeute, un ergothérapeute, une auxiliaire de vie, une aide-ménagère et d'envisager conjointement, outre ces aides, le portage des repas, un service de téléalarme, ou encore un accueil de jour (activité un jour de la semaine).

2 Évalue la souffrance des aidants et la pénibilité liée à la prise en charge de la personne âgée.

Lorsque la dépendance devient majeure ou que le maintien à domicile s'avère impossible, d'autres solutions, notamment les aides institutionnelles, doivent être envisagées.

Les aides institutionnelles

Parmi toutes les aides disponibles, le choix de la structure est toujours effectué en fonction des besoins de la personne âgée. En effet, chaque institution offre des prestations différentes qui se doivent d'être adaptées.

- **Les foyers logements et les foyers résidences** sont destinés aux personnes valides capables de vivre dans un logement indépendant. Ils apportent parfois des prestations telles que : restauration, service de blanchisserie, infirmerie.
- **Les maisons de retraite** proposent des prises en charge globale ; elles peuvent être médicalisées ou non. Là encore, le choix sera réalisé en fonction de la situation singulière de la personne.
- **Les soins de suite et de réadaptation (SSR)** *accueillent des malades âgés* suite à une hospitalisation et proposent une période de réadaptation ou de rééducation ; la durée de séjour y est limitée, elle peut être suivie, soit d'un retour au domicile et dans ce cas une préparation est indispensable, soit d'un placement si le retour à domicile s'avère impossible.
- **Les unités de soins longue durée (USLD)** sont destinées aux personnes qui nécessitent une prise en charge lourde d'un point de vue médical et pour lesquelles le retour à domicile est inenvisageable.

Ces prises en charge institutionnelles sont très onéreuses et les pensions ou retraites sont généralement insuffisantes pour les financer. De ce fait, l'état propose des mesures financières pour aider les personnes qui ont recours à ces structures.

Les aides financières

Seules les aides financières les plus courantes sont développées ci-dessous. D'autres aides peuvent être demandées comme par exemple l'aide au logement.

L'allocation personnalisée à l'autonomie

Elle s'adresse à l'ensemble des personnes ayant une perte d'autonomie et vise à renforcer leur prise en charge. Elle permet de bénéficier d'aides pour faciliter l'accomplissement des actes de la vie quotidienne ou assurer une surveillance régulière en cas de nécessité. Elle est attribuée sous conditions de ressources et s'adresse à des personnes de 60 ans et plus, résidant de manière stable et régulière sur le territoire français. Elle est allouée aux personnes classées dans les GIR 1 à 4.

L'aide sociale

Elle concerne tout individu, qui du fait de sa situation physique, mentale, économique, sociale, n'a pas les moyens de subvenir à ses besoins. L'aide sociale intervient dans le portage des repas, la prise en charge d'une aide-ménagère, l'accès à des foyers restaurants mais aussi dans la prise en charge des frais d'hébergement en institution.

Elle s'adresse aux personnes âgées de 65 ans au moins ou de 60 ans en cas d'inaptitude au travail. Elle est soumise à conditions de ressources et concerne les personnes résidant en

France. Elle ne s'applique qu'après versement de l'obligation alimentaire par les enfants et les petits-enfants.

Les aides fiscales

Elles proposent des réductions ou exonérations d'impôts. Ces réductions s'appliquent aux personnes hébergées en unité de soins de longue durée ou au domicile pour celles qui rémunèrent une aide à domicile.

Les exonérations d'impôts peuvent concerner les charges sociales, la redevance télévisuelle, la taxe d'habitation.

Outre les aides et différentes solutions proposées, la prise en charge de la dépendance est toujours difficile et lourde, et le danger majeur de celle-ci est de devenir maltraitant.

LE DANGER DE LA DÉPENDANCE, LA MALTRAITANCE

La notion de maltraitance pouvant être très subjective, il est indispensable de la clarifier, avant d'identifier les facteurs favorisants. En effet, les connaître aide à mieux les prévenir, à mieux les déceler et à mettre en place des actions préventives.

Définitions

La maltraitance est le fait de mauvais traitements ou de privations infligés à une personne qui n'est pas en mesure de se protéger en raison de sa fragilité, fragilité qui peut être liée à l'âge, à la maladie, à une infirmité, à une déficience physique ou psychologique.

Elle est aussi le fait de comportements ou d'attitudes, envers une personne, qui portent atteinte à son intégrité physique, sexuelle, morale, matérielle ou financière.

La maltraitance n'est pas seulement le résultat de mots, d'actes, de faits qui se veulent maltraitants, mais également le reflet de comportements passifs qui ne la dénoncent pas et qui laisse faire.

La maltraitance peut revêtir des formes multiples.

La maltraitance psychologique peut se traduire de différentes manières. Il peut s'agir d'humiliations répétées, sous forme de paroles volontairement blessantes, d'un tutoiement non voulu, d'insultes, d'attitudes désobligeantes pour la personne, d'infantilisation, d'atteinte à la pudeur, de harcèlement.

La maltraitance physique se traduit le plus souvent par des violences physiques telles que des coups, des blessures, des contentions abusives, des abus sexuels ou des attouchements…

La maltraitance par absence ou omission de soin se traduit par des négligences privant ainsi la personne de l'aide nécessaire à la satisfaction de ses besoins fondamentaux : alimentation, hygiène, mobilisation…

Il existe une autre forme de maltraitance, qui consiste à profiter de la vulnérabilité de la personne âgée pour lui soustraire une partie de ses revenus financiers voire de son patrimoine. Les faits les plus fréquents sont les procurations abusives, le vol de chéquier ou de carte de paiement, les signatures forcées, les extorsions d'argent, les héritages anticipés…

Enfin, la violation des droits est aussi considérée comme un acte maltraitant. Ce serait par exemple le cas d'essais thérapeutiques mis en œuvre sans avoir recueilli l'accord libre et éclairé de la personne ou l'obligation de consommer un traitement non prescrit (tranquillisants, somnifères...).

Enfin, des mauvaises conditions environnementales sont aussi identifiées : l'impossibilité de personnaliser l'environnement (photographies, dessins...) ou l'absence de chauffage, ou toute autre situation qui serait préjudiciable pour la personne âgée.

Facteurs de risque

Des facteurs de risque ont été identifiés afin d'être plus vigilant dans les contextes propices à la maltraitance. On sait maintenant qu'ils sont majorés dans les situations suivantes :

- personnes vulnérables présentant le plus souvent un état de dépendance physique, psychique ou un état démentiel et qui ne peuvent se défendre ;
- isolement social : l'absence de famille ou de visites rend l'identification de la maltraitance difficile ;
- revenus précaires ;
- milieu social inadéquat (alcoolisme, antécédents de violence familiale...) ;
- lieux de vie inadaptés : exigus, isolés, incompatibles avec le degré de dépendance ;
- prise en charge de personnes dépendantes, de façon répétée parce que cela constitue un fardeau trop lourd pour l'aidant naturel ou le personnel d'une institution ;
- conditions de travail difficiles pour le personnel soignant (fatigue, épuisement) ;
- formation insuffisante des personnels.

Tous ces éléments constituent des conditions propices à des comportements ou actes maltraitants et leur identification doit permettre de les éviter.

La maltraitance est difficile à détecter car le soignant ou la personne en cause agit le plus souvent de cette manière lorsqu'elle est seule avec la personne âgée, donc en l'absence de témoins.

En présence de plainte par la personne concernée, la reconnaissance des faits par les soignants « bien traitants » n'est pas chose aisée d'une part, parce qu'il existe un obstacle psychologique à les reconnaître et d'autre part parce qu'il n'est pas aisé de vérifier la véracité des propos compte tenu de certaines déficiences mentales.

La maltraitance est souvent insidieuse et parfois involontaire, néanmoins elle n'en reste pas pour autant inacceptable tant moralement que légalement.

En cas de découverte d'acte de maltraitance, qu'il soit suspecté ou avéré, il est nécessaire de signaler ce qui a été identifié conformément à la législation. Prévenir, c'est protéger la personne fragilisée par la perte de ses facultés.

Réglementation

Pour mieux protéger les personnes vulnérables, un certain nombre de textes stipule les conduites à tenir en cas maltraitance et les risques encourus par les maltraitants.

La maltraitance requiert un devoir de dénonciation, en application du décret n° 2004-802 du 29 juillet 2004 relatif aux parties IV et V du code de la santé publique – livre III auxiliaires médicaux, titre Ier, exercice de la profession, section 1, actes professionnels, article R 4311-5, 3° : dépistage et évaluation des risques de maltraitance.

La charte de la personne âgée dépendante (article XIII – exercice des droits et protection juridique de la personne vulnérable : « *La sécurité physique et morale contre toutes agressions et maltraitances doit être assurée* ») va également dans ce sens.

Charte des droits et libertés de la personne âgée dépendante

Créée à l'initiative de la Fondation nationale de gérontologie, cette charte composée de 14 articles a pour objectif d'affirmer la dignité de la personne âgée en situation de handicap ou devenue dépendante et de rappeler ses libertés et ses droits ainsi que les obligations de la société à l'égard des plus vulnérables.

Élaborée en partenariat avec la Fondation nationale de gérontologie et le ministère des Affaires sociales, le texte d'origine a été réajusté à plusieurs reprises, la dernière date de 2007. En voici une présentation synthétique.

Article I : choix de vie

Toute personne âgée dépendante ou handicapée garde la liberté de choisir son mode de vie. Ainsi, la personne âgée doit pouvoir profiter de l'autonomie permise par ses capacités mentales et physiques. La famille et l'entourage doivent respecter le désir profond de la personne âgée tant que cela est possible.

Article II : cadre de vie

Le lieu de vie de la personne âgée dépendante ou handicapée, domicile personnel ou établissement, doit être choisi par elle et adapté à ses besoins et ses attentes. Le domicile personnel doit être privilégié et des aménagements sont proposés pour permettre d'y rester. La personne âgée choisit son lieu d'accueil lorsque son état de dépendance ne lui permet plus de rester chez elle. En cas de handicap mental, le choix du lieu d'accueil est réalisé avec la personne et ses proches, afin de rechercher la solution la mieux adaptée. Les besoins de la vie privée de la personne âgée doivent être respectés et les établissements favorisent l'accessibilité, l'orientation, les déplacements et garantissent les meilleures conditions de sécurité.

Article III : une vie sociale et culturelle

Toute personne âgée dépendante ou handicapée doit conserver la liberté de communiquer, de se déplacer et de participer à la vie de la société. Il s'agit ici de veiller aux paramètres suivants : l'aménagement de la cité doit tenir compte du vieillissement de la population et les lieux publics ainsi que les transports en commun doivent être accessibles aux personnes âgées et aux handicapés. La participation à la vie sociale et culturelle est favorisée. Les difficultés et le rythme des personnes âgées sont pris en compte quel que soit leur lieu de vie. Les créations et programmes culturels et médiatiques devront être adaptés aux personnes âgées en situation de dépendance ou de handicap.

Article IV : présence et rôles des proches

Le maintien des relations familiales et des réseaux amicaux est indispensable aux personnes âgées dépendantes. Le rôle des proches, qui s'occupent de leurs parents âgés dépendants à domicile, est reconnu. Ils sont accompagnés et bénéficient d'un soutien psychologique. En institution, la participation des familles et des proches est favorisée et s'ils sont absents le personnel et les bénévoles assurent ces fonctions. La personne âgée doit pouvoir maintenir ou avoir une relation intime et le respect de la vie affective et sexuelle doit être effectif.

Article V : patrimoine et revenus

Toute personne âgée dépendante ou handicapée doit pouvoir garder la maîtrise de son patrimoine et ses revenus disponibles. La personne âgée dispose de ses revenus selon ses désirs (sous réserve de protection légale) et elle doit être informée et préparée à la vente de ses biens.

Ses ressources sont complétées si elles sont insuffisantes pour assumer le coût de ses handicaps.

Article VI : valorisation de l'activité

Toute personne âgée dépendante ou handicapée doit être encouragée à conserver ses activités.

Sachant que ses besoins d'expression et d'accomplissement persistent même en cas d'affaiblissement intellectuel sévère, la valorisation de la personne âgée est favorisée par des activités adaptées.

Article VII : liberté d'expression et liberté de conscience

Toute personne âgée dépendante ou handicapée doit pouvoir participer aux activités associatives, politiques, religieuses ou philosophiques de son choix. L'opinion de la personne y est respectée ainsi que les droits civiques qui sont aussi facilités. Les établissements doivent offrir un lieu de culte accessible et permettre la visite de représentants des différentes religions. Les rites et usages religieux sont respectés.

Article VIII : préservation de l'autonomie

La prévention de la dépendance ou du handicap est nécessaire pour l'individu qui vieillit. C'est pourquoi la prise en charge médicale doit être mise en œuvre pour prévenir la dépendance physique et psychologique ou le handicap. Elle doit faire l'objet d'une information des personnes concernées et les professionnels doivent être conscients du risque de maltraitance lié à l'emprise que génèrent le handicap et la dépendance.

Article IX : accès aux soins et à la compensation des handicaps

Toute personne âgée dépendante ou handicapée doit avoir, comme toute autre, accès aux soins qui lui sont utiles. Pour cela, l'accès aux soins doit être adapté à chaque cas et la personne âgée doit y être intégrée. Les soins, de nature médicale ou paramédicale, visent la guérison, l'éducation ou la compensation des handicaps. Ils améliorent la qualité de vie (confort), soulagent la douleur, maintiennent la lucidité. En cas de handicap, la personne âgée doit avoir accès à toutes les aides nécessaires à la compensation de ses incapacités. Il doit être intégré aux soins et ne pas en être l'objet passif.

Article X : qualification des intervenants

Les soins que requiert une personne âgée dépendante ou handicapée doivent être dispensés par des intervenants formés, en nombre suffisant. Ainsi, une formation (initiale et continue) en gérontologie doit être dispensée aux professionnels travaillant auprès des personnes âgées dépendantes ou handicapées. Un soutien psychologique est également proposé aux différents intervenants avec l'analyse des situations rencontrées.

Article XI : respect de la fin de vie

Les soins et assistance doivent être procurés à la personne âgée en fin de vie ainsi qu'à sa famille. Les soignants doivent distinguer affections sévères et mortelles et ne pas accéder à un renoncement thérapeutique ou à une obstination déraisonnable injustifiée. La personne mourante doit bénéficier de soins adaptés à son état, notamment en terme d'accompagnement et de traitement de la douleur physique et morale. La fin de vie doit avoir lieu dans le respect des convictions, souhaits et en présence des proches.

Article XII : la recherche, une priorité et un devoir

La recherche multidisciplinaire sur le vieillissement, la dépendance et le handicap est une priorité : elle vise à renforcer la prévention. Elle s'attache à couvrir les disciplines biomédicales, de santé publique mais également les sciences humaines et économiques. Elle permet l'amélioration de la qualité de vie, la diminution des souffrances et des coûts de prise en charge.

Article XIII : exercice des droits et protection juridique de la personne vulnérable

Toute personne en situation de vulnérabilité doit voir protéger non seulement ses biens mais aussi sa personne. Pour se faire, l'évaluation des mesures de protection doit être réalisée par ceux qui les initient ou les appliquent. En l'absence de tutelle, les droits civiques sont respectés et sont mis en œuvre. Les personnes âgées dépendantes sont protégées des actes de maltraitance ou d'agression (dimensions physique et morale) et tout acte de maltraitance doit être signalé et sanctionné. Le cas échéant, l'aide aux victimes doit être garanti.

En cas de mesure de protection, la personne donne toujours son avis si cela est possible. Elle est également informée des actes effectués en son nom.

Article XIV : l'information

L'information est le meilleur moyen de lutte contre l'exclusion. En terme de mise en œuvre, l'ensemble de la population doit être informé des difficultés qu'éprouvent les personnes âgées dépendantes. Une information de qualité doit permettre la prise en compte des désirs de la personne.

Cette charte est complétée par un ensemble de mesures visant à améliorer la protection des personnes âgées. Ces mesures sont préconisées non pas pour limiter les droits mais pour protéger la personne âgée.

L'article 434-3 du code pénal est, lui, sanctionnant sur ce point : « *Le fait, pour quiconque, ayant eu connaissance de privations, de mauvais traitements ou d'atteintes sexuelles… ou à une personne qui n'est pas en mesure de se protéger en raison de son âge… de ne pas en informer les autorités judiciaires ou administratives est puni de trois ans d'emprisonnement et de 45 000 euros d'amende* ».

La législation prévoit également des limitations du secret professionnel, pour faciliter les dénonciations de comportements ou d'actes maltraitants dans l'article 226-14 du code pénal : « *l'article 226-13 n'est pas applicable…* » « *1° À celui qui informe les autorités judiciaires, médicales ou administratives de privations ou de sévices y compris lorsqu'il s'agit d'atteintes sexuelles… qui ont été infligés… à une personne qui n'est pas en mesure de se protéger en raison de son âge ou de son incapacité physique ou psychique* » « *2° Au médecin qui, avec l'accord de la victime, porte à la connaissance du procureur de la République… que des violences physiques, sexuelles ou psychiques de toute nature ont été commises…* »

SUIVI SANITAIRE, HYGIÈNE DE VIE, PROJET DE VIE

Suivi sanitaire

La personne âgée, même en l'absence de pathologie, nécessite une prise en charge individualisée qui le plus souvent est assurée par le médecin traitant.

Cette prise en charge sanitaire est orientée autour de différents axes.

Le premier concerne la prévention du ralentissement du vieillissement par une hygiène de vie adaptée. Entretenir les capacités physiques et intellectuelles limitera l'évolution du processus de vieillissement. Le cas échéant, il sera utile de proposer une adaptation de l'environnement et du milieu de vie afin d'accompagner une éventuelle perte d'autonomie.

Le deuxième vise à prévenir les pathologies ou l'altération de l'autonomie en agissant sur les facteurs de risque.

Le troisième vise à aider la personne à accepter le processus de vieillissement.

Par exemple, il sera judicieux, pour une personne qui a été victime d'une chute, de l'aider à réaménager son environnement. On pourra alors l'encourager à ôter les tapis, pour lui éviter de se prendre les pieds dedans. L'espace de circulation au sein du logement pourra aussi être revu, pour s'assurer qu'il soit suffisant et qu'il rende possible les déplacements sans être gêné, y compris si la personne utilise un déambulateur ou des cannes anglaises pour se mouvoir.

Dans la mesure du possible, l'objectif est de maintenir la personne âgée à son domicile le plus longtemps possible pour éviter la perte de repères liés à l'entrée en institution et limiter les dépenses financières, le maintien à domicile étant toujours moins onéreux.

Les vaccinations

Le calendrier vaccinal de la Direction générale de la santé (DGS) recommande la poursuite de la *vaccination contre le tétanos* avec un rappel tous les dix ans. Aucune limite d'âge n'est préconisée.

La *vaccination antigrippale* est recommandée tous les ans ; son coût est pris en charge par la sécurité sociale à partir de 65 ans. Elle s'adresse aux sujets très âgés, fragiles ou présentant une affection pulmonaire chronique.

Le dépistage

Il permet de dépister les cancers les plus fréquents (cancers du sein et colorectal) mais aussi de nombreuses autres maladies qui évoluent à bas bruit et qui peuvent faire l'objet d'actes de prévention ou d'un traitement. Il en est ainsi de la dégénérescence maculaire liée à l'âge (DMLA), qui mobilise de nombreuses actions de santé publique. Cette affection correspond à des lésions progressives qui siègent au niveau des cellules de la macula (zone centrale de la rétine). Son évolution, en l'absence de traitement, mène à la cécité, alors qu'un dépistage précoce permet de traiter cette affection et ainsi de freiner voire de stopper son évolution.

Hygiène de vie

À l'heure où la vieillesse s'installe, le maintien des capacités fonctionnelles et la poursuite d'une vie de qualité passe par une hygiène de vie satisfaisante et régulière. Pour ce faire, quatre types de conseils sont recommandés : pratique régulière d'une activité physique, alimentation équilibrée, maintien des relations sociales, stimulations intellectuelles.

La pratique régulière d'une activité sportive

Elle a pour intérêt de conserver le capital locomoteur de la personne âgée, en maintenant la souplesse articulaire, la coordination des mouvements, les fonctions musculaires et les capacités d'endurance (impact sur le maintien de la fonction cardio-respiratoire). Le capital osseux est également mieux préservé après la ménopause si une activité physique est réalisée. Le risque de chute s'en trouve réduit et le maintien de l'autonomie perdure. Concernant le sport à recommander, il ne s'agit pas de pratiquer un sport violent ou demandant des efforts brutaux, mais davantage des sports doux et réguliers. C'est le cas de la natation et du vélo, qui peuvent être conseillés jusqu'à 75 ans. Quant à la gymnastique douce et à la marche elles peuvent être proposées quel que soit l'âge.

L'alimentation équilibrée

Malgré les modifications du goût qui peuvent s'opérer lors du vieillissement et l'altération de l'état bucco-dentaire, la poursuite d'une alimentation équilibrée prévient certaines maladies (diabète, maladies cardio-vasculaires) et évite les carences ou la dénutrition. Il est recommandé de consommer régulièrement des fruits et légumes (apports en vitamines, anti-oxydants, minéraux), de la viande ou du poisson (apport protéiné), des produits laitiers (riches en calcium), des sucres lents (pâtes, riz, pain, pommes de terre, légumes secs... pour garantir un apport énergétique satisfaisant). La consommation de boisson à hauteur d'au moins 1,5 litre par jour est aussi recommandé (eau, tisanes, thé et café avec modération) pour éviter la déshydratation.

Le maintien des relations sociales

Il est essentiel pour prévenir l'isolement, le repli sur soi et la dépression, d'autant plus que la personne âgée, en vieillissant, perd souvent l'envie de sortir. Elle se sent plus fatiguée et doit vivre avec les décès successifs du cercle familial et amical. Elle se retrouve seule peu à peu et il n'est pas rare d'entendre une personne âgée dire que tous ses amis sont « partis » et qu'il ne reste plus qu'elle et qu'elle sera la suivante. On comprend aisément, à travers ce type de propos, l'isolement qui s'installe progressivement, avec un sentiment de tristesse qui peut basculer vers la dépression.

Le maintien d'une stimulation intellectuelle

Il limite la perte des capacités intellectuelles comme la mémoire qui est la plus touchée. Il existe par exemple des ateliers mémoire qui proposent des exercices visant à « entraîner » la mémoire pour la préserver. Dans ce type d'exercice, la personne âgée ne doit pas être mise en situation d'échec, ce qui induirait une altération de l'estime de soi, ce qui n'est pas l'objectif visé.

Le passage à l'âge de la vieillesse peut se faire très naturellement, si la personne a enfin la possibilité de disposer de son temps pour s'adonner aux activités qu'elle n'a pu réaliser lors de sa période d'activité professionnelle. La personne doit au maximum maintenir un niveau d'occupation afin de prévenir l'ennui et le sentiment d'inutilité. Pour se faire, il est possible de lui proposer diverses animations que ce soit en institution ou dans le cadre de sa prise en charge à domicile.

L'animation est destinée aux personnes qui ont une perte de leurs facultés, physiques, intellectuelles ou mentales. Elle a pour finalité de créer une dynamique sociale, afin de permettre aux personnes de s'adapter à leur réalité. Elle ne consiste pas seulement en une activité de loisirs, elle s'intègre dans les projets de soin et de vie.

L'animation vise à restaurer, maintenir et développer l'autonomie du résident, mais aussi à prévenir la dépendance, la grabatisation et à éviter le renfermement sur soi.

Elle doit être adaptée aux besoins et aux envies de la personne car au-delà du maintien des acquisitions elle doit avant tout rester un moment de plaisir. L'animation, simple activité de loisirs pour maintenir un lien social, peut aussi faire appel à la mémorisation, dans le but de stimuler la mémoire.

Elle doit être personnalisée pour répondre aux besoins et aspirations de la personne âgée. Celle-ci s'insère dans le projet de vie et ainsi participe à une prise en charge globale de la personne.

Les activités et les échanges proposés le seront dans le respect du rythme de la personne afin de lui apporter un maximum de satisfaction et de plaisir.

Projet de vie

Au sein des établissements sanitaires, sociaux et médicosociaux, tels que : maison de retraite, centre de rééducation, service hospitalier spécialisé... la prise en compte de la notion de projet de vie concerne les personnes qui bénéficient des services de ces établissements, pendant un temps plus ou moins long. La prise en considération de la complexité des problématiques des patients autant sanitaires que sociales n'est possible que parce qu'ils disposent d'une équipe pluridisciplinaire.

Le projet de vie s'inscrit dans cette prise en charge et donne du sens au projet de soin déterminé pour la personne soignée. Il requiert l'engagement de tous les membres du personnel et a pour finalités la préservation et le maintien de l'autonomie, la limitation des souffrances liées à la dépendance et la mise en œuvre d'actions favorisant l'ouverture vers l'extérieur. Il a pour ambition d'améliorer la qualité de vie, notamment en offrant aux résidents le plus de liberté possible. Il doit en outre, gommer le sentiment de routine et de perte de sens que la vie en institution peut générer.

En vue d'aider et de cadrer la prise en charge des personnes âgées dépendantes, la législation propose des textes qui donne des indications quant à la gestion de la dépendance, du vieillissement et donc de la vieillesse.

LA FIN DE VIE

Dernière étape de la vie, la mort est le moment de l'ultime séparation d'avec les êtres que l'on aime, c'est ce qui en fait un moment douloureux. Même si elle est la suite logique de la vie, elle suscite une certaine réflexion personnelle, notamment chez les soignants.

Accompagner une personne en fin de vie peut générer de l'angoisse, de la peur, une difficulté à accepter sa propre mort par effet miroir. C'est au prix d'un travail sur soi-même que l'on est en mesure d'appréhender la mort de l'autre sereinement, et de l'accompagner dans le respect de ses valeurs et de ses croyances. C'est aussi dans ses conditions que l'on est en capacité d'aider la personne en fin de vie et d'accompagner la famille dans ces moments douloureux.

Les modifications d'ordre physique

En phase de fin de vie, des modifications d'ordre physiologiques et psychologiques apparaissent, et se manifestent par différents symptômes, qui viennent souvent perturber la satisfaction des besoins fondamentaux et provoquer un mal-être de la personne qui va mourir.

Ces perturbations atteignent différentes fonctions.

S'agissant de la fonction digestive, elle est le plus souvent perturbée par des nausées, des vomissements, une stase digestive qui peut évoluer jusqu'à la constipation, voire l'occlusion. Ces symptômes sont souvent liés à l'immobilisation, à la modification de l'alimentation et aux traitements médicamenteux, notamment lors de la prescription d'antalgique opiacés.

La fonction respiratoire, quant à elle, peut être le siège d'une dyspnée qui peut traduire une angoisse liée à l'approche de la mort prochaine, mais également des pathologies de type insuffisance cardiaque, hypersécrétion bronchique, cancers évolués.

La fonction d'élimination est souvent marquée par l'existence d'infections urinaires, favorisées par l'immobilisation en décubitus et les fréquentes déshydratations. Dans la phase terminale, on observe une rétention urinaire, voire un arrêt total des mictions spontanées.

Concernant la fonction neurologique, le sommeil est souvent modifié, soit au niveau de sa quantité, soit au niveau de sa qualité. Il peut être perturbé par des douleurs physiques, de l'anxiété, des cauchemars ou encore des hallucinations.

L'accompagnement de la fin de vie a été légiféré et il doit être conduit dans le respect de la loi du 22 avril 2005, avec une attention toute particulière dans la mise en œuvre des soins palliatifs et du respect du processus d'acceptation de la mort.

Les modifications d'ordre psychologique

La personne mourante traverse une crise psychologique au cours de laquelle elle va devoir accepter de quitter ceux qu'elle aime, faire le deuil de sa vie et se préparer à quitter un état de sécurité pour affronter un monde nouveau et inconnu. L'aide apportée par les soignants visera alors à l'aider à réaliser ce passage de la manière la plus sereine.

Ce cheminement passe par différentes phases, pour aboutir à l'acceptation de la mort. Le docteur E. Kubbler-Ross, psychiatre américaine, a identifié cinq étapes, qui ne sont pas nécessairement chronologiques, par lesquelles passe la personne en fin de vie.

La première étape se traduit par un refus de la mort. C'est l'étape où la prise de conscience d'une mort prochaine déclenche un mécanisme de défense, de déni, qui par la brutalité de la nouvelle, rend la personne incapable de la moindre réaction qu'elle soit d'ordre psychologique ou physique.

La deuxième étape consiste en l'expression de colère, de révolte et d'agressivité. La personne exprime une frustration intense face à l'acceptation de la mort et au renoncement à la vie. Elle s'exprime à l'encontre de personnes, qu'il s'agisse de soignants, de proches, qui eux, vont rester en vie et qui vont pouvoir continuer à réaliser leurs projets.

La troisième étape est marquée par une période de culpabilité et de marchandage pour accepter la situation. La culpabilité s'installe quand la personne se met à accepter sa propre mort, alors que paradoxalement elle avait encore des projets.

La quatrième étape est emprunte de tristesse voire de dépression liée à l'approche de la mort. Le passage à la dépression est fréquent, la personne en fin de vie est triste de quitter sa vie et tout ce qu'elle représente.

La cinquième étape se traduit par de la résignation, par l'acceptation et le lâcher-prise signant une certaine « sérénité » face à la mort prochaine. Le patient sait « profiter » de ses derniers instants de vie, même parfois pour réaliser ses tout derniers projets.

CONCLUSION

La vieillesse s'installe peu à peu avec les nombreux troubles liés au vieillissement. Néanmoins, quelles que soient les incapacités et la dépendance qui peuvent s'installer, le but est de tout mettre en œuvre pour prévenir et ralentir le processus du vieillissement. Par ailleurs, la relation avec la personne âgée, quelle que soit son évolution, doit maintenir le respect et la prise en compte de ses désirs. C'est l'application de l'ensemble de ces principes et des connaissances relatives à la vieillesse, au vieillissement et à l'environnement du sujet âgé, qui permettront d'offrir une prise en charge personnalisée jusqu'au terme de la vie.

AGIR

LA SITUATION

Mme Durand, âgée de 83 ans est hospitalisée dans votre service, après un transfert des urgences. La veille, elle est tombée chez elle en se prenant les pieds dans le tapis du salon et a passé la nuit au sol avant de réussir à alerter sa voisine en l'appelant, quand elle l'a entendu quitter son appartement le lendemain matin. Les pompiers sont alors intervenus et l'ont transportée à l'hôpital. Elle ne présente aucune lésion ni trouble liés à sa chute, mais elle est néanmoins hospitalisée car elle est actuellement seule à son domicile. Son fils, qui habite avec elle, a dû s'absenter pendant 48 heures. Ce matin, elle ne comprend pas pourquoi elle est tombée, elle était « agile et légère avant » et elle réalise habituellement les actes de la vie quotidienne lentement mais toute seule. Son médecin traitant lui affirme pourtant que tout va bien, mais elle se rend bien compte qu'elle a de plus en plus de mal à se déplacer.

Vous travaillez dans le service où Mme Durand a été hospitalisée et vous devez la prendre en charge.

1 IDENTIFIER LES DONNÉES SIGNIFICATIVES

Quelles données relève-t-on ?	Pourquoi sont-elles significatives ?
L'âge : 83 ans	Élément important au regard de l'état de santé et des risques encourus. Plus l'âge est avancé, plus les risques sont majorés.
Le nom : Mme Durand	Cet élément permet d'identifier la personne, de la reconnaître en tant que personne singulière et d'établir avec elle une relation adaptée.
Absence de lésion, de fracture et de trouble liés à sa chute	Ces éléments sont des indicateurs de l'état de santé de la patiente à prendre en charge.
Contexte : chute de sa hauteur, à cause d'un tapis	Repérage dans le contexte des éléments qui peuvent faire l'objet d'action préventive
Réalise les actes de la vie quotidienne lentement mais toute seule	Indication du degré d'indépendance et de dépendance de la personne
Momentanément seule à son domicile	Contexte environnemental
Est consciente de ses difficultés à se déplacer	Cet élément est à intégrer dans la prise en charge IDE.

2 COMPRENDRE ET ÉVALUER LA SITUATION

Que faut-il comprendre ?	Évaluation
L'âge, il traduit une diminution des capacités de l'organisme et une augmentation du risque de dépendance SAVOIRS FONDAMENTAUX Étapes de la vie (la vieillesse, les effets du vieillissement sur l'organisme)	Risque de perte d'autonomie
La chute a été sans conséquence malgré le risque de fracture SAVOIRS FONDAMENTAUX Examen clinique	Absence de traumatisme physique
La chute est provoquée par un facteur de risque externe en lien avec son environnement SAVOIRS FONDAMENTAUX Processus traumatique	Présence de facteurs de risques de chute dans son environnement
La capacité de Mme D. lui permettait de rester chez elle SAVOIRS FONDAMENTAUX Démarche clinique IDE, Santé publique, Sociologie	Autonomie suffisante (avant la chute) pour rester à son domicile
Mme D. est lucide quant à ses réelles capacités et pourra être acteur de sa prise en charge SAVOIRS FONDAMENTAUX Démarche clinique infirmière, Soins infirmiers aux personnes âgées	Altération partielle de la mobilité

Synthèse de l'évaluation : il s'agit d'une personne âgée qui ne peut dans l'immédiat rester seule à son domicile en l'absence de son fils, suite à une chute sans traumatisme physique. La chute au domicile est liée à un environnement non aménagé.

3 METTRE EN ŒUVRE LES ACTIONS

Quelles actions met-on en œuvre ?	Pourquoi ?
Aider si nécessaire lors des déplacements (aller aux toilettes…), cela peut varier au cours d'une même journée SAVOIR-FAIRE PROFESSIONNELS Démarche clinique infirmière	Pour pallier ce qu'elle ne peut pas faire et favoriser le retour de l'autonomie
Éduquer sur les mesures à mettre en œuvre pour rendre son espace de vie moins dangereux SAVOIR-FAIRE PROFESSIONNELS Techniques de communication fonctionnelle, Démarche éducative	Faire comprendre et accepter à la patiente qu'elle présente des risques de chute en lien avec une diminution de ses capacités physiques et que certains risques peuvent être prévenus par des actions simples (suppression des tapis)

4 NOTER ET ANALYSER LES RÉSULTATS OBTENUS

Résultats	Évaluation des résultats de la prise en charge
La personne est informée qu'il est indispensable d'aménager son environnement pour prévenir les risques de chute. Un entretien avec son fils est programmé.	Mme Durand a compris la nécessité d'aménager son environnement et est prête à le faire avec le concours de son fils.
La patiente comprend pourquoi elle a de plus en plus de mal à se déplacer.	La patiente est prête à s'adapter à l'évolution de sa fonction locomotrice.

S'ENTRAINER

VÉRIFIER SES CONNAISSANCES

1 QCM (questions à choix multiple)

Pour chacune des affirmations suivantes, cochez la ou les réponse(s) exacte(s).

1. La gériatrie est :
a. l'étude médicale du vieillissement
b. la science du vieillissement
c. le trouble de la peau semblable à celle des vieillards
d. toutes les réponses sont incorrectes

2. Pour l'OMS, le troisième âge commence à :
a. 60 ans
b. 65 ans
c. 70 ans
d. 75 ans

3. Le sigle APA correspond à :
a. l'allocation personnalisée d'autonomie
b. l'allocation publique d'assistance
c. l'allocation périodique pour l'autonomie
d. l'allocation permanente d'assistance

4. Les chutes accidentelles des personnes âgées provoquent chaque année environ :
a. 4 000 décès
b. 8 000 décès
c. 12 000 décès
d. 16 000 décès

5. La part des personnes âgées de plus de 60 ans représente en 2008 :
a. 10 %
b. 14 %
c. 16 %
d. 21 %

6. La part des personnes âgées de plus de 65 ans représentera en 2050 :
a. 10 %
b. 14 %
c. 16 %
d. 20 %

7. L'espérance de vie à la naissance, pour un homme, est actuellement de :
a. 75 ans
b. 78 ans
c. 80 ans
d. 83 ans

8. L'espérance de vie à la naissance, pour une femme, est actuellement de :
a. 78 ans
b. 80 ans
c. 84 ans
d. 88 ans

9. En France, le nombre de personnes atteintes par la maladie d'Alzheimer est de :
a. 250 000
b. 450 000
c. 700 000
d. 850 000

10. Parmi les modifications du corps liées à la physiologie du vieillissement, on note une augmentation :
a. des capacités respiratoires
b. de la masse cardiaque
c. de la sécheresse cutanée
d. de la tolérance à la charge glucosique

11. En vue de prévenir les chutes, il est recommandé de :
a. porter des chaussons type mules, pour que le pied ne soit pas serré
b. s'occuper d'un animal domestique, car cela favorise l'activité physique
c. proscrire les tapis, car la personne risque de se prendre les pieds dedans
d. s'équiper d'un éclairage suffisant, pour bien repérer les obstacles

12. La loi relative à la fin de vie date du :
a. 31 juillet 1996
b. 29 juillet 2004
c. 2 mars 2004
d. 22 avril 2005

13. La dépendance est évaluée par :
a. la grille de Zarit
b. la grillc ACGIR
c. l'épreuve de Tinetti
d. le MMS

14. Les chutes sont favorisées par différents facteurs tels que :
a. l'arthrose
b. l'altération de l'acuité visuelle
c. l'ostéoporose
d. l'altération des fonctions cognitives

15. La maltraitance est passible de :
a. trois ans d'emprisonnement et de 45 000 euros d'amende
b. dix ans de prison et de 15 000 euros d'amende
c. douze ans de prison et de 10 000 euros d'amende
d. quinze ans de prison et de 45 000 euros d'amende

2 QROC (questions à réponses ouvertes courtes)

1. Définissez les termes suivants : sénescence, sénilité, autonomie, dépendance.

2. Caractérisez la maltraitance, indiquez les signes, les causes et proposer des actions de prévention.

3. Citez trois mécanismes du vieillissement.

4. Définissez « l'accident domestique », et énoncez-en les facteurs favorisants pour une personne âgée.

5. Illustrez quatre exemples d'accidents domestiques chez la personne âgée.

6. Énoncez les deux principaux facteurs qui expliquent le vieillissement de la population.

7. Après 90 ans, une majorité de Français vit en institution. Justifiez ce constat.

8. Définissez le terme « personne de confiance » et énoncez son rôle.

9. Énoncez les signes du vieillissement de l'appareil urinaire.

10. Citez les problèmes psychologiques posés à la personne âgée lors de son placement en institution et énoncez les problèmes majeurs qui peuvent en découler.

11. Citez trois situations concrètes où une personne peut présenter des oublis. Pour chacune d'entre-elles, différenciez ce qui est banal de ce qui doit alerter.

12. Citez les objectifs de l'atelier mémoire dans le cadre de la prévention du vieillissement.

13. Exposez les principes fondamentaux de la « charte des personnes âgées dépendantes » (en 10 à 15 lignes). Citez les articles de la charte et illustrez chacun d'eux par une situation concrète.

14. Énoncez ce que signifie le sigle AGGIR et son intérêt dans la prise en charge d'une personne âgée.

15. L'article 6 de la charte des droits et libertés de la personne âgée dépendante (Fondation nationale de gérontologie, ministère de l'Emploi et de la Solidarité, secrétariat d'État à la Santé et à l'Action Sociale, 2007) relatif à la valorisation de l'activité indique : « toute personne âgée dépendante doit être encouragée à conserver des activités ». Commentez cette phrase.

16. Indiquez l'intérêt et les buts poursuivis lors d'une activité d'animation dans une institution pour personnes âgées.

17. Développez en quelques lignes la notion de « vieillesse dépendante » sur le plan sociologique.

18. Définir le seuil de la vieillesse dans la société contemporaine française.

19. Définissez ce qu'est le maintien à domicile de la personne âgée.

20. Citez et développez les aides favorisant le maintien à domicile de la personne âgée.

21. Citez les causes possibles de malnutrition chez la personne âgée.

TRANSFÉRER À D'AUTRES SITUATIONS

3

L'exercice qui vous est présenté maintenant vise à vous confronter à une situation nouvelle, pour laquelle vous ne disposez pas *a priori* de l'ensemble des connaissances et/ou savoir-faire associés. Cette situation, inconnue pour vous, recrée un contexte habituel pour les infirmiers en exercice, à savoir être régulièrement confronté à des situations inédites dans lesquelles ils doivent agir avec professionnalisme.

Pour pouvoir agir dans cette situation, vous allez devoir :
– mobiliser les connaissances nécessaires parmi toutes celles que vous avez acquises pour traiter cette situation,
– questionner vos savoirs, notamment ceux relatifs aux grandes fonctions pour trouver seul des éléments de réponses,
– transférer ce que vous avez déjà acquis dans la situation précédente (savoir et savoir-faire) ; pour cela il sera nécessaire de faire les liens entre les différentes fonctions pour comprendre les risques, les complications possibles, faire les liens entre les différents enseignements et les pratiques enseignées, vues ou observées en stage...
– rechercher des informations nouvelles pour enrichir vos savoirs et savoir-faire et ainsi pouvoir agir de manière pertinente dans cette nouvelle situation.

Mme Castel, âgée de 86 ans, veuve depuis 40 ans, sans enfant, a été admise le 16 mai 2009 dans le service d'ORL pour l'exérèse d'un mélanome à la base du nez. L'intervention chirurgicale programmée a été réalisée hier, en début d'après-midi.

Elle vit actuellement seule dans un pavillon avec 2 chiens. Une aide-ménagère vient 2 fois par semaine pour effectuer les taches ménagères. Elle est également très entourée par sa sœur.

Elle est prise en charge à 100 % par la Sécurité sociale et possède une mutuelle.

Mme Castel mesure 1 m 61 et pèse 57 kg, elle est de type européen. Elle porte deux prothèses dentaires sur les mâchoires supérieure et inférieure.

Elle a besoin de lunettes pour lire et regarder la télévision. Elle porte une protection anatomique la journée et un change complet la nuit. Elle possède ses vêtements personnels. Mme Castel est autonome dans ses déplacements mais a des difficultés pour lever le bras gauche qui est douloureux à la mobilisation.

C'est une personne cohérente, calme et tonique. Elle n'est pas inquiète face à son problème de santé, elle dit volontiers être de nature optimiste. Sa sœur est très présente auprès d'elle.

Histoire de la maladie

Mme Castel a consulté son médecin traitant fin mars 2009 suite à un changement d'aspect d'un grain de beauté se trouvant à la base du nez. Une biopsie a été effectuée en avril 2009 et une tumeur locale de la peau a été diagnostiquée (mélanome de Dubreuilh). Le chirurgien a décidé l'exérèse de la tumeur car elle était peu étendue et que Mme Castel présentait un bon état général.

Antécédents

– omarthrose en 2000
– hypertension artérielle depuis 1999
– hypercholestérolémie

Transmission écrite dans le dossier de soins

Mme Castel a subi le 16 mai une exérèse de mélanome. L'intervention s'est déroulée sans complications. Elle a 5 points de suture et un pansement recouvre la zone opérée. Les paramètres mesurés à 6 heures donnent les résultats suivants : TA 13/7 cm Hg, pouls : 70/mn. Aujourd'hui, elle est à J1 de l'intervention et elle va bien. Elle a bien dormi malgré une douleur en début de nuit qui a justifié la prise d'un antalgique (paracétamol).

Complétez les tableaux ci-dessous.

1 Identifier les données significatives

Quelles données relève-t-on ?	Pourquoi sont-elles significatives ?

2 Comprendre et évaluer la situation

Que faut-il comprendre ?	Évaluation

Synthèse de l'évaluation :

3 Mettre en œuvre les actions

Quelles actions met-on en œuvre ?	Pourquoi ?

4 Noter et analyser les résultats obtenus

Résultats	Évaluation des résultats de la prise en charge
Pouls 65/minute ; TA 11/5 mm Hg ; T° 36°6 Le pansement est propre, sec et occlusif	
L'EVA est notée à 6 par Mme C.	
Mme Castel est propre, habillée et installée confortablement. Elle porte une protection contre les fuites urinaires.	

CORRIGÉS

VÉRIFIER SES CONNAISSANCES

1 QCM

1 : a	**2** : b	**3** : a	**4** : c	**5** : d
6 : c	**7** : b	**8** : c	**9** : d	**10** : b,c
11 : c, d	**12** : d	**13** : b	**14** : a,b,c	**15** : a

2 QROC

1. Définitions

La **sénescence** est l'affaiblissement global des fonctions physiologiques, des facultés mentales et des modifications trophiques des tissus et des organes.

La **sénilité** est l'affaiblissement des capacités mentales de la personne âgée liée au vieillissement.

L'**autonomie** est la capacité d'effectuer sans aide les principales activités de la vie courante – qu'elles soient physiques, mentales, sociales ou économiques –, et de s'adapter à son environnement. Cela peut sous-entendre que la personne puisse avoir recours à un matériel dont elle assume seule la gestion et réalise ainsi les gestes de la vie quotidienne.

La **dépendance** se définit par un besoin d'assistance. La personne a besoin d'une tierce personne pour accomplir les gestes de la vie quotidienne, habituellement effectués sans aide.

2. La maltraitance

La maltraitance est le fait de mauvais traitements ou de privations infligés à une personne qui n'est pas en mesure de se protéger en raison de sa fragilité (dûe à son âge, à une maladie, à une infirmité, à une déficience physique ou psychologique) et de se défendre face à son agresseur. Elle peut revêtir différentes formes telles que : la violence, les brimades, la négligence, les abus.

– La **violence** peut prendre des formes différentes, certaines sont plus difficiles à identifier, qu'il s'agisse de rejet ou de privation, du manque d'attention, de brutalité.

– Les **brimades** sont des méthodes vexatoires, souvent aggravées de brutalité ou des privations (fait d'être privé par quelqu'un des choses nécessaires, volontairement).

– La **négligence**, elle, peut être de 2 types. La négligence active correspond le plus souvent à une absence de soins ou de nourriture, un abandon. La négligence passive, est le fait « de ne pas faire » sans volonté réellement délibérée de faire mal. Il existe des négligences graves telles que : le manque d'hygiène, le manque d'aide au repas, le manque d'aide à la marche, l'excès d'utilisation de calmants, la non administration d'un traitement…

– Les **abus** correspondent à un mode de contrainte volontaire et actif dans le but de faire mal sur les plans physique ou psychologique.

Les signes de maltraitance

La maltraitance peut se traduire par :

– **des attitudes verbales** (langage grossier, agressif, menaces de représailles…), par une humiliation, la négation de la douleur lors des soins, la négation de l'état du malade, la négation de la personne elle-même (le soignant fait comme si elle n'existait pas) ;

– **de la négligence ou de l'indifférence :** il peut s'agir de soins mal réalisés ou non réalisés, volontairement ou non, d'un défaut d'assistance auprès d'une personne en difficulté, de la non attribution de moyens nécessaires à la satisfaction des besoins élémentaires. Exemples : délaissement d'une personne souillée sans lui faire sa toilette, contention au-delà du nécessaire ou lorsque l'on peut faire autrement ;

– **la violation des droits de la personne âgée :** il peut s'agir de prendre des décisions à sa place, alors qu'elle a les facultés pour décider. Exemple : mettre une personne en institution contre son gré…

– **le non respect et/ou la familiarité** est un élément fréquemment évoqué en institution, avec parfois une extension sur un langage insultant, ordurier. Ceci traduit un manque de respect criant envers les personnes prises en charge.

Les causes de la maltraitance

Elles sont nombreuses.

– Le nombre de personnes âgées augmente de façon significative tous les ans alors que les structures pouvant les accueillir n'arrivent pas à un développement suffisant. Il existe un déséquilibre entre la demande et l'offre d'accueil. Parallèlement, les professions du soin et spécifiquement des soins à la personne âgée n'arrive pas à recruter et à former suffisamment pour répondre aux besoins. De ce fait, de nombreuses structures se trouvent en sous-effectif avec un personnel insuffisamment qualifié, avec pour conséquence des problèmes dans l'exécution du travail.

– L'épuisement des soignants : être soignant nécessite une grande tolérance vis-à-vis d'autrui, cependant, comme d'autres valeurs, la tolérance peut être malmenée. Il arrive que le comportement de certains individus, par la répétition de leurs actes ou de la démesure de ceux-ci, arrive à émousser la tolérance, cette résistance à l'autre. Si de surcroît le soignant doit gérer d'autres difficultés personnelles, cela peut diminuer encore sa patience envers les personnes soignées. Le plus souvent il s'agit du burn-out ou syndrome d'épuisement. Cet épuisement peut être directement en lien avec des personnels insuffisants tant dans les aspects quantitatifs que qualitatifs.

– Les personnels indignes de leur fonction : il existe des soignants qui n'honorent pas leur fonction de soignant tant leur comportement est incompatible avec les valeurs professionnelles ;

Les moyens de prévention

Les moyens visant à prévenir l'apparition de la maltraitance découlent pour beaucoup d'entre eux de l'étude attentive des causes. Les moyens principaux sont :

– **un accueil de qualité :** en effet, il est important que l'accueil des personnes âgées soit préparé et se fasse dans de bonnes conditions afin d'éviter d'entrée de jeu des situations conflictuelles ;

– **la formation du personnel** qui doit permettre à chaque soignant d'identifier le fonctionnement particulier des personnes âgées, pour mieux le comprendre et mieux y répondre. Et aussi de cerner son champ de compétence et celui des autres membres de l'équipe afin d'éviter les glissements de tâches (actes effectués par une personne non habilitée ; par exemple : un aide-soignant qui réalise des actes infirmiers, une auxiliaire de vie qui effectuent les tâches de l'aide-soignant) ;

– **l'évaluation du personnel** qui doit permettre de s'assurer que le personnel travaille dans de bonnes conditions, que les activités sont compatibles avec la qualification et que les prestations effectuées sont conformes aux bonnes pratiques professionnelles.

3. Le vieillissement

On identifie trois mécanismes du vieillissement qui sont :

– les mécanismes génétiques, liés au vieillissement des cellules et qui entraînent le vieillissement des organes et des tissus ;

– les mécanismes cognitifs liés à l'altération et à la mort des cellules cérébrales ;

– les mécanismes sociaux qui se traduisent par l'exclusion ou la marginalisation ; ils sont liés à la situation de retraité et aux attitudes sociétales qui encouragent le « jeunisme » et développent un ostracisme par rapport aux personnes âgées.

4. Les accidents domestiques

L'accident domestique se définit par tout incident néfaste pour la santé de la personne âgée pouvant survenir à domicile lors des gestes de la vie quotidienne.

Les facteurs favorisants sont :

– la diminution de l'acuité visuelle
– l'altération de l'équilibre
– les installations inadaptées (tapis, espace au sol mal dégagé...)
– le malaise
– l'altération de la force musculaire
– l'éclairage insuffisant

5. Exemples d'accidents domestiques :

– risque d'intoxication au gaz et d'explosion car celui-ci est resté ouvert
– feu ou/et brûlure avec le fer à repasser
– chute (tapis, animaux domestiques...)
– intoxication alimentaire
– intoxication médicamenteuse
– brûlure par de l'eau chaude...

6. Les facteurs expliquant le vieillissement de la population

Tout au long du 20e siècle on a observé une baisse de la natalité (ou un taux de fécondité bas). En parallèle on a observé une augmentation de l'espérance de vie et de la longévité. De ce fait, le pays se trouve en présence d'un nombre important de personnes âgées.

7. La vie en institution

Après 90 ans, 64 % des personnes vivent en institution (qui devient leur nouveau domicile), car elles n'arrivent plus à assumer seules les activités de la vie quotidienne. Celle-ci est souvent due à une dépendance empêchant le maintien à domicile.

8. La « personne de confiance »

La personne de confiance peut être « un parent, un proche, le médecin traitant ou toute autre personne ».

Elle intervient dans le cadre de la fin de vie et décide des conditions de la limitation ou de l'arrêt du traitement si le patient n'est pas en état de le faire.

La personne de confiance est désignée par le patient et devient l'interlocuteur des médecins au moment où le malade est hors d'état d'exprimer ses choix.

La personne de confiance et son rôle dans la fin de vie est définie par la loi du 22 avril 2005 (aussi appelée loi Léonetti).

9. Le vieillissement de l'appareil urinaire

Les signes du vieillissement de l'appareil urinaire sont caractérisés par :

– une altération de la fonction rénale avec diminution de la masse rénale, augmentation de la masse graisseuse, atteinte glomérulaire, baisse de la filtration glomérulaire, hyperprotéinurie, diminution du pouvoir de concentration des urines ;

– une altération de la fonction sphinctérienne et urinaire avec une atteinte des muscles striés et lisses et un mauvais contrôle nerveux vésical.

10. Les problèmes psychologiques du placement en institution

Pour la personne âgée, l'institutionalisation implique des changements importants dans sa vie quotidienne tels que :

– le deuil de sa vie antérieure ;

– l'adaptation au changement ;
– les nouvelles relations à développer avec les soignants et les résidents.
Les problèmes majeurs pouvant en découler sont :
– une décompensation physique avec des chutes, des fractures...
– une décompensation psychique qui peut s'illustrer par une décompensation mentale, une démence, un syndrome confusionnel, une dépendance à l'institution...
– une atteinte mixte avec une dépendance à l'institution un syndrome de glissement, voire un décès...

11. Les situations d'oublis

Ce qui est banal	Ce qui doit alerter
Difficultés pour se rappeler le nom propre d'une personne peu connue (acteur, relation lointaine)	Difficultés pour se rappeler le nom de personnes proches (petits enfants, amis)
Ne plus savoir où l'on a posé un objet courant (lunettes, clés, télécommande)	Ne plus savoir où sont rangées les affaires courantes (vêtements, vaisselle)
Avoir du mal à retenir des choses entièrement nouvelles (conférences, visites, voyages)	Oublier des événements familiaux importants (fête de famille, mariage, naissance)
Avoir du mal à suivre une activité que l'on n'aime pas	Avoir du mal avec ses activités préférées (bricolage, jeux de société)
Partir quelque part et, plongé dans ses pensées, se retrouver ailleurs	Se retrouver complètement perdu, alors qu'on allait vers un endroit connu
Diminuer les activités fatigantes physiquement	Abandonner ses activités préférées

12. Les objectifs de l'atelier mémoire
– Informer la personne sur le fonctionnement de sa mémoire
– Lui donner des techniques de stimulation intellectuelle qu'elle pourra pratiquer au quotidien
– L'inciter à utiliser des aides-mémoire (agenda, liste, petit tableau...)
– L'encourager à toujours placer les objets usuels au même endroit (clés, lunettes...)
– Partager au sein du groupe, son vécu, ses inquiétudes et discuter de ses difficultés

13. Les principes fondamentaux de la « charte des personnes âgées dépendantes »
La vieillesse est une étape de l'existence pendant laquelle chacun doit pouvoir poursuivre son épanouissement. La plupart des personnes âgées resteront lucides jusqu'au dernier moment de leur vie. Même dépendantes les personnes âgées doivent continuer à exercer leurs droits, leurs devoirs et leurs libertés de citoyen. Elles doivent aussi garder leur place dans la cité, au contact des autres générations dans le respect de leurs différences.

Les articles de la charte
– Article 1 : Choix de vie : toute personne âgée dépendante garde la liberté de choisir son mode de vie.
– Article 2 : Domicile de vie : le lieu de vie de la personne âgée dépendante, domicile personnel ou établissement, doit être choisi par elle et adapté à ses besoins.
– Article 3 : Une vie sociale et culturelle : toute personne âgée dépendante doit conserver la liberté de communiquer, de se déplacer et de participer à la vie de la société.
– Article 4 : Présence et rôle des proches : le maintien des relations familiales et des réseaux amicaux est indispensable aux personnes âgées dépendantes.
– Article 5 : Patrimoine et revenus : toute personne âgée dépendante doit pouvoir garder la maîtrise de son patrimoine et de ses revenus disponibles.
– Article 6 : Valorisation de l'activité : toute personne âgée dépendante doit être encouragée à conserver des activités.
– Article 7 : Liberté d'expression et liberté de conscience : toute personne âgée dépendante doit pouvoir participer aux activités religieuses, philosophiques, associatives ou politiques de son choix.
– Article 8 : Préservation de l'autonomie : la prévention de la dépendance et du handicap est une nécessité pour l'individu qui vieillit.
– Article 9 : Accès aux soins et à la compensation des handicaps : toute personne âgée dépendante ou handicapée doit avoir, comme tout autre, accès aux soins qui lui sont utiles.
– Article 10 : Qualification des intervenants : les soins que requiert une personne âgée dépendante doivent être dispensés par des intervenants formés et en nombre suffisant.
– Article 11 : Respect de la fin de vie : soins et assistance doivent être procurés à la personne âgée en fin de vie et à sa famille.
– Article 12 : La recherche, une priorité et un devoir : la recherche multidisciplinaire sur le vieillissement et la dépendance est une priorité.

– Article 13 : Exercice des droits et protection juridique de la personne vulnérable : toute personne en situation de dépendance devrait voir protéger non seulement ses biens mais aussi sa personne.
– Article 14 : L'information, meilleur moyen de lutte contre l'exclusion : l'ensemble de la population doit être informé des difficultés qu'éprouvent les personnes âgées dépendantes.

14. Sigle AGGIR et intérêts
La grille AGGIR, signifie Autonomie Gérontologique - Groupe Iso Ressources. C'est un outil destiné à évaluer le degré de perte d'autonomie ou le degré de dépendance, physique et psychique, des demandeurs de l'allocation personnalisée d'autonomie (APA), dans l'accomplissement de leurs actes quotidiens. Elle est remplie par un médecin ou une équipe spécialisée. Elle est cotée sur 30.

Les intérêts de cet outil
– classer les personnes en 6 groupes en fonction du niveau de dépendance : chaque groupe nécessite une même mobilisation de ressources pour faire face à la dépendance d'où l'impact financier;
– attribuer l'aide personnalisée à l'autonomie (APA).

15. L'article 6 de la charte de la personne âgée
Des besoins d'expression et des capacités d'accomplissement persistent, même chez des personnes âgées qui ont un affaiblissement intellectuel sévère. Développer des centres d'intérêt évite la sensation de dévalorisation et d'inutilité. La participation volontaire à des réalisations diversifiées et valorisantes (familiales, mais aussi sociales, économiques, artistiques, culturelles, associatives, ludiques, etc.) doit être favorisée. L'activité ne doit pas être une animation stéréotypée, mais doit permettre l'expression des aspirations de chaque personne âgée. Une personne âgée mentalement déficitaire doit pouvoir participer à des activités adaptées. Les activités infantilisantes ou dévalorisantes sont à rejeter.

16. L'animation
L'animation a pour but de permettre à la personne âgée de « faire ou participer » dans l'intention de développer différents axes.
– Rechercher et développer le sens que le projet a pour la personne : connaître ses goûts antérieurs et repérer les souhaits, préparer et stimuler la personne.
– Rechercher et développer la place de la personne dans le projet : observer les réactions de la personne, l'encourager dans sa participation.
– Articuler la réponse individuelle et la réponse collective : respecter les droits et libertés de la personne, favoriser la relation et l'échange de personne à personne.
– Articuler les démarches de soins et les démarches d'animation : développer un projet de vie individuel.

17. La « vieillesse dépendante »
L'expression de « vieillesse dépendante » apparaît dans les années 1970, sous l'impulsion des médecins gériatres qui vont utiliser le critère de dépendance pour définir les personnes âgées dépendantes. L'état reprendra cette expression au début des années 1980 comme catégorie statistique puis comme catégorie juridique en 1997 avec le vote de la loi sur la Prestation spécifique Dépendance.

18. Le seuil de vieillesse
Dans la société française, le seuil de vieillesse est une catégorie statistique correspondant à la cessation définitive de l'activité professionnelle : ce seuil coïncide avec l'âge légal de la retraite. En France, un individu est défini comme une personne âgée lorsqu'elle atteint 60 ans.

19. Le maintien à domicile
C'est l'ensemble des aides matérielles, financières et psychologiques qui contribuent à améliorer les conditions de vie d'une personne âgée.

20. Les aides favorisant le maintien à domicile
– L'aide ménagère est une personne qui intervient pour aider la personne âgée dans les actes de la vie quotidienne.
– L'auxiliaire de vie pallie à tous les besoins de la personne âgée.
– Le port des repas à domicile.
– La téléalarme permet à la personne âgée d'être reliée à un central qui déclenchera les secours nécessaires en cas de besoin.
– Les soins à domicile sont les services de soins à domicile qui interviennent sur prescription médicale, ce sont des professionnels paramédicaux qui interviennent : infirmières et des aides-soignantes. Elles permettent de retarder l'entrée en institution des personnes en perte d'autonomie.

21. Les causes possibles de malnutrition
Les causes possibles sont la diminution des ressources pécuniaires, l'isolement social, le désintérêt à la préparation des repas, la confusion, les troubles de la mastication, les troubles du transit, les difficultés motrices, le handicap, la polymédication qui peut être anorexigène (coupe l'appétit).

TRANSFÉRER À D'AUTRES SITUATIONS

3

Face à cette situation, l'IDE recherche les éléments pour comprendre et évaluer la situation. Pour y parvenir, elle va procéder par étapes.

La première consiste à identifier les éléments significatifs c'est-à-dire les éléments contenus dans l'énoncé qui peuvent avoir une incidence sur la situation de Mme C. et qui apportent des éclaircissements et précisent le contexte dans lequel s'inscrit cette situation.

Étape 1

L'IDE procède à l'identification et à la justification des éléments significatifs de la situation.

Quelles données relève-t-on ?	Pourquoi sont-elles significatives ?
Le nom	Le nom permet d'identifier la personne, de l'appeler par son nom pour supprimer la notion d'anonymat et établir une relation adaptée.
L'âge	L'âge est un élément important car il a une influence sur l'état de santé des personnes (vieillissement).
Données médicochirurgicales - mélanome - omarthrose en 2000 - hypertension artérielle	Le diagnostic justifie l'hospitalisation. Ces deux antécédents peuvent avoir des incidences encore aujourd'hui sur l'état de santé.
Intervention chirurgicale la veille	Elle justifie soins et surveillance IDE.
Elle a besoin de lunettes pour lire et regarder la télévision	Zone de dépendance par rapport à la satisfaction des besoins.
Porte une protection anatomique la journée et un change complet la nuit.	Zone de dépendance par rapport à la satisfaction des besoins.
Bras gauche douloureux à la mobilisation	Zone de dépendance par rapport à la satisfaction des besoins.
Prothèse dentaire	Zone de dépendance par rapport à la satisfaction des besoins.
Douleur ayant nécessité la prise d'antalgique	Toute douleur doit être traitée.
Pansement et 5 points de suture	La présence d'un pansement nécessite soins et surveillance IDE.

L'IDE a retenu ces éléments parce qu'elle a mobilisé les connaissances en lien avec cette situation.

Étape 2

L'IDE comprend la situation puisqu'elle a identifié pourquoi elle sélectionnait certaines données. Ensuite, elle procède à leur analyse et à l'évaluation de la situation. Pour y parvenir, elle mobilise d'autres savoirs.

Que faut-il comprendre ?	Évaluation
L'âge : 86 ans, signe les effets du vieillissement et peut laisser présumer l'apparition de facteurs de risque et/ou de complications post opératoires et post-anesthésie.	Pas de signes particuliers, néanmoins vigilance
- mélanome : l'intervention traite-t-elle seule le problème, y aura-t-il d'autres traitements à envisager ? - omarthrose douloureuse ce jour : nécessité des actions spécifiques. La douleur est liée à l'arthrose de l'épaule qui est un signe de vieillissement de l'appareil locomoteur et qui nécessite une prise en charge - hypertension artérielle : pas d'anomalie ce jour, néanmoins à surveiller Intervention chirurgicale la veille : aucune complication n'est signalée.	La surveillance doit se poursuivre
Pansement et 5 points de suture. Plaie : cicatrice propre, pas d'anomalie signalée	La surveillance doit se poursuivre.
Douleur ayant nécessité la prise d'antalgiques	La douleur doit être traitée et l'efficacité de ce traitement doit être évaluée

Que faut-il comprendre ?	Évaluation
Les différentes zones de dépendance orientent l'IDE vers les suppléances à proposer.	Aide à apporter dans les activités de la vie quotidienne

Synthèse de l'évaluation de la situation : Mme Castel présente une perte d'autonomie partielle suite à une chute à son domicile.

Étape 3

L'IDE, à partir de l'évaluation qu'elle fait de la situation va mettre en œuvre un certain nombre d'actions.

Quelles actions met-on en œuvre ?	Pourquoi ?
Réaliser les soins suivants : prise des paramètres Observation du pansement	*La pression artérielle* est prise pour s'assurer après l'intervention chirurgicale (ATCD d'HTA) de l'absence d'anomalie. *La prise de la température* pour dépister une infection. *Le pansement* est observé pour dépister une hémorragie ou une infection locale, il doit être propre, sec et occlusif.
Évaluer (siège, intensité, type…) et traiter la douleur	Toute douleur doit être traitée de façon adaptée.
Noter les résultats dans le dossier	La notation des résultats permet d'assurer la surveillance et la traçabilité des soins.
Apprécier la capacité de la personne à réaliser les activités de la vie quotidienne et l'accompagner dans les soins : aide à la toilette, à l'habillage, mise de protection contre les fuites urinaires…	Mme C. a besoin d'aide pour la toilette et l'habillage du fait de son arthrose de l'épaule. Respecter ses habitudes et lui proposer un change anatomique la journée et un change complet la nuit. L'accompagnement dans les soins doit être adapté à l'état de Mme C. le jour de la prise en charge. Il convient de tenir compte que Mme C. a eu une intervention la veille et que l'aide apportée ce jour sera probablement différente des jours suivants. Il faut veiller à ne réaliser que les soins que Mme C. ne peut réaliser seule afin de maintenir le maximum d'autonomie.
S'informer pour savoir si d'autres traitements seront envisagés	Connaître la situation médicale de la patiente pour pouvoir répondre à d'éventuelles questions.

Savoir-faire et savoir-être mobilisés :
- mesure des paramètres,
- démarche clinique IDE,
- soins quotidiens,
- approche relationnelle.

Étape 4

L'IDE a réalisé des actions, elle analyse les résultats obtenus pour adapter la prise en charge.

Résultats	Évaluation des résultats de la prise en charge
Pouls 65/minute ; TA 11/5 mm Hg ; T° 36°6 Le pansement est propre, sec et occlusif	Le pouls, la pression artérielle et la température sont conformes aux normes en vigueur. Absence de complications générale et locale.
L'EVA est notée à 6 par Mme C.	Il s'agit d'une douleur modérée. L'administration du traitement prescrit doit être réalisée.
Mme C. est propre, habillée et installée confortablement. Elle porte une protection contre les fuites urinaires.	Les soins proposés prennent en compte les besoins et les ressources de la personne et respectent les règles de bonne pratique.

Bibliographie générale

OUVRAGES

Ader J.-L. *Physiologie*. Collection « Abrégés PCEM ». Masson, 2006.

Alvin P. « Puberté normale et pathologique : aspects médicaux et psychologiques », in *Médecine de l'adolescent*. Masson, 2005.

Brauner R. *Puberté normale et pathologique*, Université Paris-Descartes, Faculté de médecine, Service d'endocrinologie et troubles de la croissance, hôpital Bicêtre AP-HP, 78, rue du Général-Leclerc, 94275 Le Kremlin-Bicêtre cedex, France.

Chevrel S., Meffrais M.-H., Siebert C. *S'entraîner en pédiatrie*. Masson, 2008.

Cosnay M., Siebert C. *S'entraîner en gynécologie-obstétrique*. Masson, 2008.

Delmas et al. *Anatomie générale*. Collection « Abrégés PCEM ». Masson, 2008.

Drake R., Vogl W., Mitchell A. Gray's *Anatomie pour les étudiants*. Elsevier, 2007.

Dupont S., Drake R. *Anatomie et physiologie pour les infirmier(e)s*. Masson, 2007.

Gassier J., Le Neurès K., Perruzza E, *Le guide AS*, Masson, 2006.

Keribin C. « Les grandes étapes du développement psychologique de l'enfant », *Métiers de la petite enfance*, Elsevier Masson, mai 2006 : 118-119.

Marieb E. N. *Biologie humaine- Principes d'anatomie et de physiologie*. Pearson Education, 2008, 8e édition.

Monin J.-L. *et al. Cardiologie*. Collection « Nouveaux Cahiers de l'infirmière » n° 7. Masson, 2005.

Sabbah L. *Cardiologie*. Collection « Mémo infirmier ». Masson, 2007.

Waugh A., Grant A. *Ross et Wilson Anatomie et physiologie normales et pathologiques*. Elsevier, 2007.

SITES INTERNET

cours. csjt. net/101-92-m. f/bio902

www.paramed-prepa.com/CNED Concours

www.narbonne-plongee.com

www web-libre. org/dossiers/neurologie

coursneurologie. free

www discussion-diagnostique. com

www.chup.jussieu.fr

www.anatomie-humaine.com

www.techno-science.net

Elsevier Masson S.A.S
62, rue Camille-Desmoulins, 92442 Issy-les-Moulineaux Cedex
Dépôt Légal : october 2011

Mise en page : Nord Compo

Achevé d'imprimer par TRENTO
en september 2011
Imprimé en Italie

470966-(III)-8-CSB-L-100°